国家社科基金
后期资助项目
GUOJIA SHEKE JIJIN HOUQI ZIZHU XIANGMU

实践与马克思主义理论整体性

Practice and Integrity of Marxist Theory

夏建国　王安玲　龚玉敏　杨　虹　/ 著
罗　敏　陈慧女　夏泽宏

社会科学文献出版社
SOCIAL SCIENCES ACADEMIC PRESS (CHINA)

国家社科基金后期资助项目
出版说明

后期资助项目是国家社科基金设立的一类重要项目，旨在鼓励广大社科研究者潜心治学，支持基础研究多出优秀成果。它是经过严格评审，从接近完成的科研成果中遴选立项的。为扩大后期资助项目的影响，更好地推动学术发展，促进成果转化，全国哲学社会科学规划办公室按照"统一设计、统一标识、统一版式、形成系列"的总体要求，组织出版国家社科基金后期资助项目成果。

全国哲学社会科学规划办公室

目　录

绪论　实践：马克思主义理论整体性研究的新视角 …………………… 1

  第一节　马克思主义理论整体性研究现状述评 ………………… 1

  第二节　马克思主义理论整体性研究的实践视角 …………… 17

  第三节　实践与马克思主义理论整体性研究的主要内容及其

         逻辑结构 ……………………………………………… 26

第一章　马克思主义理论及相关概念研究 ………………………… 31

  第一节　"马克思主义"概念辨析及重新界定 ……………… 31

  第二节　"马克思主义理论"概念辨析及重新界定 ………… 41

  第三节　"马克思主义基本原理"概念辨析及重新界定 …… 45

  第四节　马克思主义理论及相关概念研究的意义 ………… 49

第二章　实践与马克思主义理论创立的逻辑起点 ……………… 54

  第一节　逻辑起点的一般特征与马克思主义理论的逻辑起点 …… 54

  第二节　实践是马克思主义理论创立的逻辑起点 ………… 58

  第三节　马克思实践概念生成的客观依据 ………………… 68

  第四节　马克思实践概念的形成过程及其科学意蕴 ……… 79

  第五节　实践概念的总体性与马克思主义理论的整体性 ……… 101

第三章　实践与马克思主义理论整体的创立（一） ………… 108

  第一节　实践与马克思主义哲学的创立 …………………… 108

  第二节　实践与马克思主义政治经济学的创立 …………… 120

  第三节　实践与科学社会主义理论的创立 ………………… 124

  第四节　马克思主义理论的整体性和层次性 ……………… 128

第四章　实践与马克思主义理论整体的创立（二） …………… 143

第一节　时代实践主题的凸显与唯物史观的创立 ………… 144

第二节　唯物史观的公开问世及经典阐述 ……………… 160

第三节　恩格斯晚年对唯物史观的发展 ………………… 168

第五章　实践与马克思主义理论整体的创立（三） …………… 175

第一节　马克思早期实践与价值理论的萌芽 …………… 175

第二节　马克思价值理论的形成 ………………………… 180

第三节　价值理论的系统再现及其革命意义 …………… 204

第六章　实践与马克思主义理论整体的创立（四） …………… 212

第一节　科学社会主义理论的创立及其经典表述 ……… 212

第二节　科学社会主义的基本理论 ……………………… 221

第七章　实践的合理性与马克思主义理论的价值指归 ……… 231

第一节　实践的合理性 …………………………………… 231

第二节　马克思主义理论的价值指归 …………………… 235

第三节　马克思主义理论价值指归的真切蕴涵 ………… 238

第八章　实践的真理标准与马克思主义理论的实践功能 …… 257

第一节　两种理论、两类实践与实践的真理标准 ……… 257

第二节　真理的主体性 …………………………………… 261

第三节　真理主体性视域中的马克思主义理论的实践功能 ……… 265

第九章　当代实践与马克思主义理论整体的创新发展（一） ……… 270

第一节　科学文化实践的典型形态

　　　　——新科技革命 …………………………………… 270

第二节　物质生产实践的时代形式

　　　　——经济全球化 …………………………………… 281

第三节　当代实践对马克思主义实践理论创新发展的影响 ……… 287

第十章　当代实践与马克思主义理论整体的创新发展（二）………… 298

　　第一节　新科技革命与辩证唯物主义理论的创新发展　………… 298

　　第二节　当代实践与历史唯物主义理论的创新发展　…………… 308

　　第三节　经济全球化与马克思主义哲学的创新发展　…………… 326

第十一章　当代实践与马克思主义理论整体的创新发展（三）…… 331

　　第一节　现代实践方式与剩余价值理论的新探索　……………… 331

　　第二节　现代实践方式与剩余价值理论的新发展　……………… 352

第十二章　当代实践与马克思主义理论整体的创新发展（四）…… 356

　　第一节　科学社会主义理论的主题演进及实践发展　…………… 356

　　第二节　科学社会主义实践在当今的境遇　……………………… 362

　　第三节　科学社会主义理论创新发展的新课题　………………… 371

第十三章　实践主题的转换与马克思主义理论在中国的创新发展 … 382

　　第一节　马克思主义理论中国化的逻辑起点　…………………… 382

　　第二节　实践主题转换与马克思主义中国化的逻辑
　　　　　　进程（一）　………………………………………………… 390

　　第三节　实践主题转换与马克思主义中国化的逻辑
　　　　　　进程（二）　………………………………………………… 395

　　第四节　实践思维与中国马克思主义理论创新　………………… 416

结语　实践与马克思主义理论整体的逻辑构架………………………… 433

主要参考文献………………………………………………………………… 437

索　引………………………………………………………………………… 441

后　记………………………………………………………………………… 450

绪论 实践：马克思主义理论整体性研究的新视角

马克思主义理论学科致力于马克思主义理论整体性研究。马克思主义理论整体性研究有多重视角，本书是从实践的角度研究马克思主义理论整体性问题。那么，理论界关于马克思主义理论整体性研究取得了哪些成果？深化马克思主义理论整体性研究的主要问题是什么？为什么要从实践视角（视野）切入马克思主义理论整体性研究？实践视域中的马克思主义理论整体性主要研究哪些问题？这些主要问题有怎样的内在逻辑关联性从而彰显了马克思主义理论的整体性？

第一节 马克思主义理论整体性研究现状述评

马克思主义理论是在社会实践基础上对客观世界的正确反映，其理论自身和社会实践的整体性都对马克思主义理论的整体性研究提出了要求。对马克思主义理论整体性研究的现状予以阐述和评析，既是科学把握马克思主义理论整体性的需要，是社会主义实践对马克思主义理论发展提出的要求，也是明确深化马克思主义理论整体性研究新视角的需要，具有重要的理论意义、实践意义和学术价值。

一 什么是马克思主义理论的整体性

近年来，随着对马克思主义整体性研究的深入，理论界对马克思主义整体性的内涵的理解更加全面，从总体的高度表达了各自的马克思主义理论整体观。

（一）从马克思主义本质规定性的角度来理解马克思主义理论的整体性

有学者认为，整体的马克思主义理论的本质规定性应包括四点：一是辩证唯物主义和历史唯物主义的理论特征和理论基石，二是科学社会主义和共产主义的根本性质和社会理想，三是为无产阶级和广大人民群众谋利益的政治立场和根本宗旨，四是坚持与时俱进的理论品质。他们认为，弄清"什么是马克思主义，怎样坚持马克思主义"是理解马克思主义整体性的前提，科学认识马克思主义的方法论原则是理解马克思主义整体性的关键，把握马克思主义的内在结构及其联系是理解马克思主义整体性的途径[①]。

（二）从马克思主义的立足点、内容基础和内容主线来理解马克思主义理论的整体性

这种观点认为，马克思主义的理论整体性包括三个层次。第一层次是科学的世界观和方法论，这是马克思主义理论整体性的立足点；第二层次是整体性的内容基础，主要包括哲学、政治经济学和科学社会主义三大组成部分；第三层次是贯穿于整体性内容的主线，就阶级性而言，这条主线表现为无产阶级争取自身解放并最终解放全人类，这是思想路线；在理论上表现为对人类发展规律的揭示，这是逻辑主线。思想路线和逻辑主线的统一是马克思主义理论整体性的核心[②]。

（三）从马克思主义的内在结构出发来理解马克思主义理论的整体性

有学者认为，马克思主义理论的整体性包括了严密的逻辑结构、丰富的思想内容，还有完整的学科体系。其整体性体现为"三个内在的统一"：从逻辑框架而言，它是三个基本层次的内在统一；从基本内容而言，它是三个组成部分的内在统一；从学科建设而言，它是五个二级学科的内在统一[③]。马克思主义理论的整体性突出表现为马克思主义理论是一个不可分割的整体。还有学者从内在逻辑的角度论述了马克思主义理论的整体性："马克思主义理论整体性的内在逻辑图景，主要由四大范畴奠立：一是人，表征为马克思主义理论整体性内在逻辑的出发点；二是自然，表征为马克思主义理论整体性内在逻辑的前置范畴；三是社会，表征为马克思主义理论整体性内在逻辑的中心范畴；四是实践（社会活

---

① 张耀灿、刘伟：《关于马克思主义整体性的几点思考》，《福建师范大学学报》（哲学社会科学版）2006 年第 5 期。

② 张雷声：《从整体性角度把握马克思主义》，《甘肃社会科学》2006 年第 7 期。

③ 肖映胜：《"三个内在统一"：马克思主义整体性研究的集中体现》，《吉首大学学报》2009 年第 5 期。

动），表征为马克思主义理论整体性内在逻辑的纽带。马克思主义理论整体性正是由这种内部逻辑要素的相互链接和交互作用来架构和彰显的。"①

（四）从马克思主义三个组成部分综合的角度来理解马克思主义理论的整体性

有学者认为，马克思主义理论的整体性，就在于它是以马克思主义理论三个组成部分为基础，并贯穿于马克思主义理论三个组成部分而产生的"一以贯之"的具有综合性特点的理论。它是能够反映马克思主义的科学内涵和精神实质的理论。它是在马克思主义哲学、马克思主义政治经济学和科学社会主义三个组成部分的基础上形成的，但又不是简单地对应于这三个组成部分，而是对三个组成部分中"一以贯之"理论的高度提炼和概括②。还有学者进一步提出，唯物史观、剩余价值学说和科学社会主义既是马克思主义理论演进的三个重要环节，又从不同角度和层次阐明了马克思主义的理论主题，三者共同构成了整体性马克思主义的内在结构③。

（五）从马克思主义自身蕴涵的逻辑入手来理解马克思主义理论的整体性

有学者认为，探究人的解放和自由全面发展是马克思主义的逻辑主线，以此主线来构建整体性意义上的马克思主义理论体系，符合马克思主义理论的内在逻辑，能够反映马克思主义的整体性④。"逻辑整体性"⑤是理论形成逻辑和生成逻辑的辩证统一。

此外，近年来还有学者提出，形态研究是马克思主义理论整体性研究的重要内容，只有把马克思主义的"大众形态""学术形态""政治形态"统一起来，才能完整把握马克思主义的精神实质。他们还认为，"整体性是马克思主义的本质属性"，并在此基础上揭示了马克思主义理

---

① 郑丽娟：《略论马克思主义理论整体性的内在逻辑图式》，《湖南科技学院学报》2013年第7期。

② 张雷声：《马克思主义整体性的三个层次》，《思想理论教育导刊》2008年第2期。

③ 贾建芳：《论整体性的马克思主义》，《马克思主义研究》2015年第3期。

④ 牛先锋：《马克思主义整体性的逻辑生成和逻辑体系》，《中共中央党校学报》2011年第12期。

⑤ 郑丽娟：《马克思主义理论整体性的逻辑路向和运演》，《内蒙古社会科学》2012年第4期。

论整体性的完整图景，即马克思主义"形成"的整体性、"主题"的整体性、"理论"的整体性、"方法"的整体性、"发展"的整体性、"形态"的整体性、"功能"的整体性、"叙述"的整体性的完整图景①。

综上所述，马克思主义整体性的内涵是多方面的。马克思主义理论整体性是三个组成部分的内在统一，逻辑结构的严密统一，二级学科的完整统一，科学内涵和精神实质的统一。马克思主义整体性是马克思主义不可分割的、与时俱进地发展着的整体。

二　为什么研究马克思主义理论的整体性

在不同的历史时期，我党反复强调坚持马克思主义基本原理，坚持将马克思主义基本原理与中国具体情况相结合。我们需要进一步追问：我们要坚持的马克思主义基本原理是什么？只有完整准确地把握马克思主义理论，才能坚持马克思主义理论的本质规定性、基本原理和基本特征，并在不断推进马克思主义中国化的进程中发展马克思主义理论。如果不能从整体上把握马克思主义理论，就无法正确理解马克思主义的精神实质，在实践中就会犯大错误②。因此，加强对马克思主义整体性的研究具有重要的理论和现实意义。

（一）马克思主义本真精神的彰显

首先，对马克思主义理论的肢解和误解，需要对马克思主义理论的整体性进行研究。例如，对马克思主义进行分门别类的研究，损害了马克思主义的整体性；刻意制造马克思主义内部的各种对立，破坏了马克思主义的整体性；将马克思主义分割为革命和建设两个孤立的部分，削弱了马克思主义的整体性；对马克思主义基本理论观点进行片面的、过度的或错误的阐释，割裂了马克思主义的整体性③。其次，研究马克思主义理论的整体性是对传统三分法缺陷的弥补。有学者认为："马克思主义在其传播和发展过程中，由于其框架体系新增了许多元素，衍生出了

---

① 韩庆祥、邱耕田、王虎学：《论马克思主义的整体性（上）》，《哲学研究》2012 年第 8 期；韩庆祥、邱耕田、王虎学：《论马克思主义的整体性（下）》，《哲学研究》2012 年第 9 期。

② 刘林元：《关于什么是马克思主义基本原理的一种认识》，《学习论坛》2009 年第 7 期。

③ 梁树发、黄刚：《马克思主义整体性研究综述》，《重庆社会科学》2008 年第 9 期。

新的线索和诉求，某种分谱系繁衍或'分延'的现象便发生了，主要体现为门类性态、对立性态、割裂性态、断取性态等四大性态，以及对思想发展进程的划断、对理论内容的分解、对思想逻辑的割裂等三大形式。"① 不少学者认为，"三分法"不能涵盖马克思主义理论的全部②，"三分法"的理解模式不符合经典作家的本意③，"三分法"不利于完整准确地把握马克思主义理论④。此外，从理论与实践相结合的角度看，整体性是马克思主义理论内容和体系的固有属性，研究此问题在理论上和实践中具有双重必要性。有的学者认为，要准确把握马克思主义的精神实质，准确提炼马克思主义理论的表述，必须着眼马克思主义理论的整体性，即它的逻辑与历史的统一，尤其是它的理论与实践统一的整体性⑤。

（二）研究马克思主义理论的整体性有其现实需要

有学者认为，加强对马克思主义整体性的研究，不仅是全面、准确地把握马克思主义基本原理的需要，也是指导我国改革开放和现代化建设的需要。只有从整体上理解和把握马克思主义，才能够分清哪些是马克思主义的基本原理，哪些是马克思主义经典作家针对特殊情况做出的个别结论，哪些是根据变化了的情况需要发展的马克思主义理论，哪些是后人附加到马克思主义的错误观点，以此正确指导我国改革开放和现代化建设⑥。还有学者认为，从整体上把握马克思主义，不仅是课程教学的需要，还是学科建设和发展的需要，学科的研究如果没有关于马克思主义基本原理整体性的观念，就很难有马克思主义基本原理的科学研究成果，也很难培养出马克思主义基本原理的人才。另外，这也是当今

---

① 钟明华：《马克思主义理论整体性问题的发生学解读》，《南京大学学报》（哲学·人文科学·社会科学）2015 年第 4 期。

② 高放：《加强对马克思主义科学的整体研究》，《马克思主义与现实》2005 年第 2 期。

③ 逄锦聚：《研究和把握马克思主义整体性》，《马克思主义研究》2008 年第 6 期。

④ 肖巍：《创新马克思主义整体性研究的视角和方法》，《思想理论教育导刊》2008 年第 2 期。

⑤ 李德顺：《关于马克思主义基本原理的追问和思考——从一个平常问题谈起》，《马克思主义研究的前沿问题》第 10 卷，社会科学文献出版社，2006，第 14 页。

⑥ 逄锦聚：《研究和把握马克思主义整体性》，《马克思主义研究》2008 年第 6 期。

推进马克思主义大众化的需要①。

（三） 马克思主义理论的内在要求

从马克思主义自身的体系构成来看，马克思主义的各个组成部分及其所包含的基本原理和原则的内在联系使之构成了不可分割的整体。有学者认为，马克思主义整体性研究契合马克思主义经典作家的整体性思想，是马克思主义理论自身特点所决定的②。还有学者认为，马克思主义从内容上讲是共产主义运动的理论表现形态，这种运动所具有的具体的、整体的性质，规定了这种学说的整体性质。该整体性质在马克思主义内容上表现为实践唯物主义和共产主义是一种有机统一的关系，整个马克思思想的发展历程也表明了这种整体性，并提出马克思主义的整体性源于它的方法论③，并就哲学思想与共产主义之间的关系、自由与必然、现实的个人与人的本质的历史变化等几个方面论证了马克思主义的整体性④。

三　如何研究马克思主义理论的整体性

有学者首先提出了进行马克思主义整体性研究应当遵守的三个原则：一是要在理论创新中实现理论与实践的具体的、历史的统一。二是理论创新要将文本研究和现实研究结合起来。三是要在理论创新中尊重无产阶级和劳动人民的首创精神⑤。

还有学者创新性地指出了马克思主义整体性研究应包括的内容。马克思主义理论的整体性研究，大致可以包括发展史、方法论、文献学、传播学、本土化和时代性这几个方面，这些研究可以涵盖马克思主义理论一级学科及所有二级学科的内容。从类型上看，发展史、方法论属于前提性研究，文献学、传播学属于支持性研究，本土化、时代性属于拓

---

① 张雷声：《"马克思主义基本原理体系研究"笔谈》，《思想理论教育导刊》2011 年第 6 期。
② 郑海呐、王同起：《马克思主义整体性研究的多维度阐释》，《求索》2008 年第 1 期。
③ 王贵明：《论马克思主义的整体性》，《南京社会科学》1999 年第 10 期。
④ 王贵明：《马克思主义整体性体性的几个问题》，《探索》2001 年第 3 期。
⑤ 张云飞：《理论和实践的统一：马克思主义整体性的内在机理和科学要求》，《思想理论教育导刊》2008 年第 5 期。

展性研究①。更多的学者则从不同的视角和方法上对马克思主义整体性进行了研究。

（一）　从世界观、方法论相统一的角度来研究其整体性

有学者认为，世界观、方法论是马克思主义基本原理的核心内容和根本特征，是贯穿马克思主义基本原理始终的"灵魂"。世界观、方法论虽有差别但在根本上是统一的。世界观、方法论的统一显现了马克思主义基本原理的理论整体、逻辑整体、历史整体和方法整体。从马克思主义基本原理三个层次由抽象到具体的发展，以及它们之间的相互联系性来看，世界观、方法论的统一展现了马克思主义基本原理的理论整体；从客观世界、人、人类社会发展的逻辑关系和唯物史观、剩余价值学说、共产主义理论的逻辑关系来看，世界观、方法论的统一表现了马克思主义基本原理的逻辑整体；从马克思主义基本原理的形成和发展过程来看，世界观、方法论的统一体现了马克思主义基本原理的历史整体；从"三个统一"的运用来看，世界观、方法论的统一凸显了马克思主义基本原理的方法整体②。

（二）　从马克思主义的形成过程来研究和把握其整体性

首先，从马克思主义理论的历史发生学角度理解，有学者认为，从现实入手是马克思研究的起点，马克思主义的创立缘于马克思刚刚走向社会时遇到的社会困惑使其产生的理论信仰危机，这决定了马克思终生从事理论研究的最终目的，即为认识和改造现实资本主义社会、建设理想社会创立科学理论。这一目的是统领其哲学、经济学、政治学、历史学、文化学、人类学研究的根本目的。马克思的研究所涉及的学科领域广泛，但主要是三大主题：一是如何看待资本主义，二是取代资本主义的社会主义和共产主义是个什么样，三是如何实现社会主义和共产主义。这也是马克思从事理论研究的思想逻辑和心路历程③。

其次，从马克思主义创始人理论活动的全部实践过程来看，马克思

---

① 肖巍：《创新马克思主义整体性研究的视角和方法》，《思想理论教育导刊》2008年第2期。

② 张雷声：《从世界观、方法论相统一角度研究马克思主义基本原理整体性》，《马克思主义研究》2012年第4期。

③ 何怀远：《马克思主义理论整体性的历史发生学解读》，《哲学研究》2006年第6期。

恩格斯积极投身创立无产阶级政党、组织无产阶级队伍的活动，同工人运动中的各种机会主义思潮进行了不懈的斗争。在此基础上形成的马克思主义，从一开始就成为无产阶级反对资产阶级的强有力的思想武器。这个思想武器，不是支离破碎的，而是一个以科学的世界观和方法论一以贯之的严整的体系①。

再次，从马克思主义理论体系形成的历史进程来看其整体性。有学者认为，从马克思主义理论形成的历史进程中可以看出：①马克思和恩格斯在哲学领域内实现的革命变革是在其对政治经济学和空想社会主义学说深入研究的基础上实现的。②唯物史观的创立又为马克思主义的政治经济学和科学社会主义理论的形成提供了科学的历史观和方法论。③对政治经济学和科学社会主义学说的研究又进一步证明和丰富了唯物史观，从而使得马克思主义理论成为一个严整的科学理论体系②。

最后，从马克思主义形成的思想来源层面被来看其整体性。受列宁的《马克思主义三个来源和三个组成部分》的影响，似乎马克思的思想根基主要与德国古典哲学、英国古典经济学和法国空想社会主义理论相关。但是，有学者认为，这种看法无视了古希腊—罗马的古典思想、基督教传统乃至18世纪末兴起的浪漫主义对马克思心灵的滋养。实际上，离开西方古典和西方传统思想，便无法贴切地理解马克思③。对此另有学者也认为，对马克思主义理论三个来源观点的研究，还需要不断加以拓展和深化④。进一步而言，对于马克思主义理论形成的思想背景，既不能局限于三个来源，又不能对三个来源与三个组成部分之间的关联进行过度的阐释，马克思主义形成的思想来源理应被纳入整个西方文化背景和西方哲学史的发展轨迹中来考察。

（三）从马克思主义的层次结构来研究其整体性

还有学者认为，马克思主义不仅具有显性的板块结构，即马克思主

---

① 逄锦聚：《研究和把握马克思主义整体性》，《马克思主义研究》2008年第6期。
② 王良铭：《从马克思主义理论体系形成的历史进程看其整体性》，《江苏社会科学》2007年第3期。
③ 〔英〕伯尔基：《马克思主义的起源》，伍庆等译，华东师范大学出版社，2007，第3页。
④ 奚广庆：《关于马克思主义整体研究的几点看法》，《华东理工大学学报》（社会科学版）2007年第4期。

义哲学、政治经济学和科学社会主义三个部分，而且具有隐性的层次结构，即根本方法、基本原理和具体论断三个层次。其中根本方法是统摄和贯穿马克思主义的灵魂，基本原理是马克思主义的骨骼，具体论断是马克思主义研究具体问题的观点、结论。这三个层次在马克思主义体系结构中的意义不同。第一个层次适用范围最广，也最具稳定性；第二个层次依据每个基本原理的普遍性程度而具有不同程度的适用范围和相应的稳定性；而第三个层次的具体论断适用范围最窄，稳定性最差。马克思主义作为普遍真理，指的是第一个层次和第二个层次中具有最高普遍性的基本原理，绝不是第三个层次的具体论断。因此，认识马克思主义的层次结构是全面准确理解马克思主义的必要环节①。也有学者认为，马克思主义理论学科的整体性、马克思主义理论研究方法的整体性和马克思主义理论自身的整体性，三者共同构成了马克思主义理论整体性研究的层级体系，马克思主义理论整体性研究关键就在于揭示马克思主义理论自身的整体性②。

（四）从马克思主义的革命性与科学性的统一来研究和把握其整体性

从革命性与科学性统一的角度来理解，马克思主义是包含四个最根本、最核心内容的严整体系。一是科学的世界观和方法论。辩证唯物主义与历史唯物主义是马克思主义最根本的世界观与方法论，也是马克思主义科学体系的哲学基础。二是最鲜明的政治立场。马克思主义政党的一切理论和奋斗都应致力于实现最广大人民的根本利益，这是马克思主义最鲜明的政治立场。三是最重要的理论品质。坚持一切从实际出发，理论联系实际，实事求是，在实践中检验真理和发展真理，是马克思主义最重要的理论品质。四是最崇高的社会理想。实现物质财富的极大丰富、人民精神境界的极大提高、每个人自由而全面发展的共产主义社会，是马克思主义最崇高的社会理想。以上四个方面，包括了马克思主义的最基本内容，体现了马克思主义的基本立场、基本观点和基本方法，从总体上把握的马克思主义③。

---

① 王彦深、吴鹏：《关注马克思主义的层次结构》，《河北学刊》2005 年第 2 期。
② 顾钰民：《关于马克思主义整体性研究的思考》，《思想理论教育导刊》2008 年第 2 期。
③ 逄锦聚：《马克思主义整体性研究》，经济科学出版社，2012，第 8 页。

（五）从构建马克思主义基本著作的内容来把握其整体性

马克思主义涉及众多学科门类，它们所包含的内容虽然侧重点不同，但都是马克思主义科学世界观和方法论的体现，都是贯穿人类社会发展普遍规律的学说，都是关于社会主义必然代替资本主义的学说。从马克思主义经典著作的主要内容来看，马克思主义的整体性更为明显。一般认为，《共产党宣言》是马克思主义形成的标志，而《共产党宣言》的理论内容几乎涵盖了马克思主义的各个重要方面。其他著作也大多如此。所以，从马克思主义经典著作的全部内容看，马克思主义是严谨而完整的理论体系，从整体上理解和把握马克思主义是符合马克思主义本来面貌的。[①]

（六）从马克思主义的创新性与实践性来研究和把握其整体性

马克思主义是开放的发展的学说，创新性是马克思主义的重要特征。马克思主义不仅指马克思恩格斯创立的基本理论、基本观点和学说的体系，也包括后人对它的发展。中国化的马克思主义与马克思列宁主义一脉相承，将马克思主义的基本原理与中国的具体实践紧密结合，创造性地发展了马克思主义。马克思主义理论的整体性是由马克思主义理论的实践性决定的。马克思和恩格斯所处的时代正值欧洲国家的社会转型时期，他们全部的理论努力在于认识和把握这个转型的过程，特别是剖析现代资本主义生产方式乃至整个资本主义社会经济、政治和文化结构，揭示其内在矛盾、客观规律和动态趋势，由此探索无产阶级解放和人类解放的动力、途径和方法，并为这一运动提供指导思想和政策策略。如果从马克思所说的"改变世界"的角度来理解马克思主义理论，马克思主义理论必然是整体的，因为它所面对的实践问题是具体的、整体的[②]。

此外，近年来还有学者提出，要将马克思主义经典著作、马克思主义发展史、马克思主义基本原理三者结合起来研究马克思主义整体性。其中，马克思主义经典著作是依据，马克思主义发展史是前提，马克思主义基本原理是基础，只有依托经典著作，做到论从史出、史论著结合，

---

① 逄锦聚：《研究和把握马克思主义整体性》，《马克思主义研究》2008 年第 6 期。
② 逄锦聚：《研究和把握马克思主义整体性》，《马克思主义研究》2008 年第 6 期。

才能真正把握马克思主义及其整体性的精神实质①。还有学者认为，整体性马克思主义的主要范畴和核心概念是"人的解放"和"人的自由全面发展"，马克思主义基本原理都是关于实现人的解放和发展的过程和条件的结论和观点，其中的任何一个结论和观点都要放在整体性理论的逻辑结构中来看，对这些结论和观点的运用都要以时空条件为转移。离开整体性马克思主义的内在逻辑，从马克思主义理论大厦中拿出这样那样的结论或观点，适应一时之需，无论是对于马克思主义还是对于实践都会造成这样那样的问题。理论与实践都要求我们从整体上把握马克思主义基本原理及其逻辑联系②。

总之，当前学界从多个视角对马克思主义理论的整体性进行了探讨，深化了对马克思主义理论的认识，极大地推动了马克思主义理论整体性问题的研究。但是，毋庸讳言，当前的讨论还存在很多分歧，难以达成比较一致的意见，这表明对该问题的研究还有待进一步深化。完整准确地理解马克思主义，必须反对两种错误的态度，一种是教条主义态度，另一种是功利主义态度。从理论层面上，要从马克思主义基本原理、马克思主义经典著作、马克思主义发展史的视角去研究；从实践层面上，要加强马克思主义理论整体性建设的"学科意识"，从思想政治理论三门课之间的关系、马克思主义理论一级学科下的六个二级学科之间的关系去研究；从方法论上，要改进研究方法，拓展思维限度，丰富研究内容，借鉴有益成果，包括借鉴国外马克思主义理论的研究成果。

四　西方马克思主义与马克思主义理论整体性研究

西方马克思主义作为马克思主义发展史大背景中一股重要的思想潮流，学派众多、内容丰富，对马克思主义整体性的理解也不尽相同。因此，阐明西方马克思主义的关于马克思主义的主要观点，对马克思主义理论整体性研究具有借鉴意义。

（一）"西方马克思主义"与马克思主义理论的关系

有学者提出对"西方马克思主义"与马克思主义之间关系的认识，

---

① 任琳：《马克思主义整体性的"三位一体"说》，《学术论坛》2013 年第 2 期。
② 贾建芳：《论整体性的马克思主义》，《马克思主义研究》2015 年第 3 期。

经历的是由把"西方马克思主义"视为马克思主义的"异端"到马克思主义的一个流派，再到具有独特价值的马克思主义解释与发展的形态的发展过程①。也有学者从考察西方马克思主义理论自身发展过程的角度提出，西方马克思主义与马克思主义的关系经历了从修正、补充到背离的过程，而且其正与马克思主义渐行渐远②。有学者认为，"西方马克思主义"研究，直接说来，是一个关于"西方马克思主义"整体或其个别流派、人物、著作、观点是不是马克思主义或马克思主义者的认识与评价问题；从根本上说，则是一个怎样认识和对待马克思主义的问题，一个关于马克思主义发展的过程、经验和规律的认识问题，一个马克思主义观问题③。对此，学者们也做了如下探讨。

第一，西方马克思主义对马克思主义整体性内容的丰富。学者指出，西方马克思主义理论家们把马克思主义作为自己主要的思想资源，同时宣扬马克思主义的开放性、多元化，主张用各种西方社会哲学思潮来解释、补充和重构马克思主义。西方马克思主义既批判资本主义、工业文明，又批判苏联社会主义、正统马克思主义；从总体上看，它是一种体系庞杂、观点各异的非正统马克思主义与非马克思主义混杂的、具有国际性影响的社会思潮④。也有学者认为，当代西方马克思主义的理论大体包括对马克思主义哲学理论真谛的反思和重建、对当代资本主义新变化的研究、对现实社会主义的反思和对西方社会主义革命道路探寻三个部分⑤。

第二，西方马克思主义的批判性对马克思主义批判精神的继承。有学者指出，在西方马克思主义内部，所有不同的流派都共同分享了马克思主义的批评精神和辩证法思想，尽管它们在许多方面告别了马克思恩

---

① 梁树发、黄刚：《改革开放30年来我国学者关于马克思主义认识的发展——从"西方马克思主义"与马克思主义关系的认识谈起》，《学术研究》2009年第4期。
② 刘宏元：《修正、补充、背离——论西方马克思主义的流变》，《理论探讨》2006年第1期。
③ 梁树发、黄刚：《改革开放30年来我国学者关于马克思主义认识的发展——从"西方马克思主义"与马克思主义关系的认识谈起》，《学术研究》2009年第4期。
④ 王凤才：《关于西方马克思主义观的几个问题》，《济南市社会主义学院学报》2002年第2期。
⑤ 夏建平：《论西方马克思主义》，《学术论坛》2006年第4期。

格斯的基本观点①。虽然这些流派存在很多差异，但其批判精神是共同的，并能够运用新的理论成果、结合新的历史实践对马克思主义进行新的理论阐释和解读，不断丰富马克思主义的具体内容，努力使马克思主义成为批判发达资本主义的思想武器②。

（二）西方马克思主义对马克思主义理论整体性研究的积极意义

学者们普遍认为，西方马克思主义对理解和发展马克思主义、丰富马克思主义整体性研究具有重要的积极意义。

第一，挑战了第二国际和正统马克思主义，回到了马克思的文本，开辟了马克思主义的新解释路径。有学者提出，西方马克思主义在对传统马克思主义的重新反思方面的确说了"新话"，打开了人们重新理解马克思的开放空间③。西方马克思主义关于马克思主义整体性问题的论述有一定的新意。例如，作为西方马克思主义的创始人之一，卢卡奇反对第二国际的马克思主义者把马克思的哲学还原为"经济决定论"，强调要从整体上对"什么是正统马克思主义"作重新理解。在卢卡奇看来，所谓正统的马克思主义，是指坚持马克思主义的基本方法，即"总体性"辩证法的马克思主义。卢森堡认为："马克思的创造作为科学成就来说，本身就是一个巨大的整体。"柯尔施认为，在马克思主义理论中，马克思主义认识论的核心应该就是这种关于总体对于局部、抽象对于具体的优越性的原则。葛兰西反对经济唯物主义和经济决定论，强调"总体性"的优先地位，并把它运用到社会历史领域中，形成了他的总体性的社会历史观④。

第二，注重资本主义发展现状和时代特征，研究新问题，拓宽了马克思主义研究的视野。有学者指出，西方马克思主义强化了马克思主义哲学的自我批判意识，这对于我们今天开放地、动态地理解马克思主义、

---

① 胡大平：《西方马克思主义哲学概论》，北京师范大学出版社，2010，第6页。
② 杨斌、黄明理：《马克思主义观研究综述（上）》，《河海大学学报》（哲学社会科学版）2012年第2期。
③ 任洁：《论西方马克思主义在马克思主义发展史上的理论地位》，《观察与思考》2013年第8期。
④ 参见赵秀娥《马克思主义整体性研究》，博士学位论文，中共中央党校，2014，第11～12页。

基于自己时代特征发展马克思主义具有重大的警示作用①；它扩展了马克思主义的理论视野，深化了对历史发展辩证机制的理解，也为今天的马克思主义整体性的研究提供了重要的理论资源②。

第三，立足本土，丰富了马克思主义本土化和民族化的内容。有学者指出，从西方马克思主义的众多形态来看，它是马克思主义与西方各国各民族社会具体历史条件、文化传统相结合的，是马克思主义的具体化、本土化和民族化③。

总之，学者们认为，西方马克思主义为马克思主义理论的整体性研究提供了现实借鉴和理论启示：反思教科书体系，把马克思主义作为一个理论整体来对待；反思学院式研究，增强马克思主义理论研究的实践导向；提升问题意识，强化马克思主义的自身批判功能；关照社会现实，凸显马克思主义对时代问题的整体回应④。

（三）西方马克思主义对发展马克思主义理论整体性的局限

虽然西方马克思主义对马克思主义的理解和发展有积极的一面，但是同时许多学者也指出，西方马克思主义本身是积极与消极因素、正确与错误倾向混筑而成的历史性理论探索。因此，我们必须认真地对待其重大局限⑤。

第一，学者们指出，西方马克思主义没有践行其理论的政治主体和力量。这是对马克思主义整体性基本原则——理论和实践相统一原则的严重背离⑥。总体来看，"西方马克思主义"是脱离实践的，它很难促成改变资本主义现实的实际运动和力量。就此而言，即使其理论是马克思

---

① 张一兵、胡大平：《西方马克思主义哲学的历史逻辑》，南京大学出版社，2003，第22页。
② 胡大平：《西方马克思主义哲学概论》，北京师范大学出版社，2010，第15～16页。
③ 参见赵秀娥《马克思主义整体性研究》，博士学位论文，中共中央党校，2014，第133～134页。
④ 参见赵秀娥《马克思主义整体性研究》，博士学位论文，中共中央党校，2014，第136～137页。
⑤ 张一兵、胡大平：《西方马克思主义哲学的历史逻辑》，南京大学出版社，2003，第22页。
⑥ 参见赵秀娥《马克思主义整体性研究》，博士学位论文，中共中央党校，2014，第134页。

主义的，而从实践看，它不可能是完整的和彻底的①。

第二，学者们指出，许多西方马克思主义理论家以理论取代实践，以哲学取代科学②。西方马克思主义一个很重大的缺陷在于大多数理论家把思想局限于纯理论探讨之中，把理论探讨局限于哲学问题之中，把哲学问题消解在现实不可解救的深渊之中，从而不仅使自己陷于理论的背反中，同时也陷入现实的绝望中。

第三，学者们指出，西方马克思主义具有多变性并陷入了片面化。西方马克思主义各流派的观点、侧重点都在不断地变化之中，没有形成观点一致的思想体系。不仅在不同思潮的理论家之间缺乏交流，甚至属于同一倾向的理论家之间也发生着不同意见的激烈争论。他们或者强调马克思主义批判性，如人本主义的西方马克思主义；或者强调马克思主义科学性，如科学主义的西方马克思主义。但这些都割裂了马克思主义批判性与科学性的统一，同时，他们还把早年马克思与晚年马克思、马克思与恩格斯、马克思恩格斯与列宁对立起来，陷入了片面化③。

总之，西方马克思主义理论具有复杂性，其对马克思主义理论整体性的意义不可一概而论，需要认真分析、甄别对待。

综上所述，我国理论界在马克思主义理论整体性研究方面取得了丰硕成果，西方马克思主义对马克思主义研究的一些观点对我们研究马克思主义理论整体性问题也有一定的借鉴意义，特别是在马克思主义理论是一个"艺术的整体""一块整钢"等问题上达成了共识。这样的共识，为进一步研究提供了宝贵的思想资料。因此，现在深化马克思主义理论整体性研究的任务，主要是研究马克思主义理论是怎样的整体，其内在的逻辑联系是怎样的，特别是这个理论整体是如何生成的，生成马克思主义理论整体的原因、依据是什么。

具体而言，马克思主义理论整体性研究，需要在以下几个方面深化研究。一是概念内涵的明晰及研究问题域的确定问题。问题是研究的出

①　梁树发、黄刚：《改革开放30年来我国学者关于马克思主义认识的发展——从"西方马克思主义"与马克思主义关系的认识谈起》，《学术研究》2009年第4期。

②　孙伯鍨、侯惠勤：《马克思主义哲学的历史和现状》，南京大学出版社，2004，第828页。

③　王凤才：《关于西方马克思主义观的几个问题》，《济南市社会主义学院学报》2002年第2期。

发点，而概念内涵的明晰是确定问题的边界、深化研究的基础。因此，我们的研究，首先要明确我们讨论的概念及问题域。现有研究成果有将"马克思主义"与"马克思主义理论"并论、将"马克思主义整体性"与"马克思主义理论整体性"相等同的分析范式①。尽管这样的分析范式有一定的依据，在特定的语境中也有一定的合理性，但我们还是认为，应该将"马克思主义"与"马克思主义理论"、"马克思主义整体性"与"马克思主义理论整体性"严格区别开来，它们的内涵及其确立的问题域是不同的。有学者已经阐述了"马克思主义"与"马克思理论"的区别及联系②，但还有进一步研究的必要和空间：如何界定马克思主义理论整体性研究的概念之意？二是在整体性上奠定马克思主义理论的逻辑起点，或者说马克思主义理论逻辑起点的整体性问题。毫无疑问，马克思恩格斯从事理论创作所面对的现实问题是多种多样的，但这并不意味着马克思主义理论的逻辑起点是多种多样、杂乱无章的。事实上，马克思主义理论是历史与逻辑相统一的整体。那么，作为整体性的马克思主义理论，其诞生的逻辑起点是什么？或者说，如何确立马克思主义理论的逻辑之基？三是在整体性上揭示马克思主义理论的内在逻辑关联性，即马克思主义理论内容的整体性问题。作为水乳交融、"一块整钢"的马克思主义理论，内容多样、层次分明，是整体性与层次性、统一性与多样性的统一体。那么，马克思主义理论各部分之间有怎样的逻辑关联性？其内在统一性是什么？贯穿于马克思主义理论的逻辑主线是什么？或者说，如何阐述马克思主义理论的逻辑之线？四是在整体上揭示马克思主义理论最显著的特征和最重要的功能，即价值指归和实践功能的整体性问题。作为人类文明的一个典型形态，特别是开创了工人阶级解放胜利学说及其实践历程的崭新理论，马克思主义理论有什么最显著的特征？与其他理论相比，马克思主义理论最重要的功能是什么？或者说，通过什么标志将马克思主义理论与其他理论区别开来？马克思主义理论

---

① 参见赵秀娥《马克思主义整体性研究》，博士学位论文，中共中央党校，2014；逄锦聚、李毅《对什么是马克思主义的科学阐释——马克思主义整体性解读》，《思想理论教育导刊》2008 年第 1 期；周向军、高奇《关于马克思主义的五个重要问题》，《山东师范大学学报》（人文社会科学版）2014 年第 5 期。

② 参见王建刚《"马克思主义"和"马克思理论"概念辨析》，《思想政治教育研究》2014 年第 6 期。

在价值指归上有什么特殊性？五是在整体性上确立马克思主义理论在中国创新发展的内在依据，即创新发展的整体性问题。马克思主义理论是"一块整钢"，马克思主义理论的具体表现形式又是多样的，其中包括中国马克思主义理论。那么，如何认识中国马克思主义理论与马克思主义理论的关系？它们是形态与形态的并列关系，还是整体与部分的涵盖关系？或者说，如何奠定马克思主义理论不同表现形式的整体性基础？如何认识马克思主义理论创新发展的整体性？六是在整体性上说明马克思主义理论学科内在关联性的学理基础。马克思主义理论一级学科有六个二级学科，它们之间必定具有统一整体之内的关联性。此外，六个二级学科又各有自己的研究特色。那么，如何认识"特色多样"的"关联性"？或者说，马克思主义理论的"逻辑之线"如何体现在六个二级学科之中？用什么"打通"并表示其关联性？马克思主义理论学科整体性统一的基础是什么？

我们认为，回答上述问题，深化马克思主义理论整体性研究应该从实践的角度切入，全面地揭示和系统地探讨实践与马克思主义理论整体性的内在关联性。

第二节　马克思主义理论整体性研究的实践视角

实践是马克思主义理论的总体性概念。科学的实践观是马克思主义理论与以往一切理论的分水岭。深化马克思主义理论（不仅仅是马克思主义哲学）整体性研究，必须从实践出发。"马克思主义研究不仅是一个严肃的学术研究工作，而且是最具实践性的学术研究工作。在人类思想史上，从来没有一种学说像马克思主义这样曾经改变和正在改变整个世界的格局，改变一个社会的社会结构，改变人类学术思想的理论思维方式。"[①] 这就是说，对具有浓郁改变世界实践功能的马克思主义进行严肃的学术研究，必须突出实践意识，彰显其科学性和实践性。依此之意，彰显马克思主义理论（不仅仅是马克思主义哲学）的科学性和实践性，

---

① 陈先达：《当前马克思主义研究需注意的几个问题》，《北京日报》2013 年 4 月 27 日，第 18 版。

同样是马克思主义理论整体性研究的学术指归。马克思主义理论整体性研究，主要研究的是马克思主义理论逻辑起点整体性、理论内容整体性、价值指归整体性、实践功能整体性和创新发展整体性等问题。从实践出发，可以更好地解答这些问题，奠定马克思主义理论整体性的逻辑基础，阐明贯穿于马克思主义理论体系之中的逻辑主线，揭示马克思主义理论最显著的特征和最重要的功能，确立马克思主义理论在中国创新发展的内在依据，说明马克思主义理论学科内在关联性的学理基础。

一　实践是马克思主义理论整体性的逻辑基础

马克思主义理论整体性是以其逻辑起点整体性为根基的。揭示马克思主义理论的逻辑基础是研究马克思主义理论整体性的先导和基础。只有在逻辑起点整体性的基础上，才能深刻认识和全面把握马克思主义理论的整体性。恩格斯说：“历史从哪里开始，思想进程也应当从哪里开始，而思想进程的进一步发展不过是历史过程在抽象的、理论上前后一贯的形式上的反映。”① 研究和论述世界普遍本质和一般规律的理论，其内在的各个组成部分都应该具有必然的逻辑关联性，从而形成一个具有内在逻辑的、环环相扣的有机统一整体。这样的理论体系是以“奇点”②为逻辑基础或逻辑起点的，其整体中的各个组成部分都是由“奇点”自身的内在要素衍生而成的。马克思主义理论就是这样的理论。那么，马克思主义理论的“奇点”是什么？是实践。

作为时代精神的菁华，马克思主义理论“生成”于实践。所谓“生成”，即创立、诞生和基本形成之意。实践是马克思主义理论的逻辑之基。这里有两层含义。一是从现实上看，以工人阶级实践活动为典型形态的改变世界的客观实践活动，是马克思主义理论生成和发展的现实实践基础；二是从理论形态上看，经由马克思创新了的实践概念③，是整

---

① 《马克思恩格斯文集》第 2 卷，人民出版社，2009，第 603 页。

② 这里的“奇点”是借用“大爆炸理论”的概念。该理论认为宇宙（时间—空间）是从这一“点”的“大爆炸”后而膨胀形成的。奇点是一个密度无限大、时空曲率无限高、热量无限高、体积无限小的“点”。

③ 参见夏建国《论马克思实践概念的生成逻辑》，《思想理论教育导刊》2013 年第 3 期。该文认为：“实践是人自觉能动地在一定规范的制约和制导下展开的现实的感性的具体的活动。”

个马克思主义理论大厦的奠基石。或者说，马克思主义理论体系是建立在实践概念基础之上的。与此同时，以实践为奠基石，亦深刻地揭示了马克思主义理论与时俱进、丰富发展的时代主题。

毋庸赘述，就现实的实践条件而言，马克思主义理论是适应时代的工人阶级实践需要而诞生的。"因为马克思首先是一个革命家。他毕生的真正使命，就是以这种或那种方式参加推翻资本主义社会及其所建立的国家设施的事业。参加现代无产阶级的解放事业，正是他第一次使现代无产阶级意识到自身的地位和需要，意识到自身解放的条件。"① 马克思主义理论生成于实践、指导实践并在实践中丰富发展。这就是说，马克思主义理论形成于时代的实践需要，在实践中被检验和证明其真理性，指导以工人阶级为代表的实践主体认识世界、改变世界的实践活动，并在新的实践中不断发展，与时俱进。

就思维方式而论，以现实问题为导向的实践思维是马克思主义理论创立的逻辑基础。一方面，马克思主义面向实践，认识世界，在实践中形成，经过实践的检验，在实践中不断发展；另一方面，马克思主义指导改变世界的实践活动，"而且对实践的唯物主义者即共产主义者来说，全部问题都在于使现存世界革命化，实际地反对并改变现存的事物"②。因此，实践的观点成为马克思主义理论首要的和基本的观点。实践概念的创新和科学实践观的确立是马克思主义理论创立的"奇点"。可以说，整个马克思主义理论大厦都是以实践概念为原点而创建起来的。实践是马克思主义理论永葆青春的源头活水和不竭动能。

二 实践是贯穿于马克思主义理论体系之中的逻辑主线

马克思主义理论是"艺术的整体""一块整钢"的论断是我国理论界的普遍共识。那么，如何理解马克思主义理论的统一性或整体性？马克思主义理论统一于什么？马克思主义理论是如何实现统一的？其统一的内在逻辑主线是什么？或者说，将马克思主义理论在整体上"打通"的精髓是什么？贯穿于马克思主义理论整体之中的"脊梁"是什么？我

---

① 《马克思恩格斯文集》第3卷，人民出版社，2009，第602页。
② 《马克思恩格斯文集》第1卷，人民出版社，2009，第527页。

们认为，最具担当马克思主义理论"精髓"和"脊梁"资格的是实践。马克思主义理论是由实践这一"奇点"衍生而成的。马克思主义理论的逻辑之基是实践，实践理所当然亦是马克思主义理论"一块整钢"统一性的逻辑主线。

如前所述，实践是马克思主义理论整体性的逻辑基础。正是实践这一逻辑出发点，构成了马克思主义整个理论体系的逻辑主线①。马克思主义理论非常严谨，实现了深邃思想和精辟分析的高度统一，而一以贯之的是实践。作为世界观和方法论的马克思主义哲学，是对世界及其三大组成部分——自然、社会和思维——普遍本质和一般规律的认识。在马克思主义哲学视域中，人与世界的关系是以实践为中介、为纽带的。因此，自然进化、社会发展和认识进步，都能够在实践发展中寻求到答案。这样，马克思主义哲学便在唯物主义原则的基础上建构起了唯物论与辩证法及唯物辩证的自然观、社会历史观和思维观相统一的彻底的唯物论，也使得实践主体拥有了实践功能和改变世界的历史使命。这样的唯物主义找到了创造人类历史的实践主体，肯定了人民群众历史创造者的主体地位，从而为肯定工人阶级在资本主义社会中的创造作用、建构共产主义社会奠定了哲学基础。马克思主义政治经济学进一步将工人阶级在资本主义社会中的创造作用的实践理论系统化。科学社会主义理论是马克思主义理论的根本目的和归宿。

此外，正是实践这一逻辑出发点，形成了马克思主义整个理论体系的开放性。从这个逻辑出发点出发，马克思恩格斯建构了面向具体现实问题的、人民群众社会实践的、开放的、与时俱进的理论体系，从而打破了建立完备而封闭体系的"体系思维"，为马克思主义走向世界和未来发展开辟了广阔的思想道路和无限的理论空间。也只有与本国国情相结合、与时代发展同进步、与人民群众共命运，马克思主义理论才能深入生活，深入实践，走向世界，走向未来。

三 实践是马克思主义理论的显著特征和重要功能

一般而言，任何理论都是以自己的特殊本质和显著特征展示自身的

---

① 参见夏建国、张怡《实践概念的创新与马克思主义理论的创立》，《理论月刊》2007年第9期。

存在价值，以区别于其他理论的。马克思主义理论也是这样。那么，最具有马克思主义理论特色的、标志性的理论是什么？我们认为，最具马克思主义理论特色的是实践，马克思主义理论最重要的功能也是实践。

马克思主义理论与任何理论的区别不是理论形态是否完备。马克思主义理论诞生之前，人类文明史上有许许多多的理论，其中不乏充满智慧的论述和完备的理论形态。柏拉图、亚里士多德、康德、黑格尔等人的理论，都充满智慧且非常完备。但是，他们都有一个"体系情结"，追求无所不包、自圆其说的完美体系。然而，这些理论完成之日就是其落后之时。因为任何庞大完备的体系，只要它是封闭的，那它就是渺小的，相对于无限广袤的世界和无限发展的未来，它就是微不足道和故步自封的。马克思主义理论不是追求建构庞大、完备而封闭的理论体系，而是面向世界、面向未来、面向实践，敞开胸襟，与时俱进。生活、实践，是马克思主义理论不竭的源头活水，也是马克思主义理论区别于其他理论的最显著特征。

马克思主义理论与任何理论形态的差异也不是理论形态所具有的"解释"世界和"改变"世界的功能。一般说来，任何成熟的理性学说，都是在用不同的方式"解释"世界；在此基础之上，亦都具有某种"改变"世界的功能。例如，儒家思想及其理论、新教伦理与资本主义精神及其理论、民主社会主义理论、新自由主义理论等，哪一个不是在"解释"世界的基础上"改变"世界？哪一个没有发挥"改变"世界的功能？事实上，它们或多或少，或正或负，都曾经或正在悄悄地"改变"世界，不仅是物质世界，还有精神世界，有的还在历史上发挥过某种进步作用。因此，问题不在于理论是否具有解释世界和改变世界的功能，而在于理论解释世界和改变世界的愿望，为什么改变？改变的是什么？为谁而改变？改变的目的是什么？是否公开宣示理论的价值取向，即为什么要改变世界？为谁改变世界？如何改变世界？这些内容都关系到理论的性质、品质和功能等根本问题。

马克思主义理论以前的理论或用概念的逻辑构成抽象的理性王国，或打着"人类"普遍价值的旗号，掩盖其特殊的阶级性及意识形态性，而静悄悄地为他们的"那些人"服务。因此，它们只是以某种"公正"的形象"客观"地去"解释世界"，而把"改变世界"的"实践"功能掩饰起来，为少数人服务。因此，其历史进步性也是局部的和有限的。正如马克思所说的那样："所谓哲学曾经是超实践的，这只是说哲学曾经飘浮在实践之上。"① 概而言之，从前的一切唯物主义都不了解"革命的""实践批判的"活动的意义；而唯心主义则把"精神"的活动当做实践，因而马克思指出"哲学家们只是用不同的方式解释世界，问题在于改变世界"。② 对于"实践的唯物主义者"即共产主义者而言，所谓改变世界表现在两个方面。一是对世界进行理论的批判。理论固然有解释世界的功能，但是理论更主要的功能在于对世界予以反思和批判，推动世界不断超越现实而前行。二是理论要掌握群众，变理论为现实的物质力量，对世界进行实践的批判。因此，掌握群众，变革现实，改变世界，促进现实实践的革命化是新世界观和共产主义者的历史使命。因此，马克思主义理论不仅科学地解释世界，更重要的是更合理地改变世界，使世界朝着进步健康的合理化道路发展。

　　马克思主义理论与既往的任何一种理论在社会功能方面都不一样。它公开宣示自己理论的服务对象，从而直接地带来了具有世界历史意义和价值的社会主义社会，改变了人类社会的面貌和世界历史的进程。在人类文明历程中，只有马克思主义理论而没有第二个理论具备这样的实践功能。那么，这样的实践功能是如何形成的呢？这是由马克思主义理论的实践性、科学性决定的，是由马克思主义理论所掌握的以工人阶级为实践主体的人民群众的实践功能决定的。"凡属马克思主义学派的首要条件，应该是立足实践、面对问题，运用马克思主义基本原理解决自己时代面对的问题和以不同方式为实现马克思主义的社会理想而奋斗。把判断是否真假马克思主义放在对文本的解读上，而不是放在如何实现马克思主义的社会理想上，放在运用马克思主义基本原理解决自己时代面对的新问题上，放在实践上，只能陷于永无结论的繁琐争论。"③ 马克思主义理论是工人阶级和人民大众解释世界、改变世界的世界观、方法论，是"全世界无产者，联合起来"的理论基础，是感召人类进步力量从事进步事业的精神动力。毫无疑问，实践是马克思主义理论最重要的特色

---

① 《马克思恩格斯文集》第 1 卷，人民出版社，2009，第 265 页。
② 参见《马克思恩格斯文集》第 1 卷，人民出版社，2009，第 499 ~ 502 页。
③ 陈先达：《论马克思主义基本原理及其当代价值》，《马克思主义研究》2009 年第 3 期。

和功能，马克思主义理论是行动的、变革的、创造的实践理论。由此可见，马克思主义理论最重要的功能是实践。

四　实践是马克思主义理论在中国创新发展的内在依据

实践是马克思主义理论的本质属性，是其走向世界、赢得民心的内在逻辑和现实道路。习近平指出："马克思主义立场观点方法，贯穿于马克思列宁主义、毛泽东思想和中国特色社会主义理论体系之中，是马克思主义科学思想体系的精髓所在。"① 这段论述深刻地揭示了马克思列宁主义、毛泽东思想和中国特色社会主义理论体系的内在一致性和形态统一性。那么，如何认识马克思主义理论与中国马克思主义理论的内在逻辑关联性？如何看待马克思主义理论在中国整体发展的历史必然性？

我们知道，以工人阶级为代表的人民群众创造世界历史的实践活动是与时间空间紧密联系的。马克思主义理论创立和发展的"理论时空"是与以工人阶级为代表的人民群众创造历史的"实践时空"密不可分的。人民群众创造历史的"实践时空"是与"人类解放"的实践主题紧密相连的"社会时空"。这样的社会"实践时空"特性必然使得马克思主义理论成为一块"整钢"。这块"整钢"既表现在其理论形态上的统一性、整体性，也体现在其发展历程的统一性和整体性。从这个意义上讲，马克思主义理论只有一种形态，这就是由马克思恩格斯创立的、经由以列宁、毛泽东、邓小平等为代表的马克思主义者丰富和发展的、工人阶级解释世界和改变世界的、人类解放胜利的理论。"我们不能把马克思主义发展划分为三种形态：原生态，即马克思和恩格斯创立的马克思主义；次生态即列宁主义；再生态即马克思主义的当代形态。这种称谓和区分并不能表明马克思主义的发展的真实本质和历程，而只能引起混乱。从马克思主义基本原理来说，这种区分难以成立。我们不能断言，由于中国特色社会主义是当代中国的马克思主义，它就根本不同于所谓原生态的马克思主义——马克思和恩格斯创立的马克思主义和次生态的马克思主义——列宁主义，它与所谓原生态和次生态的马克思主义，各

① 习近平：《深入学习中国特色社会主义理论体系　努力掌握马克思主义立场观点方法》，《求是》2010 年第 7 期。

自拥有根本不同的基本原理；或者说原生态和次生态的马克思主义不再具有当代价值，这是一种变相的马克思主义'过时'论。"① 马克思主义理论没有所谓的"原生态""次生态""再生态"之别。所有马克思主义理论都凝聚在、统一于"马克思主义理论"这一旗帜之下。从这个意义上讲，中国马克思主义理论是属于马克思主义理论总体、整体的有机构成部分。

习近平强调："我们的干部要上进，我们的党要上进，我们的国家要上进，我们的民族要上进，就必须大兴学习之风。"② 他指出："我们正在从事的中国特色社会主义事业是伟大而波澜壮阔的，是前人没有做过的。因此，我们的学习应该是全面的、系统的、富有探索精神的，既要抓住学习重点，也要注意拓展学习领域；既要向书本学习，也要向实践学习；既要向人民群众学习，向专家学者学习，也要向国外有益经验学习。学习有理论知识的学习，也有实践知识的学习。"③ 中国新民主主义革命、社会主义建设和改革开放各个时期的具体"实践问题"，构成了马克思主义中国化的思维路径和理论创新的逻辑进程。我们完全可以说，一部马克思主义理论中国化史就是一部马克思主义理论与中国具体实践的结合史，是马克思主义理论在中国的逻辑展开史和理论创新史，是近现当代中国社会问题的解决史，也是中国革命和社会主义事业的发展史。毋庸赘述，实践的观点也是中国马克思主义理论首要和基本的观点。因此，以实践为视角，能够深切地揭示马克思主义理论在中国整体发展的历史必然性和合理性。

五　实践是马克思主义理论学科内在关联性的学理基础

在马克思主义理论一级学科的旗帜下，聚集着六个二级学科。这六个二级学科统一在马克思主义理论之中。那么，奠定马克思主义理论一级学科各二级学科之间相互关系的学理基础是什么？或者说马克思主义

---

① 陈先达：《论马克思主义基本原理及其当代价值》，《马克思主义研究》2009 年第 3 期。
② 习近平：《在中央党校建校 80 周年庆祝大会暨 2013 年春季学期开学典礼上的讲话》，人民出版社，2013，第 12 页。
③ 习近平：《在中央党校建校 80 周年庆祝大会暨 2013 年春季学期开学典礼上的讲话》，人民出版社，2013，第 7 页。

理论学科内在关联性的逻辑纽带是什么？

　　作为马克思主义理论一级学科之下的各二级学科，必然存在相互贯通的"同位素"。具备成为这样的"同位素"的概念很多，如世界、人类、社会、主体、客体、价值、属性等，但是没有哪个概念能比实践这个概念更合适。就马克思主义理论"六个二级学科中每个二级学科的内容研究而言，也都是以马克思主义哲学、政治经济学、科学社会主义三大组成部分的内容为基础的，对马克思主义理论进行整体性研究，都是在马克思主义理论学科的整体要求下来发展自身的"[①]。也就是说，第一，每个二级学科的研究内容，都是以马克思主义哲学、政治经济学、科学社会主义三大组成部分的内容为基础的，都是马克思主义理论部分内容的具体化；第二，都是在整体性马克思主义理论的框架内对马克思主义理论进行整体性研究的；第三，都是在马克思主义理论学科的整体要求下来发展自身。如前所述，实践是贯彻马克思主义理论的逻辑主线。从这个意义上讲，马克思主义理论的六个二级学科，都浸透着实践的内容和精神，在回答时代实践主题的过程中获得自身的发展。

　　"在马克思主义理论一级学科体系中，六个二级学科的内在逻辑联系概括地说，主要表现在两个方面：一是在这六个二级学科中，'马克思主义基本原理'学科以其基础理论的地位，为其他五个二级学科使马克思主义理论与历史、现实的结合奠定了理论基础，而其他五个二级学科，也为'马克思主义基本原理'学科提供了研究和建设的目标趋向；二是在这六个二级学科中，前四个二级学科以其理论及理论与历史、现实结合的研究，构成了马克思主义理论学科中对马克思主义理论的研究整体，而'中国近现代基本问题研究'学科作为对马克思主义理论研究在中国近现代历史发展中的运用、'思想政治教育'学科作为对马克思主义理论研究的一种实际应用，构成了该学科中马克思主义理论在中国社会的历史发展、人的思想品德和政治教育上的研究去向。"[②] 从这个意义上讲，马克思主义基本原理二级学科是马克思主义理论一级学科的典型形态，而实践既是马克思主义理论的逻辑之基，又是贯穿于马克思主义理

---

① 张雷声：《从整体性角度把握马克思主义》，《甘肃社会科学》2010 年第 6 期。
② 张雷声：《从整体性角度把握马克思主义》，《甘肃社会科学》2010 年第 6 期。

论体系之中的逻辑主线。"马克思主义基本原理同本国具体实践相结合是当今马克思主义发展的重要特点和历史趋势。在这个过程中，由于同本国具体国情相结合，就形成了各具特色的马克思主义，这是马克思主义发展过程中多样性和生动性的表现，是马克思主义一般性同特殊性的关系。它有利于马克思主义的深入发展。马克思主义中国化，就是马克思主义基本原理同中国具体实践相结合的过程。研究马克思主义中国化的实践经验和理论成果，重点研究中国特色社会主义，它是马克思主义、科学社会主义在当代中国的发展，并且把这些科学成果用于指导我国的社会实践，用于大学生思想政治教育。"① 而"中国近现代史基本问题"更是直接讲授了中国近代以来抵御外来侵略、争取民族独立、推翻反动统治、实现人民解放的历史。因此，以实践概念为内核，可以"打通"马克思主义理论各部分内容之间的内在关系，说明其内在的关联性，而且也证明实践是马克思主义理论各二级学科的学理基础，从而将马克思主义理论一级学科凝聚成一个研究马克思主义理论的统一整体。

第三节　实践与马克思主义理论整体性研究的主要内容及其逻辑结构

深化马克思主义理论整体性研究的实践视角（视野）表明，本书从发生学的角度、生成论的高度、整体性与层次性相结合的向度、真理性与价值性相统一的力度、逻辑与历史相统一的深度，立足基础、把握前沿，发掘了经典著作的深邃意蕴；对实践在马克思主义理论产生、形成和发展过程中的作用进行了系统梳理和深入研究；阐述了实践与马克思主义理论整体性（即逻辑起点整体性、理论内容整体性、价值指归整体性、实践功能整体性和创新发展整体性）的历史关系与内在逻辑关联性；对马克思主义理论"既是三大主要组成部分，又是一个统一整体"这一缠绕马克思主义理论整体性研究的难题进行了一种新的探索和解答。

围绕"实践与马克思主义理论整体性"这一研究主旨，本书以"实

---

① 参见《关于调整增设马克思主义理论一级学科及所属二级学科的通知》（学位［2005］64号）。

践：马克思主义理论整体性研究的新视角"为"绪论"，阐述为什么研究、研究的是什么和怎么样研究的问题。首先，概述理论界关于马克思主义理论整体性研究已经取得的丰硕成果及其主要观点，并指出深化马克思主义理论整体性研究的主要方面，特别是提出了要以"实践"为视角（视野）或切入点来深化研究的新思路，为本书研究的必要性及价值性做了学理上的铺垫；其次，阐述以实践为视角研究马克思主义理论整体性的主要内容，即逻辑起点的整体性、理论内容的整体性、价值指归的整体性、实践功能的整体性和创新发展的整体性，说明从实践出发研究马克思主义理论整体性的基本路径①。最后，说明马克思主义理论整体性主要内容之间的逻辑联系。马克思主义理论整体性主要内容之间环环相扣、层层推进、有机联系，形成了关于马克思主义理论整体性研究的具有内在逻辑联系的统一整体。这样的逻辑统一整体也决定了本书各章的逻辑结构。

第一章，马克思主义理论及相关概念研究，说明为什么要以"马克思主义理论整体性"为本书的研究对象。本章对马克思主义、马克思主义理论、马克思主义基本原理这三个相互联系、相互区别的概念进行了必要的辨析厘定和重新界定，阐述了它们之间的相互关系，以明确本书研究的概念内涵及其问题边界。

第二章，实践与马克思主义理论创立的逻辑起点，主要阐述实践与马克思主义理论逻辑起点的整体性问题。本章从历史与逻辑相统一的角度，阐述逻辑起点的基本意蕴及其一般特征，分别从历史逻辑起点和理论逻辑起点两个方面，说明实践是马克思主义理论的逻辑起点；从实践概念生成的历史逻辑、实践基础、自然科学基础和马克思恩格斯实现的"两个转变"、科学实践观的形成、实践概念理论创新过程等方面，论述马克思实践概念是如何生成的、科学实践概念的真切意蕴是什么；在此基础之上，进一步阐述实践概念的总体性和层次性，说明正是实践的总体性和层次性决定并形成了马克思主义理论的整体性和层次性。这样的论述为我们认识理解实践在马克思主义理论创立过程中的奠基意义，进

---

①　如果说马克思主义理论是一棵人类"智慧之树"的话，那么，实践就是其土壤、阳光和雨露；逻辑起点整体性是其根系；理论内容整体性和发展创新整体性是其主干；价值指归整体性和实践功能整体性是其枝叶。

而从整体上认识马克思主义理论，提供了一个新的研究视角及学理依据。

第三章，实践与马克思主义理论整体的创立（一），从"生成论"的高度，概括地阐述了实践与马克思主义理论内容的整体性问题。本章从宏观上、整体性上研究实践与马克思主义理论的内在关联性，揭示实践在马克思主义理论整体创立中的奠基作用，在中心逻辑线索即实践概念的基础上构建起马克思主义理论内容的整体性。

首先，本章分别阐述了实践与马克思主义哲学、政治经济学和科学社会主义理论创立的内在联系，从整体性上揭示了实践对马克思主义哲学、政治经济学和科学社会主义理论的生成作用，说明了具有鲜明特色的"马克思主义理论"是如何创立生成的。同时，从实践出发，对马克思主义理论的三大主要组成部分的具体内容进行了新的理解和阐释。

其次，论述马克思主义理论内容的整体性及其组成部分之间的内在联系，说明马克思主义理论是整体性与层次性的统一。本章认为，马克思主义理论整体中的各个部分不是并列的"板块结构"，马克思主义理论是一个水乳交融、相互联系的完整的科学体系。它以哲学理论为总纲，以政治经济学和科学社会主义理论为支撑；以哲学理论为世界观、方法论，以政治经济学和科学社会主义理论为分析内容。它的社会功能是为世界上以工人阶级为主体的人民群众的实践活动提供世界观方法论和基本方略的指导，价值指归是为世界工人阶级的解放和人类的彻底解放提供理论论证。

最后，以"根本问题"及"典型方式"展示马克思主义理论整体性。马克思主义理论内容的整体性及其组成部分之间的内在联系，在马克思主义理论的"根本问题"中得以突出体现。《共产党宣言》深刻地揭示了马克思主义理论内容的整体性，典型地展示了马克思主义哲学、政治经济学和科学社会主义理论之间的层次性和内在逻辑联系。

需要特别指出的是，由于在这一章中比较系统地概括阐述了实践与辩证唯物主义、唯物辩证法和能动革命反映论的生成创立之间的内在关系，比较系统地概括阐述了辩证唯物主义、唯物辩证法和能动革命反映论在马克思主义哲学中的地位，因而，限于篇幅，在接下来的第四章、第五章和第六章中，进一步重点论述的是实践与富有马克思主义理论典型性和里程碑意义的唯物史观、价值理论和科学社会主义理论的内容。

这样的安排不是忽略辩证唯物主义、唯物辩证法和能动革命反映论的存在意义和体系价值，更不是否定它们在马克思主义理论整体中的原创性及其意义和价值。

第四章，实践与马克思主义理论整体的创立（二），第五章，实践与马克思主义理论整体的创立（三），第六章，实践与马克思主义理论整体的创立（四），则从"部分"的角度，分别阐述了具有马克思主义理论鲜明特性的唯物史观、价值理论、科学社会主义理论的生成逻辑与时代实践主题、实践特点之间的内在关系，进一步阐述了马克思主义理论内容的整体性及其实践依据。

第三至第六章，贯彻"以哲学理论为总纲，以政治经济学和科学社会主义理论为支撑；以哲学理论为世界观、方法论，以政治经济学和科学社会主义理论为分析内容"的精神，集中研究和阐述实践与马克思主义理论整体的创立，因而在章标题上统一表述①。但是，它们各有侧重，第三章从整体上研究和阐述，其他各章则从部分、细节的角度进一步研究和论述。然而，这里的分章论述，同样是在整体性视域中进行的，而不是"单纯"各自孤立的，只是侧重点有别而已。这样的分章，既体现了从一般抽象到思维具体、从整体到部分的叙述逻辑，又彰显了马克思主义理论整体性的研究逻辑。

第七章，实践的合理性与马克思主义理论的价值指归，在"分"的基础上，又"合"了起来，概括阐述实践与马克思主义理论的价值指归的整体性问题。马克思主义理论中的实践，是一个与合理性相联系的总体性概念。建立在实践合理性基础之上的马克思主义理论的价值指归，是为工人阶级的实践及彻底解放服务的，本章论证了共产主义社会的合理性和必然性。马克思主义理论的价值指归，凝聚在马克思恩格斯关于未来社会基本特征的理论当中。

第八章，实践的真理标准与马克思主义理论的实践功能，同样是在"合"的层面阐述了实践与马克思主义理论的实践功能的整体性问题。合理实践必须遵循科学理论即真理。真理是指经过实践检验了的、主体

---

① 列宁的《唯物主义和经验批判主义》有此类章标题的范例。参见《列宁专题文集——论辩证唯物主义和历史唯物主义》，人民出版社，2009，第4、18、51页。

的认识成果与客观实际相符合的科学理论。真理具有主体性，马克思主义真理是检验实践的重要标准。人民群众是实现马克思主义理论实践价值的实践主体。

第九至第十二章，分别论述了"当代实践"对马克思主义实践理论、马克思主义哲学、剩余价值论和科学社会主义理论丰富和发展的意义，说明了当代实践发生的新变化，对马克思主义理论新发展提出的新要求，进一步揭示了马克思主义理论在当代实践基础上的创新发展，阐述了马克思主义理论创新发展的整体性问题。

这四章与前四章相呼应，同样体现了"以哲学理论为总纲，以政治经济学和科学社会主义理论为支撑；以哲学理论为世界观方法论，以政治经济学和科学社会主义理论为分析内容"的精神，集中研究和阐述了"当代实践与马克思主义理论整体的创新发展"，因而在章的标题上也进行了统一的表述。但它们同样各有侧重，第九章从整体上研究和阐述当代实践对马克思主义实践理论的影响，其他各章则在整体性视域中，从部分、细节的角度进一步研究和阐述当代实践对马克思主义哲学、剩余价值理论和科学社会主义理论的影响。这样的分章同样体现了从一般抽象到思维具体、从整体到部分的叙述逻辑并彰显了马克思主义理论整体性的研究逻辑。

第十三章，实践主题的转换与马克思主义理论在中国的创新发展，可以视为本书研究的"归宿"，系统地阐述了中国革命建设改革实践主题的转换与马克思主义中国化、中国马克思主义理论创立形成和创新发展之间的逻辑关联性，深度分析和深刻揭示了中国马克思主义理论与马克思主义理论的内在统一性，进一步阐述了马克思主义理论创新发展的整体性。

结语部分对"实践与马克思主义理论整体的逻辑构架"问题做了新的探索，提出了以人与世界之关系为总纲，以人与自然、人与社会、人与思维之关系为部分，以人与世界之统一为归宿的马克思主义理论整体的逻辑新构架，对"实践与马克思主义理论整体性"研究做了简要总结，为进一步深化和拓展马克思主义理论整体性研究提出了新的课题。

第一章 马克思主义理论及相关概念研究

从实践的视角切入马克思主义理论整体性研究，必须首先厘定"马克思主义理论"概念的确切内涵，以明晰研究的概念之意。为此，必须对马克思主义理论及相关概念——马克思主义、马克思主义理论、马克思主义基本原理——予以必要的辨析和科学的界定，从而说明"实践与马克思主义理论整体性"研究的"是什么"以及"为什么"要以"马克思主义理论整体性"而非"马克思主义整体性"或"马克思主义基本原理整体性"为本书的研究主旨。

第一节 "马克思主义"概念辨析及重新界定

我国理论界有将"马克思主义"与"马克思主义理论"相提并论、等同使用的惯例。例如，许多词典或教科书、论著或论文，都有"马克思主义"是马克思的"观点学说和理论体系"之类的表述①。如何认识这种现象？或者说，这两个概念在怎样的语境中是一致的？近年来，随着马克思主义理论一级学科的设立，许多论著越来越自觉地将二者区别使用②。那么，"马克思主义"与"马克思主义理论"到底有怎样的区别？马克思主义一词的内涵应该是什么？

一 "马克思主义"一词的面世及其内涵述评

"马克思主义"（Marxism）一词源于19世纪70年代末法国社会主义

---

① 参见《辞海》（缩印本），上海辞书出版社，1989，第1139页；钟卫华：《关于什么是马克思主义的再认识——兼释程恩富教授的定义》，《马克思主义研究》2012年第12期；周向军、高奇：《关于马克思主义的五个重要问题》，《山东师范大学学报》（人文社会科学版）2014年第5期。

② 参见《马克思恩格斯文集》第1卷"第1卷说明"，人民出版社，2009；国务院学位委员会和教育部颁布的学位〔2005〕64号文件，即《关于调整增设马克思主义理论一级学科及所属二级学科的通知》。

者的相关著作，如 1873 年无政府主义者巴枯宁、1877 年杜林的狂热信徒阿·恩斯、稍后法国可能派的首领布鲁斯等①。该词最初是作为反马克思的贬义词出现的，以至于连马克思本人都不承认自己是马克思主义者："所有这些先生们都在搞马克思主义"……"我只知道我自己不是马克思主义者。"② 马克思之所以说自己不是"马克思主义者"，主要是因为有人自称为"马克思主义者"而又歪曲了马克思的理论，为了与他们区别开来，马克思说自己不是他们所说的那样的"马克思主义者"。因此，马克思的说法，并不意味着马克思不同意使用"马克思主义"这一称谓，而恰恰意味着必须赋予"马克思主义"概念以科学合理的真切内涵。在马克思去世的四天后，《纽约人民报》发表了谢尔盖·舍维奇的《马克思与俄国社会主义者》一文，在褒义上使用了"马克思主义思想"一词；"马克思主义的理论"的提法也见诸报端③。

那么，什么是"马克思主义"呢？经典作家从不同语境、不同视角对什么是马克思主义做了许多重要阐释。马克思逝世之后，恩格斯在 1886 年初写的《路德维希·费尔巴哈和德国古典哲学的终结》一书的注释中，提出了用马克思的名字来命名他的学说、理论是合理的这一说法。恩格斯说："我不能否认，我和马克思共同工作 40 年，在这以前和这个期间，我在一定程度上独立地参加了这一理论的创立，特别是对这一理论的阐发。但是，绝大部分基本指导思想（特别是在经济和历史领域内），尤其是对这些指导思想的最后的明确的表述，都是属于马克思的。……没有马克思，我们的理论远不会是现在这个样子。所以，这个理论用他的名字命名是理所当然的。"④ 在恩格斯这段表述的字里行间，"马克思理论"一词呼之欲出。此外，恩格斯还明确将"理论"与"指导思想"区分开来：一个是"指导思想"，另一个是对指导思想的"表述"即理论。这样的区分对我们科学合理界定"马克思主义""马克思主义理论"有重要的启示意义。但是，最终马克思恩格斯本人都没有用"马克思主

---

① 参见郝文清《对什么是马克思主义的理性思考》，《合肥工业大学学报》（社会科学版）2009 年第 3 期。

② 《马克思恩格斯文集》第 10 卷，人民出版社，2009，第 590 页。

③ 参见周向军、高奇《关于马克思主义的五个重要问题》，《山东师范大学学报》（人文社会科学版）2014 年第 5 期。

④ 《马克思恩格斯文集》第 4 卷，人民出版社，2009，第 296~297 页。

义"一词来命名自己的思想观点或理论学说。从正面意义上使用"马克思主义"一词是由第二国际代表考茨基于 1883 年 4 月 6 日，在悼念马克思的文章中首用的①，之后在同机会主义的斗争中广泛流传开来，一直被沿用至今。

由于马克思恩格斯本人并没有使用"马克思主义"一词，因而他们也不可能给它下一个明确的定义。根据学界的说法，列宁是给"马克思主义"下定义的"第一人"②。列宁在《卡尔·马克思》一文中指出："马克思主义是马克思的观点和学说的体系。"③ 这一界定言简意赅，指明了马克思主义的创始人"是谁"以及马克思主义"是什么"。在这里，列宁是将主义与观点和学说等同的。由此可见，列宁是把"马克思主义"当成"马克思主义的观点及其学说的理论体系"的简称使用的。但我们难以从定义中看到马克思主义观点和学说的相对具体的研究对象以及马克思主义独特的学科内涵，更没有廓清马克思恩格斯所提出的某些已经过时的甚至是个别错误的理论。列宁在《共青团的任务》中进一步指出，马克思主义学说是"主要由马克思创立的共产主义理论，共产主义科学……而成为全世界千百万无产者的学说"④。显然，列宁在这里试图从无产阶级运动和科学社会主义层面阐释马克思主义，深刻地指出了马克思主义"属于谁"的主体性或阶级性。

与列宁不同，斯大林从多个维度定义的"马克思主义"概念要更显详细和具体。斯大林认为："马克思主义是关于自然和社会的发展规律的科学，是关于被压迫和被剥削群众的革命的科学，是关于社会主义在一切国家中胜利的科学，是关于建设共产主义社会的科学。"⑤ 这一经典界定，虽概括比较全面，但不够精细，并有夸大马克思主义内涵之嫌。以马克思主义是"关于自然和社会的发展规律的科学"这一界定为例，事实上，马克思主义哲学只指明了自然、社会和思维发展的最一般的规律，

---

① 参见周向军、高奇《关于马克思主义的五个重要问题》，《山东师范大学学报》（人文社会科学版）2014 年第 5 期。

② 参见吴苑华《如何"整体地"理解"马克思主义"？——针对〈马克思主义基本原理概论〉的思考》，《理论探索》2009 年第 6 期。

③ 《列宁选集》第 2 卷，人民出版社，2012，第 418 页。

④ 《列宁选集》第 4 卷，人民出版社，2012，第 284 页。

⑤ 《斯大林文集》，人民出版社，1985，第 586 页。

而对于相对具体的规律则没有提供具体答案。这些具体规律正是马克思主义之外的其他自然科学、社会科学和思维科学所要探讨和回答的问题。

列宁和斯大林对什么是"马克思主义"都做了时代的界定，在马克思主义发展史上做出了重要贡献。随着研究的深入发展，在今天看来，他们的界定有进一步分析厘定的空间和必要；列宁的定义将"观点"和"学说"相并列来诠释"主义"，斯大林的定义认为"主义"是关于××的"科学"，这些都未能严格遵循概念词性同一性的原则。因为，观点是对事物的看法或态度的主要论点，与主张、主义是同义词；学说则是"在学术上自成系统的主张、理论"①，与主义的词性不一致；斯大林定义中的"科学"与理论亦是同义词，即科学的、合理的理论。诚然，"主义"与"理论"是合为一体的，"学说"更是主义和理论的统一体，在一定意义上或特定的语境中可以"打通"使用。但是，对"马克思主义"这样具有实践性、科学性、真理性和价值性、标志性和里程碑式的概念，应该遵循词性的一致性原则，严格厘定、合理界定，赋予其无可争辩的、科学合理的意蕴。这既是领悟马克思主义真谛的需要，也是把握马克思主义理论真理的需要；既是科学理论研究的需要，也是合理实践形成的需要。

列宁和斯大林关于什么是马克思主义的论述和界定在中国有很大的影响，因而中国人往往是循着约定俗成的思维惯性和既定的意蕴来论述和界定马克思主义的。例如，毛泽东对何谓马克思主义也做过相关论述。这些论述反映了他们那个时代对马克思主义的理解。毛泽东指出："马克思列宁主义是马克思、恩格斯、列宁、斯大林他们根据实际创造出来的理论，从历史实际和革命实际中抽出来的总结论。"② 在这里，同样是把"理论"与理论所表达、所包含的"总结论"即"主义"相等同，同样把马克思主义当成了马克思主义的观点及其理论的简称或同义词。

正因为"权威"界定有其不那么严谨的情形，还存在一定的解释空间和重新界定的必要，因而我国学界对界定"马克思主义"一词有许多新的探索③。有学者认为："从整体而言，马克思主义是无产阶级和全人

① 《辞海》（缩印本），上海辞书出版社，1989，第 1126 页。
② 《毛泽东选集》第 3 卷，人民出版社，1991，第 814 页。
③ 有学者列举了学界对"马克思主义"的多重解释或定义。参见周向军、高奇《关于马克思主义的五个重要问题》，《山东师范大学学报》（人文社会科学版）2014 年第 5 期。

类解放的科学，即人的解放学。"① 有学者认为："'马克思主义'不只是一种学说的名称，而且是一种学说的本质。"② "马克思主义是由马克思和恩格斯创立的，为他们后继者所发展的，以反对资本主义、建设共产主义为最终目标的科学理论体系。从这个意义上说，马克思主义就是科学共产主义学说。"③ 还有学者认为："马克思主义是一门历史科学，是一门迄今为止我们所获得的具有最高视野的阐述人类历史发展的科学，也就是一门关于人类社会发展规律的大史学，其中包括着关于人类解放的学说。"④ 由此可见，对如何定义马克思主义尚无定论，经典作家与我国的研究者们见仁见智，各不相同。"对马克思主义的界定，可以而且应该进行多角度、全方位的考察和说明。比如，发生学意义上的考察和说明，主体性的考察和说明，结构性的考察和说明，特征性的考察和说明，主题性的考察和说明，体系性的考察和说明，功能性的考察和说明，形态性的考察和说明，等等。每一角度、方位的考察和说明，在其特定的意义上，都是合理的、有道理的。"⑤ 但是，明晰概念内涵、确立研究的问题域，要求我们尽可能达成共识，赋予"马克思主义"概念相对一致的内涵。

二　关于"马克思主义"概念三类意蕴的分析

从总体上看，我国学界对"马克思主义"一词的界定和应用，大体可分为三大类：狭义的马克思主义、广义的马克思主义和泛马克思主义。

狭义的马克思主义是指作为个人学说的马克思恩格斯的"观点和学说体系"，或者范围更广一些，再包括列宁和斯大林的思想。

广义的马克思主义不仅指马克思恩格斯列宁斯大林的学说，还包括

---

① 转引自吴苑华《如何"整体地"理解"马克思主义"？——针对〈马克思主义基本原理概论〉的思考》，《理论探索》2009 年第 6 期。
② 陈先达：《论马克思主义基本原理及其当代价值》，《马克思主义研究》2009 年第 3 期。
③ 陈先达：《陈先达文集——马克思和马克思主义》，中国人民大学出版社，2006，第 38 页。
④ 参见吴江《马克思主义是一门大史学：和青年朋友讨论马克思主义》，中央编译出版社，2002，第 1 页。
⑤ 周向军、高奇：《关于马克思主义的五个重要问题》，《山东师范大学学报》（人文社会科学版）2014 年第 5 期。

他们的后继者在社会主义革命和建设中形成的新的思想体系，如毛泽东思想、邓小平理论、"三个代表"重要思想、科学发展观、"四个全面"战略布局等。广义的马克思主义在我国使用得比较普遍。2003 年 7 月 1日，胡锦涛在"三个代表"重要思想理论研讨会上的讲话中，用"四个最"概括了马克思主义，即辩证唯物主义和历史唯物主义的世界观和方法论，是马克思主义最根本的理论特征；实现物质财富极大丰富、人民精神境界极大提高、每个人自由而全面发展的共产主义社会，是马克思主义最崇高的社会理想；马克思主义政党的一切理论和奋斗都应致力于实现最广大人民的根本利益，这是马克思主义最鲜明的政治立场；坚持一切从实际出发，理论联系实际，实事求是，在实践中检验真理和发展真理，是马克思主义最重要的理论品质①。有学者认为，作为理论形态的、广义上的"马克思主义是由马克思和恩格斯所创立并为其后各个民族的继承者不断丰富和发展着的，以辩证唯物主义和历史唯物主义的世界观和方法论为最根本的理论特征，以实现物质财富极大丰富、人民精神境界极大提高、每个人自由而全面发展的共产主义社会为最崇高的社会理想，以致力于实现最广大人民的根本利益为最鲜明的政治立场，以坚持一切从实际出发、理论联系实际、实事求是、在实践中检验真理和发展真理为最重要的理论品质，以无产阶级和人类解放为理论主题，以马克思主义哲学、马克思主义政治经济学和科学社会主义为主要组成部分，包括自然科学、人文科学、社会科学广泛领域知识的科学理论体系"②。从概念的历史发展来看，应该是先有狭义的马克思主义，后有广义的马克思主义。概念的这种自然历史演变并非偶然，它是马克思主义现实运动在逻辑上的反映。换言之，马克思主义概念内涵的丰富和发展与马克思主义事业的现实发展，二者在历史进程上是一致的。这种演变是出于一种现实的需要，需要的时代差异映射出概念的变迁。我们在根据现实需要不断丰富和发展马克思主义的同时，无形地拓展了马克思主义的概念内涵。

---

① 参见胡锦涛《在"三个代表"重要思想理论研讨会上的讲话》，人民出版社，2003，第 6~9 页。

② 周向军、高奇：《关于马克思主义的五个重要问题》，《山东师范大学学报》（人文社会科学版）2014 年第 5 期。

泛马克思主义主要是指中国境外特别是西方的马克思主义者从自己的政治倾向、历史条件、时代背景以及个人学养出发去解读马克思恩格斯的思想所形成的马克思主义。其可指一种与此相关的学说流派、观点思潮、社会现象或社会运动；这些概念的内涵各式各样，有扬马克思主义的，有批马克思主义的，也有贬马克思主义的。美国社会学家赖特·米尔斯说："正如大多数复杂的思想家一样，马克思并没有得到人们统一的认识。我们根据他在不同发展阶段写出的书籍、小册子、论文和书信对他的著述做出什么样的说明，取决于我们自己的观点，因此，这些说明中的任何一种都不能代表'真正的马克思'。"他还说："在马克思死后发展起来的种种对马克思主义的解释中，究竟哪一种最接近他的原意？斯大林是不是马克思的唯一（甚或一个）合法的继承人？是列宁吗？是社会民主党吗？不言而喻，他们谁也不是，至少不完全是。"① 显然，在西方，对马克思主义的理解与中国理论界存在明显的差异。他们从自己的维度去理解、解读马克思主义，形成了诸多具有区域特色的马克思主义流派，如苏联马克思主义、东欧马克思主义、西方马克思主义、南斯拉夫马克思主义、古巴马克思主义以及其他种类称谓的马克思主义流派或思潮。在众多流派对马克思主义的诸多解释中，虽某些解释有一定的可取之处，但往往更多的是偏见和错误。

近年来，随着马克思主义理论一级学科的设立，在整体上定义马克思主义成为我国理论界的普遍共识。有学者认为，经过数十年国内外知识界对马克思主义定义的探讨和争论，可以给出马克思主义四个层面的新定义："马克思主义是由马克思、恩格斯创立和后继者不断发展的理论体系（从创立主体层面界定），是关于自然、社会和思维发展的一般规律的学术思想和科学体系（从学术内涵层面界定），是工人阶级及其政党进行社会主义革命和建设以及过渡到共产主义社会的指导思想和科学体系（从社会功能层面界定），是关于人生信仰和核心价值的社会思想和科学体系（从价值观念层面界定）。"② 有学者也认为："马克思主义整

---

① 转引自陈先达《论马克思主义基本原理及其当代价值》，《马克思主义研究》2009 年第 3 期。

② 程恩富、胡乐明：《中国马克思主义理论研究 60 年》，《马克思主义研究》2010 年第 2 期。

体性是对其彻底而严整科学理论体系的界定，也是对什么是马克思主义的进一步说明。马克思主义的内容是极其丰富的。从不同的角度可以概括其不同的定义。从它的创造者、继承人的认识成果来讲，可以定义为：马克思主义是马克思、恩格斯创建的，由马克思主义者不断加以丰富发展的观点和学说的体系。从它的阶级属性来讲，可以定义为：马克思主义是无产阶级和人类解放的科学，尤其是关于无产阶级斗争的性质、目的和解放条件的学说。从它的研究对象来讲，可以定义为：马克思主义是一个完整的科学世界观，是关于自然、社会和思维发展普遍规律的学说，特别是关于资本主义发展和转变为社会主义以及社会主义和共产主义发展普遍规律的学说。"①《马克思主义基本原理概论》指出："马克思主义是由马克思、恩格斯创立的，为他们的后继者所发展的，以反对资本主义、建设社会主义和实现共产主义为目标的科学理论体系，是关于无产阶级和人类解放的科学。"②

　　狭义的马克思主义、广义的马克思主义、泛马克思主义的界定和应用都有一定的客观依据和合理性。但是，其问题也是明显的。一是"杂多"，界定的标准不一，其意蕴不统一，应用起来还得先交代"我们是在哪个义上使用马克思主义一词的"，不好把握。二是"冗长"，层次过多，需要冗长的文字来表达，不简洁。当下盛行的在整体上定义马克思主义的研究方法是深化马克思主义研究的有效途径。理论界已经做出了可贵的探索，取得了一定的研究成果，为本书的研究开拓了道路，奠定了基础。

三　"马克思主义"概念的新界定

　　什么是马克思主义？套用一位哲人的话说就是："当人们没有问我什么是马克思主义的时候，关于马克思主义我非常清楚；一旦让我解释什么是马克思主义的时候，我发现我好像什么都不知道。"从上述论述中我们可以看出，马克思主义一词的内涵非常丰富，对其予以科学合理的界定，绝非易事。然而，概念内涵的明晰及问题边界的确定是研究的必要

---

① 逄锦聚、李毅：《对什么是马克思主义的科学阐释——马克思主义整体性解读》，《思想理论教育导刊》2008 年第 1 期。

② 本书编写组编《马克思主义基本原理概论》，高等教育出版社，2013，第 2 页。

前提。我们认为，对内涵丰富的马克思主义做一个界定必须充分考虑如下三个方面。

一是必须充分考虑"马克思主义"与"马克思主义理论"的区别。正如人文主义与人文主义者、社会主义与社会主义国家、唯物主义与唯物主义哲学家、共产主义与共产主义战士等有区别一样，马克思主义与马克思主义理论同样是有区别的。一般而言，"主义"（-ism）是指某种特定的观念、主张、思想、宗旨、理念、信仰体系，或对客观世界、社会生活以及学术问题等所持有的系统的理念和主张。在内容上，主义是"一种为大家共同信守的"[①] 道义、理想、观念、思想、主张，是一定社会成员、实践主体的"主张的要义"和认识世界、改变世界的立场、观点和方法；在功能上，"主义譬如一面旗帜，旗帜立起了，大家才有所指望，才有所趋赴"[②]。主义即"旗帜"，是凝聚人心和力量的标志、标杆，是一定社会成员价值认同、团结奋进的信仰和理想。直接地看，"马克思主义"就是马克思恩格斯所代表的，以工人阶级根本利益为内涵的思想、观念、主张。因此，定义马克思主义，要展示马克思主义的实践主体及其思想、观念、主张的特殊性和典型性，即马克思主义代表谁、主张什么、有哪些特殊的思想和观念。而理论则是由概念、判断和推理构成的系统化、逻辑化的知识体系。或者说，理论是指概念、原理的体系，是系统化了的理性认识。两者有明显的区别。当然两者又有深刻的联系：理论表达主义、主义蕴涵在理论之中。或者说，主义蕴涵在理论之中，并通过理论得以论述、证明、存在、展示和表达。理论通过其真理性、科学性、价值性和彻底性、逻辑性使人信服，从而掌握群众，将主义转变成为"批判的武器"，变"批判的武器"为"武器的批判"[③]、变精神的力量为物质的力量、变主义为现实。例如，系统论证世界的物质统一性是理论，"世界统一于物质"是主义；唯物辩证法是理论，"世界是普遍联系的"是主义；历史唯物主义理论体系是理论，"劳动者是历史的创造者"是主义；劳动价值论、剩余价值论是理论，"剩余价值是雇佣工人创造的"是主义；科学社会主义理论是理论，"全世界无产者，联

---

① 逄先知主编《毛泽东年谱》（上卷），中央文献出版社，2005，第71页。
② 逄先知主编《毛泽东年谱》（上卷），中央文献出版社，2005，第71页。
③ 参见《马克思恩格斯文集》第1卷，人民出版社，2009，第11页。

合起来"是主义；等等。马克思主义蕴涵在马克思主义理论之中，并通过马克思主义理论得以表达和展示。就词性来说，二者是不一致的。这就是说，马克思主义要用与"主义"同义的词来定义。马克思主义理论要用与"理论"同义的词来定义。或者说，被定义的词与用来定义的词在词性上应该是一致的。例如，"马克思主义是科学的世界观和方法论，是反映客观世界特别是人类社会的本质和规律的科学真理"①，这样的定义就坚持了词性的一致性。如果把"理论和主张"都包含在"主义"之中，那么，主义与理论的词性就不一致了：一个是要表达的内容，另一个是表达内容的内容；主义与理论的范围也不一致了：主义是广义概念，而理论则是与主张（主义）并列的狭义概念（况且这里的主义即主张又成为狭义的了）。实际上，主义与理论在内涵及外延的层次上都有差异。例如，我们可以说，马克思主义理论是马克思主义的理论表达，马克思主义存在于马克思主义理论之中。因此，必须用同义词性在同等层次上定义马克思主义，否则会导致内涵上的不对等、问题域的不对称和逻辑上的不严谨。

二是必须充分考虑中国马克思主义与马克思恩格斯思想观念和主张的一脉相承性，展示马克思主义是不可分割的"艺术的整体"。

三是必须充分考虑马克思主义的学科特色与理论界限，阐明自己特定的研究对象。定义马克思主义，要鲜明地说明马克思主义是谁创立的，说明其继承者及其丰富发展的历史性，说明研究的对象是什么，揭示代表的是什么人的利益、是谁的主张，说明其是哪个阶级及其政党的思想和旗帜。

根据上述要求，吸收理论界研究成果，结合使用习惯，我们在整体性上把"马克思主义"定义为：马克思主义是由马克思恩格斯创立并由其后继者不断丰富和发展的，关于世界存在本质和演化规律的科学世界观，是工人阶级及其政党根本利益的观念主张和实践的指导思想，是以工人阶级和全人类彻底解放为价值取向的思想体系。

---

① 参见国务院学位委员会和教育部《关于调整增设马克思主义理论一级学科及所属二级学科的通知》（学位〔2005〕64号）。

第二节　"马克思主义理论"概念辨析及重新界定

理论指概念、原理的体系,是系统化了的理性认识。科学的理论是在社会实践基础上产生并经过社会实践的检验和证明的理论,是对客观事物本质、规律的正确反映①。恩格斯在 1885 年《致查苏利奇的信》中有"马克思的伟大的经济理论和历史理论""马克思的历史理论"② 之说。这就是说,马克思的经济理论、历史理论等是马克思主义"思想寓所"和理论的表达。

一　特定语境中的"马克思主义理论"

在特定的语境中,在相对权威的理解或"习惯"的表述中,有将主义与理论相提并论的情形。例如,我们前面提到的列宁和斯大林的定义、毛泽东的定义。权威词典也是这样:"主义:对客观世界、社会生活以及学术问题等所持有的系统的理论和主张。"③ 在这里,主义包括理论和主张,二者是一组含义相同、属于同一逻辑层面的范畴。还如,在"马克思列宁主义、毛泽东思想、邓小平理论"这一习惯表述中,邓小平理论中的"理论",实质上是与主义、思想相类似的思想观念。在这样特定的表述中,主义与理论是同义词。对于"马克思主义"与"马克思主义理论"这一对概念,虽后者较之前者增加了"理论"的限定,扩大了概念的内涵,但如果将其放置于特定语境中,二者含义也相同,即马克思主义理论也可作马克思主义理解。在经典文本中,经典作家有此类似用法。例如,毛泽东在《整顿党的作风》中讲道:"马克思列宁主义是马克思、恩格斯、列宁、斯大林他们根据实际创造出来的理论。"④ 从这一具体论述理解,马克思主义就是马克思主义理论。邓小平在《用坚定的信念把人民团结起来》中强调:"我们不把马克思主义当作教条。"⑤ 同

---

① 参见《辞海》(缩印本),上海辞书出版社,1989,第 1213 页。
② 《马克思恩格斯文集》第 10 卷,人民出版社,2009,第 532 页。
③ 《辞海》(第六版彩图本)第 4 卷,上海辞书出版社,2009,第 3028 页。
④ 《毛泽东选集》第 3 卷,人民出版社,1991,第 814 页。
⑤ 《邓小平文选》第 3 卷,人民出版社,1993,第 191 页。

时，他在《在中国共产党全国代表会议上的讲话》中又指出："马克思主义理论从来不是教条，而是行动的指南。"①

我国学者也有将二者相提并论的表述。例如，"马克思主义整体性是对其彻底而严整科学理论体系的界定，也是对什么是马克思主义的进一步说明"② 的表述，就是在整体性上将主义等同于"科学理论体系"。有学者在整体性层面上认为："马克思主义是迄今为止世界上革命性、科学性最强的世界观、方法论，是人们认识世界、改造世界和完善自身的强大的思想武器，也是适应实践发展要求并能指导社会实践不断前进的科学的思想理论体系。马克思主义理论研究的是自然界、人的思维和社会的发展变化，研究的是人类社会发展的客观规律。它反映了无产阶级人民大众的立场，说明了它是革命的无产阶级的世界观，是工人阶级和劳动群众认识世界和改造世界的科学理论和思想武器。它反映了理论联系实际的原则，说明了它是适应时代发展的要求而创立的，也会随着时代的发展变化不断丰富和发展自身，具有与时俱进的理论品质。"③ 在这里，学者们虽然对马克思主义、马克思主义理论予以了分别的阐述，但主义既是世界观、方法论和"思想武器"，也是"思想理论体系"。显然，在上述特定的语境中，马克思主义理论与马克思主义的含义基本相同。

二 "马克思主义理论"概念的新界定

离开上述特殊特定的语境，对马克思主义与马克思主义理论必须区别对待。这就是说，主义与理论、马克思主义与马克思主义理论、马克思主义整体性与马克思主义理论整体性是有区别的。因此，必须对"马克思主义理论"予以新的分析和界定。

"马克思主义理论"在"马克思主义"的基础上增加了"理论"二字，显然，与马克思主义不是同等层次的词。也就是说，相对于马克思主义而言，马克思主义理论在内涵上增加了，在外延上缩小了。特别是，

---

① 《邓小平文选》第 3 卷，人民出版社，1993，第 146 页。
② 逄锦聚、李毅：《对什么是马克思主义的科学阐释——马克思主义整体性解读》，《思想理论教育导刊》2008 年第 1 期。
③ 张雷声：《从整体性角度把握马克思主义》，《甘肃社会科学》2010 年第 6 期。

我们是从整体性层次上来研究和论述马克思主义和马克思主义理论的。正如马克思主义有整体性层次的内涵一样，马克思主义理论相应也有整体性层次上的内涵。

这种整体性理论形态是什么呢？根据马克思主义经典著作的实际表述以及马克思主义理论在中国的不断丰富和发展，我们可将马克思主义理论解构为三大组成部分。一是马克思主义的基本理论或一般原理。其主要是指表述马克思主义的世界观、方法论，以及利用这些世界观、方法论分析实际实践问题得出的重要思想（如剩余价值学说、"一国胜利"论、"新经济政策"等）的理论。二是将马克思主义基本理论与中国革命和社会主义建设、改革开放事业相结合形成的中国马克思主义理论，如新民主主义革命理论、社会主义建设理论、社会主义本质理论、社会主义市场经济理论、和谐社会论、科学发展观、"四个全面"论等。三是马克思主义理论中所表述的个别观点和个别结论。这是经典作家在特定的历史条件下，对当时当地的历史事件、实践问题做出的具体判断和时代回答，随着社会条件的变化和时代实践主题的变换，可能有部分仍然正确，有的也可能已经过时。对第一、第二种马克思主义理论，毫无疑问，我们必须坚持和发展；对第三种理论，我们应具体分析、区别对待，不能盲目坚持，对有些囿于特定历史背景的过时论断，要勇于否定和超越。因此，马克思主义理论主要是由第一和第二种情形所组成的。

总之，马克思主义理论除了指马克思恩格斯或马克思恩格斯列宁斯大林的科学理论之外，还包括将他们的理论与我国革命和社会主义建设、改革开放实践相结合的中国马克思主义理论。这些理论是一脉相承、与时俱进的，既保留了经典作家的思想实质，又蕴涵了中国特色的时代内容。无疑，马克思主义理论亦可用与整体性马克思主义的定义相类似的方法去界定。

此外，随着我国社会主义事业的全面推进与马克思主义在我国的不断丰富和发展，对马克思主义理论的深刻研究和广泛传播与对社会主义现代化建设的全面指导，促使马克思主义在我国发展成为一门学科，即马克思主义理论一级学科。马克思主义理论一级学科是专门研究和传播马克思主义理论的学科。2005 年 12 月 23 日，国务院学位委员会和教育部颁布了学位〔2005〕64 号文件，即《关于调整增设马克思主义理论一级学科及所属二级学科的通知》（以下简称《通知》）。《通知》指出："马克思主义是科学的世界观和方法论，是反映客观世界特别是人类社会的本质和规律的科学真理。它既应该从哲学、政治经济学、科学社会主义等方面进行分门别类的研究，更应该进行整体性研究，完整地把握马克思主义的科学体系。'马克思主义理论'就是一门从整体上研究马克思主义基本原理和科学体系的学科。它研究马克思主义基本原理及其形成和发展的历史，研究它在世界上的传播与发展，特别是研究马克思主义中国化的理论与实践，同时把马克思主义研究成果运用于马克思主义理论教育、思想政治教育和思想政治工作。它包括五个二级学科：马克思主义基本原理、马克思主义发展史、马克思主义中国化研究、国外马克思主义研究、思想政治教育。"（2008 年 4 月又增设"中国近现代史基本问题研究"二级学科）《通知》非常明显地区分了马克思主义与马克思主义理论的内涵。在概念的内涵上，"马克思主义"是指科学的世界观和方法论，是反映客观世界特别是人类社会的本质和规律的科学真理；而"马克思主义理论"则是马克思主义基本原理和科学体系，是由哲学、政治经济学、科学社会主义等理论构成的整体性理论体系。国务院学位委员会于 2012 年 6 月 6 日又发布了《关于进一步加强高校马克思主义理论学科建设的意见》（学位〔2012〕17 号），并指出："马克思主义深刻揭示了人类社会发展规律，是我们立党立国的根本指导思想，是全国各族人民团结奋斗的共同思想理论基础。马克思主义理论学科是对马克思主义进行整体性研究的学科，是马克思主义学科体系的重要组成部分。"诚然，在泛化层面上，马克思主义是一个比马克思主义理论涵盖面更广的概念，其涵盖的范围非常广泛，如"马克思主义"既包含"马克思主义理论"，也包含马克思主义文学、马克思主义新闻学、马克思主义军事学等。在学科属性上，"马克思主义理论"是"马克思主义"的主要组成部分①。

吸取理论界研究成果的精华，特别是依据《通知》精神，与整体性马克思主义定义相契合，在整体性上我们把"马克思主义理论"的定义

---

① 参见陈占安《对"马克思主义理论"学科定位的再思考》，《中国浦东干部学院学报》2011 年第 1 期。

表述如下：马克思主义理论是马克思主义的科学表述和理论形态，主要由马克思主义哲学、政治经济学、科学社会主义理论等①构成，是不断创新发展的、具有内在逻辑联系的理论整体。

第三节 "马克思主义基本原理"概念辨析及重新界定

何谓原理？原理，通常指在某一领域、部门或科学中具有普遍意义的基本规律。科学原理是在大量实践基础上通过概括抽象得到的②。基本原理则指那些具有一般意义的，随着语境变化、时代变迁仍然正确的科学理论。换言之，基本原理就是一般的原则性的道理、重要的根本理论。在学科属性上，马克思主义基本原理是马克思主义理论一级学科下面的一个二级学科。

一 "马克思主义基本原理"及其主要内容

近些年来，理论界对马克思主义基本原理概念的探讨不在少数。有学者认为："马克思主义基本原理就是马克思主义哲学、经济学、科学社会主义的基本原理。"③ 也有学者认为："马克思主义基本原理首先应该是马克思主义理论三个组成部分中的一以贯之的理论，是能够反映马克思主义精神实质的理论，是能够反映马克思主义整体性的理论。"④ 上述表述各有侧重，但精神实质基本一致，皆指马克思主义理论中最基本的理论或最普遍的理论。

还有学者认为，马克思主义基本原理包括哲学、政治经济学和科学

---

① 除了马克思主义哲学、政治经济学和科学社会主义理论三大主要组成部分之外，马克思主义理论还包括政治、法学、史学、教育、科学技术、文学艺术、军事、民族、宗教等方面的重要理论。参见《马克思恩格斯文集》第1卷，人民出版社，2009，第1页"编辑说明"。

② 参见《辞海》（缩印本），上海辞书出版社，1989，第151页。

③ 陈先达：《论马克思主义基本原理及其当代价值》，《马克思主义研究》2009年第3期。

④ 张雷声：《关于马克思主义基本原理及其学科建设》，《思想理论教育导刊》2006年第6期。

社会主义三大科学领域的多项基本原理。简言之，有物质决定意识原理、社会存在决定社会意识原理、客观世界相互联系永恒发展原理、人类社会形态由低级向高级演进和发展规律原理、剩余价值学说和资本主义基本矛盾与主要矛盾原理、现代马克思主义政治经济学基本原理和理论假设、社会主义历史必然性和工人阶级历史使命原理、阶级斗争与无产阶级革命原理、国家学说与无产阶级专政原理、人民群众是历史的创造者原理、无产阶级战略策略原理、无产阶级政党及其建设原理、科学社会主义本质特征原理、人的全面发展与共产主义原理等①。

《马克思主义基本原理概论》指出，马克思主义基本原理，是马克思主义理论体系中最基本、最核心的内容，是对马克思主义的立场、观点和方法的集中概括。它体现了马克思主义的根本性质和整体特征，体现了马克思主义科学性和革命性的统一。相对于特定历史条件下所做的个别理论判断和具体结论，马克思主义基本原理具有普遍的、根本的和长远的指导意义。可以从基本立场、基本观点和基本方法三个方面来把握马克思主义的基本原理。马克思主义的基本立场，是马克思主义观察、分析和解决问题的根本立足点和出发点。这就是始终站在人民大众的立场上，一切为了人民，一切相信人民，一切依靠人民，全心全意为人民谋利益。马克思主义的基本观点，是关于自然、社会和人类思维规律的科学认识，是对人类思想成果和社会实践经验的科学总结。这些基本观点主要包括：关于客观世界的本质和规律的观点，关于人的实践和认识活动的本质和规律的观点，关于社会形态和社会基本矛盾运动规律的观点，关于人民群众的历史主体作用的观点，关于人的全面发展和社会全面进步的观点，关于商品经济和社会化大生产一般规律的观点，关于劳动价值论、剩余价值论和资本主义生产方式本质的观点，关于社会主义必然代替资本主义的观点，关于社会主义革命和无产阶级专政的观点，关于无产阶级政党建设的观点，关于社会主义本质特征和建设规律的观点，关于共产主义社会基本特征的观点，等等。马克思主义的基本方法，

---

① 程恩富、胡乐明：《中国马克思主义理论研究 60 年》，《马克思主义研究》2010 年第 1 期。

是建立在辩证唯物主义和历史唯物主义世界观、方法论基础上的思想方法和工作方法，主要包括实事求是的方法、辩证分析的方法、历史分析的方法、群众路线的方法等①。

二 "马克思主义基本原理"的学科属性

"马克思主义基本原理"的概念除了指马克思主义的基本原理之外，它在使用过程中还衍生了另外一种用法，即专指马克思主义基本原理学科。《通知》中指出："马克思主义基本原理，是马克思主义科学体系的基本理论、基本范畴，是其立场、观点和方法的理论表达。这些基本原理和范畴是人类社会的本质和发展规律的科学概括。马克思主义科学真理是绝对和相对、普遍性和特殊性的辩证统一，是理论与实践、科学性与阶级性的高度结合。这是马克思主义学说的精髓。"马克思主义基本原理是设置在马克思主义理论一级学科下的二级学科。"马克思主义基本原理这个二级学科的研究范围包括：马克思主义经典著作和基本原理、马克思主义基本范畴及科学体系、马克思主义基本原理的形成和发展、马克思主义与当代社会思潮、马克思主义理论教育规律和方法等。与马克思主义哲学、政治经济学、科学社会主义等学科分门别类的研究不同，马克思主义基本原理学科旨在研究马克思主义主要经典著作和基本原理，从整体性上研究和把握马克思主义科学体系，它要求把马克思主义的三个组成部分有机结合起来，揭示它们内在的逻辑联系，从总体上研究和把握马克思主义。那种只是将马克思主义哲学、政治经济学、科学社会主义等学科打包运作，而不是整体性的角度，是不正确的。"② 这个二级学科所研究和探讨的重心仍然是马克思主义的基本原理、一般性原理。从学科设置的形式来看，马克思主义基本原理是一个学科专业；从学科探讨的内容来看，马克思主义基本原理是研究和探讨马克思主义一般原理的学科专业。显然，二者具有一致性，它们是学科设置和学科研究对象的形式和内容的统一。

---

① 参见本书编写组编《马克思主义基本原理概论》，高等教育出版社，2013，第3页。
② 陈占安：《对"马克思主义理论"学科定位的再思考》，《中国浦东干部学院学报》2011年第1期。

三 "马克思主义基本原理"概念的新界定

马克思主义基本原理,在内容上是相对于马克思主义的非基本原理、特殊论断或个别结论而言的;在表述方式上,相当于专题或专篇论述。马克思主义基本原理是指马克思主义理论体系中那些具有一般意义的、普遍适用的科学理论。例如,马克思、恩格斯在《共产党宣言》1872年德文版序言中就讲道:"不管最近25年来的情况发生了多大的变化,这个《宣言》中所阐述的一般原理整个说来直到现在还是完全正确的。"①在这里,"一般原理"就是指被实践检验证明的、有普遍意义的、相对稳定的马克思主义基本原理。邓小平曾多次指出,要"把马克思主义基本原则同中国实际相结合"②。他还在《中国共产党第十二次全国代表大会开幕词》中指出:"把马克思主义的普遍真理同我国的具体实际结合起来,走自己的道路。"③ 可见,马克思主义基本原理与马克思主义一般原理、马克思主义普遍真理是同类概念,三者皆指马克思主义理论体系中的一般性的基本原则,是基本理论和基本概念的总和。

总结上述分析,在整体性上我们把"马克思主义基本原理"的定义表述如下:马克思主义基本原理是由马克思主义信仰者、马克思主义理论研究者和发展者提炼概括的、有条理性的部分马克思主义理论,是马克思主义精神实质的系统再现,是马克思主义与马克思主义理论基本内容的统一体。

近年来,马克思主义基本原理的研究取得了重大进展。有学者说,马克思主义理论主要研究了十大基本原理:关于客观世界相互联系、相互作用和运动发展的一般规律的原理,这是唯物辩证法认识世界和改造世界的理论,包含了世界的物质性及其发展规律的主要观点和方法;关于人类实践活动及其发展规律的原理,这是认识的本质及其发展规律的理论,包含了人类认识的本质、真理与价值、认识与实践的关系及其发展规律的主要观点和方法;关于人类社会形态由低级向高级演进及其发展规律的原理,这是社会演进的历史规律及其趋势的理论,包含了社会

---

① 《马克思恩格斯文集》第2卷,人民出版社,2009,第5页。
② 《邓小平文选》第3卷,人民出版社,1993,第173页。
③ 《邓小平文选》第3卷,人民出版社,1993,第3页。

历史发展动力、社会革命和发展及其演进规律的主要观点和方法；关于生产力和生产关系、经济基础和上层建筑的辩证统一的原理，这是社会结构及其系统认识的理论，包含了人类社会基本矛盾及其运动规律的主要观点和方法；关于阶级、阶级斗争、阶级分析和无产阶级专政的原理，这是关于现代社会分析以及过渡时期特征的理论，包含了社会矛盾分析以及资本主义向社会主义过渡的社会特征认识的主要观点和方法；关于人民群众是历史主体和历史创造者的原理，这是社会发展和动力的根本理论，包含了人民群众是历史的创造者、在创造历史中起着决定性作用的主要观点和方法；关于剩余价值学说和资本主义发展规律的原理，这是揭示资本主义生产方式奥秘及其绝对规律的理论，包含了以劳动价值论和剩余价值理论为基石和基础的资本主义发展及其历史趋势的根本观点和方法；关于社会主义历史必然性和工人阶级历史使命的原理，这是社会主义革命、建设和改革的理论，包含了资本主义向社会主义过渡的历史必然性以及社会主义制度本质和基本特征的主要观点和方法；关于无产阶级政党学说和在执政条件下加强党的建设的原理，这是无产阶级政党建设的基本理论，包含了马克思主义政党的性质及其在革命、建设和改革中的地位和作用，以及马克思主义执政党建设的主要观点和方法；关于人的全面发展和建设共产主义社会的原理，这是关于未来社会发展的理论，包含了人的自由而全面的发展、实现共产主义的历史必然性和趋势的根本观点和方法；等等①。

第四节　马克思主义理论及相关概念研究的意义

经过上述辨析，在对马克思主义、马克思主义理论和马克思主义基本原理予以新界定的基础上，我们确定以"马克思主义理论整体性"为本书研究的主旨。

一　"马克思主义理论"及相关概念的比较分析

马克思主义、马克思主义理论、马克思主义基本原理三个概念，既

---

① 顾海良：《"马克思主义基本原理概论"课课程建设的新境域》，《思想理论教育导刊》2014 年第 11 期。

有联系又有区别。就其联系来说，主要表现在三个概念内涵在本质上的一致性：马克思主义是以马克思的名字命名的思想理念、观念主张，是精神实质和内在灵魂，它内蕴在马克思主义理论之中，通过马克思主义理论得以论证、表述和显现；马克思主义理论是系统地论述、表述、彰显马克思主义的理论形态；马克思主义基本原理则是条理化、系统化的马克思主义理论的基本原则性理论。这恰似珍珠与海洋：马克思主义好似珍珠，撒落在博大精深的马克思主义理论的海洋之中，而马克思主义基本原理就像色彩斑斓的线，将五光十色的珍珠串成不同色彩、形态各异的链条，它们既相互区别，又构成统一的精美绝伦的"艺术的整体"。

马克思主义、马克思主义理论、马克思主义基本原理三个概念之间的差异也是显而易见的。

第一，就其学科属性来看，其涵盖的范围是层层递减的：马克思主义→马克思主义理论→马克思主义基本原理。

第二，就其内涵来说，马克思主义就是以"马克思"为旗帜的世界工人阶级的观点、思想和主张，内涵最大；表述马克思主义的论著等则构成马克思主义理论，内涵居中；马克思主义基本原理则只是马克思主义理论的部分内容，其内涵最小。

第三，就其外延而论，马克思主义广于马克思主义理论。这是因为，马克思主义理论在马克思主义的基础上增加了理论一词，这样，马克思主义理论的外延较小于马克思主义。习近平深刻地揭示了马克思主义与马克思主义理论的内在关系："马克思主义立场观点方法，贯穿于马克思列宁主义、毛泽东思想和中国特色社会主义理论体系之中，是马克思主义科学思想体系的精髓所在……观点，是人们对事物的看法。马克思主义观点是马克思主义关于自然、社会和人类思维发展的一般规律的科学认识，是对自然界规律和人类社会实践经验的科学总结，体现在马克思主义哲学、政治经济学和科学社会主义这三个组成部分之中，涵盖面非常广泛。"[①] 相对于马克思主义理论而言，马克思主义基本原理的外延则更小。

---

① 习近平：《深入学习中国特色社会主义理论体系 努力掌握马克思主义立场观点方法》，《求是》2010 年第 7 期。

　　第四，就其内涵的特性而言，马克思主义具有鲜明的社会实践主体（阶级）性和意识形态性，而马克思主义理论则具有严谨的学术性和科学性。"科学越是毫无顾忌和大公无私，它就越符合工人的利益和愿望。"① 马克思主义的社会实践主体（阶级）性和意识形态性蕴涵在马克思主义理论的学术性和科学性之中。作为学术性极强的科学理论体系，马克思主义理论具有透视宇宙本质和规律的深邃思想、严谨的逻辑联系和与时俱进的理论品质；而马克思主义的价值取向则是工人阶级意识形态的观念表达。作为工人阶级解放胜利的学说及其理论体系，工人阶级的特性决定了马克思主义及其理论属性。工人阶级是先进生产力的代表，具有实践性、先进性、革命性和国际性，这就决定了马克思主义的意识形态性和先进性，决定了马克思主义理论的实践性、科学性、先进性、世界性。因此，在马克思主义诞生以后，马克思主义政党能够组织起浩浩荡荡的队伍，开展轰轰烈烈的运动。工人阶级把马克思主义当做自己的精神武器，马克思主义把工人阶级当做自己的物质力量。两个伟大的力量结合了起来，产生了不可抗拒的社会变革力量，以雷霆万钧之力，磅礴于全世界。因此，马克思主义尽管诞生在欧洲，但并不具有狭隘的欧洲意识。其能够超越地理疆域的限制和民族心态的差异，走向世界，成为世界工人阶级及其政党的指导思想，从而成为中国工人阶级及中国共产党的指导思想。与此同时，马克思主义理论也从各个渠道向世界传播，马克思主义著作成为其信仰者、传播者、研究者的必读书目，并在马克思主义者的创新发展中不断丰富其理论成果。由此可见，马克思主义理论是马克思主义的理论载体或"思想寓所"。马克思主义理论既吸收了前人的文明成果，又站在时代的高度，超越了前人，用创新的理论回答了时代提出的问题，建构起了时代思想的高地和理论形态的丰碑，创立和建构起了世界工人阶级的世界观、方法论的理论体系。

　　马克思主义基本原理则不同。在内容上，马克思主义基本原理既是马克思主义理论中基本的、条理性的、原则性的、相对稳定的部分理论，又以理论的形态表达了马克思主义的基本观点。例如，马克思主义"关于世界观、人生观、价值观的基本观点；关于辩证唯物主义和历史唯物

---

① 《马克思恩格斯文集》第4卷，人民出版社，2009，第313页。

主义的基本观点；关于社会形态和社会基本矛盾运动规律的基本观点；关于社会主义必然代替资本主义的基本观点；关于社会主义革命和无产阶级专政的基本观点；关于无产阶级政党的基本观点；关于社会主义本质和社会主义建设的基本观点；等等。这些基本观点贯穿于马克思主义科学思想体系之中，内容博大、思想精深，需要坚持不懈地刻苦学习、深入钻研，需要原原本本地阅读马克思主义原著，才能领会得更加深透"①。在形式上，它是马克思主义的信仰者、马克思主义理论的学习研究者，在研读马克思主义经典原著的基础上，将"散见"的或不那么集中地阐述的马克思主义的某些观点加以整理，总结归类、抽象概括、系统表述、条理化基本原则性理论。这就是说，马克思主义基本原理是由马克思主义理论的传人、"后人"们理解和整理而成的。因此，《马克思主义基本原理》读本具有历史变动性、多重主体性和内容差异性。在表述方式上，马克思主义基本原理集中而典型地展现了马克思主义的主张、理念和思想，有条理而系统地再现了马克思主义理论的基本内容。可以说，马克思主义基本原理是马克思主义与马克思主义理论的"合体"、统一体。因此，对于大多数学习者而言，马克思主义基本原理是理解马克思主义、学习马克思主义理论的有效途径或便捷方式。但是，是不是所有的《马克思主义基本原理》读本都完全符合马克思主义的基本精神，它们是否都完整准确地再现了马克思主义理论的基本内容，是一个需要慎重对待的重要问题。因此，必须从经典著作出发，把握马克思主义的精髓，理解马克思主义理论的精神实质，展现真正的马克思主义，再现真正的马克思主义理论。

二 "马克思主义理论整体性"研究的概念确定

综上所述，马克思主义理论是马克思主义的"思想寓所"和"理论表达"，马克思主义基本原理则是其"精神展示"和"逻辑再现"。因此，马克思主义理论是理解和把握马克思主义的文本依据和必经路径，是集中典型地再现马克思主义基本原理的思想前提和理论基础，也是从

---

① 习近平：《深入学习中国特色社会主义理论体系 努力掌握马克思主义立场观点方法》，《求是》2010 年第 7 期。

事马克思主义理论整体性研究的文本依据。

在马克思主义、马克思主义理论和马克思主义基本原理的三重结构中，马克思主义理论居其中而连两端，以马克思主义理论为研究主旨，既能领悟马克思主义的精神实质，又能展示马克思主义基本原理的精彩篇章。此外，"马克思主义"概念涵盖面十分广泛，"马克思主义整体性"涉及与马克思主义相关的一切领域和所有学科，对其的研究也是需要多学科、大协同才能完成的巨大课题，非单一本书能够承担的。因此，本书以马克思主义理论为研究主旨，研究"马克思主义理论整体性"。

第二章　实践与马克思主义理论创立的逻辑起点

实践是马克思主义理论创立的逻辑起点，是形成马克思主义理论整体性的内在依据。那么，在马克思主义理论整体中，具有逻辑起点意义和理论奠基功能的实践概念是如何生成的？马克思赋予实践概念怎样的意蕴？拥有这样意蕴的实践概念如何成了马克思主义理论的逻辑基础？

应该说，马克思实践概念的生成有一个历史逻辑、实践基础、自然科学基础和马克思恩格斯实现"两个转变"、科学实践观的形成、实践概念理论创新等相统一的过程。揭示马克思实践概念的生成依据及其创立的理论逻辑，明确马克思科学实践概念的真切意蕴，阐述马克思实践概念的总体性和层次性与马克思主义理论整体性和层次性之间的内在联系，为我们认识和理解实践在马克思主义理论创立过程中的意义和价值，进而在整体上认识马克思主义理论创立的逻辑基础，提供了一个新的研究视角及学理依据。

第一节　逻辑起点的一般特征与马克思主义理论的逻辑起点

马克思指出："在形式上，叙述方法必须与研究方法不同。研究必须充分地占有材料，分析它的各种发展形式，探寻这些形式的内在联系。只有这项工作完成以后，现实的运动才能适当地叙述出来。这点一旦做到，材料的生命一旦在观念上反映出来，呈现在我们面前的就好像是一个先验的结构了。"[①] 在此，马克思明确阐述了叙述方法与研究方法的区别与联系问题，认为研究是通过形式寻找内容，透过现象看本质；在占有丰富材料的基础上，分析其内在联系及运动规律；在现实的运

---

① 《马克思恩格斯文集》第5卷，人民出版社，2009，第21~22页。

动中观念地揭示其逻辑结构及逻辑整体；在此基础上，将研究的结果理论地叙述出来，从而形成具有内在联系的、逻辑结构完整的理论体系。

马克思主义理论就是这样一个具有内在联系、逻辑结构完整的理论体系。要研究马克思主义理论整体的内在联系及其逻辑结构，就必须研究马克思主义理论的逻辑起点。因此，厘定逻辑起点的含义，是研究实践与马克思主义理论整体性问题的逻辑开端。那么，什么是逻辑起点？逻辑起点有哪些一般特征？马克思主义理论的逻辑起点是什么？

一 逻辑起点释义

在当今的学术话语体系中，逻辑有形式逻辑与辩证逻辑之别。古希腊最早出现的逻辑系统是亚里士多德的逻辑。"逻辑是关于有效推理的条件或正确推理的结构和原则的研究。它主要被认为是处理不依赖内容的论证形式，虽然形式和内容的区分有时受到质疑。亚里士多德使逻辑成为一个专门的学科……黑格尔把他自己的哲学称为逻辑学，但对他来说，逻辑不是一个有效演绎的静止的形式体系。毋宁说，它研究思想的过程，按此过程，一范畴被另一范畴所包含，并由此发展为其对立面。这些范畴在一更高的全体中达到统一，这个统一又为发展的下一阶段开辟了道路。……黑格尔也把他的逻辑称为存在的辩证法和辩证逻辑。它被马克思和恩格斯进一步发展为一种对事物基于它们的内在矛盾而永恒变化过程的反映。"[1] 由此可见，形式逻辑讲究概念内涵明晰、判断具有必然性和推理演绎合理，主要是有思维规律、推理规则等含义；而辩证逻辑则与（经由黑格尔改造了的）辩证法同义。在逻辑本义的基础上，逻辑还衍生出规范性、规律性、必然性、合理性、关联性等意蕴。与此相关联，逻辑有历史逻辑与理论逻辑等类型。

那么，什么是逻辑起点？我们知道，起点是一个在有限时间和空间里的开端，即在什么时候和什么地方开始。逻辑起点同样有其时间维度

---

[1] 尼古拉斯·布宁、余纪元编著《西方哲学英汉对照辞典》，人民出版社，2001，第561~562页。

和空间维度。恩格斯说："历史从哪里开始，思想进程也应当从哪里开始，而思想进程的进一步发展不过是历史过程在抽象的、理论上前后一贯的形式上的反映。"① 在这里，所谓历史起点，即历史上发生的客观事实的起点；所谓思想进程，则是指人们关于客观事实起点的分析研究的开端。客观事实决定思想进程。因此，历史从哪里开始，理论逻辑也应当从哪里开始；历史进程与理论逻辑进程具有直接的同一性。然而，作为一种抽象，理论逻辑起点不是历史起点的直观反映，而是在一定理论指导下的逻辑揭示。这种由历史逻辑起点决定、渗透着一定理论原则的理论逻辑起点，就是逻辑起点。由此可见，逻辑起点是历史逻辑起点与理论逻辑起点的统一。之所以称之为逻辑起点，正是强调"起点"诞生的客观必然性及合理性，"起点"理论生发的开创性里程碑意义以及内容之间的内在必然性、逻辑关联性和理论体系的一致性、系统性。因而，确立逻辑起点是研究理论形态的逻辑开端。

二　逻辑起点的一般特征

"逻辑起点"又有哪些一般特征？

第一，理论逻辑起点与历史起点辩证统一。既然逻辑有历史逻辑与理论逻辑之别，那么逻辑起点也是历史逻辑起点与理论逻辑起点的统一。这就是说，思想进程与历史进程、理论逻辑与历史逻辑、理论的逻辑进程与客观现实的历史发展进程具有一致性；科学理论的逻辑进程与关于对象认识发展的历史进程同样具有一致性。因此，作为动态的理论逻辑的建构历史，其历史起点与逻辑起点必须能够相通相融。这样的特性，要求一个能够涵盖并"打通"历史起点与逻辑起点的整体性概念作为其起点。与此同时，涵盖并"打通"历史起点与逻辑起点的概念，才能将历史起点包含在逻辑起点之内，从而使其成为与历史逻辑相关联的实在概念。正是这样的现实的实在概念，为整体性理论的联系和发展创造了实践基础和未来空间。如果不与历史逻辑相关联，那么，逻辑起点就会成为脱离客观实际的、纯粹的抽象概念，从而形成黑格尔式的概念自我演绎的封闭圆圈。

---

① 《马克思恩格斯文集》第 2 卷，人民出版社，2009，第 603 页。

第二，逻辑起点最简单、最直接、最抽象。作为理论的奠基性起点，其逻辑开端必须是具体的、有指向的、真实的、最简单的概念。概念具体、真实而有指向，其确立的问题域才能是有边界的、有解的、具体的"真问题"。具有担当逻辑起点资格的概念，是整体性理论的"奠基石"，因而是最直接的。它不需要别的概念为自己奠基，它直接就是理论的开端。这样的逻辑起点必定是最抽象的，相对于具体实践课题或某类事件而言，其涵盖的普遍性最广，因而其内涵较小而外延较大，从而生成的理论才具有内在的逻辑整体性和品质的独特性。唯其如此，它才能够生成某种具体的、独特的理论体系，实现理论自身的逻辑演绎和发展，从而担当起整体性理论逻辑起点的职责。

第三，逻辑起点与逻辑终点相呼应。就历史逻辑而言，其起点必定是时代的具体实践课题或具体的某类事件，因而有始有终。作为理论逻辑，其起点必定是整体性理论形成和发展的"奇点"。起点是发展的基础，发展每前进一步，都将以开端为根据。开端并不因后继者而消灭，将贯穿于发展的整个过程，即它把全部发展都蕴涵在起点之中。逻辑起点与逻辑终点遥相呼应，只有当起点达到了终点才是现实的，即起点要在终点中实现。这就是说，逻辑起点使得理论体系在与历史逻辑相联系的实践过程中，与时代同步并自我规定、自我实现、自我演绎和自我发展，形成具有内在逻辑关联性、整体逻辑结构的波浪式前进、螺旋式发展的逻辑"圆圈"，从而前后呼应、首尾关联，水乳交融、浑然天成，变化发展、与时俱进。在这里，所谓起点和终点都是具体的和相对的，因而是有限的，其构成的"圆圈"亦是具体的、相对的和有限的。因此，所谓终点是相对于特定的起点而言的。事实上，某一逻辑的终点同时又是另一逻辑的起点。理论体系就是一个由许多发展"圆圈"所构成的统一的逻辑集合体。

第四，逻辑起点具有必然性和开创性。逻辑起点具有历史的必然性及鲜明的开创性。起点者，起始创新之谓也。就其历史逻辑而言，起点是历史进程时空中的具体接点，同时又是新历史事件的具体拐点，是必定要发生的，具有历史必然性。就其理论逻辑来说，它富有新意，开创了新领域。如果没有新意或独特性，其理论就只能是别的某种理论的构成部分，而不能成为具有起点意义的独创性、独特性的理论。正如肯定与否定同时存在于某一事物之中一样，必然性与开创性也同时存在于逻辑起点之中。

第五，逻辑起点具有奠基性和客观性。建立在历史必然性和理论开创性基础之上的逻辑起点，具有奠基意义和合理价值。如前所述，逻辑起点是整体性理论的"奠基石"。然而，逻辑起点不是人们任意确定或随意选择的，也不是人们可以随便指认的。逻辑起点的前提条件是客观性。这就是说，客观性是逻辑起点得以确立的依据。唯其如此，逻辑起点才能拥有确立的客观依据和事实支撑，才能具有客观性和奠基性。

第二节　实践是马克思主义理论创立的逻辑起点

马克思主义理论创立的逻辑起点是什么？具体而言，马克思主义理论创立的历史逻辑起点及理论逻辑起点是什么？马克思恩格斯是如何确立自己理论创新的逻辑起点的？他们又经历了怎样的实践活动并实现了怎样的转变，才确立了工人阶级世界观、方法论及其解放胜利的学说——马克思主义理论——创立的逻辑起点的？

一　马克思主义理论创立的历史逻辑起点

作为时代精神的精华，马克思主义理论是时代的产物。深刻把握时代的实践主题、反思既往理论的品格及得失、超越时代同人、创建新的理论，是马克思恩格斯理论创新的根本路径。马克思恩格斯生活在科学技术综合发展、社会化大生产和资本主义快速发展、无产阶级成为社会实践主体、历史向"世界历史"转变的时代。时代的实践主题、实践方式、实践特点、实践需要等，为马克思赋予实践概念新的时代内容，为创立科学的实践观提供了客观依据，为创立马克思主义理论提出了现实需要。马克思主义理论在整体上是时代实践的产物，而无产阶级革命的实践需要则是马克思主义理论创立的历史逻辑起点。

（一）世界历史及其开端

科学技术的综合发展、社会化大生产和资本主义的快速发展，开启了人类"世界历史"之门。工人阶级①是世界历史的创造者。工人阶级创造世界历史的实践活动，促使马克思主义理论得以诞生。

第一，世界历史是人类社会发展进程中的一个历史阶段。马克思在《1844年经济学哲学手稿》中论述道："对社会主义的人来说，整个所谓世界历史不外是人通过人的劳动而诞生的过程，是自然界对人来说的生成过程。"② 劳动创造世界，实践生成历史。劳动实践创造和生成世界历史。马克思恩格斯在《德意志意识形态》中进一步指出："历史不外是各个世代的依次交替。每一代都利用以前各代遗留下来的材料、资金和生产力；由于这个缘故，每一代一方面在完全改变了的环境下继续从事所继承的活动，另一方面又通过完全改变了的活动来变更旧的环境。……各个相互影响的活动范围在这个发展进程中越是扩大，各民族的原始封闭状态由于日益完善的生产方式、交往以及因交往而自然形成的不同民族之间的分工消灭得越是彻底，历史也就越是成为世界历史。"③ 人类历史有民族历史和世界历史两个大的发展阶段。民族历史是一定民族在相对封闭、相对单纯的环境条件下，各个民族相对独立地创造的、具有鲜明民族特色的历史。在民族历史的发展进程中，其民族特性不断得到完善。不断完善的民族特性成为人类共同的世界资源，成为世界历史诞生的发源地。世界历史则是各个民族走出相对封闭状态，在更大的范围内和更深的层次上共同创造人类世界的历史。"世界历史"概念，主要在内容和层次方面揭示了人类共同体在生产方式、交往范围、生活状态等实践方面的深刻变化。一部人类社会发展史，主要是生产力、物质资料生产和交换发展的历史，归根到底是人类实践方式的发展史。人类实践方式的发展，就是在不断进步了的生产力的支配下，逐渐从狭隘的、独特的民族史不断走向世界历史的过程。世界历史的形成过程既是人类不断打破地理疆域屏障和克服民族心态隔阂而不断实现其社会性本质的过程，

① 一般而言，无产阶级与工人阶级这两个概念是通用的。本章中的无产阶级或工人阶级都是指在资本主义社会里不占有生产资料、从事物质生产实践活动的实践主体。但是，两者也存在一定的区别，各有侧重。无产阶级是相对于资产阶级而言的，主要指不占有生产资料的阶级；工人阶级是相对于生产过程中的"管理者"而言的，主要指从事物质生产实践活动的阶级。

② 《马克思恩格斯文集》第1卷，人民出版社，2009，第196页。

③ 《马克思恩格斯文集》第1卷，人民出版社，2009，第540~541页。

也是人类自身不断完善、不断拓展生存实践和交往的空间、不断获得彻底解放，使世界各民族相互依存并走向统一的过程。同样，世界历史不是一蹴而就的，它本身也是一个不断变化发展的历史过程。

第二，世界历史是生产力发展的结果。推动世界历史形成和发展的根本动力乃是新的生产力及其发展。"例如，如果在英国发明了一种机器，它夺走了印度和中国的无数劳动者的饭碗，并引起这些国家的整个生存形式的改变，那么，这个发明便成为一个世界历史性的事实。"① 以机器为代表的新的生产力，便是一个世界历史性的事实。机器的轰鸣声，打破了人力、畜力、风力等自然力的田园婉唱。机器的人造、可控、可移动等特性，促使社会的生产方式向着更加广阔的领域进发。这样的社会生产力必然要求有与之相适应的生产关系，从而改变了社会的生产方式、工作方式、交往方式，甚至社会的上层建筑，使得各个民族相互影响的活动范围在新的社会发展进程中得以扩大，各民族的原始封闭状态由于日益完善的生产方式、交往以及因交往而自然形成的不同民族之间的分工也因之得以消失，人类历史进入了世界历史的新阶段。由此可见，世界历史是从社会生产力发展规律中引发出来的社会结果。因而可以按照社会生产力发展的客观规律来推演世界历史的进一步演进和发展。

第三，世界历史开始于资本时代。走向世界市场的普遍交往是世界历史形成的另一个前提条件。可以说，世界历史肇始于资本成为人类社会的主流经济形态。1492 年意大利人哥伦布等发现美洲，1519 年葡萄牙人麦哲伦等发现大洋洲，加速了世界历史的形成进程。资本主义"首次开创了世界历史，因为它使每个文明国家以及这些国家中的每一个人的需要的满足都依赖于整个世界，因为它消灭了各国以往自然形成的闭关自守的状态"②。马克思恩格斯对世界历史的形成及其发展趋势的研究是与他们对人类社会的发展规律、对资本主义社会的特殊发展规律的研究联系在一起的。在《共产党宣言》中，他们比较集中地论述了大工业、大市场、资本与世界历史之间的关系。他们认为，以蒸汽和机器为标志的工业革命，使得现代大工业代替了工场手工业。大工业建立了世界大

---

① 《马克思恩格斯文集》第 1 卷，人民出版社，2009，第 541 页。
② 《马克思恩格斯文集》第 1 卷，人民出版社，2009，第 566 页。

市场，大市场促使商品和交通运输业、通信业得到巨大发展，从而又反过来更进一步促进了工业的扩展和资本的国际化。"资本"是一种崭新的社会关系和社会力量。作为能够带来剩余价值的价值，它通过商品的买卖关系，形成了雇佣劳动制；通过市场，建立起统一开放的社会关系；通过价值规律这只"看不见的手"，实现了市场的融洽功能。因而，它摧毁了封建割据的孤立城堡所构成的分离状态，开放的大市场形成了强大的吸纳功能，产生了不可抗拒的冲动能量和融合磁场。"它第一个证明了，人的活动能够取得什么样的成就。……它完成了完全不同于民族大迁徙和十字军征讨的远征。"① 它开始了人类历史向世界历史转变的历程。"它使未开化和半开化的国家从属于文明的国家，使农民的民族从属于资产阶级的民族，使东方从属于西方。"② 大市场开始了大融合，大融合实现了大历史，人类历史从此走向了世界历史。大工业、大市场开创了人类历史的新起点，它开始了人类世界历史的新进程；资产阶级即资本不自觉地充当了历史发展的工具，使得人类社会开始向着国际化、统一性的方向迈进，使以资本为财富象征的社会成为世界历史进程的起点，并成为世界历史发展的一个历史阶段。

第四，世界历史包含着经济、政治和文化等方面的内容，表现在生产力的世界化，生产、交往范围的国际化，各民族之间的依赖性增强和社会管理方式的统一化等方面。资产阶级开拓了世界市场，使一切国家的生产、消费和精神生产都成为世界性的了。"各民族的精神产品成了公共的财产。民族的片面性和局限性日益成为不可能，于是由许多种民族的和地方的文学形成了一种世界的文学。"③ "资产阶级日甚一日地消灭生产资料、财产和人口的分散状况。它使人口密集起来，使生产资料集中起来，使财富聚集在少数人的手里。由此必然产生的结果就是政治的集中。各自独立的，几乎只有同盟关系的，各有不同利益、不同法律、不同政府、不同关税的各个地区，现在已经结合为一个拥有统一的政府、统一的法律、统一的民族阶级利益和统一的关税的统一的民族。"④ 人

① 《马克思恩格斯文集》第2卷，人民出版社，2009，第34页。
② 《马克思恩格斯文集》第2卷，人民出版社，2009，第36页。
③ 《马克思恩格斯文集》第2卷，人民出版社，2009，第35页。
④ 《马克思恩格斯文集》第2卷，人民出版社，2009，第36页。

口、生产资料和财富的相对集中，生产方式、交往范围的日益扩大及内容的深化，加之消费甚至精神生产的国际化，统一的管理方式、管理机构和规范的世界标准成为现实。这些便构成了统一的民族历史即世界历史的表现形式和具体内容。

（二）工人阶级是世界历史的创造者

马克思恩格斯在探求世界历史发展规律时，是把工人阶级的历史使命与人类彻底解放和世界历史的发展进程紧密联系在一起的。世界历史必须由"世界公民"——工人阶级来建构。

首先，"工业革命创造了一个大工业资本家的阶级，但是也创造了一个人数远远超过前者的工业工人的阶级。随着工业革命逐步波及各个工业部门，这个阶级在人数上不断增加；随着人数的增加，它的力量也增强了。"① 现代工人阶级是现代大工业的产物，是社会新生产力的代表。随着资产阶级即资本的发展，现代工人阶级也在同一程度上得到了发展。"当每一民族的资产阶级还保持着它的特殊的民族利益的时候，大工业却创造了这样一个阶级，这个阶级在所有的民族中都具有同样的利益，在它那里民族独特性已经消灭，这是一个真正同整个旧世界脱离而同时又与之对立的阶级。"② 社会化大生产的实践主体——工人阶级就是创造世界历史的阶级。随着工人阶级的发展壮大，它必将顺应时代潮流，建立一个适应社会发展需要的社会制度，将人类社会推向新的历史高度。

其次，现代工人阶级是真正具有国际性的社会主体，具备充当世界历史创立者、承担者、推广者的资格和职能。"工人没有祖国。"③ 它失去了任何民族特性，世界是工人阶级的祖国，国际性是工人阶级的属性。工人阶级具有永不停息的发展动能和远大的发展前途。现代工人阶级与社会化大生产、现代大工业紧密相连，也与世界大市场息息相关，由此便决定了工人阶级不具有任何狭隘的民族意识，而是与人类的本质特性相一致的，因而世界各国的工人阶级能够联合起来。这也决定了工人阶级的实践性，它能与人类的整体事业和世界发展大趋势同步前进，而不

---

① 《马克思恩格斯文集》第3卷，人民出版社，2009，第516页。
② 《马克思恩格斯文集》第1卷，人民出版社，2009，第567页。
③ 《马克思恩格斯文集》第2卷，人民出版社，2009，第50页。

会被历史所抛弃，因而世界各国的工人阶级能够成为人类社会的主人，成为世界历史的执行人。由于"每一个单个人的解放的程度是与历史完全转变为世界历史的程度一致的"①，因此，"无产阶级只有在世界历史意义上才能存在，就像共产主义——它的事业——只有作为'世界历史性的'存在才有可能实现一样"②。世界历史只有不断地在工人阶级的推动下才能实现自己，只有跨越资本主义这一特殊的历史阶段才能发展自己，只有真正地实现工人阶级个人解放从而实现人类的彻底解放才能最终走向共产主义，完成世界历史的历史使命。

（三）马克思主义理论应运而生

在机器大工业、社会化大生产不断发展的过程中，工人阶级开始作为一支独立的政治力量登上历史舞台，并在反对资产阶级的斗争中走向成熟。随着社会化大生产的发展，从资本主义社会内部产生了资产阶级的掘墓人——无产阶级。在资本主义社会以前的奴隶社会和封建社会，层层叠叠的等级关系掩盖了人与人之间的直接阶级对立关系，因而使人们无法看清各阶级之间斗争的物质原因。进入资本主义社会后，这种阶级对立的情形发生了显著的变化："阶级对立简单化了。整个社会日益分裂为两大敌对的阵营，分裂为两大相互直接对立的阶级：资产阶级和无产阶级。"③ 资产阶级与无产阶级之间的对立与对抗上升为资本主义社会的主要矛盾。这种矛盾源于两个阶级之间的物质利益冲突。利益冲突的持续存在使人们可以看清，如同资产阶级反对封建贵族的斗争一样，无产阶级反对资产阶级的斗争将成为推动资本主义社会发展的直接动力。

马克思主义和马克思主义理论同时产生于工人阶级的实践需要。工人阶级创造世界历史的实践，需要马克思主义来动员和武装，需要以马克思主义理论为指导。随着资本主义工业革命的不断发展，资本主义固有的基本矛盾即生产社会化与资本主义私有制之间的矛盾日益激化。资本主义基本矛盾具体表现为派生出的三大矛盾：企业内部生产的有组织

---

① 《马克思恩格斯文集》第1卷，人民出版社，2009，第541页。
② 《马克思恩格斯文集》第1卷，人民出版社，2009，第539页。
③ 《马克思恩格斯文集》第2卷，人民出版社，2009，第32页。

性与整个社会生产无政府状态之间的矛盾、生产无限扩大的趋势与人民群众有支付能力的购买力相对缩小的趋势之间的矛盾、无产阶级与资产阶级之间的矛盾。这些矛盾集中表现为周期性的生产过剩的经济危机:大量生产资料被闲置,大量商品卖不出去;大批企业商店银行倒闭,大批工人失业;货币贬值,物价飞涨,股市狂跌,信用被破坏。历史上资本主义社会从 1825 年爆发第一次全局性经济危机开始,每隔一些年就会周期性地爆发。这表明,资本主义私有制越来越不适应生产力发展的客观要求。生产的社会化必然要求生产关系的社会化,资本主义被社会主义所取代就成为历史的必然。正如马克思在《资本论》中深刻指出:"资本的垄断成了与这种垄断一起并在这种垄断之下繁盛起来的生产方式的桎梏。生产资料的集中和劳动的社会化,达到了同它们的资本主义外壳不能相容的地步。这个外壳就要炸毁了。资本主义私有制的丧钟就要响了。剥夺者就要被剥夺了。"①

　　资本主义不仅锻造了置自身于死地的武器——社会化大生产,同时,还造就了运用这种武器的人——壮大了的无产阶级,为资本主义准备了掘墓人,为社会主义造就了开拓者。工业革命产生了大量的无产阶级,更给无产阶级带来了深重的苦难。失去了生产资料的无产阶级只能以出卖劳动力为生,他们必须先为资本家创造丰厚利润而辛勤劳作,才能得到勉强养家糊口的微薄工资。在工厂里,工人只是机器的简单附属品,完全失去了人的尊严和自由,失去了劳动的主动性和创造性。并且,由于资本主义再生产过程存在危机、萧条、复苏、高涨的周期性,既需要大量在职的雇佣工人,又需要庞大后备的失业大军,从而加剧了无产阶级内部雇佣工人和失业大军之间的穷苦竞争。在职的雇佣工人因为存在着失业的压力,被迫接受更加辛勤的劳作和更加低廉的工资;后备的失业大军又因脱离了雇佣工人的地位,使得生活更加贫困。无产阶级遭受着无法忍受的劳动折磨和贫困折磨,这双重折磨迫使其不得不走上反抗资本主义的道路。

　　无产阶级反抗资产阶级压迫和剥削的斗争,经历了从自发斗争到自觉斗争的过程,无产阶级也在斗争中不断成熟。无产阶级及其斗争成熟

---

① 《马克思恩格斯文集》第 5 卷,人民出版社,2009,第 874 页。

的显著标志是 19 世纪 30 ~ 40 年代欧洲最著名的三大工人运动：1831 年和 1834 年，法国里昂工人先后两次举行武装起义，标志着法国工人开始走上独立政治运动的道路，由此揭开了工人运动史上的新篇章。1836 ~ 1848 年，英国先后发生了三次"人民宪章"运动。宪章运动是一次全国性的无产阶级争取政治权利的运动，标志着英国无产阶级开始作为一支独立的生力军走上了政治运动道路。1844 年，德国西里西亚纺织工人发动了起义。起义明确提出了消灭私有制，标志着工人已经形成了自觉的对无产阶级本质属性的自我意识，认识到了自己的历史使命。无产阶级及其斗争的成熟既表明无产阶级反对资产阶级的斗争已进入一个风起云涌的崭新阶段，也表明无产阶级不仅是受压迫和受剥削的阶级，而且是真正革命的阶级和历史发展的伟大动力。但是，这三大工人运动最终都失败了，这又表明了在强大的资产阶级统治力量面前，在无产阶级作为一支独立的政治力量登上历史舞台的时代趋势中，无产阶级迫切需要一种能反映自身主张、代表自身利益新的革命理论，为他们提供世界观方法论武装、指明推翻资本主义建立无产阶级专政的完整理论。这为工人阶级自己的理论——马克思主义理论的创立提出了十分迫切的客观要求。

"一切划时代的体系的真正的内容都是由于产生这些体系的那个时期的需要而形成起来的。"[1] 马克思主义理论就是在这种适应无产阶级解放斗争的政治实践和现实需要中创立的。"马克思首先是一个革命家。他毕生的真正使命，就是以这种或那种方式参加推翻资本主义社会及其所建立的国家设施的事业，参加现代无产阶级的解放事业，正是他第一次使现代无产阶级意识到自身的地位和需要，意识到自身解放的条件。"[2] 作为工人阶级解放运动的理论表现，马克思主义理论的创立是多方面因素综合而成的结果，而工人阶级的革命运动则是马克思主义理论创立的直接实践基础。

工人阶级是现代大工业的产物，是社会新生产力的代表，是世界历史的创造者。工人阶级随着社会化大生产的发展而不断发展，是最先进、最有前途的阶级。工人阶级是劳动者，工人阶级的解放意味着劳动者自

---

[1]　《马克思恩格斯全集》第 3 卷，人民出版社，1960，第 544 页。
[2]　《马克思恩格斯文集》第 3 卷，人民出版社，2009，第 602 页。

我解放的开始，意味着人类解放的开始。因此，工人阶级的奋斗目标不是自私的、狭隘的，而是以人类解放、实现共产主义为己任的。随着自身的发展壮大，工人阶级必将顺应时代潮流，建立一个适应社会发展需要的、以工人阶级主导的"共产主义"社会，将人类社会推向新的历史高度，实现人类的彻底解放，因而世界各国的工人阶级能够成为人类社会的主人，赢得整个世界。这样的基本属性决定了马克思主义理论的科学性、先进性和生命力，也决定了马克思主义理论创立的整体性。

"马克思的哲学是完备的哲学唯物主义，它把伟大的认识工具给了人类，特别是给了工人阶级。"[1] 作为工人阶级世界观、方法论的马克思主义理论，必须研究整个世界（包括自然、社会和思维）的普遍本质和一般规律，不仅要对人类社会历史发展一般规律、资本主义社会发展的规律予以概括和总结，还要对无产阶级社会作用及革命经验、无产阶级解放胜利的条件等予以概括和总结，在整体上创立马克思主义理论。由此可见，工人阶级的实践是马克思主义理论创立的历史逻辑起点，马克思主义理论的创立具有整体性。

二　马克思主义理论创立的理论逻辑起点

马克思恩格斯理论创新的根本任务是创立和完善工人阶级的世界观和方法论。马克思恩格斯创立工人阶级的世界观和方法论及政治经济学、科学社会主义理论遵循的是创立科学理论的思维逻辑，即研究方法和叙述方法。

科学的理论是理论化和系统化的、概念之间具有内在关联性的知识体系。建构科学的理论必须遵循基本的建构逻辑，如抽象方法、理论逻辑与历史逻辑相统一方法等。马克思主义理论建构理所当然要遵循理论建构的一般逻辑，具体而言，主要是研究方法与叙述方法相统一的理论建构逻辑。"研究方法和叙述方法的统一是马克思一生从事理论研究和理论阐述所采用的最基本的方法。在搜集、整理和分析大量的纷繁复杂的社会经济现象以及所能发现的所有文献资料的基础上，借助于科学的抽象，使直接的感性材料上升为经过加工的思想材料，形成特定的概念、

---

[1]　《列宁专题文集——论辩证唯物主义和历史唯物主义》，人民出版社，2009，第335页。

范畴、理论观点；然后，再通过构建框架结构、使用语言文字等方式表达出来。"①

马克思主义理论建构的逻辑起点是什么？马克思恩格斯是如何将研究方法与叙述方法相统一进而确定自己理论的逻辑起点的？马克思主义理论创始人在《1844 年经济学哲学手稿》中从"当前的国民经济的事实出发"；在《关于费尔巴哈的提纲》中以"革命的""实践批判的"活动为立论基础；在《德意志意识形态》中将"有生命的个人的存在"及其"活动"作为考察"全部人类历史的第一个前提"；在《共产党宣言》中则以（有文字记载以来的）"社会的历史都是阶级斗争的历史"为逻辑起点；在《资本论》中则"从分析商品开始"。马克思恩格斯认为："在思维的进程中，范畴发展的顺序应该是从最简单的范畴发展为复杂的范畴，前者为后者提供根据和前提，后者为前者提供论证和发展。"②"只有在资本新投入的时候……货币形式的资本才表现为运动的起点和终点。但对每一个已经处在过程中的资本来说，起点和终点都只表现为经过点。"③ 分析提炼马克思主义理论创始人确立逻辑起点的理论建构方法，我们可以明确地看到，在整体性上，马克思主义理论以实践为逻辑起点。如前所述，马克思主义理论创立的历史逻辑起点是新兴的工人阶级的实践活动，如工人阶级创造的"当前的国民经济的事实"、工人阶级从事的反对资产阶级的阶级斗争实践、工人阶级从事的生产商品的实践活动等。马克思主义理论创立的理论逻辑起点也是实践，这在《德意志意识形态》中以现实的人的"活动"示之，在新世界观天才萌芽的第一个文件——《关于费尔巴哈的提纲》中得以清晰展示，在马克思主义理论诞生的标志《共产党宣言》中同样明确表明。这就是说，实践既是整体马克思主义理论的历史逻辑起点，也是整体马克思主义理论的理论逻辑起点④。

---

① 张雷声：《马克思主义方法论与思想政治理论课教学》，《思想理论教育导刊》2011 年第 9 期。
② 刘炯忠：《〈资本论〉方法论研究》，中国人民大学出版社，1991，第 341 页。
③ 《马克思恩格斯文集》第 7 卷，人民出版社，2009，第 351 页。
④ 在这里，"逻辑起点"并不是严格意义上的时间在前，而是"逻辑在先"。作为整体的马克思主义理论，马克思实践概念的创新与马克思主义理论的创立，是相互联系、相互影响、相互论证、相互贯通、同时进行的。

第三节 马克思实践概念生成的客观依据

在"世界历史"时代实践主题的感召下，在完成了思想观念和社会立场的根本转变之后，马克思恩格斯便真正开启了"马克思主义理论"的创立建构历程。马克思主义理论创立建构历程是以实践概念的创立创新为逻辑起点的。那么，在马克思主义理论体系中，具有逻辑起点意义的实践概念是如何生成的？其真切意蕴是什么？马克思[①]实践概念有其生成[②]的历史逻辑、实践基础和自然科学基础等客观依据。

一 实践概念生成的历史逻辑[③]

正如马克思主义理论是人类优秀思想理论的结晶一样，马克思实践概念的创立同样是人类实践思想发展的产物，遵循着思想发展的历史逻辑。

将人的活动方式、行为特点概括表述为实践，是人类哲学思想的基本特征。据史料记载，第一次在哲学领域应用实践概念的是古希腊哲学家苏格拉底。他说："只要一息尚存，我永不停止哲学的实践，要继续教导、劝勉我所遇到的每一个人。"[④] 在这里，实践只是一种道德行为，其基本含义是通过自身践履高尚的德行，引导人们获得知识并行善事。可以说，苏格拉底语境中的实践，凸显的是一种实践意识，是一种以实践主体自身的知识、德性为基础的内心的行为原则。

亚里士多德对实践概念的突出贡献在于他把实践问题提升为一个哲学问题，并对其进行了系统的论述。在词义上，praxis 指广义的即活动意义上的实践。因此，亚里士多德对于实践（praxis）一词的使用也有多重含义。有学者认为，亚里士多德哲学中的实践是行为或活动（action）的

---

① 在约定俗成的意蕴上，这里的马克思实际上是马克思和恩格斯。正如马克思主义实质上是马克思恩格斯主义一样。

② 所谓生成，即创立、诞生、基本形成之意。生成是一个过程，生成不等于完成。就马克思实践概念的生成而言，还有与传统实践观决裂而使实践概念获得新生之意。

③ 参见夏建国《论马克思实践概念的生成逻辑》，《思想理论教育导刊》2013 年第 3 期。

④ 北京大学哲学系外国哲学史教研室编译《西方哲学原著选读》（上卷），商务印书馆，1987，第 68 页。

希腊词①。在一般意义上，实践与运动相关，泛指宇宙中万事万物普遍发生的运动现象。亚里士多德认为，每种存在物，无论是有生命或无生命的，都有活动的属性。在生物学意义上，实践与行为或活动相同，指动作者——人类和人以外的其他动物有意做的任何事情。例如，植物共同的活动是营养和发育；动物共同的活动则是以它们各自种属的属性来感觉和运动。"所以很显然，自然是一种原因，一种为了一个目的而活动的原因。"② 在人类学意义上，实践仅限于执行理性的选择，仅限于只有人才能做的事情。"因为做乃是或应该是行为者深思熟虑的结果，或者要对所做之事负责任。这层含义是道德哲学的中心，也与自由意志和义务问题相关。"③ "亚里士多德也在更为狭窄的意义上使用 praxis 一词，意指以自身为目的，而不仅仅为了某种另外目的所进行的理性行为。这层含义对应于生产（希腊词：poiesis），即为了某种目的而生产。"④ 亚里士多德认为，人的活动在于他灵魂的合理性的活动与实践。因此，人是什么，取决于他的现实活动，即他在其实践的生命活动中所实现的东西。而人的活动包括理论的活动、制作的活动以及实践的活动三类，其中理论的活动最高，实践的活动最重要。由此可知，亚里士多德虽然把实践活动从理论活动中划分出来，但他给予了理论活动更重要的地位，实践也主要是指伦理和政治行为，而生产或制作则处于次要的地位。

康德哲学高扬人的主体性，在哲学领域掀起了一场"哥白尼革命"，开启了德国古典哲学的新航程。其纯粹理性批判、实践理性批判和判断力批判，建立起了一个庞大的、完整的批判哲学体系，但在实践概念的基本属性上仍然继承了苏格拉底以来的西方传统的伦理特性。从总体上看，康德进行实践研究，意在强调自由意志的自主、自决及其客观有效性。尽管康德的实践观极大地弘扬了启蒙时代的理性主义和人道主义精

---

① 参见尼古拉斯·布宁、余纪元编著《西方哲学英汉对照辞典》，人民出版社，2001，第790页。

② 北京大学哲学系外国哲学史教研室编译《西方哲学原著选读》（上卷），商务印书馆，1987，第149页。

③ 尼古拉斯·布宁、余纪元编著《西方哲学英汉对照辞典》，人民出版社，2001，第19页。

④ 尼古拉斯·布宁、余纪元编著《西方哲学英汉对照辞典》，人民出版社，2001，第19页。

神，但是他对实践的界定依然是在道德领域内进行的。尽管康德区别并分析了"技术地实践"与"道德地实践"①，但是他仍然认为，实践乃是通过自由而可能的东西，是理性规定意志并通过意志达到目的的活动。由此可见，康德所谓的"实践"，主要是指人类内心的道德修养。"康德所谓的'实践理性'并非指人的有物质动机的意志，而是空洞形式的'纯粹意志'，他所谓的'实践'也不是指人的现实的感性的活动，而是意志使其行动准则与道德律相契合的活动，即意志本身内部的抽象活动。康德确立这个论点是为了把他的形式主义伦理学同宗教结合起来，调和道德与幸福的矛盾。"②

在黑格尔客观唯心主义的理论框架内，"绝对精神"是"创造"万物的实践主体，而实践活动则是"绝对精神""创造"万物的对象化与异化相统一的辩证发展过程。然而，在黑格尔哲学的论域之中，实践概念的意蕴发生了重大变革，即第一次从一个伦理道德概念上升为具有本体论意蕴的总体性概念，并使之拥有了基本的含义——人的现实劳动。也就是说，与亚里士多德和康德不同的是，黑格尔把生产劳动提升到哲学层面，认为"劳动陶冶事物。对于对象的否定关系成为对象的形式并且成为一种有持久性的东西"③。但是，黑格尔把自我意识理解为人的本质，认为实践的目的是自由，强调实践是以自由为目的的有意识的中介活动，把劳动只是当做"绝对精神"辩证发展的一个逻辑环节，因而劳动最终被归结为抽象的精神活动。

费尔巴哈把实践概念从黑格尔的绝对精神的牢笼中解救了出来，并第一次使实践成为唯物主义哲学的一个基本概念。如果说黑格尔是第一次赋予实践劳动蕴涵的哲学家的话，那么，费尔巴哈则是第一个将实践概念与人的现实的感性活动联系在一起的哲学家。但是，他又同亚里士多德一样，仅仅把理论的活动看做真正人的活动，同样是在"卑污的"、低俗的层次上界定实践。

---

① 参见田鹏颖《从马克思的"两种实践"统一观看社会技术的本体论隐喻——兼论从康德的"实践智慧"到马克思的"社会关系"》，《马克思主义与现实》2008 年第 1 期。

② 杨祖陶：《德国古典哲学逻辑进程》，武汉大学出版社，1993，第 103 页。

③ 〔德〕黑格尔：《精神现象学》（上卷），贺麟、王玖兴译，商务印书馆，1979，第 130 页。

综上所述，自苏格拉底在自身道德行为意蕴上提出实践概念以后，实践概念主要是在伦理道德范围内使用的。尽管亚里士多德赋予了实践概念劳动的意蕴，这一思想经由黑格尔的发展，直到费尔巴哈的根本改造，但是并没有跳出精神或理论主导的窠臼。因此，总结历史发展，转变思维方式，超越精神之域，赋予实践概念真切表达人的本质的意蕴，是拯救实践概念的必然选择。马克思总结道："从前的一切唯物主义（包括费尔巴哈的唯物主义）的主要缺点是：对对象、现实、感性，只是从客体的或者直观的形式去理解，而不是把它们当做感性的人的活动，当做实践去理解，不是从主体方面去理解。因此，和唯物主义相反，唯心主义却把能动的方面抽象地发展了，当然，唯心主义是不知道现实的、感性的活动本身的。费尔巴哈想要研究跟思想客体确实不同的感性客体，但是他没有把人的活动本身理解为对象性的活动。因此，他在《基督教的本质》中仅仅把理论的活动看做是真正人的活动，而对于实践则只是从它的卑污的犹太人的表现形式去理解和确定。因此，他不了解'革命的'、'实践批判的'活动的意义。"①费尔巴哈的实践观标志着传统实践观的终结。新世界观的诞生和新实践观的创立、赋予实践概念新的意蕴，是理论历史演绎的逻辑必然。

二　实践概念生成的实践基础②

社会存在决定社会意识。历史从哪里开始，逻辑就从哪里开始，历史进程与逻辑进程是统一的。实践概念内含的历史逻辑与时代的实践逻辑具有一致性。当历史的车轮驶入社会化大生产的时代，工人阶级作为一支独立的政治力量登上了历史舞台。与先进生产力相联系的新的实践方式和实践主体，为马克思创立新的实践观，赋予实践概念新的意蕴，提供了现实的实践基础。

实践概念总是与人的活动方式、行为特点联系在一起的。作为一个抽象概念，实践又总是与社会历史的具体实践活动密切关联的。具体的实践活动，总是包含着具体的实践主体、实践客体、实践方式、实践活

---

① 《马克思恩格斯文集》第 1 卷，人民出版社，2009，第 499 页。
② 参见夏建国《论马克思实践概念的生成逻辑》，《思想理论教育导刊》2013 年第 3 期。

动等要素。在实践的多重要素中，实践主体是最为重要的，因为实践主体是实践客体的确立者和实践方式、实践活动的行为执行者。因此，与实践主体的历史特性相联系，实践概念的具体意蕴也呈现出历史发展的内在逻辑，而这一内在承袭沿革的历史逻辑，又总是与时代的实践主题密不可分的，特别是与实践主体的具体特征密切相关；总是对当时现实实践活动的抽象和概括，特别是对实践主体的时代特征、社会地位、历史作用等的抽象和概括。从这个意义上讲，实践概念的具体意蕴，既有其理论发展的内在的历史逻辑，又呈现出与实践主体及其实践活动的具体特征正相关的实践逻辑。

马克思主义理论创作之前的实践主体，主要是代表时代先进生产力的少数"杰出的"英雄人物。建立在私有制基础之上的少数"杰出的"英雄人物的利益是排他的、狭隘的，其实践价值目标也必然是排他的和狭隘的，这就决定了他们精神世界的排他性和狭隘性。"过去一切阶级在争得统治之后，总是使整个社会服从于它们发财致富的条件，企图以此来巩固它们已经获得的生活地位。"[①]"过去的一切运动都是少数人的或者为少数人谋利益的运动。"[②] 因此，他们必然会将自己的思想观念、精神气质甚至意志上升为普遍的、抽象的精神主体，其精神主体成为独立自为的"实践主体"之后，历史也就成为"想象的主体的想象活动"或是"一些僵死的事实的汇集"[③]。在这样的精神世界里，广大的芸芸众生，即普通个人必然丧失其独立性，而成为实现少数英雄人物思想和意志的工具，他们的物质创造活动则成为"卑污的"、低俗的"实践"活动。因此，唯心史观只是考察了人们行为的思想动机，并把历史发展的根本动力归结为少数英雄人物的思想动机甚至意志。因此，唯心史观未能考察人们思想动机背后的物质原因，也未能认识到普通个人创造历史的决定作用，从而未能考察物质生产这一现实基础对于社会存在和发展的根本作用。"迄今为止的一切历史观不是完全忽视了历史的这一现实基础，就是把它仅仅看成与历史进程没有任何联系的附带因素。因此，历史总是遵照在它之外的某种尺度来编写的；现实的生活生产被看成是某

---

① 《马克思恩格斯文集》第 2 卷，人民出版社，2009，第 42 页。
② 《马克思恩格斯文集》第 2 卷，人民出版社，2009，第 42 页。
③ 《马克思恩格斯文集》第 1 卷，人民出版社，2009，第 526 页。

种非历史的东西,而历史的东西则被看成是某种脱离日常生活的东西,某种处于世界之外和超乎世界之上的东西。"① 因此,唯心史观根本不可能认识并肯定物质生产实践及其实践主体的决定作用。从这个意义上讲,唯心史观在道德、精神或理论的窠臼里规定实践概念的基本意蕴,旧唯物主义对物质生产式"实践"做庸俗的理解和规定,既有其阶级的历史局限性,又有其时代的实践局限性。

在马克思从事理论创造的历史时期,社会实践方式发生了巨大的变革,社会化大生产成为社会实践的主要方式,工人阶级成为新兴的生产力代表登上了历史舞台,成为实现社会化大生产的实践主体。这为马克思创立科学的实践观,赋予实践概念革命的、能动的积极意义,奠定了现实的实践基础。

第一,社会化大生产形成了社会化大实践,为认识和确立革命的、能动的、具有世界历史意义的实践主体创造了实践条件。社会化大生产把世界联为一体,推进了"世界历史"的发展历程,把具有人类品格和世界意义的实践主体——工人阶级推到了历史的前台。社会化大生产使得社会日益分化成为两大直接对立的阶级——资产阶级和无产阶级,为发现和认识无产阶级的实践功能和社会价值提供了直接的现实依据。对时代具体实践主体特性进行抽象分析,必然形成这样的认识:"我们首先应当确定一切人类生存的第一个前提,也就是一切历史的第一个前提,这个前提是:人们为了能够'创造历史',必须能够生活。但是为了生活,首先就需要吃喝住穿以及其他一些东西。因此第一个历史活动就是生产满足这些需要的资料,即生产物质生活本身,而且,这是人们从几千年前直到今天单是为了维持生活就必须每日每时从事的历史活动,是一切历史的基本条件。"② 其他的社会关系,如生产关系、人口和精神的生产和再生产关系,均是在这一"基本条件"的基础上形成和发展的。因此,唯物史观从直接生活的物质生产出发阐述现实的生产过程,它不是在每个时代中寻找某种范畴,而是始终站在现实历史的基础上;不是从观念出发来解释实践,而是从物质实践出发来解释各种观念形态的。

---

① 《马克思恩格斯文集》第 1 卷,人民出版社,2009,第 545 页。
② 《马克思恩格斯文集》第 1 卷,人民出版社,2009,第 531 页。

这样，物质形态的生产实践便成为社会历史发展第一位的决定要素，从事物质生产实践的实践主体亦成为社会发展的决定力量。

第二，工人阶级是现代大工业的产物，是社会化大生产这一新的生产力的实践承担者，是社会化大生产的实践主体，是社会新生产力的代表，是实践概念本质意蕴的体现者。生产力是人类社会发展的根本动力。社会生产力总是通过一定的社会成员的特性来体现并实现的。因此，社会生产力的代表是人类社会发展根本动力的"活"的因素和现实承担者，是人类社会新形态的建立者。正如奴隶社会先进生产力的代表——封建地主阶级建立了封建社会、封建社会先进生产力的代表——资产阶级建立了资本主义社会一样，资本主义社会先进生产力的代表——无产阶级必将建立一个以工人阶级为领导的"共产主义"社会，实现人类的彻底解放。因此，工人阶级的实践功能和社会价值体现了人类实践的本质——推进人类社会进步，实现人的解放。"代替那存在着阶级和阶级对立的资产阶级旧社会的，将是这样一个联合体，在那里，每个人的自由发展是一切人的自由发展的条件。"① 因此，赋予实践概念能动的、批判的、"自由的有意识的活动"等意蕴，真切地表达了人的本质特性。

第三，"无产阶级的运动是绝大多数人的，为绝大多数人谋利益的独立的运动。"② 这样的解放运动的目的绝对不是自私的、排他的和狭隘的，而是与人类的本质特性相一致的。现代工人阶级是社会化大生产的产物，社会化大生产客观上要求社会占有生产资料，要求社会对生产过程实现计划调控，也要求社会占有和分配劳动产品。这一切客观需要都要求现代工人阶级登上历史舞台，成为社会的统治阶级。因此，与社会化大生产联系在一起的现代工人阶级反映并代表了人类的未来。他们的客观要求与社会发展的未来方向是一致的，是真正具有国际性的实践主体。因此，他们的解放意味着人类的解放，他们的实践与人类的本质特性相一致，预示着人类的未来，具有能动性、变革现实性和创造性。

---

① 《马克思恩格斯文集》第2卷，人民出版社，2009，第53页。
② 《马克思恩格斯文集》第2卷，人民出版社，2009，第42页。

　　总之，马克思主义理论开拓性的创新工程，是在对旧理论特别是思辨哲学的反思、批判和超越中进行的，是在对社会化大生产和工人阶级的实践特性的分析、总结和归纳中实现的，也是在亲身参加社会实践活动的过程中完成的。"对思辨的法哲学的批判既然是对德国迄今为止政治意识形式的坚决反抗，它就不会专注于自身，而会专注于课题，这种课题只有一个解决办法：实践。"① "批判的武器当然不能代替武器的批判，物质力量只能用物质力量来摧毁；但是理论一经掌握群众，也会变成物质力量。理论只要说服人，就能掌握群众；而理论只要彻底，就能说服人。所谓彻底，就是抓住事物的根本。而人的根本就是人本身。"② 德国政治意识形式的理论基础是思辨的法哲学，对思辨的法哲学的批判，同样要理论与实践相结合，要到实践那里去寻找解决理论问题的方案。因此，对思辨的法哲学的批判不能只停留在理论上，而应该与现实的实践课题、实践方式、实践力量相结合，用彻底的理论去武装群众，用实践的力量去批判。马克思主义理论正是以工人阶级为代表的人民群众的理论。这个理论彻底地抓到了人的根本，即人自身的自由而全面的发展和人类的彻底解放。人类的解放是由工人阶级的解放开始的，是在工人阶级的解放实践活动中进行和实现的。因此，马克思主义理论进一步抓住了工人阶级的根本——解放自身和人类解放。工人阶级实现解放自身和人类解放的途径是改变世界的实践活动。这意味着，工人阶级的具体实践方式及其蕴涵着的实践精神是马克思主义理论的历史逻辑和理论逻辑的基础或起点。从这个意义上讲，马克思是在总结概括工人阶级实践方式的基础上，将蕴涵在工人阶级实践方式中的精神升华为普遍意蕴的实践概念。因此，对对象、现实、感性，要从感性的人的活动即实践方面去理解，要从主体方面去理解，特别是要从先进生产力代表的实践主体及其实践方式中去理解。因此，对人的对象性的活动即实践不能进行低俗的规定，而要看到其"革命的""实践批判的"活动的意义，要赋予实践"对象性的""革命的""实践批判的"活动等意蕴③。由此可见，马克思主义理论中的实践是一个包含社会实践主体的、创造现实世界的、

①　《马克思恩格斯文集》第 1 卷，人民出版社，2009，第 11 页。
②　《马克思恩格斯文集》第 1 卷，人民出版社，2009，第 11 页。
③　参见《马克思恩格斯文集》第 1 卷，人民出版社，2009，第 499 页。

积极的、进步的、与合理性相联系的"正能量"概念。

三　实践概念创立的自然科学基础

马克思实践概念的创立还是在总结自然科学成就及其实践方式的基础上形成的。马克思历来十分重视并研究当时自然科学领域中的新发现、新理论和技术领域中的新发明及其在生产上的应用。"在马克思看来,科学是一种在历史上起推动作用的、革命的力量。任何一门理论科学中的每一个新发现——它的实际应用也许还根本无法预见——都使马克思感到衷心喜悦,而当他看到那种对工业、对一般历史发展立即产生革命性影响的发现的时候,他的喜悦就非同寻常了。"① 恩格斯也是如此,他在《英国工人阶级状况》中指出"现代工业存在的条件——蒸汽力和机器"② 技术,在他看来,以蒸汽机为代表的机器是直接导致工业革命的重要力量。马克思恩格斯共同完成的马克思主义代表作之一《反杜林论》,概括了自然科学的成就,特别是 19 世纪自然科学的最新成果,即能量守恒和转化定律、细胞学说、达尔文的进化论;批判地继承了人类优秀科学文化遗产,特别是批判地吸取了黑格尔辩证法的"合理内核"和费尔巴哈唯物主义的"基本内核";总结了工人运动和阶级斗争的历史经验,从而形成了辩证法与唯物主义。《自然辩证法》更是全面系统地阐述了自然科学成就特别是能量守恒和转化定律、细胞学说及进化论与辩证唯物主义之间的本质联系。

在 19 世纪,自然科学的一些主要部门相继由经验领域进入理论领域,即由搜集材料阶段发展到整理材料阶段,由分门别类研究进入研究自然界的相互联系,由研究单个事实进入研究过程和变化,由研究力学的因果关系进入研究各种运动形式的特殊本质。自然科学在 19 世纪的全面发展,促使欧洲社会进入科学的文化世纪。正如恩格斯所说:"事实上,直到上一世纪末,自然科学主要是搜集材料的科学,关于既成事物的科学,但是在本世纪,自然科学本质上是整理材料的科学,是关于过程、关于这些事物的发生和发展以及关于联系——把这些自然过程结合

---

① 《马克思恩格斯文集》第 3 卷,人民出版社,2009,第 602 页。
② 《马克思恩格斯文集》第 1 卷,人民出版社,2009,第 376 页。

为一个大的整体——的科学。"① 在天文学、地质学、物理学、化学、生物学等各个领域涌现出了一系列重大发现，特别是天文学领域的康德—拉普拉斯星云假说、物理学领域的能量守恒与转化定律和电磁转化理论、化学领域的原子论和元素周期律、生物学领域的细胞学说和生物进化论，生动而深刻地展示了自然界唯物辩证的客观辩证法，为人们认识和总结自然界的普遍联系和永恒发展提供了科学依据，为自然辩证法的创立奠定了自然科学基础。由此可见，马克思主义自然辩证法之所以能够用彻底的唯物主义和唯物辩证法的观点看待自然，是因为其是以当时一系列自然科学成就为事实依据的。

1755 年，德国哲学家康德发表了《自然通史和天体论》一书，提出了太阳系起源的"星云假说"。康德认为，太阳系是在同一团尘埃微粒组成的弥漫星云中，通过吸引与排斥的矛盾运动，逐渐发展成为有秩序的天体系统。1796 年，法国科学家拉普拉斯发表了《宇宙体系论》，也提出了类似的星云假说，并对星云假说进行数学和力学方面的论证。后人把这两个类似的假说称为"康德—拉普拉斯星云假说"。这一学说认为，地球和整个太阳系是某种在时间的进程中逐渐生成的东西，从物质自身具有吸引和排斥的对立统一来分析天体的发生和发展，既是唯物主义，又符合辩证法，为辩证唯物主义自然观的形成提供了天文学方面的论据。

19 世纪 40 年代，迈尔、焦耳等人通过各自的途径发现了能量守恒和转化定律。这个定律表明，自然界的各种能量形式，在一定条件下，可以按固定的当量关系相互转化，在转化过程中，能量既不会增多，也不会消失。因此，自然界的一切运动都可以归结为一种形式向另一种形式不断转化的过程。这为形成彻底的唯物主义观念提供了自然科学基础。

19 世纪初，英国化学家道尔顿建立了原子学说，用原子的化合与化分来说明各种化学现象和化学定律间的内在联系。原子论认为，物质世界的最小单位是原子，原子是单一的、独立的、不可被分割的；同种元素的原子性质和质量都相同，不同元素原子的性质和质量各不相同，原

---

① 《马克思恩格斯文集》第 4 卷，人民出版社，2009，第 299~300 页。

子质量是元素的基本特征之一；不同元素化合时，原子以简单整数比结合。原子论是人类第一次依据科学实验的证据，系统阐述微观物质世界特性的理论，生动地展示了物质世界的多样性和统一性①。

1828 年，德国化学家维勒发表了《论尿素的人工合成》一文。维勒用普通的化学方法，用氰、氰酸银、氰酸铝以及氨水、氯化铵等无机原料合成有机物尿素。"由于用无机的方法制造出过去只能在活的有机体中产生的化合物，就证明了适用于无机物的化学定律对有机物是同样适用的，而且把康德还认为是无机界和有机界之间的永远不可逾越的鸿沟大部分填平了。"② 无机界与有机界之间的联系，说明了一个普遍的现象，即在有差异的地方同样具有一定的联系。

1838 年，德国生物学家施莱登发表了《关于论植物起源的资料》一文，指出植物是由细胞组成的。1839 年，德国生物学家施旺（1810 ~ 1882 年）发表了《关于动植物的结构和生长的一致性的显微研究》，明确指出动物和植物一样，也是由细胞组成的。细胞学说的建立，揭示了动植物结构的统一性，更进一步证明了世界普遍联系的特性③。

正是由于上述自然科学的一系列重大发现，特别是细胞学说、能量守恒与转化定律、进化论这三大发现，从不同方面揭示了自然界的历史发展和普遍联系，揭示了自然界物质运动形式的多样性以及这些物质运动形式的相互联系与相互转化，填平了有机界和无机界之间的鸿沟。"有

---

① 1865 年，英国物理学家麦克斯韦在《电磁场的动力学理论》一书中对前人和他自己的研究成果进行了总结，建立了联系着电荷、电流、电场、磁场的基本微分方程组，即描述了电磁场运动变化规律的电磁场理论，揭示了电、磁和光的统一性，实现了物理学史上的又一次理论综合。电磁转化理论从一个侧面证明了世界的物质统一性。1869年前后，俄国化学家门捷列夫根据不同原子的化学性质将它们排列在一张表中，发现了元素周期律，即元素的性质随着元素原子量的增加而呈周期性的变化。这一发现不仅揭示了各种元素之间的内在联系，为推断元素的一般性质、新元素的寻找和物质结构理论的研究，提供了可遵循的规律，而且揭示了元素由量变到质变、量与质相互关联的实质，为唯物辩证法提供了自然科学上的论据。

② 《马克思恩格斯文集》第 9 卷，人民出版社，2009，第 416 页。

③ 1859 年，英国生物学家达尔文《物种起源》一书出版，系统地提出了以自然选择为基础的生物进化论，以大量事实论证了生物界的任何物种，都有其发生、发展和灭亡的历史，都是自然界长期进化的结果，从而揭示出生物由简单到复杂、从低级到高级的发展规律。"进化论"表明，事物都有其运动、变化和发展的过程。于是，自然、社会和思维，整个世界都是过程的集合体。

了这三大发现，自然界的主要过程就得到了说明，就被归之于自然的原因。"① 正是在概括、总结自然科学蕴涵着的客观辩证法意蕴的基础上，生成了马克思主义自然辩证法。

恩格斯说，"整个外部世界"包含"自然和历史""认识体系"②，即世界包括自然、社会和思维三大组成部分。在马克思主义理论的整体中，自然辩证法实质上是关于科学研究实践主体的实践活动的理论，它所蕴涵的彻底唯物主义、世界普遍联系和永恒发展以及世界辩证发展的一般规律等思想，都是统一的物质世界的内在本性。而发现这些属性的"科学文化实践"是实践的基本形式之一③。从这个意义上讲，自然辩证法的基本内容从一个侧面证实了一个道理，即实践是自然辩证法理论创立的内在逻辑。与此同时，自然辩证法还证明了一个真理，即实践与辩证唯物主义本体论、认识论、辩证法和历史唯物主义相关联，从而使辩证唯物主义自然观、社会观和思维观实现了真正的统一。因此，新世界观视域中的实践概念，是将物质生产实践、社会政治实践和科学文化实践等基本形式统一起来并贯穿于马克思主义理论整体的总体性概念。

第四节　马克思实践概念的形成过程及其科学意蕴

对具有划时代、里程碑意义的马克思主义理论而言，客观材料是其外在的必要条件。要对外在的客观材料予以科学的总结提炼并升华创造为科学的理论，还需要一系列主观条件，其中最主要的是世界观、方法论的科学性。只有世界观、方法论的科学性才能发掘外在客观材料所蕴涵着的时代精神。马克思恩格斯在亲身实践中形成的实践思维和"人民情结"，是创立科学的实践观、创立马克思主义理论的思维逻辑起点。由此可见，正是在一系列主客观生成依据及理论创新的基础上，马克思实现了实践概念的革命性变革，使古老的实践概念获得了新的科学的时代意蕴。

---

① 《马克思恩格斯文集》第9卷，人民出版社，2009，第458页。
② 参见《马克思恩格斯文集》第9卷，人民出版社，2009，第27页。
③ "实践的基本形式包括物质生产实践、社会政治实践和科学文化实践等。"参见本书编写组编《马克思主义基本原理概论》，高等教育出版社，2013，第36页。

一　马克思恩格斯的实践活动与"两个转变"

马克思恩格斯并不是天生的"马克思主义者"。他们在青年时代信仰过在那个时代占统治地位的唯心主义，接受过在那个时代风行的资产阶级民主主义思想。然而，就在他们依据理性主义原则进行社会实践的过程中，完成了思想上由唯心主义向唯物主义、政治上由革命民主主义向共产主义的转变。正是这样的转变，为创立马克思主义理论奠定了思想观念基础和社会立场基础，确立了理论的价值指归和理论建构的实践思维。

（一）马克思的实践活动及"两个转变"

卡尔·马克思 1818 年 5 月 5 日出生于德国莱茵省特里尔市的一个犹太律师家庭。他的童年和中学时期是在其故乡度过的。学校的自由主义和人道主义教育对马克思的成长产生了较大的影响，使他立志从事服务人类幸福的职业。这在他的中学作文《青年在选择职业时的考虑》中显露无余。强烈而自觉地追求正义和崇高的人类进步事业的人生志向、为劳动大众的福祉讴歌的价值追求，成为马克思理论创新的强劲的精神动力。

1835 年马克思考入波恩大学攻读法学，次年转入柏林大学。柏林大学是当时德国思想斗争的中心，也是黑格尔主义的重要阵地。马克思在柏林大学学习期间，经历了他思想发展历程中的一个重要阶段。1837 年，马克思参加了柏林青年黑格尔派的博士俱乐部，并成为其中有影响的成员。由于受青年黑格尔派的影响，他渐渐从费希特的主观唯心主义转向黑格尔的客观唯心主义。1839 年，马克思开始研究古希腊哲学，特别是伊壁鸠鲁哲学。1841 年 4 月，他以《德谟克利特的自然哲学和伊壁鸠鲁的自然哲学的差别》这篇论文获得了哲学博士学位。从其论文可以看出，此时的马克思还是一个坚定的黑格尔唯心主义者，他把自我意识看成世界发展的决定力量，认为随着精神的变革必然会带来社会现实的变革。他在其博士论文中还对宗教和封建专制展开了批判，提出了要把人从宗教和封建专制的束缚中解放出来的社会要求，这一点，无疑体现了他坚定的无神论和革命民主主义精神。

1842 年 10 月，马克思担任了《莱茵报》的主编，他由此开始了由唯心主义走向唯物主义的思想进程。在担任《莱茵报》主编期间，马克思"第一次遇到要对所谓物质利益发表意见的难事"①。在《关于林木盗窃法的辩论》中，马克思首次直接研究了广大贫苦劳动群众的物质生活条件，探讨了物质利益与国家和法的关系问题。针对当时德国普鲁士政府通过的一项把未经林木所有者许可在森林中拾捡枯树枝的行为视为盗窃的法案，马克思为穷苦群众辩护，极力呼吁："我们为穷人要求习惯法，而且要求的不是地方性的习惯法，而是一切国家的穷人的习惯法。我们还要进一步说明，这种习惯法按其本质来说只能是这些最底层的、一无所有的基本群众的法。"② 通过此事件，马克思看到了物质利益对国家和法律的支配作用。1842 年 12 月，马克思对摩泽尔河沿岸地区酿造葡萄酒的农民的贫困状况进行了深入考察，写成了《摩泽尔记者的辩护》③一文。文章阐述了一个重要的思想："人们在研究国家状况时很容易走入歧途，即忽视各种关系的客观本性，而用当事人的意志来解释一切。但是存在着这样一些关系，这些关系既决定私人的行动，也决定个别行政当局的行动，而且就像呼吸的方式一样不以他们为转移。只要人们一开始就站在这种客观立场上，人们就不会违反常规地以这一方或那一方的善意或恶意为前提，而会在初看起来似乎只有人在起作用的地方看到这些关系在起作用。"④ 不难看出，马克思已看到客观的社会关系对人们的意志和行动的制约，对国家制度和管理原则的制约，这为他由唯心主义转向唯物主义提供了最初的思想素材。

在担任《莱茵报》主编期间，马克思的世界观也开始了由革命民主主义向共产主义的转变。1842 年 10 月，马克思在《共产主义和奥格斯堡〈总汇报〉》中，表明了他对共产主义持保留的态度，认为共产主义有其合理性和重要性。"单凭奥格斯堡报在空话中使用过共产主义这个词，共产主义也就具有欧洲性的重要意义了。"⑤ 马克思还对当时流行的各种社会主义和共产主义思想进行了研究，为他以后创立科学社会主义

① 《马克思恩格斯文集》第 2 卷，人民出版社，2009，第 588 页。
② 《马克思恩格斯全集》第 1 卷，人民出版社，1995，第 248 页。
③ 《马克思恩格斯全集》中文第 1 版第 1 卷将此文译成《摩塞尔记者的辩护》。《马克思恩格斯全集》中文第 2 版第 1 卷则将其译成《摩泽尔记者的辩护》。
④ 《马克思恩格斯全集》第 1 卷，人民出版社，1995，第 363 页。
⑤ 《马克思恩格斯全集》第 1 卷，人民出版社，1995，第 292 页。

做了理论上的准备。

从 1843 年 3 月马克思退出《莱茵报》到 1844 年 2 月出版《德法年鉴》，是他完成"两个转变"的关键时期。1843 年 3 月中旬至 9 月底，马克思写成了《黑格尔法哲学批判》。该著作阐明了一个极其重要的唯物史观观点即市民社会决定国家。这一观点的形成，表明马克思在批判黑格尔法哲学的过程中已自觉地转向唯物主义。1844 年 2 月，马克思在《德法年鉴》上发表了《论犹太人问题》和《〈黑格尔法哲学批判〉导言》两篇文章，它们标志着马克思由唯心主义向唯物主义、由革命民主主义向共产主义的转变彻底完成。

《黑格尔法哲学批判》探讨的中心问题是市民社会与国家的关系问题。这个问题曾在一段时间里困扰着马克思。他后来还在回忆中特别指出："为了解决使我苦恼的疑问，我写的第一部著作是对黑格尔法哲学的批判性的分析。"① 黑格尔认为，国家决定市民社会。这就是把"观念变成了主体，而家庭和市民社会对国家的现实的关系被理解为观念的内在想像活动"②。马克思批判了黑格尔国家观念中逻辑的、泛神论的神秘主义，批判了他把现实关系与观念头足倒置的思辨的唯心主义，得出了与黑格尔法哲学相反的结论，即市民社会和家庭决定国家。马克思指出："家庭和市民社会都是国家的前提。"③ "政治国家没有家庭的自然基础和市民社会的人为基础就不可能存在。"④ "家庭和市民社会使自身成为国家。它们是动力。"⑤ 从这些阐述中可以看出，马克思已初步解决了长期困扰自己的市民社会与国家、经济与政治的关系问题，唯物史观中经济基础决定上层建筑的基本原理在这里已初现雏形。

1843 年，布鲁诺·鲍威尔发表了《犹太人问题》和《现代犹太人和基督教徒获得自由的能力》两篇文章，提出了社会压迫的根源在于宗教，犹太人要获得解放，首先就要消灭宗教的观点。鲍威尔把人的解放简单地归结为消灭宗教，显然是错误的。马克思在批判这种错误观点时指出：

---

① 《马克思恩格斯文集》第 2 卷，人民出版社，2009，第 591 页。
② 参见《马克思恩格斯全集》第 3 卷，人民出版社，2002，第 10 页。
③ 《马克思恩格斯全集》第 3 卷，人民出版社，2002，第 10 页。
④ 《马克思恩格斯全集》第 3 卷，人民出版社，2002，第 12 页。
⑤ 《马克思恩格斯全集》第 3 卷，人民出版社，2002，第 11 页。

"宗教已经不是世俗局限性的原因，而只是它的现象。因此，我们用自由公民的世俗束缚来说明他们的宗教束缚。我们并不宣称：他们必须消除他们的宗教局限性，才能消除他们的世俗限制。"① 所以，人要获得真正的解放，必须先消灭产生宗教的世俗基础本身，即消灭产生宗教和使其长期存在的私有制与阶级压迫根源。另外，马克思还批判了"政治解放"即资产阶级民主革命的局限性。他指出："政治解放对宗教的关系问题已经成了政治解放对人的解放的关系问题。"② "政治解放本身并不就是人的解放。"③ 因为政治解放实现的是资产阶级的民主自由，实现的是资产阶级的解放，还不是真正的人的解放，它只为人的解放创造条件。真正的人的解放，只有通过彻底消灭私有制的社会主义革命，通过自由和能力向人的真正复归才能实现："只有当现实的个人把抽象的公民复归于自身，并且作为个人，在自己的经验生活、自己的个体劳动、自己的个体关系中间，成为类存在物的时候，只有当人认识到自身'固有的力量'是社会力量，并把这种力量组织起来因而不再把社会力量以政治力量的形式同自身分离的时候，只有到了那个时候，人的解放才能完成。"④ 这一思想表明，马克思已完全划清了民主主义革命与社会主义革命的界限。不过，究竟由谁来组织社会主义革命，实现人的解放呢？马克思还未提及。

1843 年 10 月中旬至 12 月中旬，马克思在《〈黑格尔法哲学批判〉导言》中论述了人的解放的历史必然性以及实现人的解放的动力问题。马克思批判地吸收了魏特林提出的"未来只属于工人阶级的思想"，并提出要实现人的解放，唯有废除私有制；要废除私有制，必须形成一个新的阶级，即"形成一个被戴上彻底的锁链的阶级，一个并非市民社会阶级的市民社会阶级，形成一个表明一切等级解体的等级"⑤，一个"若不从其他一切社会领域解放出来从而解放其他一切社会领域就不能解放自己的领域"⑥ 的阶级——无产阶级。这就是说，无产阶级要想取得革

① 《马克思恩格斯文集》第 1 卷，人民出版社，2009，第 27 页。
② 《马克思恩格斯文集》第 1 卷，人民出版社，2009，第 27 页。
③ 《马克思恩格斯文集》第 1 卷，人民出版社，2009，第 38 页。
④ 《马克思恩格斯文集》第 1 卷，人民出版社，2009，第 46 页。
⑤ 《马克思恩格斯文集》第 1 卷，人民出版社，2009，第 16～17 页。
⑥ 《马克思恩格斯文集》第 1 卷，人民出版社，2009，第 17 页。

命的胜利，就必须要有革命的理论做指导，用理论掌握群众，指导革命实践。至此，马克思已完成了对无产阶级历史地位和历史使命的第一次论证，这意味着他在思想上的"两个转变"彻底完成。

（二）恩格斯的实践活动及"两个转变"

几乎在同一时期，恩格斯在社会实践中，从另一条道路完成了由唯心主义到唯物主义、由革命民主主义到共产主义的转变。他发现了经济利益在社会生活中的决定作用，看到了无产阶级在历史发展中的革命作用。

恩格斯1820年11月28日生于德国莱茵省巴门城的一个纺织厂主家庭。他的童年是在故乡伍珀河谷度过的。1834年，恩格斯转入爱北斐特市立中学读书，受到了当时盛行的自由主义的影响。中学未毕业，他就迫于父命弃学经商。1838年7月至1841年3月，他在不来梅的一家商行当办事员。这是恩格斯思想发生重大转变的时期。到不来梅不久，他就同激进的文学团体"青年德意志"建立了联系。该团体实行宪政、取消宗教强制、反对封建压迫等民主主义进步思想对恩格斯的影响甚大，使他形成了革命民主主义的坚定立场。他在1839年春写的《伍珀河谷来信》中，就揭露了伍珀河谷工人的悲惨境遇以及工厂主对工人的残酷压榨。他说，工人"在低矮的房子里劳动，吸进的煤烟和灰尘多于氧气，而且大部分人从6岁起就在这样的环境下生活，这就剥夺了他们的全部精力和生活乐趣"①；社会的"下层等级，特别是伍珀河谷的工厂工人，普遍处于可怕的贫困境地；梅毒和肺部疾病蔓延到难以置信的地步"②。但是，"大腹便便的厂主们是满不在乎的"，"他们借口不让工人酗酒，千方百计降低工人的工资"③。恩格斯对伍珀河谷工人贫困境遇的深刻揭露，表明了他对工人阶级悲惨境遇的深切同情。

在不来梅期间，恩格斯写的一些著作还反映了黑格尔思想对他的深刻影响以及他向青年黑格尔派的转变。例如，他在《致弗里德里希·格雷培》的信中说道："黑格尔关于神的观念已经成了我的观念。"④ "我正

---

① 《马克思恩格斯全集》第2卷，人民出版社，2005，第44页。
② 《马克思恩格斯全集》第2卷，人民出版社，2005，第44页。
③ 《马克思恩格斯全集》第2卷，人民出版社，2005，第44~45页。
④ 《马克思恩格斯全集》第47卷，人民出版社，2004，第228页。

在钻研黑格尔的《历史哲学》，一部巨著；这本书我每晚必读，它的宏伟思想完全把我吸引住了。"① 1840 年 12 月，恩格斯在《恩斯特·莫里茨·阿恩特》一文中，高度评价了黑格尔派的重要影响："施特劳斯在神学领域，甘斯和卢格在政治领域，将永远是划时代的。只是现在，模糊不清的思辨星云才变成照耀着世纪运动的灿烂的思想明星。"② 黑格尔的思想对恩格斯影响甚大。这一时期，他借助于黑格尔的学说彻底摆脱了正统的基督教信仰，并力图从黑格尔的学说中寻求实现自己政治主张的思想武器。

1841 年 9 月至 1842 年 9 月，恩格斯去柏林服兵役，同时在柏林大学旁听哲学。到柏林不久，恩格斯就投入了反谢林的斗争中。从 1841 年 12 月至 1842 年 4 月，他先后写了《谢林论黑格尔》《谢林和启示》《谢林——基督哲学家，或世俗智慧变为上帝智慧》等著作。在这些著作中，恩格斯揭露了谢林对黑格尔哲学的歪曲和贬低，维护了黑格尔哲学的进步方面特别是其辩证法，认为辩证法是"强有力的、永不静止的思想推动力"③；同时又指明了黑格尔的辩证法同他的保守的政治观点之间的矛盾。"黑格尔本人也要遵从他自己的下述名言：任何哲学都只不过是它所处的时代的思想内容。"④ 另外，恩格斯还深刻批判了谢林的启示哲学，认为它是"把信仰和知识、哲学和启示调和起来"⑤，背叛理性和科学的原则，为封建制度辩护的反动哲学。在此期间，恩格斯也受到费尔巴哈唯物主义的浸染，肯定了费尔巴哈对理性问题的说明。"理性只有作为精神才能存在，精神则只能在自然界内部并且和自然界一起存在，而不是比如脱离整个自然界，天知道在什么地方与世隔绝地生存着。"⑥ 尽管此时的恩格斯还是一个客观唯心主义者，但不难看出，他已经萌生了某些唯物主义的思想因子。

1842 年 11 月，恩格斯奉家庭之命来到英国曼彻斯特的"欧门—恩格斯纺织公司"，当了一名职员。在英国期间，恩格斯思想发生了彻底转

① 《马克思恩格斯全集》第 47 卷，人民出版社，2004，第 230 页。
② 《马克思恩格斯全集》第 2 卷，人民出版社，2005，第 273 页。
③ 《马克思恩格斯全集》第 2 卷，人民出版社，2005，第 389 页。
④ 《马克思恩格斯全集》第 2 卷，人民出版社，2005，第 338 页。
⑤ 《马克思恩格斯全集》第 2 卷，人民出版社，2005，第 341 页。
⑥ 《马克思恩格斯全集》第 2 卷，人民出版社，2005，第 355 页。

变。正如列宁所言："恩格斯到英国后才成为社会主义者。"① 当时英国是西欧典型的资本主义国家。恩格斯通过访问曼彻斯特的工人区，参加工人集会，与英国工人运动家建立直接的联系等途径，深入了解了英国的社会状况，直接接触了资本主义的社会矛盾。他对英国社会状况和工人阶级境遇的深入了解，加速了他世界观的发展和转变。当然，初到英国的恩格斯实际上是一位不折不扣的唯心主义者。例如，他在为《莱茵报》写的《英国对国内危机的看法》中谈道："有一个问题，在德国已经是不言而喻的，而对于一个顽固的不列颠人，却无论如何也讲不明白，那就是所谓的物质利益在历史上从来不可能作为独立的、主导的目的出现，而总是有意无意地为引导着历史进步方向的原则服务。"② 可见，当时的恩格斯主张物质利益取决于精神和意识。约半个月后，在英国不同阶级围绕谷物法的斗争中，恩格斯看到了造成阶级冲突的物质利益根源。他指出："英国只有三个大党：土地贵族的党、金钱贵族的党和激进民主派的党。"③ "贵族紧紧抓住自己那种使农业破产、使贫苦农民挨饿的既得权利"④，反对废除谷物法；而资产阶级从维护自己的利益出发，要求废除谷物法，"要求谷物自由输入"⑤。从这里，恩格斯看到了物质利益对法律制度起到的决定作用，这也表明，他在哲学立场上，开始向唯物主义靠拢。1842 年 11 月，恩格斯在《国内危机》一文中谈道："工业固然可使国家富庶，但它也造成了……急速增长着的无产者阶级，赤贫者阶级，一个以后再也消灭不了的阶级。"⑥ "只有通过暴力变革现有的反常关系……才能改善无产者的物质状况。"⑦ 恩格斯指明工人阶级的社会地位以及维护无产阶级利益的革命途径，说明他在政治上已经完全超越了革命民主主义。次年 11 月，恩格斯发表《大路上社会改革的进展》一文。该文评述了英、法、德三国盛行的共产主义学说和运动。他指出，共产主义"是从现代文明社会的一般实际情况所具有的前提

---

①《列宁专题文集——论马克思主义》，人民出版社，2009，第 55 页。

②《马克思恩格斯全集》第 3 卷，人民出版社，2002，第 407～408 页。

③《马克思恩格斯全集》第 3 卷，人民出版社，2002，第 413 页。

④《马克思恩格斯全集》第 3 卷，人民出版社，2002，第 414 页。

⑤《马克思恩格斯全集》第 3 卷，人民出版社，2002，第 415 页。

⑥《马克思恩格斯全集》第 3 卷，人民出版社，2002，第 410 页。

⑦《马克思恩格斯全集》第 3 卷，人民出版社，2002，第 411 页。

中不可避免地得出的必然结论"①；是"真正的自由和真正的平等"② 的社会。发展至此，应当说，恩格斯已基本完成了由革命民主主义向共产主义的转变。

如果说，马克思世界观的彻底转变，是在落后的德国，是在反对普鲁士封建专制制度的斗争的实践基础上，通过分析批判德国唯心主义思辨哲学来实现的话，那么，恩格斯世界观的彻底转变，则是在资本主义发达的英国，是在研究资本主义经济和调查工人阶级状况的实践基础上，通过分析批判空想社会主义来实现的③。1844年2月，恩格斯在《德法年鉴》上发表了《国民经济学批判大纲》④ 和《英国状况：评托马斯·卡莱尔的〈过去和现在〉1843年伦敦版》两篇文章，标志着他从唯心主义向唯物主义、从革命民主主义向共产主义的转变彻底完成。

恩格斯的《国民经济学批判大纲》（以下简称《大纲》）写于1843年秋至1844年年初，这是他写的第一篇经济学著作，后来被马克思称为"批判经济学范畴的天才大纲"⑤。《大纲》是马克思主义政治经济学研究的开端，对马克思的政治经济学研究产生过重大影响。《大纲》探讨的一个中心问题就是私有制。恩格斯把私有制视为资本主义经济制度和社会制度的基础；资本主义的竞争和垄断、经济危机、资本和劳动的对立、社会利益的对立、工人阶级的贫穷以及资本主义的一切罪恶都是在私有制的基础上产生的；要消除这些社会弊病，只能全面变革资本主义的社会关系，消灭私有制。此外，恩格斯还批判了马尔萨斯的人口论，指出马尔萨斯所谓的人口过剩实际上就是穷困人口的过剩。这种"人口过剩或劳动力过剩是始终与财富过剩、资本过剩和地产过剩联系着的"⑥，是私有制造成的。列宁高度评价了《大纲》，认为它"从社会主义的观点

---

① 《马克思恩格斯全集》第3卷，人民出版社，2002，第474页。
② 《马克思恩格斯全集》第3卷，人民出版社，2002，第476页。
③ 参见顾海良、梅荣政主编《马克思主义发展史》，武汉大学出版社、湖北人民出版社，2006，第31页。
④ 《马克思恩格斯全集》中文第1版第1卷，将此文译为《政治经济学批判大纲》。《马克思恩格斯全集》中文第2版第3卷，则将此文译成《国民经济学批判大纲》。
⑤ 《马克思恩格斯文集》第2卷，人民出版社，2009，第592页。
⑥ 《马克思恩格斯文集》第1卷，人民出版社，2009，第80页。

考察了现代经济制度的基本现象"①。

《英国状况：评托马斯·卡莱尔的〈过去和现在〉1943 年伦敦版》写于 1843 年 10 月至次年 1 月。恩格斯在文中肯定了卡莱尔对资本主义社会一切罪恶现象的揭露，同时也批判了他的唯心主义宗教观和历史观。恩格斯指出，卡莱尔解决问题的"整个思想方式实质上是泛神论的"②。"我们要推翻卡莱尔描述的那种无神论，我们要把人因宗教而失去的内容归还给人；这内容不是神的内容，而是人的内容，整个归还过程就是唤起自我意识。"③ 恩格斯主张彻底地向宗教宣战，神只是人本身歪曲了的反映；只有抛弃抽象的神的概念，人才能"自由地独立地创造以纯人类道德生活关系为基础的新世界"④。恩格斯还批判了卡莱尔的英雄史观，认为推动历史发展的任务落在无产阶级身上，无产阶级是现代社会发展的基础。这些思想表明，恩格斯已经成为一个彻底的唯物主义者和共产主义者。

（三）马克思恩格斯共同创立马克思主义理论

在各自实现"两个转变"之后，1844 年 8 月，恩格斯离开曼彻斯特回国，途经巴黎时会见了马克思。这一历史性会见，开始了他们共同创立马克思主义理论的新历程。马克思恩格斯创立马克思主义理论与他们兼备革命家和理论家的双重品格密切相关。马克思恩格斯首先是革命家，同时也是理论家。因此，相对当时工人阶级的革命家而言，他们有系统的理论和深邃的思想；相对同时代的理论家来说，他们又具有丰富的实践经验。因此，与此前人们进行理论活动时的"观念批判""理性批判""思想批判"等不同，马克思恩格斯遵循着"实践批判"和"实践思维"的创新逻辑。他们通过对当时社会经济现实的批判，进而对维系当时不合理社会秩序的形形色色的哲学理论、经济学和社会理论等进行批判，为新理论的创立开辟了道路。

"马克思主义诞生于 19 世纪 40 年代。这一时期，工业革命在欧洲主要国家迅速推进，资本主义的各种矛盾和弊端日益显现，工人阶级在大

---

① 《列宁专题文集——论马克思主义》，人民出版社，2009，第 56 页。
② 《马克思恩格斯全集》第 3 卷，人民出版社，2002，第 516 页。
③ 《马克思恩格斯全集》第 3 卷，人民出版社，2002，第 519 页。
④ 《马克思恩格斯全集》第 3 卷，人民出版社，2002，第 520 页。

工业发展进程中不断壮大，开始作为独立的政治力量登上历史舞台，为反对资本主义压迫和封建专制制度而进行革命斗争。这一切为无产阶级科学世界观的诞生提供了社会经济条件和阶级基础。正是在这样的时代背景下，马克思和恩格斯积极投身于革命实践活动和理论研究工作，为无产阶级解放事业创立科学的理论体系。"① 在完成"两个转变"的同时以及随后的短短几年中，马克思恩格斯从事了巨大的理论研究和探索工作。他们阅读了当时几乎所有记载人类思想认识成果的重要文献，特别是批判地吸取了德国古典哲学、英国古典政治经济学、英法空想社会主义的积极成果与合理成分。例如，马克思恩格斯精心研究了德国古典哲学，吸取了黑格尔辩证法的合理内核和费尔巴哈唯物主义的基本内核，批判了他们的唯心论和形而上学，把唯物论和辩证法有机地结合起来并加以发展，创立了辩证唯物论和历史唯物论，从而确立了科学的世界观和方法论；他们改造了英国古典政治经济学，吸取了亚当·斯密和大卫·李嘉图劳动价值理论中的积极成果，创立了科学的劳动价值论，并在此基础上进一步论证了剩余价值论；他们着重研究了法国圣西门、傅立叶和英国欧文的空想社会主义学说，批判了该学说的空想性，吸取了其中积极的理论成果，创立了科学社会主义理论。然而，马克思恩格斯进行哲学理论创新、政治经济学研究、创立科学社会主义理论等的目的，主要不在于理论研究和创造本身，而在于为改造社会、变革现实、实现工人阶级的彻底解放进而实现人类的彻底解放，提供科学的理论依据和世界观方法论的支持。

　　需要特别指出的是，马克思主义的这些理论都不是孤立的、各自独立创造的，而是相互联系、相互论证，相互渗透、相互贯通的，它们共同构成一个有机联系的统一整体，同时生成于特定的历史时代。因此，对马克思主义理论要从整体视野去理解，而创立起点的整体性是理解马克思主义理论整体性的基础。

二　"两个转变"与科学实践观的确立

　　我们知道，马克思主义理论创立起点的整体性是由多重逻辑构成的，

---

　　① 《马克思恩格斯文集》第1卷，人民出版社，2009，第1页。

其中科学实践观的形成至关重要。实践概念是科学实践观的精髓和核心，科学实践观与实践概念是同时形成的。马克思恩格斯科学实践观的形成是与他们的实践历程和心路历程密切相关的。马克思恩格斯亲身参加现实的社会实践活动，在各自的道路上完成了从革命民主主义者向共产主义者的转变、从唯心主义者向唯物主义者的转变。马克思恩格斯实现"两个转变"的实践历程和心路历程具有重要的启示价值。

亲身实践是马克思恩格斯实现"两个转变"的关键，也是他们形成科学实践观的关键。只有亲身参加现实的实践活动，才能了解实际并发现问题，才能从实践中吸取智慧，才能实事求是地关注实践主体、实践客体、实践目的等内容，才能产生尊重实践的思维方式，才能形成理论联系实际的良好学风，形成科学的实践观。正是深入社会实际和工人生活的亲身实践，既为马克思恩格斯世界观的转变、创立新世界观提供了实践基础，又为其阶级立场的转变、公开地站在普通市民和劳动群众一边提供了现实道路。正是这两个转变——阶级立场和世界观的转变，使马克思恩格斯超越了自己原来的阶级特性，实现了把自己的事业与壮丽的工人阶级的解放事业联为一体的伟大结合。正是这样的结合，使马克思恩格斯"凤凰涅槃"般地超越了生命的有限而获得了价值的无限。也正是这样的结合，使工人阶级的解放运动，能够在自己阶级的思想理论的指导下开展，从而开始了从胜利走向胜利的新历程。因此，"两个转变"的完成，不仅对马克思恩格斯自己，而且对扫除人类社会的迷雾和推动历史前进，尤其是对工人阶级的解放、人类的解放事业，都具有无可估量的意义。

马克思恩格斯从事理论创新活动的逻辑轨迹大体是：亲身参加现实实践活动→对社会的制度予以反思，发现其与现实问题的矛盾→对占统治地位的意识形态予以反思→对意识形态的支撑理论予以反思→理论批判、实践批判→"两个转变"→科学实践观和实践思维的确立→实践概念的创立→新理论的创新建构。由此可见，对马克思主义理论而言，客观的实践活动是历史逻辑起点，科学实践观则是其实践概念生成和理论创立的思维逻辑起点。那么，科学实践观对科学实践概念意蕴的确立有怎样的影响？

第一，问题导向。从现实的、当前的、具体的客观事实出发而不是从抽象的先在原则或教条出发，双脚站在大地上而不是头足倒置地"从天国到人间"，是马克思恩格斯从事理论创新活动所遵循的首要思维逻辑。正是这一观察世界方法的根本"颠倒"，把颠倒了的世界观重新颠倒了过来，从而否定了形形色色先天的神圣逻辑及抽象的教条逻辑，使马克思恩格斯看到了人类社会最大量、最普遍、最基本的"第一个前提"，即有生命的个人的存在及其与自然的关系。人与自然最基本的关系是人们通过生产劳动，从自然那里获得生存发展所必需的物质资料。因此，物质资料的生产是人类社会的第一个生产活动。在此基础之上，人们进行社会关系、人口自身和精神意识的生产和再生产。于是，从事生产劳动的实践主体理所当然地成为人类历史的创造者。"人民群众是历史创造者"的实践观念是"新世界观"，即马克思主义理论创立的逻辑出发点。这样的实践观必然生成实践主体的人民性、先进性和实践客体的现实性等意蕴。

　　第二，实践思维。以具体的现实问题为导向，就必然要肯定实践主体创造世界的主体性，就会看到现实实践特别是物质生产实践在人类社会存在和发展中的决定作用。于是，从实践出发看现实、观世界是首要的思维原则。这样的实践思维必然注重关注实际，关注实践主体、实践客体、实践方式、实践目的、实践手段等实践要素及其在现实实践活动中的地位和作用，注重理论创造结合实际，为实践服务。实践思维、理论联系实际的理论创造之路，为理论的价值指归和社会功能指出了合理化道路，规定了理论"解释世界"和"改变世界"的宗旨。因此，马克思恩格斯从事理论创造不是简单重复既往理论"认识世界"的冥思遐想，或陶醉于概念王国的智力游戏，或漫步于神秘的幽思殿堂，而是为了分析现实的实践问题，给世界以"普照光"。他们遵循这样的理论致思路径：现实的、当前的、具体的客观事实→工人阶级的社会地位和历史作用→现实生活的决定因素→物质生活的决定意义→物质生产的决定性→物质资料生产者是历史创造者→实践主体及生产力的根本作用→生产方式→社会存在→世界的本质及其统一性。马克思恩格斯从司空见惯的客观事实出发，不断追问其原因，最后论述世界的物质统一性。这样的理论致思路径意味着，客观事实、亲身实践活动是其理论创立的客观逻辑起点，实践概念及科学实践观的创立是马克思主义理论形成的理论逻辑起点。因此，马克思恩格斯从事理论创造的根本任务是建构统一的世界图景，从而合乎逻辑地得出"劳动者是历史创造者"的终极结论。马克思恩格斯从事理论创造的根本目的是为工人阶级进而为人类社会的彻底解放提供世界观、方法论的指导。由此可见，马克思恩格斯对工人阶级及其事业的讴歌并为之奔走，不是"同情"他们在资本主义社会里的艰难处境，更不是高高在上地去"拯救"他们，而是看到了他们与先进生产力的现实联系，看到了他们所承载的改变世界、创造历史的责任和能力，看到了他们的历史责任与人类社会发展逻辑的一致性，从而生成了"人民情结"，生成了实践概念的革命的、批判现实的意蕴等，生成了实践以"改变世界"为宗旨的社会功能。

第三，客观思维。从现实的、当前的、具体的事实出发，理论联系实际，必然尊重实际，生成客观思维。所谓客观思维是指一切从实际出发，尊重客观事实的本来属性，主观与客观相符合，认识和实际相一致的思维方式。这样的思维方式将世界看成独立的先在的物质世界，有利于发现客观世界的本质和规律，从而坚持彻底的唯物主义。这样的思维方式必然会看到社会生活最基本的方面——人们的物质资料生产活动、生产关系、人口生产和精神生产，即社会的、历史的、具体的实践活动对社会存在和发展的重要性。在此基础上，将实践方式一般地归结为物质生产方式、社会实践方式和精神生产方式等类型，为形成能动的、对象性的、批判现实的等哲学抽象层次上的普遍意蕴准备了思想资料。

第四，辩证思维。客观辩证法决定主观辩证法，形成思维辩证法、理论辩证法。马克思恩格斯的实践思维表现在以批判创新为根本的辩证思维。实践自身所具有的革命性、批判性禀赋，形成了马克思恩格斯理论创新实践的"实践批判"及辩证思维。然而，批判不是简单地抛弃，而是辩证地否定，是"扬弃"；不是为了批判而批判，批判的目的是创新。批判创新体现了实践思维的精髓。作为一种理论创新的思维逻辑，这里的辩证思维是指以联系和发展的视野，揭示人类文明矛盾发展的逻辑轨迹，辩证否定、批判继承、开拓创新的思维方式。辩证思维从根本上体现了马克思主义理论创新的基本特征。所谓根本，就是被彻底抓住了的事物的本质属性。马克思主义理论创新的本质在于：一是彻底地批判继承了人类文明的先进成果。二是彻底地结束了为"少数人"服务的理论传统，开创了为"多数人"服务的崭新时代。三是彻底地把握到了批判和创新的根本尺度，即以多数人的解放进而以人类的彻底解放为批判和创新的标准。因为，"人的根本就是人本身"，是社会主体的彻底解放。四是彻底地不崇拜任何最终的、绝对的、神圣的东西，始终坚持用运动的、发展的、批判的和革命的态度推动理论与时俱进。这样的辩证思维，体现在实践概念创新上，就形成了以工人阶级为典型形态的实践主体、以客观世界和主观世界为实践对象的实践客体，以人类彻底解放为根本目的的实践宗旨和不断超越、与时俱进的实践精神。这些内容构成了马克思实践概念的重要内涵和显著特征。

第五，在实践中发现真理、检验真理和发展真理。一切来自实践，一切为了实践，一切从实践出发。实践思维强调实践出真知，在实践中检验认识的真理性，在实践中推进认识的深化，从而发展真理，推动理论和实践双重现实化、实践化和革命化。这样的思维方式，对于生成马克思实践概念的科学意蕴同样是大有裨益的。

三　实践概念形成的理论创新过程及其真切意蕴

马克思恩格斯创立的科学实践观，逻辑地包含着科学的实践概念及其意蕴。"马克思主义实践观提出的意义就在于，实现了从先验思维模式向实践思维模式的转换，为创立包括科学社会主义在内的整个马克思主义提供了方法论原则。……实践的观点不仅是马克思主义哲学的首要的基本观点，而且是整个马克思主义的首要的基本观点。"[①] 马克思恩格斯对实践概念以根本的改造、赋予实践概念全新的科学意蕴是一个历史过程。这个历史过程与其理论整体创立过程是一致的。因此，与马克思恩格斯的理论创立历程相一致，实践概念的创立也有其内在的理论逻辑。

马克思对"实践"概念的最早使用可以追溯到他的博士论文。例如，他认为，德谟克利特与伊壁鸠鲁关于科学的可靠性和科学对象的真实性的力量见解上的差异"体现在这两个人的不同的科学活动和实践中""如何消灭一切理论的和实践的无私""在自身中变得自由的理论精

神成为实践力量"① 等。当时，马克思还是一个青年黑格尔主义者，但是，此时的马克思已显示出敏锐的理论创造精神，他在将实践理解为精神实践即理论批判活动的同时，也看到了"理论精神"在同周围世界的联系中能够转化成为"实践力量"的现实性，看到了实践作为主体与客体联系的中介的意义，看到了实践是与理论相对应的概念，从而赋予实践以客观现实性的意蕴。

1843 年，在《论犹太人问题》中，马克思明确提出了"革命实践"的概念。他说："即使人们认为革命实践是对当时的关系采取的正确态度……这个政治生活的革命实践同它的理论还处于极大的矛盾之中。"② 马克思认为，政治革命把市民社会从封建社会中解放出来，实现了政治解放。而政治解放只是资产阶级的解放，不是人的解放。人的解放要求对社会进行再革命，消灭私有制和人的异化。"政治解放同时也是同人民相异化的国家制度即统治者的权力所依据的旧社会的解体。""只有当现实的个人把抽象的公民复归于自身……只有当人认识到自身'固有的力量'是社会力量，并把这种力量组织起来因而不再把社会力量以政治力量的形式同自身分离的时候，只有到了那个时候，人的解放才能完成。"③ 这一思想表明，马克思已从各种社会革命中分离出共产主义革命实践。但是，共产主义革命具体由谁来组织和实现，马克思尚未明确提出。

1843 年 10～12 月，在《〈黑格尔法哲学批判〉导言》中，马克思深刻阐述了革命理论与革命实践之间的辩证关系、人解放的历史必然性及其动力问题，明确提出了共产主义革命具体由无产阶级来组织和实现的思想，向现实的实践迈出了关键的一步。他指出，无产阶级是社会解放和人的解放的"头脑"和"心脏"④，即人的解放必然依赖于无产阶级在革命中所起的革命主导和革命动力的作用。他说："哲学把无产阶级当做自己的物质武器，同样，无产阶级也把哲学当做自己的精神武器。"⑤ 所

① 《马克思恩格斯全集》第 1 卷，人民出版社，1995，第 23、74～75 页。
② 《马克思恩格斯文集》第 1 卷，人民出版社，2009，第 43 页。
③ 《马克思恩格斯文集》第 1 卷，人民出版社，2009，第 44、46 页。
④ 《马克思恩格斯文集》第 1 卷，人民出版社，2009，第 14 页。
⑤ 《马克思恩格斯文集》第 1 卷，人民出版社，2009，第 17 页。

以，无产阶级革命必须做到"批判的武器"与"武器的批判"的有机结合，做到理论指导革命，理论掌握群众。这一思想又在《德意志意识形态》和《共产党宣言》中得以进一步深化。应该说，《〈黑格尔法哲学批判〉导言》标志着马克思实现了从唯心主义向唯物主义、从革命民主主义向共产主义的转变。正是这种根本性质的转变，为马克思系统地创立科学实践观奠定了世界观和价值观的基础。

1844 年是马克思实践概念和实践形式形成的关键之年。在《1844 年经济学哲学手稿》中，马克思从人的本质及异化、生产、物质劳动等视角阐述了实践概念。

首先，马克思把人的活动特性规定为"自由的有意识的活动"。他说："一个种的整体特性、种的类特性就在于生命活动的性质，而自由的有意识的活动恰恰就是人的类特性。"① 具体的实践活动与一定实践主体的特性密不可分。"通过实践创造对象世界，改造无机界，人证明自己是有意识的类存在物。"② 为了说明物质生产实践是人类的本质性特征，马克思将其与动物的生产做了比较分析。"动物只是按照它所属的那个种的尺度和需要来构造，而人却懂得按照任何一个种的尺度来进行生产，并且懂得处处都把固有的尺度运用于对象；因此，人也按照美的规律来构造。"③

其次，马克思分析了不同实践方式对社会发展的革命性变革作用。一是分析了物质生产实践即劳动和工业对社会发展的作用。马克思指出："整个所谓世界历史不外是人通过人的劳动而诞生的过程。"④ 整个人类历史就是一部劳动史。劳动是人的本质活动，它创造了人自身和人类社会，也推动着人自身和人类社会不断发展。不仅如此，人类还通过劳动再生产整个自然界。这就是说，人与自然、人与人、人与社会、人与他人之间实践关系的形成，根源于人自身永不停息的劳动即实践。不仅如此，在实践的基础上还形成了人的普遍性⑤。二是生产实践及其规律支

---

① 《马克思恩格斯文集》第 1 卷，人民出版社，2009，第 162 页。
② 《马克思恩格斯文集》第 1 卷，人民出版社，2009，第 162 页。
③ 《马克思恩格斯文集》第 1 卷，人民出版社，2009，第 162~163 页。
④ 《马克思恩格斯文集》第 1 卷，人民出版社，2009，第 196 页。
⑤ 参见夏建国《人与世界关系的普遍性与"地球异化"现象之克服——〈1844 年经济学哲学手稿〉的启示》，《江汉论坛》2004 年第 5 期。

配着思想观念等的产生。马克思说，在生产的基础上形成的"宗教、家庭、国家、法、道德、科学、艺术等等，都不过是生产的一些特殊的方式，并且受生产的普遍规律的支配"①。显然，在《1844年经济学哲学手稿》中马克思已看到人类本质的生产实践性与物质生产对人类社会发展和整个上层建筑所起的决定作用。这些思想的形成，折射出马克思对物质生产实践在认识上的新突破，也意味着他关于物质生产实践的思想已现雏形。三是科学、实践与人的生活和人的解放的关系问题。"理论的对立本身的解决，只有通过实践方式，只有借助于人的实践力量，才是可能的。"②"自然科学却通过工业日益在实践上进入人的生活，改造人的生活，并为人的解放作准备，尽管它不得不直接地使非人化充分发展。工业是自然界对人，因而也是自然科学对人的现实的历史关系。"③ 这就是说，人的劳动实践创造、改变和影响着整个属人世界。实践也是解决理论矛盾的方法和手段。其作为一种手段，映射出它在认识过程中的能动变革作用。

最后，马克思阐明了革命实践在消除异化和实现共产主义中的作用。"要扬弃私有财产的思想，有思想上的共产主义就完全够了。而要扬弃现实的私有财产，则必须有现实的共产主义行动。"④ "共产主义是对私有财产即人的自我异化的积极的扬弃，因而是通过人并且为了人而对人的本质的真正占有……这种共产主义，作为完成了的自然主义，等于人道主义，而作为完成了的人道主义，等于自然主义，它是人和自然界之间、人和人之间的矛盾的真正解决，是存在和本质、对象化和自我确证、自由和必然、个体和类之间的斗争的真正解决。"⑤

《神圣家族》进一步深化了《1844年经济学哲学手稿》中的实践思想。马克思恩格斯提出，"人对自然界的理论关系和实践关系"是历史的，历史的发展与"某一历史时期的工业，即生活本身的直接的生产方式""自然科学和工业"实践直接相关。历史的诞生地不是"在天上的

---

① 《马克思恩格斯文集》第1卷，人民出版社，2009，第186页。
② 《马克思恩格斯文集》第1卷，人民出版社，2009，第192页。
③ 《马克思恩格斯文集》第1卷，人民出版社，2009，第193页。
④ 《马克思恩格斯文集》第1卷，人民出版社，2009，第231~232页。
⑤ 《马克思恩格斯文集》第1卷，人民出版社，2009，第185页。

迷蒙的云兴雾聚之处"，而是在"地上的粗糙的物质生产"中①。马克思恩格斯将受费尔巴哈、黑格尔鄙视的物质生产提升为人类历史、人类社会发展的决定性因素与动力源，这样，就将物质生产提升到了实践的基本形式。并且，他们还论证了人民群众是历史的主体和创造者的思想，提出历史活动是群众的事业："历史的活动和思想就是'群众'的思想和活动。……'思想'一旦离开'利益'，就一定会使自己出丑。"②"因此，历史活动是群众的活动，随着历史活动的深入，必将是群众队伍的扩大。"③人民群众作为社会实践的参与者和发起者，无疑就是社会实践的主体。此外，他们在分析犹太人的解放时认为："犹太精神是通过历史、在历史中并且同历史一起保持下来和发展起来的"，而这层关系"只有在工商业的实践中才能看到"。如果要使犹太人获得解放，就必须消灭市民社会之上的犹太精神和产生犹太精神的市民社会，"消除现代生活实践中的非人性"，这是"现代世界的普遍的实践任务"④。他们把实践视为消灭犹太精神、克服市民社会和实现人的解放的手段与普遍任务，这已完全表明，实践在形式上已走向多样，在内涵上已趋向一般。

　　在《神圣家族》中，马克思恩格斯对实践基本形式即物质生产实践的确证，对社会实践主体即人民群众的论证以及实践形式的扩展与实践内涵的提升，标志着马克思主义实践范畴和实践基本形式的初步形成。在这一形成过程中，马克思对实践形式的认识由精神实践发展为社会革命实践，由社会革命实践拓展为物质生产实践和科学活动；将受人鄙视的物质生产实践发展为实践的基本形式，将单一的实践发展为多样而统一的一般实践形式。它具有"实实在在的"的特征⑤，是"与思维有差别的感性行动"，是现实的活动⑥。这样，实践本身就由具体的形式上升为普遍的形式，由个别的、特殊的概念上升为一般的、马克思主义哲学的基本概念，这标志着马克思实践概念的基本形成。

　　1845年春，马克思写下了《关于费尔巴哈的提纲》（以下简称《提

---

① 参见《马克思恩格斯文集》第1卷，人民出版社，2009，第350~351页。
② 《马克思恩格斯文集》第1卷，人民出版社，2009，第286页。
③ 《马克思恩格斯文集》第1卷，人民出版社，2009，第287页。
④ 《马克思恩格斯文集》第1卷，人民出版社，2009，第308页。
⑤ 《马克思恩格斯文集》第1卷，人民出版社，2009，第354页。
⑥ 参见《马克思恩格斯文集》第1卷，人民出版社，2009，第791页。

纲》）。在这个包含着新世界观天才萌芽的第一份文件中，马克思将实践与对"感性"本体的理解和规定结合起来，并明确赋予实践概念新的意蕴，实现了对实践概念的革命性变革，标志着马克思科学实践观的形成及马克思新哲学的诞生。

在《提纲》中，马克思创新实践概念、赋予实践概念全新的意蕴及在新世界观中的意义，有其内在的思维逻辑。

第一，在反思和批判中超越历史上的一切旧唯物主义和唯心主义，以实践为视野建构新哲学。《提纲》以反思和批判的视角出场，指出历史上一切唯物主义和唯心主义各自的弊端，特别是片面地理解和规定本体论的缺点，将实践引入本体论，从实践出发，对"感性"本体予以辩证唯物主义的理解和规定。《提纲》以"结束过去、开创新域"的气势开篇，以全新的实践概念开场，是建构新世界观新理论的自觉探索。在反思和批判的基础上，《提纲》把理论研究和阐述的视野建立在现实的事实基础之上，从具体的现实和当前的事实出发而不是从抽象的先在原则或教条出发。正是这一观察世界方法的"实践思维"，使马克思看到了"革命的""实践批判"活动的意义；正是对"革命的""实践批判"活动的"本体"意义的充分肯定，宣告了科学实践观的生成及新世界观的产生。由此可见，科学实践观与新世界观是"一体两翼"、同时产生的。在马克思新哲学的视域里，感性的人的活动即实践是理解现实感性世界的出发点，也是其哲学的立足点。也就是说，对对象、现实、感性，既要看到它们的客观物质性，又要看到它们是人们活动的产物，应将它们归结为人们的实践活动；既要从主体、主体的实践、感性的人的活动方面去理解，又不能把这种活动归结为抽象的能动的精神原因。这表明，马克思将其哲学新世界观奠定在现实的、感性的人之上，将人的感性活动——实践规定为人的类本质属性，意味着人是人的实践活动的出发点和归宿，也意味着从实践的人的实践活动出发，说明和理解感性世界的存在。由此可见，马克思新哲学的创立是以科学的实践观为其立论基础的。而科学实践观的创立则是以反思传统哲学的利弊得失、颠覆哲学传统的实践思维为前提的。这是一种以实践为视野的全新的唯物主义哲学，是孕育辩证唯物主义和历史唯物主义的"天才萌芽"。与此同时，正是这样的规定，使实践获得了新唯物主义奠基的意义。

第二，对实践概念予以本质定义，赋予实践丰富的内涵。概言之，在《提纲》中，马克思赋予实践"革命的""批判的""能动的""现实的""对象性的""感性的人的活动"等内容。从本质上看，实践是人的现实的感性的对象性活动，是人的本质力量的显现。从实践形式来看，实践有多种形式，包括物质生产实践、社会政治实践和科学文化实践等一般形式和丰富多样的社会历史的具体形式。实践概念是这些一般形式和具体实践活动的总和，是对实践活动共同本质的抽象规定。

第三，从实践出发理解和规定马克思新哲学各部分的内容。新世界观将实践贯穿于整个哲学体系之中，从"实践批判"到"改变世界"，从本体论到新哲学的价值指归。首先，《提纲》开宗明义，在本体论意义上将实践确定为新哲学的逻辑起点。其次，马克思将实践引入认识论，将实践内化为认识过程的环节。"人的思维是否具有客观的真理性，这不是一个理论的问题，而是一个实践的问题。人应该在实践中证明自己思维的真理性，即自己思维的现实性和力量，自己思维的此岸性。关于思维——离开实践的思维——的现实性或非现实性的争论，是一个纯粹经院哲学的问题。"[①] 在这里，"实践"是一个与"理论"相对应的哲学概念。马克思认为，实践是认识的来源，实践是检验真理的唯一标准，明确而深刻地提出了检验真理的实践标准问题，特别是将实践与人的本质联系起来，实际上就从侧面间接阐明了实践在促进真理、科学等的发展中所起的重要社会作用。总之，实践具有主观能动性，又有客观物质性；是认识的源泉，又是将认识转化为客观现实的活动；它能够提升人的认识，还能够检验认识。马克思正是由于彻底透视了实践的这些本质特性和作用，才最终确立起科学的真理标准，即实践是检验真理的唯一标准。最后，实践创造了社会生活和意义世界。由于人类社会是实践的产物，所以人就是实践中的环境和实践中的教育的产物，即实践的产物。"环境的改变和人的活动或自我改变的一致，只能被看做是并合理地理解为革命的实践。"[②] 因此，社会存在决定社会意识，应该到世俗世界中寻找对宗教世界理解的原因。存在决定意识，还应该从实践出发，而不应该从

① 《马克思恩格斯文集》第1卷，人民出版社，2009，第500页。
② 《马克思恩格斯文集》第1卷，人民出版社，2009，第500页。

抽象的思维或直观出发，去理解现实的感性世界。此外，人在本质上也是实践的。"人的本质不是单个人所固有的抽象物，在其现实性上，它是一切社会关系的总和。"① "全部社会生活在本质上是实践的。凡是把理论引向神秘主义的神秘东西，都能在人的实践中以及对这种实践的理解中得到合理的解决。"② 基于社会的实践本质，马克思认为人类社会是可以通过而且也必须通过人的实践来改变的。所以，他提出，立足于人类社会或社会的人类的"新唯物主义"的根本任务和价值指归主要在于"改变世界"。所谓"改变世界"，一是对世界予以哲学反思和理论批判；二是理论掌握群众，对现实世界予以实践批判，从而推动世界沿着合理化道路前行。

　　综上所述，马克思的实践概念是一个贯穿于自然、思维和社会的总体性概念，其生成是一个历史逻辑、实践基础、自然科学基础和思维逻辑、理论逻辑相统一的创造过程。马克思实践概念的创造过程是随其世界观和阶级立场的转变而深化的。最初马克思在其博士论文中提出的是具有"转变"色彩的包括精神力量和物质力量的实践，其后是阶级立场转变后对现实进行政治批判的革命实践，到唯物主义立场确立后的物质生产实践，在《提纲》中提出内容全面、性质革命的综合实践，至此，科学的实践概念得以生成。在马克思新世界观视域中，拥有"革命"、"批判"、感性活动、变革现实、检验真理等意蕴的实践，是一个与社会历史活动主体的活动方式、行为特点、实践内容、实践目的等联系在一起的哲学概念。作为一个哲学概念，实践揭示了具体实践活动的共同本质，在总体上表征的是社会历史活动主体的行为方式及其特点。在此，我们发掘经典作家原典，认为新世界观赋予实践概念以新的意蕴："实践是人自觉能动地在一定规范的制约和制导下展开的现实的感性的具体的活动。"③ 这样的真切意蕴，揭示和表达了实践概念最普遍的特征和意蕴，涵盖了实践主体、实践客体、实践形式、实践规范、实践目的和实

---

① 《马克思恩格斯文集》第1卷，人民出版社，2009，第501页。
② 《马克思恩格斯文集》第1卷，人民出版社，2009，第501页。
③ 夏建国：《实践规范论》，中国社会科学出版社，2006，第98页。对实践主体、实践客体、实践形式、实践规范、实践目的和实践功能等内容的论述，参见夏建国《实践规范论》，中国社会科学出版社，2006，在此不再赘述。

践功能、真理标准及实践活动等内容。这种意蕴的实践是马克思新哲学的逻辑起点、中心线索，深刻揭示了马克思主义理论的价值指归和社会功能，是马克思主义理论整体创立的逻辑基础。

第五节　实践概念的总体性与马克思
主义理论的整体性

为什么蕴涵新内容的实践概念具备充当马克思主义理论奠基石的职能？为什么它能够成为马克思主义理论的逻辑主线？这是由实践概念的特性即总体性和层次性决定的①。这就是说，理论是概念的逻辑体系。在马克思主义理论整体中，实践是一个总体性概念。实践的总体性是与层次性相统一的。马克思主义理论的整体性同样是分层次的。那么，实践与马克思主义理论整体有怎样的内在的逻辑关联性？

一　实践概念的总体性

有学者认为，由马克思恩格斯提出和创立的科学实践观具有以下基本内容：实践是人类把握世界的基本方式，是人类所特有的对象性的物质活动或感性活动；实践是全部人与世界关系的基础；实践也是人类哲学思维应有的立足点②。实践是人类把握世界的基本方式和全部人与世界关系的基础，揭示了实践总体性的基本意蕴。

在马克思主义理论整体中，实践不只是马克思主义哲学的概念，而且是整个马克思主义理论的概念。因此，实践概念的总体性既体现在马克思主义哲学之中，同时存在于马克思主义政治经济学和科学社会主义理论之中。哲学层次意蕴的实践概念是一个贯穿于马克思主义理论整体的总体性概念，而马克思主义政治经济学和科学社会主义理论之中的实

---

① 一般而言，马克思主义理论中的实践概念，是一个具有外在的规定性和内在的冲动性、主体性和客体性、主观性和客观性、目的性和价值性、绝对性和相对性、普遍性和特殊性、实在性和虚拟性、继承性和创新性、自由性和规范性等特性的概念。参见夏建国《实践规范论》，中国社会科学出版社，2006，第119～124页。限于本书的研究主旨，在此集中论述实践的总体性和层次性。

② 参见陶德麟、汪信砚主编《马克思主义哲学的当代论域》，人民出版社，2005，第16～19页。

践，可以被视为总体性实践概念的一般表达，同样具有总体性。实践的总体性与实践主体的普遍性密切相关。

毫无疑问，实践主体是人，但人不能自发地成为实践主体。只有在实践活动中，与一定的实践客体相联系，人才能获得实践主体的资格和属性。马克思说，人是类存在物，在实践上和理论上都把他自身的类以及其他物的类当做自己的对象；同时，把自身当做现有的、有生命的类来对待，因为人把自身当做普遍的因而也是自由的存在物来对待。从理论领域来说，植物、动物、石头、空气、光等，是人的意识的一部分，是人的精神食粮；同样，从实践领域来说，它们也是人的生活和人的活动的一部分。在实践上，人的普遍性表现为把整个自然界变成人的无机的身体①。

这段表述充分展示了人们实践活动"普遍性"的丰富内涵，正是这样的普遍性构成了实践概念的总体性。一是对象的普遍性。人可以从事有意识的生命活动。人既将外在客体作为自己的理论和实践的对象，也使自己的生命活动本身变成自己意志和意识的对象。有意识的生命活动构成了人自由自觉活动的类本质特性，从而将人与动物区别开来。对象的普遍性具体表现为，在实践的基础上，实践主体能够将自然、社会和思维，经济、政治和文化等都作为自己的研究对象，从而形成哲学、经济学、政治学和社会学、文学、历史学，或自然科学、社会科学和思维科学等学科。二是对象性关系的普遍性。在人的理论和实践基础上，人与对象的关系超越了单纯的自然从属关系，而获得了全新的意义。一方面，人是自然作品，是自然界的一部分；但是，对于人的生成而言，自然界是人的"史前史"，是人的无机的身体；另一方面，在人的意识和意志层面上，自然界是人的生命活动的对象，是人的意识的一部分，是人的精神的无机界，是人的精神食粮。在自然的生命过程中，人获得了生成和存在的依据；在人的生命活动中，自然界实现了自我确证性，获得了存在的意识性和意义的普遍性。三是人存在状况的普遍性。"通过实践创造对象世界，改造无机界，人证明自己是有意识的类存在物，就是说是这样一种存在物，它把类看做自己的本质，或者说把自身看做类存

---

①　参见《马克思恩格斯文集》第 1 卷，人民出版社，1995，第 161 页。

在物。"① 人们有意识的生命活动，既创造感性的对象界，也改造无机界；既创造、改造客体，也创造、改造自身。作为类存在物的人，通过自己有意识的自由自觉的活动，证明了自己的生命活动的普遍性。这样，人的生命活动便超越了生物本能和个体的单一尺度，获得了普遍的社会性。因此，人是一个特殊的个体，其特殊性使他成为他自己，成为现实的、单个的社会存在物。同样，他也是总体，观念的总体，社会的自为的主体②。因此，个体的人不再是单一性的存在物，而是普遍的类的个体，是社会性的人。四是意识的普遍性。正是在改造对象世界的过程中，人才真正感受到和证明了自己的类本质属性。意识使人的生命活动获得了自由，自由的生命活动具备普遍性的创造功能。总之，马克思认为："人以一种全面的方式，就是说，作为一个完整的人，占有自己的全面的本质。人对世界的任何一种人的关系——视觉、听觉、嗅觉、味觉、触觉、思维、直观、情感、愿望、活动、爱……是通过自己的对象性关系，即通过自己同对象的关系而对对象的占有，对人的现实的占有……是人的一种自我享受。"③ 从事自由自觉活动的人是拥有类普遍性的人，而类的普遍性则是建立在人具有意识属性基础之上的。意识使人的生命活动即有意识的实践活动也拥有了普遍性。正是由于有实践主体的普遍性才形成了实践的总体性及其在马克思主义哲学进而在马克思主义理论中的总体性。

二　实践总体性的生成论意蕴

在马克思主义理论整体性视域中，实践概念的总体性不是本体论意义上的根源性，而是生成论意义上的功能性。这就是说，马克思主义理论秉持的仍然是唯物主义本体论的基本原则——物质本体论。然而，辩证唯物主义的物质本体论，是以实践为视野的，是建立在实践思维基础上的物质本体论。从这个意义上讲，实践具有本体论色彩，拥有生成论功能。有学者"把马克思主义哲学的本质精神概括表述为实践主导的辩证唯物主义"，认为："只有肯定实践观点在马克思主义哲学辩证唯物主

---

① 《马克思恩格斯文集》第 1 卷，人民出版社，2009，第 162 页。
② 参见《马克思恩格斯文集》第 1 卷，人民出版社，2009，第 188 页。
③ 《马克思恩格斯文集》第 1 卷，人民出版社，2009，第 189 页。

义本体论、认识论和价值论等建构中的主导地位和作用,才有助于深刻把握马克思主义哲学革命的实质和根本精神。"① 这是颇有见地的。实践在马克思新哲学中的生成论功能说明,实践的总体性是指实践的主体、载体、承担者——人的社会性普遍性及其在世界中的主体地位。因此,将感性世界归结为人的实践活动,体现了实践在马克思主义哲学中的总体性地位。然而,物质世界是人及其实践活动的终极存在基础。从这个意义上讲,实践的总体性也是人与世界关系的普遍性。有学者也指出,实践的总体性意味着人的总体性、完整性和全面发展,意味着重建完整统一的生活世界的理想②。

实践的总体性还意味着人对自我本质及其实践产物的全面占有,意味着人必须在社会性实践活动中实现自我价值。更为重要的是,实践的总体性意味着人类利益的普遍联系性和整体性。实践在马克思主义理论中的总体性地位,决定了马克思主义理论面向现实、(在科学地解释世界的基础上)"改变世界"的现实任务和解放全人类的终极关怀。

改变世界、解放全人类是一个不断发展进化的现实活动和历史过程。因此,实践的总体性又是一种未完成的普遍性和过程性。人的未完成性,决定着现实的实践活动总是处在对人类普遍意义、生活价值、自由本性以及理想未来的追寻过程之中。这样的总体性,使得马克思主义理论总是随着时代主题的变换、实践内容及其特性的改变、人们认识思维能力等的发展而不断地创新发展自己的理论内容及表现形式。生活、实践是马克思主义理论永葆理论青春和活力的不竭源泉,更是其与人们的现实生活和实践活动密不可分的契合因素。从这个意义上讲,实践的总体性是由实践主体的总体性决定的,而实践的总体性也使得实践具有了担当马克思主义理论整体性逻辑之基和逻辑主线的资格。

三 实践与马克思主义理论整体性的生成

在马克思主义理论整体性视域中,实践与马克思主义理论有双重关系。

---

① 陶富源:《论实践主导的辩证唯物主义——马克思主义哲学本质精神新解》,《马克思主义研究》2014 年第 4 期。

② 参见丁立群《实践观念、实践哲学与人类学实践论》,《求是学刊》2000 年第 2 期。

第一，实践只是马克思主义理论整体性中的核心内容，而不是全部内容。马克思主义理论的内容十分丰富且与时俱进，我们可以从不同的视角对马克思主义理论予以不同的概括和表述。例如，在整体性上，马克思主义理论有哲学理论、政治经济学理论和科学社会主义理论三个主要方面；在基本理论层次上，马克思主义理论有关于客观世界相互联系、相互作用和运动发展的一般规律的理论，关于人类实践活动及其发展规律的理论，关于人类社会形态由低级向高级演进及其发展规律的理论，关于生产力和生产关系、经济基础和上层建筑的辩证统一的理论，关于阶级、阶级斗争、阶级分析和无产阶级专政的理论，关于人民群众是历史主体和历史创造者的理论，关于剩余价值学说和资本主义发展规律的理论，关于社会主义历史必然性和工人阶级历史使命的理论，关于工人阶级政党学说和在执政条件下加强党的建设的理论，关于人的全面发展和建设共产主义社会的理论，等等。再如，在发展形态方面，马克思主义理论有马克思恩格斯的理论，中国马克思主义的理论，西方马克思主义的理论，等等。马克思主义理论还会随着实践的发展而不断丰富和发展，不断获得新的时代内容及表现形式。马克思主义关于实践的理论，只是整体性马克思主义理论中的部分内容，且有多样的论述形式。因此，研究和论述实践在马克思主义理论整体中的奠基、核心、精髓和灵魂作用，不是"唯实践论"，更不是狭隘的"实践崇拜"或"实践拜物教"。

第二，实践是马克思主义理论的奠基之石和中心线索。正如本书的"绪论"所言，实践是马克思主义理论整体性的逻辑基础，是贯穿于马克思主义理论体系之中的逻辑主线，是马克思主义理论的显著特征和重要功能，是马克思主义理论在中国创新发展的内在依据，是马克思主义理论学科内在关联性的学理基础。正如对立统一规律是唯物辩证法的实质和核心、剩余价值论是理解马克思主义政治经济学的"枢纽"一样，实践是马克思主义理论的精髓和脊梁，是理解整体性马克思主义理论的关键和灵魂。从这个意义上讲，丰富多样、与时俱进的马克思主义理论一方面直接研究论述了实践的基本内容；另一方面是以实践为原点而生发创立的，它或是论证实践的理论铺垫，或运用了实践思维，或浸透着实践精神，或体现了实践原则，或彰显了实践价值，或服务于实践目的，总之都是围绕着实践而展开形成的。从这个意义上讲，马克思主义理论在本质上是关于实践的理论。

第三，实践概念的总体性和层次性生成了马克思主义理论的整体性和层次性。马克思创立的赋有新意的总体性实践，是物质生产实践、社会政治实践和科学文化实践等实践的一般形式和具体形式相统一的总体性概念。实践概念的总体性是与层次性相统一的。因此，我们这里所论述的实践概念，是一个包含多重层次意蕴的概念：最普遍的哲学意蕴层次，一般的物质生产实践、社会政治实践和科学文化实践层次，具体的实践方式层次。正是实践概念的总体性形成了马克思主义理论的整体性。因为，马克思主义理论语境中的实践概念，既贯穿于马克思主义哲学、政治经济学和科学社会主义理论之中，又包含着以工人阶级为主体的亿万人民群众认识世界和改变世界的具体实践活动。这里有两层含义：其一，最普遍的哲学层次包含一般层次和具体层次，这种意蕴的实践概念理所当然地贯穿于马克思主义整体理论之中，构成了马克思主义理论整体性的基础；其二，具有一般层次和具体层次的实践概念，作为普遍性中的特殊性，成为哲学理论的证明材料，从而成为马克思主义理论中的有机组成部分。因此，实践概念的总体性是与层次性辩证统一的：总体性寓于层次性之中，并通过层次性表现出来；层次性是总体性中的层次性，蕴涵着总体性的基本精神。因此，马克思主义理论的整体性与层次性也是辩证统一的。整体意义上的马克思主义理论，由马克思主义理论的各个组成部分所构成，是具有内在统一性的逻辑整体；各个组成部分构成整体性的马克思主义理论，是整体马克思主义理论中的有机部分。它们相互影响、相互联系，相互渗透、相互论证，水乳交融，形成马克思主义理论的统一整体。

由此可见，也正是实践概念的层次性形成了马克思主义理论整体的层次性。现在，我国理论界一般把马克思主义理论分解为三个主要组成部分或三个方面、三个层面。这三个主要组成部分与实践的三个层次是一致的。第一个层面是马克思主义哲学，这是最基本的部分，是世界观和方法论部分。这个部分的理论具有普遍的和长久的指导意义。第二个层面是马克思主义哲学与各个方面的具体实际相结合而形成的一般理论，如政治经济学和科学社会主义理论，或马克思主义经济理论、马克思主义政治理论、马克思主义文化理论、马克思主义军事理论、马克思主国际关系理论等。这部分的理论的适用性有领域的限制。这就是说，这些理论对于相关领域来讲具有普遍的和长久的指导意义，但不能移用到其他领域。第三个层面是马克思主义经典作家在特定的历史时期正对着某些具体历史事件而做出的具体论断、制定的具体行动纲领。这些理论在历史上也是正确的，发挥了重要的历史作用，但是这部分理论对后来的事件不具有"普遍真理"的意义。马克思主义理论就是这样一个由三个主要构成部分组成的、与时俱进的，相互联系、相互论证的统一整体。

综上所述，实践是马克思主义理论的逻辑起点，是马克思主义理论的奠基之石，是马克思主义理论的精髓和脊梁，是理解整体性马克思主义理论的关键和灵魂。实践的总体性和层次性决定并形成了马克思主义理论的整体性和层次性。

第三章 实践与马克思主义理论整体的创立（一）

马克思主义理论是一个有着内在逻辑关联性的统一整体。作为理论整体，马克思主义理论各部分之间相互联系、相互论证，相互渗透、相互贯通，共同构成了一个有机联系的统一整体，同时生成于特定的历史时代。马克思主义理论的诞生和创立是人类思想发展史上的伟大变革。实践是马克思主义理论从形式到内容形成自身显著特色和重要功能的逻辑之基。实践作为人类改造世界的现实的感性活动，在整体上提供了现存感性世界的客观依据。正是这样的整体性，为确立实践在马克思主义理论中的总体性地位奠定了基础。从这个意义上讲，实践概念的生成与马克思主义理论的创立是同时进行的思维创新和理论创造工程。实践既是马克思主义理论整体的逻辑之基，也是马克思主义理论整体的逻辑之线。

为了清晰明了地从整体性上阐述实践与马克思主义理论的内在关联性，有必要从马克思主义哲学、政治经济学和科学社会主义理论的不同层面，分别阐述之。在此基础上，再论述马克思主义理论整体性的具体内容及其特点。马克思主义理论的整体性突出地表现在贯穿于其理论整体中的根本问题上，在《共产党宣言》中得以经典展示。

第一节　实践与马克思主义哲学的创立

我国理论界普遍认为，马克思主义的哲学形态是辩证唯物主义和历史唯物主义。那么，唯物主义与辩证法的结合何以可能？历史唯物主义的创立何以可能？辩证唯物主义的自然观、思维观和社会历史观是如何实现统一的？总之，辩证唯物主义和历史唯物主义是怎样形成的？我们认为，从实践出发是寻求上述问题最佳答案的最佳途径。

一　实践与辩证唯物主义本体论

马克思新哲学创立的第一个文件——《关于费尔巴哈的提纲》，将历史上所有的哲学派别归结为唯物主义和唯心主义，指出了它们在本体论上各自的"主要缺点"，从实践出发对"感性"本体进行了辩证唯物主义的新规定。马克思在《神圣家族》中说："物质是一切变化的主体"，是一个表示"形体、存在、实体"的"实在的观念"①；并从"存在和思维"的同一性出发对哲学基本问题予以了初步的展示，对历史上的哲学派别予以基本的梳理。恩格斯在《路德维希·费尔巴哈和德国古典哲学的终结》中明确指出："全部哲学，特别是近代哲学的重大的基本问题，是思维和存在的关系问题。"② 思维与存在的关系问题有两个方面：一方面，"什么是本原的，是精神，还是自然界？""哲学家依照他们如何回答这个问题而分成了两大阵营。凡是断定精神对自然界来说是本原的，从而归根到底承认某种创世说的人（而创世说在哲学家那里，例如在黑格尔那里，往往比在基督教那里还要繁杂和荒唐得多），组成唯心主义阵营。凡是认为自然界是本原的，则属于唯物主义的各种学派。""思维和存在的关系问题还有另一个方面：我们关于我们周围世界的思想对这个世界本身的关系是怎样的？我们的思维能不能认识现实世界？我们能不能在我们关于现实世界的表象和概念中正确地反映现实？用哲学的语言来说，这个问题叫做思维和存在的同一性问题，绝大多数哲学家对这个问题都作了肯定的回答。……还有其他一些哲学家否认认识世界的可能性，或者至少是否认彻底认识世界的可能性。"③

毫无疑问，辩证唯物主义和历史唯物主义的本体论坚持了唯物主义和可知论的基本原则，即在回答"世界的本质是什么"的问题上坚持物质第一性的主张并认为世界是可知的。不仅如此，马克思主义哲学进一步坚持世界的物质统一性，将唯物主义本体论"物质第一性"的原则成功地运用于社会历史基本问题的分析，从而用物质原则将自然、社会和思维贯通了，将整个世界统一起来了，克服了"半截子"唯物主义的缺

---

① 参见《马克思恩格斯文集》第 1 卷，人民出版社，2009，第 332 页。
② 《马克思恩格斯文集》第 4 卷，人民出版社，2009，第 277 页。
③ 参见《马克思恩格斯文集》第 4 卷，人民出版社，2009，第 278～279 页。

陷，创立了彻底的唯物主义，科学合理地回答了"世界的本质是什么"的问题，奠定了辩证唯物主义和历史唯物主义创立的逻辑基础。

那么，马克思主义哲学本体论是如何将自己的本体论与其他唯物主义哲学形态的本体论区别开来的？从"各种物的总和"中抽象出来的物质概念①即"客观实在"②是如何"自我确证"的？更进一步的问题是，这样的唯物主义为什么具有与辩证法相结合的可能从而使辩证唯物主义成为现实？它是如何实现与辩证法相结合的，从而创立了唯物辩证法？让我们循着马克思的理论创新之路来获取答案。

马克思说："从前的一切唯物主义（包括费尔巴哈的唯物主义）的主要缺点是：对对象、现实、感性，只是从客体的或者直观的形式去理解，而不是把它们当做感性的人的活动，当做实践去理解，不是从主体方面去理解。因此，和唯物主义相反，唯心主义却把能动的方面抽象地发展了，当然，唯心主义是不知道现实的、感性的活动本身的。"③ 世界的统一性如何可能？"我"如何能够证明这种统一性？统一的基础是什么？或者说，马克思新唯物主义哲学的立足点是什么？这个自明、自洽的逻辑前提是什么？从"包含着新世界观的天才萌芽的第一个文献"④《关于费尔巴哈的提纲》开宗明义的经典式论述中，我们能够领悟到，这个阿基米德点是实践。正是实践的总体性，为马克思主义哲学唯物主义本体论与辩证法的结合奠定了基础，从而使辩证唯物主义与唯物辩证法的创立成为现实。

任何思维正常的人都不会否认物质世界的存在性。哲学派别的差异，不在于是否承认世界的存在性或物质性，而是将世界的存在性或物质性归结为不同的原因。《关于费尔巴哈的提纲》指出，对对象、现实、感性既要从主体、主体的实践、感性的人的活动方面去理解，又不能把这种活动归结为抽象的能动的精神原因；换言之，既要看到它们的客观物质性，又要看到它们是人们活动的产物，应将它们归结为人们的实践活

---

① 参见《马克思恩格斯文集》第9卷，人民出版社，2009，第500页。
② 参见《列宁专题文集——论辩证唯物主义和历史唯物主义》，人民出版社，2009，第35页。
③ 《马克思恩格斯文集》第1卷，人民出版社，2009，第499页。
④ 《马克思恩格斯文集》第4卷，人民出版社，2009，第266页。

动。主体的实践活动是现实、对象、感性得以生成和存在的确证。从现象上看，现实、对象、感性，或是简单地外在于人而独立存在着的；或是作为人们活动的结果，是精神的产物，也随着人们感觉的差异而改变其外在形态。现象界似乎真的或是与人的活动无关，或是以人的主观精神为存在依据的。但在实质上，千差万别、绚丽多姿的现实世界即现象界，可以被视为实践主体创造活动的产物，实践主体的创造活动的产物则可以还原为主体的实践行为。于是，生活、实践成为马克思主义哲学确立本体论的现实依据。实践主体的实践活动，是马克思新唯物主义哲学的出发点、立足点和形成其社会功能的秘密之所在。

所以，马克思恩格斯称自己为"实践的唯物主义者即共产主义者"①，将新唯物主义冠以"实践"之名，以区别于费尔巴哈等历史上的旧唯物主义。尽管费尔巴哈坚持物质第一性，但他的物质观是一种消极的、直观的、僵死的物质观。在他的视野里，客观世界是由无数刻板地遵守数学公式、物理定律或化学等式的物质构成的。人也只是消极、被动、照镜子式地反映客观世界，而无力改造客观世界。马克思恩格斯将实践引入辩证唯物主义本体论，强调人的实践活动对认识和规定世界物质第一性原理的积极作用。但是，与一切旧唯物主义的直观性不同，建立在实践基础之上的辩证唯物主义，对统一世界的物质有全新的规定。它认为，物质世界是今天这个样子，并不是物质世界自为的，而是通过人的实践达成的，是对实践对象的改造和实践主体对自身的改造的双方面的统一。通过实践，客观世界得到改造，人自身也得到改造。所以，我们不仅要从"客体的或者直观的形式去理解"② 客观世界，还要从主体、从实践去理解客观世界。从具体层面上看，现实的资本主义社会，是以工人阶级为代表的实践主体创造的。从一般的层面上看，正是千百年来无数的实践主体创造了人类的文明成果，创造了现实的世界。从抽象的层次上看，离开人类文明的"世界"，相对实践而言则是"无"。正是实践将自然、社会和思维即整个世界"打通"、联结并统一起来。正是实践确立了马克思主义哲学本体论自我确证的现实基础："我"在实

① 《马克思恩格斯文集》第 1 卷，人民出版社，2009，第 527 页。
② 《马克思恩格斯文集》第 1 卷，人民出版社，2009，第 499 页。

践中既"知道"世界是独立于人类而存在的物质世界，又"知道"物质世界是普遍联系和永恒发展的，是充满矛盾、辩证运动的。因此，马克思主义哲学在本体论上是辩证的唯物主义。辩证唯物主义是唯物主义与辩证法的统一："'唯物主义'表明了现实的外部世界的客观存在，'辩证'表明了其辩证的本质特征。'辩证的'可以蕴涵马克思和恩格斯所理解的现实世界的非常丰富的本质特征而与他们所批判过的直观的、机械的、庸俗的、形而上学的、不彻底的等形形色色的唯物主义流派区别开来。"① 于是，马克思主义哲学本体论就摆正了人在客观世界中的恰当位置，肯定了实践对客观世界的积极作用，也说明了"我们"面对的世界的客观物质性和独立先在性，既摆脱了"独断论"的梦魇，又坚持了唯物主义原则。这意味着，马克思主义哲学的本体论不是独断的，而是具有实证性、自明性和科学性的现实的本体论。实践主体及其实践活动，是理解和说明现实世界特性的原因，也是理解和说明人存在发展状况的依据，是辩证唯物主义本体论确立的内在灵魂。实践是生成一切有意识活动及其成果的根本原因，也是理解、说明、解释现实、对象、感性存在及其属性的逻辑基础。特别重要的是，实践确证了世界本原的物质性和辩证性，将唯物主义本体论与辩证法统一了起来，从而实现了辩证唯物主义与唯物辩证法的相通相融。因此，实践的唯物主义不仅克服了从前的一切旧唯物主义的主要缺陷，揭去了唯心主义的神秘面纱，更为重要的是，它为自己设置了牢不可破的本体论基石。

马克思新唯物主义哲学的诞生，结束了哲学发展史上外在式否定的发展模式，其思维方式是"实践思维"；其表述方式可以称为"我"做（实践）故我在，"我"在世界在；其哲学形态在理论形态上是辩证唯物主义和历史唯物主义，在功能形态上是"实践的唯物主义"。这样的唯物主义哲学形态，应该称为"主体唯物主义"②。主体唯物主义既奠定了世界物质统一性的现实基础，又揭示了社会生活的实践本质，找到了创

---

① 黄枬森：《马克思和恩格斯创立辩证唯物主义世界观的过程》，《毛泽东邓小平理论研究》2012 年第 2 期。

② 参见夏建国《马克思哲学是主体唯物主义——〈关于费尔巴哈的提纲〉的启示》，《江汉论坛》2001 年第 9 期；夏建国：《主体唯物论与马克思主义哲学新形态》，《光明日报·理论周刊》2002 年 7 月 23 日。

造人类历史的实践主体，肯定了人民群众历史创造者的主体地位，从而为肯定工人阶级在资本主义社会中的创造作用、建构共产主义社会奠定了哲学基础。

二　实践与唯物辩证法

辩证法从根本上回答了"世界的状况怎么样"的问题。马克思主义哲学以两大总体特征（联系和发展）、三大基本规律（对立统一规律、质量互变规律、否定之否定规律）和五对基本范畴（原因与结果、必然性与偶然性、可能性与现实性、现象与本质、内容与形式）构成了唯物辩证法的逻辑体系，认为对立统一规律是唯物辩证法的实质和核心。辩证法将物质、运动、时间和空间、本质和规律等结合为一个整体来认识，要求人们善于去观察、分析和解决事物的矛盾运动。"唯物辩证法既包括客观辩证法也包括主观辩证法，体现了唯物主义、辩证法、认识论的统一。"[1]

恩格斯在《反杜林论》[2] 中比较系统地阐述了唯物辩证法的基本内容。在"第一编：哲学"中，恩格斯提出并论证了马克思主义哲学的一些基本原理：世界的真正统一性在于它的物质性、运动是物质存在的方式、时间和空间是物质的基本存在形式等。恩格斯还第一次连贯地阐明了辩证法的三个基本规律：对立统一规律、质量互变规律和否定之否定规律。另外，在生命的本质及其发生和发展、天体演化、平等、自由与必然的关系等许多问题上，也系统地阐述了马克思主义理论的基本观点。马克思在《资本论》第二版跋中说："辩证法在对现存事物的肯定的理解中同时包含对现存事物的否定的理解，即对现存事物的必然灭亡的理解；辩证法对每一种既成的形式都是从不断的运动中，因而也是从它的暂时性方面去理解；辩证法不崇拜任何东西，按其本质来说，它是批判的和革命的。"[3] 马克思承认黑格尔的辩证法的积极因素，它将事物描述成一个有着自我运动功能的相互联系的过程，是事物内部诸因素的对立

---

① 本书编写组编《马克思主义基本原理概论》，高等教育出版社，2013，第53页。
② 列宁说："恩格斯的《反杜林论》（马克思读过全部手稿）。"参见《列宁专题文集——论辩证唯物主义和历史唯物主义》，人民出版社，2009，第334页。
③ 《马克思恩格斯文集》第5卷，人民出版社，2009，第22页。

统一；事物的发展通过不断自我否定达到更高的阶段。然而，黑格尔是将辩证法的逻辑力量归结为"绝对精神"的"实践"功能，把"实践"功能封闭在思辨领域内，使他创立的辩证法体系成为神秘的精神宫殿，物质实践活动被排除在辩证法之外。这样的辩证法是关于精神世界的辩证法，其结果是过分茂密的精神体系窒息了辩证法的革命因素，从而背离了辩证法的革命性、批判性和超越性，使其成为保守的象征。

马克思主义理论中的辩证法是唯物辩证法。它认为："所谓的客观辩证法是在整个自然界中起支配作用的，而所谓的主观辩证法，即辩证的思维，不过是在自然界中到处发生作用的、对立中的运动的反映，这些对立通过自身的不断的斗争和最终的互相转化或向更高形式的转化，来制约自然界的生活。"① 由此可见，唯物辩证法即最完备、最深刻、最无片面性的关于发展的学说，它用矛盾、联系、发展和全面的观点看待世界，认为世界是矛盾的统一体，组成世界的诸要素是普遍联系的；世界及其组成部分都是运动、变化、发展的，事物都有一个诞生、发育、成长到逐步消亡的过程；联系和运动是不可分割的，两者互为因果关系；一切对立物都通过一定的中介环节向其对立面转化；外因是变化的条件，内因是变化的根据，外因通过内因而起作用。辩证法在考察事物及其在观念上的反映时，本质上是从它们的联系、联结、运动、产生和消逝方面去考察的。

马克思运用科学的实践观来解释辩证法。辩证法只有根植于人的实践活动中，才能获得合理的解释和积极的意义。人类的物质生产活动本身就是一个辩证的发展过程。实践活动作为人的存在形式，是人的生命的自我规定、自我否定和自我实现、自我超越，这意味着人通过实践不断地否定和超越自身，不断地摆脱盲目必然性的约束，不断地走向自由王国，实现普遍而自由的内在特性。人只有在实践中不断地自我否定和超越自身，才能形成新的自我。所以，从本质上说，实践是革命的、批判的和进步的，是辩证发展的。实践说明了人类社会是一个自我否定、自我发展和自我解放的辩证发展过程，证实了世界的辩证发展性。同时，辩证的也应该是实践的，因为事物的辩证发展过程需要通过人类的实践

---

① 《马克思恩格斯文集》第 9 卷，人民出版社，2009，第 470 页。

活动来实现。因此，实践视域中的辩证法既描绘了世界的辩证发展性，又说明这种辩证发展性是物质世界的固有特性，是唯物论的辩证法，于是，唯物辩证法与辩证唯物主义同时生成。

总之，唯物辩证法批判继承了黑格尔辩证法的合理内核，扬弃了黑格尔哲学思想唯心主义的外壳，把辩证法与唯物主义有机结合起来，使马克思主义唯物论成为辩证唯物论，使马克思主义辩证法成为唯物辩证法。实践奠定了马克思主义哲学本体论、辩证法相统一的基础，从而使马克思主义哲学实现了唯物论与辩证法的结合，使辩证唯物论与唯物辩证法成为现实。

三　实践与能动的革命的反映论

"思维和存在的同一性问题"① 衍生了认识论问题。恩格斯在《反杜林论》中比较系统地阐述了辩证唯物主义认识论的基本原理，如思维的至上性与非至上性、真理的辩证性等②。列宁后来概述说，有两条不同的认识路线：从物到感觉和思想的唯物主义反映论、从思想和感觉到物的唯心主义先验论③。传统的认识论脱离实践谈认识，离开辩证法谈反映，要么把认识简单化或庸俗化，要么把认识活动抽象化。费尔巴哈的直观认识论把认识主体与认识客体简单地对立起来，仅仅看到认识主体与认识客体之间认识与被认识的关系，从而把认识理解为主体直接感知和接受客体的活动。在这样的认识关系中，客体只是简单地存在于主体之外；主体对对象也只是被动、照镜子式的反映。这种消极被动、机械直观的反映论，由于对复杂特殊的社会历史现象无法把握而陷入了唯心史观。而抽象思辨的认识论则抽象地发展了人的精神能动性，把认识活动理解为不受客观因素约束的精神活动。

马克思认为："人的思维是否具有客观的真理性，这不是一个理论问题，而是一个实践的问题。人应该在实践中证明自己思维的真理性，即自己思维的现实性和力量，自己思维的此岸性。关于思维——离开实践

---

① 《马克思恩格斯文集》第 4 卷，人民出版社，2009，第 278 页。
② 参见《马克思恩格斯文集》第 9 卷，人民出版社，2009，第 91~100 页。
③ 参见《列宁专题文集——论辩证唯物主义和历史唯物主义》，人民出版社，2009，第 6 页。

的思维——的现实性或非现实性的争论，是一个纯粹经院哲学的问题。"① 马克思在这段话中关于实践与认识的关系有以下几层含义。

第一，建立在实践基础之上的认识主客体关系，是改造与被改造、认识与被认识及价值和审美的关系。在这样的关系中，认识主体不是被动的接受者，而是积极能动的创造者，而客体也不再是简单的被征服的对象，而成为主体生活世界、意义世界中的有机构成部分。这样的认识论便成为能动的革命的反映论。能动的革命的反映论认为，实践是认识的来源，实践是认识发展的动力，实践是检验认识真理性的标准，实践是认识的目的。人们总是有意识地选择那些与其实践活动密切相关的认识客体作为自己的认识对象。正是这种有意识的选择，使得外在的客体成为现实的认识对象。从这个意义上讲，是实践决定认识客体。但是，即使这样，也不能改变客体的先在性和外在独立性。此外，人们总是在实践活动中实现着人与自然之间物质、能量、信息的交换的。在人与自然、主体与客体的双向交流过程中，形成了主体与客体之间改造与被改造、认识与被认识的关系，以及人们的价值关系、审美关系，这使得人们的劳动对象、实践对象构成了人们生活世界、意义世界、价值世界的一部分，客体因此而获得了活的"生命"、真的"意义"、美的"价值"。正是这样丰富的新鲜内容，使得认识主体与认识客体的关系，超越了简单的认识与被认识关系，而具有了能动的、革命的、主体创造性的属性和意义。

第二，实践产生了人们认识真理、掌握真理的需要。正是人们的物质生产活动需要人们掌握客观事物的规律，从而更好地征服自然，达到主客体的统一，使自然更好地为人类的生存和发展服务。

第三，实践是检验认识真理性的唯一标准。人们的认识是否具有客观的真理性是需要经过实践来检验的。一个认识是否具有真理性不是通过抽象的、思辨的方法来检验的，而是要还原到人们的实践活动中，用实践来检验认识与客观真理之间的差距。

第四，实践使认识不断发展，越来越趋近于客观真理。马克思的认识论中也包含了辩证法，是辩证的反映论。奠定在实践基础之上的辩证

---

① 《马克思恩格斯文集》第 1 卷，人民出版社，2009，第 500 页。

唯物主义反映论，将认识活动看成辩证的发展过程，是"能动的反映"，是主体积极主动的、能动的反映，是包含着意识的选择、建构、重构、创造等功能的反映，是观念的概念王国对认识客体的揭示。因此，选择、建构、创造都是主体意识的能动作用的表现，都体现了认识主体对认识客体的一种积极的、主动的反映。这样的规定，体现了认识活动的辩证法。同时，人们认识真理也是一个自我否定、自我发展的过程，而推动认识不断发展的就是实践。因此，将实践引入认识论、将辩证法应用于反映论，是马克思主义认识论独创性的发挥。人类的认识活动不是被动的反映，也不是脱离实践的思辨活动。人类的认识活动产生于实践的需要中，遵循辩证发展的原则，人类的认识活动本身也是实践活动的一个特殊组成部分，是实践活动的一个层次或一个环节。

四　实践与唯物史观

旧唯物主义是"半截子"唯物主义，其自然观、思维观与社会历史观是分离的。"当费尔巴哈是一个唯物主义者的时候，历史在他的视野之外；当他去探讨历史的时候，他不是一个唯物主义者。"[①] 费尔巴哈不把感性视为实践的、人的感性活动，其唯物主义是一种不懂得实践作用的直观唯物主义。这种直观性导致费尔巴哈只能把人的本质"理解为'类'，理解为一种内在的、无声的、把许多个人自然地联系起来的普遍性"[②]。这种对客观世界和对人的直观性理解，导致"他不可避免地碰到与他的意识和他的感觉相矛盾的东西，这些东西扰乱了他所假定的感性世界的一切部分的和谐，特别是人与自然界的和谐"[③]。由此，费尔巴哈不能将自然观中的唯物主义延续到历史观当中，最终导致了唯心史观。

马克思在批判旧唯物主义的直观性的同时，提出了实践的观念，将实践引入历史观。"这种历史观就在于：从直接生活的物质生产出发阐述现实的生产过程……同时从市民社会出发阐明意识的所有各种不同的理

---

①　《马克思恩格斯文集》第1卷，人民出版社，2009，第530页。

②　《马克思恩格斯文集》第1卷，人民出版社，2009，第501页。

③　《马克思恩格斯文集》第1卷，人民出版社，2009，第528页。

论产物和形式，如宗教、哲学、道德等等，而且追溯它们产生的过程。"① 马克思立足于人们的物质实践活动来解释社会历史的发展，阐明生产力和生产关系，经济基础和上层建筑的对立统一关系，揭示出人类社会有别于自然界的发展规律，认为："全部社会生活在本质上是实践的。凡是把理论引向神秘主义的神秘东西，都能在人的实践中以及对这种实践的理解中得到合理的解决。"② "历史本身是自然史的一个现实部分，即自然界生成为人这一过程的一个现实部分。"③ 全部历史都是自然史和人类史的统一，都是人类实践行为的自然后果，都是人民群众创造的产物。因此，人的感性的实践活动，是理性地形成科学理论的源泉；理论与实践、历史与现实、人与自然之关系，均历史地、具体地统一于人民群众创造历史的实践活动之中。人民群众的实践活动尽管具体内容是多方面的，但归根到底都是为了推进人类社会不断地发展进化。

从总体上讲，马克思主义历史观从人类社会直接生活的物质生产出发阐述现实的生产过程，从而把全部社会生活的本质归结为实践主体的实践创造活动及其结果。从现实上说，在马克思恩格斯从事理论创作之时的实践主体——工人阶级的实践活动便成为他们研究和阐述现实资本主义社会的生产过程及其结果的出发点。因此，工人阶级的实践创造活动便成为揭示资本主义社会秘密的现实依据。那么，工人阶级有哪些特点？其实践方式有哪些特质而成为唯物史观诞生的基础？工人阶级是现代大工业的产物，是社会新生产力的代表。工人阶级随着机器大工业的发展而不断发展，是最先进、最有前途的阶级。此外，工人阶级是劳动者，工人阶级的解放意味着劳动者自我解放的开始，意味着人类解放的开始。因此，工人阶级的奋斗目标不是自私的、狭隘的，而是以人类解放、实现共产主义为己任的。随着工人阶级队伍的发展壮大，它必将顺应时代潮流，建立一个适应社会发展需要的、工人阶级领导的社会主义社会，进而将人类社会推向新的历史高度即共产主义社会，实现人类的彻底解放。因此，世界各国的工人阶级能够成为人类社会的主人，赢得整个世界。这样的基本属性决定了唯物史观的主要原理及根本价值取向。

---

① 《马克思恩格斯文集》第 1 卷，人民出版社，2009，第 544 页。
② 《马克思恩格斯文集》第 1 卷，人民出版社，2009，第 501 页。
③ 《马克思恩格斯文集》第 1 卷，人民出版社，2009，第 194 页。

"实践的观点是唯物史观的出发点。社会存在不同于自然存在，社会生活在本质上是实践的。社会的人是从事实践活动的人，现实的社会是实践的对象和产物，各种社会关系是在实践活动中形成的，社会历史规律是通过人的实践活动体现出来的，全部社会存在实际上就是人类的实践过程及其结果。"① 马克思主义历史观从人类社会直接生活的物质生产出发阐述现实的生产过程，从而把全部社会生活的本质归结为实践主体的实践创造活动及其结果。唯物史观是马克思主义哲学的"首创"。"和唯心主义历史观不同，它不是在每个时代中寻找某种范畴，而是始终站在现实历史的基础上，不是从观念出发来解释实践，而是从物质实践出发来解释各种观念形态。"② 唯物史观的基本内容之间有着严谨的逻辑关联：社会存在决定社会意识；社会存在是自然环境、人口因素和生产方式的统一，其中，生产方式是主要的、起决定性作用的；生产方式是社会存在和发展的物质基础，是生产力与生产关系的统一，其中生产力决定生产关系，生产关系反作用于生产力。因此，生产力是人类社会最终的决定性因素。生产力是劳动者、劳动资料和劳动对象的统一，其中劳动者是起决定作用的因素。由此，唯物史观合乎逻辑地得出结论：劳动创造世界，劳动者是历史的创造者。在资本主义社会里，工人阶级这一社会化大生产的劳动者是社会财富的创造者。由此可见，唯物史观科学地揭示了人类社会历史发展规律，科学地回答了"谁创造了资本主义社会"的现实实践课题。

"在马克思看来，实践是生成世界和生成人的根本的、总体性的活动，我们身边和我们视野所及的一切事物无不是实践的产物和结果：自然是'人化的自然'，历史是实践的积淀，思维以实践为动力和检验的标准，社会是实践基础上凝聚成的共同体。"③ 在科学地阐述实践含义和特征的基础上，马克思恩格斯将实践概念引入了辩证唯物论、唯物辩证法、能动的革命的认识论和唯物史观的创立过程中。从而对诸如客观世界相互联系、相互作用和运动发展的一般规律，人类实践活动及其发展规律，人类社会形态由低级向高级演进及其发展规律，生产力和生产关

---

① 郭大俊、吴思珺：《实践、实践观与科学社会主义》，《江汉论坛》2013 年第 11 期。
② 《马克思恩格斯文集》第 1 卷，人民出版社，2009，第 544 页。
③ 张奎良：《马克思的新唯物主义再探》，《哲学动态》2015 年第 4 期。

系、经济基础和上层建筑的辩证统一，阶级、阶级斗争、阶级分析和无产阶级专政，人民群众是历史主体和历史创造者等原理做出了科学的解释，并确立了马克思主义哲学改变世界的实践宗旨和实践功能。实践贯穿于马克思主义哲学的本体论、辩证法、认识论和历史观。实践使辩证唯物主义、历史唯物主义得以确立。辩证唯物主义和唯物辩证法是对客观世界的物质本质及其运动、变化和发展规律的揭示。实践解决了认识的来源、动力、目的及真理性和真理的标准问题，厘清了实践活动对人们认识活动的决定性作用。实践奠定了实践主体的社会主体地位，发挥了创造历史的决定作用，找到了人类社会存在和发展的基本条件及根本动能。唯物史观第一次科学地揭示了社会生活的实践本质及人类社会历史的发展规律。"实践主导的辩证唯物主义坚持以实践为主导原则，把自在世界与人工世界、自然与社会、主体与客体、思维与存在、认识世界与改造世界、真理与价值、必然与自由等有机地联系了起来，从而表现为一个客观的、能动的辩证运动过程。很显然，如果脱离辩证唯物主义的实践主导观点，那么马克思主义哲学也就基本丧失了自己的核心和灵魂，也就不成其为马克思主义哲学。"[1] 实践对马克思主义哲学即辩证唯物主义和历史唯物主义的确立具有决定性意义。因此，实践也是贯穿于马克思主义哲学各个组成部分的核心要素。

第二节　实践与马克思主义政治经济学的创立

政治经济学是研究资本主义社会经济关系，科学地揭示其产生、发展和必然灭亡的辩证过程的科学理论。马克思立足于工人阶级这一与社会化大生产相联系的实践主体创造世界的实践活动，对资本主义生产关系的研究按照资本主义发展的历史和逻辑顺序，运用矛盾分析方法，从对商品的分析开始，通过大量的历史资料和事实，详尽地阐述了劳动价值论和剩余价值论，揭露了资本主义的剥削本质，并进一步揭示了资本主义的生产关系产生、发展和必然灭亡的客观规律，宣告了"资产阶级

---

① 陶富源：《论实践主导的辩证唯物主义——马克思主义哲学本质精神新解》，《马克思主义研究》2014 年第 4 期。

的灭亡和无产阶级的胜利是同样不可避免的"①。实践概念在政治经济学中一般地表现为劳动概念，在政治经济学的创立过程中起到了十分重要的奠基和脊梁作用。科学的价值论和剩余价值论等政治经济学的重要理论都是与（工人阶级的）改变世界的劳动实践密切相关的。

一 科学的劳动价值论

从 17 世纪中叶到 19 世纪初，劳动价值论曾经是资产阶级反对封建贵族的理论武器，在大卫·李嘉图那里，劳动价值论的命题是政治经济学中一个非常重要的学说。但是，由于阶级局限性和历史观的缺陷，李嘉图的劳动价值论存在着严重的误区。在近代工业大规模发展之后，黑格尔认识到人因自己的工具而具有支配外部自然界的力量，这个支配外部世界的力量就是劳动。黑格尔对劳动的认识具有一定的进步性，但他仍然认为劳动仅仅是一种精神活动，从而否认了工人阶级的物质生产活动对资本主义经济社会的作用。

马克思运用唯物辩证法，剔除劳动价值领域内的唯心主义倾向，认为价值是由工人的劳动实践决定的。马克思的劳动价值论的核心是劳动二重性理论，也就是具体劳动生产（商品的）使用价值，抽象劳动形成（商品的）价值。马克思将劳动分成具体劳动和抽象劳动，从而揭露了资本主义经济学家混淆具体劳动和抽象劳动，用商品的使用价值掩盖价值，从而将商品永恒化和神秘化，最终达到剥夺工人阶级劳动成果的目的。因此，马克思的"劳动二重性"理论，从实践（价值创造）的主体上论证了资本主义社会的价值是由工人阶级创造的。

二 创新的剩余价值论

劳动二重性理论是"理解政治经济学的枢纽"②。劳动二重性理论揭示了剩余价值的真正来源，为剩余价值论的创立奠定了理论基础。剩余价值论从研究逻辑上来说是科学的劳动价值论的继续。《资本论》以"大写的逻辑"构成了一个严密的逻辑体系，系统地阐述了剩余价值生

---

① 《马克思恩格斯文集》第 2 卷，人民出版社，2009，第 43 页。
② 《马克思恩格斯文集》第 5 卷，人民出版社，2009，第 55 页。

产实现分割的逻辑。简言之，其逻辑结构是：商品是资本主义社会的"细胞"，商品是用来交换的劳动产品。劳动的二重性决定了商品的二因素。工人阶级的劳动创造了商品。内在于商品之中的价值与使用价值之矛盾，通过市场交换得以解决。从而引出货币、市场和价值规律，说明剩余价值既在流通中又不在流通中产生的道理；引申出个别生产与社会生产、社会生产的两大部类及其关系等矛盾，说明剩余价值资本化是资本主义社会扩大再生产的源泉。最后，通过竞争，等量资本获得等量利润，整体资本家分割整体工人阶级创造的社会财富。当工人阶级创造的社会财富被资本主义生产关系容纳不了的时候，资本主义的丧钟就要敲响了，工人阶级就要剥夺"剥夺者"了。由此可见，剩余价值的创造主体仍然是工人阶级。剩余价值论从创造价值的实践主体上论证了本该属于工人阶级的价值被资本家无偿占有了。不是资本家用工资养活了工人，而是工人用剩余价值养活了资本家。工人还为资本家创造了让资本家继续剥削他们的价值。马克思在科学的劳动价值论和剩余价值论的基础上，展开了对资本主义生产方式的探索，从资本积累理论，到资本流通理论再到资本主义经济危机理论，全面揭示了资本主义发展的历史趋势。马克思创立的剩余价值理论，严格地说是由资本的历史前提与形成条件，剩余价值的来源、本质、实现和分割等内容构成的理论体系。而这个体系一经建立起来，资本主义生产方式的实质、内在矛盾、运行规律以及资本主义生产关系的历史局限性等，一句话，资本主义经济制度与经济关系的一切方面，就都被剖析清楚明了。所以，政治经济学的轴心就是剩余价值理论。

剩余价值论揭示了资本主义生产的秘密，说明资本主义社会的生产、分配、交换、消费整个环节过程都是围绕剩余价值展开的，那么，资本主义社会的财富都表现为工人阶级的劳动产物。因此，当资本主义生产关系容纳不了工人阶级所创造的社会财富的时候，资本主义生产关系就会爆炸，就会被新的生产关系取代，这个新的生产关系必然是与社会化大生产相联系的，能够容纳更广阔的，适应新的生产力发展的社会主义制度。而社会主义制度的建立者就是与社会化大生产相联系的、资本主义社会物质财富的创造者——工人阶级。

总之，实践的观点"是剩余价值理论的逻辑起点……只有从生产实践出发，分析作为实践主体的劳动力这种特殊商品的价值和使用价值，才能发现剩余价值的源泉"①。在马克思主义政治经济学视域中，工人阶级及其实践活动是论述剩余价值理论和资本主义发展规律理论的立足点。"在《资本论》中，马克思不仅从使用价值与价值、具体劳动与抽象劳动、物的人格化和人格的物化、私人劳动与社会劳动等方面分析了商品的内在矛盾运动，揭示了商品生产者之间的社会关系表现，而且还从商品的使用价值和价值的矛盾外在化为相对价值形式与等价形式的矛盾、商品的内在矛盾表现为商品与货币的外部对立，以及买与卖的矛盾、买者和卖者的矛盾方面，分析了商品的外在矛盾运动。以此为基础，马克思进一步分析了资本的矛盾运动，即将货币转化为资本的运动、资本转化为剩余价值的运动；分析了资本主义生产过程的矛盾运动，即劳动过程与价值增值过程的统一、绝对剩余价值与相对剩余价值的关系；从而分析了资本主义基本矛盾及其展开形式的运动，即生产社会化与生产资料资本主义私人占有之间的矛盾、两大部类中生产与需求之间的矛盾、剩余价值生产与剩余价值实现之间的矛盾、人口过剩与资本过剩之间的矛盾、生产扩大与资本增值的目的之间的矛盾等的运动过程。通过对这些矛盾运动的分析，既展现了资本主义社会的整体现实状况，也通过揭示资本主义生产方式运动的历史趋势，为人们呈现一幅完整的资本主义现实多种经济矛盾交织运动的《资本论》的图景。"② 在资本主义社会里，工人阶级的劳动过程就是商品形成过程、价值形成过程和价值增殖（剩余价值形成）过程的统一。这一过程影响到资本主义社会的经济制度、政治制度和文化形态，决定着资本主义社会的形成、发展和演化，也决定着资本主义社会沿着既定方向——向着满足社会化大生产需要、容纳更多的社会财富的社会主义社会进发的历史必然性。由此可见，与社会化大生产相联系的先进生产力的代表——工人阶级是资本主义社会的实际创造者，是未来社会主义社会的创立者和主人。那么，在资本主义社会里，劳动、资本乃至科学的应用，都将在工人阶级创造历史的实践活动中找到存在的理由和依据，工人阶级的实践活动形成着历史发展

① 郭大俊、吴思珺：《实践、实践观与科学社会主义》，《江汉论坛》2013 年第 11 期。
② 张雷声：《〈资本论〉与马克思主义理论的整体性》，《马克思主义研究》2010 年第 2 期。

的轨迹。因此，政治经济学从价值创造主体的劳动（实践）出发，顺着商品、价值、剩余价值、利润这条资本主义经济关系主线，根据辩证法和唯物史观，揭示了资本主义必然灭亡的规律，将社会价值的创造者归还工人阶级，使政治经济学成为工人阶级解放胜利的理论武器。

第三节　实践与科学社会主义理论的创立

科学社会主义是"关于无产阶级解放运动的性质、条件和一般目的的学说，无产阶级谋求解放的行动科学"[①]。在马克思主义理论中，关于社会主义历史必然性和工人阶级历史使命的理论，关于工人阶级政党学说和在执政条件下加强党的建设的理论，关于人的全面发展和建设共产主义社会的理论，都是科学社会主义理论的重要内容。这些重要内容的创立形成有多方面的原因，工人阶级这一实践主体及其实践活动是其最重要的依据。由此，科学社会主义理论的价值取向是由工人阶级这一实践主体的特性决定的。

19世纪40年代，英、法、德等国的无产阶级作为一支独立的政治力量登上了历史舞台。马克思恩格斯参加无产阶级革命，创立了唯物史观和剩余价值论，批判地继承了空想社会主义特别是19世纪三大空想社会主义者圣西门、傅立叶和欧文的思想成果，实现了社会主义和工人运动的结合，使社会主义从空想发展成为科学。科学社会主义的理论基础是实践的唯物主义，它产生并形成于无产阶级的革命实践，它的完善和发展也要在各个社会主义国家进行不断探索实践。所以，科学社会主义理论不同于空想的社会主义，它在本质上是实践的，是经过实践检验的科学理论。

一　科学社会主义理论创立的理论基石是唯物史观和剩余价值论

"实践的观点不仅是马克思主义哲学的首要的基本观点，而且是科学社会主义的方法论基础，甚至可以说，如果没有科学实践观的指导，就

---

① 《哲学大辞典》，上海辞书出版社，2002，第736页。

不可能有科学社会主义的产生和发展。"① 科学社会主义理论创立的理论基石是唯物史观和剩余价值论。唯物史观和剩余价值论是马克思主义理论的独特创造及创立的显著标志。如前所述，唯物史观和剩余价值论诞生的秘密是实践。因此，科学社会主义理论创立的秘密也在实践当中。

唯物史观把生产力和生产关系、经济基础和上层建筑之间的矛盾视为社会发展的基本动力。在社会的基本矛盾推动下，社会呈现出由低级到高级、由简单到复杂的发展过程。人类社会呈现出五种形态依次更替的一般规律。因此，资本主义社会被社会主义社会取代是历史发展客观规律的必然产物，而不是理想推理、想象的一种结果。唯物史观认为，生产力是社会发展的根本动力，劳动者是首要的生产力要素，因此，劳动者是历史的创造者，工人阶级——资本主义社会的劳动者就成为推动资本主义社会发展的决定力量。唯物史观说明，阶级斗争是推动阶级社会发展的直接动力，那么，在资本主义社会里工人阶级反对资本家的阶级斗争，就成为推动资本主义社会发展的直接动力。

剩余价值论揭示了资本主义生产的秘密，说明资本主义社会的生产、分配、交换、消费整个环节都是围绕着剩余价值展开的，资本主义社会的财富都表现为工人阶级的劳动产物。因此，当资本主义生产关系容纳不了工人阶级所创造的社会财富的时候，它就会爆炸，就会被新的生产关系取代。这个新的生产关系必然是与社会化大生产相联系的，能够容纳更广阔的、适应新的生产力发展的社会主义制度。剩余价值论揭示了资本主义的经济基础，揭示了资产阶级与无产阶级对立的物质根源，从而说明了无产阶级的历史地位和社会作用。

唯物史观和剩余价值这两个伟大发现之间存在十分深刻的内在联系。唯物史观的基本完成，为发现剩余价值开辟了道路。唯物史观的基本原理，为科学地解剖资本主义社会提供了认识工具，从而为在政治经济学领域完成伟大的革命变革，创立以剩余价值为基石的政治经济学创造了条件。而剩余价值论为经典地表述唯物史观的基本内容提供了现实基础。由以上论述可知，唯物史观和剩余价值这两大发现，为科学社会主义提供了坚实的理论基础和科学的现实根据。"两大发现"是科学社会主义

①　郭大俊等：《科学实践观与科学社会主义》，学习出版社，2014，第31页。

理论的两大基石。由于唯物史观的创立，社会主义不再是理性推论的逻辑结果，而是社会基本矛盾的必然产物；社会主义不再是个别天才人物的理想，而是无产阶级和资产阶级之间阶级斗争的结果；社会主义不再被置于思想和原则的基础之上，而是被置于现实的物质条件和社会力量基础之上。剩余价值论的创立，则阐明了资本主义雇佣劳动制的本质，揭示了资本主义社会财富的秘密，说明了资本主义必然灭亡和社会主义必然胜利的客观规律，找到了成为资本主义掘墓人和社会主义开创者的社会力量。由于有了这"两大发现"，社会主义奠定在了坚实的物质条件和社会力量的基础之上，社会主义不再是空想，而变成了科学。

二　无产阶级是科学社会主义运动的实践主体

从实践的主体方面来说，无产阶级是科学社会主义运动的实践主体。"实际上，而且对实践的唯物主义者即共产主义者来说，全部问题都在于使现存世界革命化，实际地反对并改变现存的事物。"① 马克思认为，实践的唯物主义者就是共产主义者，表明在共产主义运动中，共产主义者要承担起实践主体的任务，承担起改变世界的任务。共产党人作为工人阶级的先锋队，"在实践方面，共产党人是各国工人政党中最坚决的、始终起推动作用的部分；在理论方面，他们胜过其余无产阶级群众的地方在于他们了解无产阶级运动的条件、进程和一般结果"②。共产党人作为无产阶级的先锋队，作为先进的社会主义理论的掌握者，他们领导的共产主义运动是符合社会历史发展规律的革命实践。而这种革命实践的前途必然是共产主义的胜利。

"革命之所以必需，不仅是因为没有任何其他的办法能够推翻统治阶级，而且还因为推翻统治阶级的那个阶级，只有在革命中才能抛掉自己身上的一切陈旧的肮脏东西，才能胜任重建社会的工作。"③ 马克思认为，无产阶级作为共产主义运动的实践主体，不仅推翻了资产阶级统治和资本主义制度，使社会得到改造，而且在革命实践中使自身得到了改造。通过革命实践改造客体的同时，也抛掉自身在资本主义社会中形成

---

① 《马克思恩格斯文集》第 1 卷，人民出版社，2009，第 527 页。
② 《马克思恩格斯文集》第 2 卷，人民出版社，2009，第 44 页。
③ 《马克思恩格斯文集》第 1 卷，人民出版社，2009，第 543 页。

的一切消极因素，使实践主体在革命实践中获得改造，从而有能力成为共产主义社会的倡导者和创立者。

三　共产主义的实践是推翻资本主义制度和建立社会主义制度

从实践的客体方面来说，共产主义的实践是推翻资本主义制度和建立社会主义制度。"共产主义对我们来说不是应当确立的状况，不是现实应当与之相适应的理想。我们所称为共产主义的是那种消灭现存状况的现实的运动。"① 社会历史发展有着不同于自然界发展的规律。自然界的运动、变化和发展遵循自发的规律性，而社会革命尽管不是人为制造的，但它是各种主观和客观因素、内外矛盾复合作用的结果。社会发展的客观规律要通过人的自觉实践活动才能够实现。因此，马克思认为，共产主义不是"现实应当与之相适应的理想"，共产主义只有在不断地实践中才得以确立、发展和完善。马克思恩格斯始终坚持的原则是，科学社会主义的一般原理是正确的，但这些原理的实际运用"随时随地都要以当时的历史条件为转移"②。他们总是根据实践的变化和斗争的需要不断地丰富和发展自己的理论，并一再告诫人们，他们的理论不是教条，而是行动的指南。实践的本质属性使得科学社会主义理论由理论变为实践，理论由实践赋予活力，由实践来检验。实践给科学社会主义理论注入活力，使科学社会主义理论成为一种科学的历史观、革命观和发展观，使科学社会主义理论在新的社会历史时期能够在实践中不断地创新和发展。

综上所述，马克思创立的新的实践概念，是形成马克思主义理论三大主要组成部分特色内容的根基，是理解整体性马克思主义理论的出发点。实践是实践观的精髓和核心，随着科学的实践概念的创立，马克思主义的科学实践观同时宣告诞生。"科学的实践观是创立马克思主义的方法论基础。无论是唯物史观、剩余价值理论，还是科学社会主义原理，都是在科学的实践观的逐步确立、指导和影响下形成的。正是在科学的实践观关于社会生活的本质界定、关于实践的辩证理解启发下，马克思恩格斯才逐步地制定出社会存在概念，揭示了生产力和生产关系的辩证

---

① 《马克思恩格斯文集》第 1 卷，人民出版社，2009，第 539 页。
② 《马克思恩格斯文集》第 2 卷，人民出版社，2009，第 5 页。

关系；正是由于科学的实践观对劳动实践主体、过程和因素的透彻分析，使得他们从劳动中划分出抽象劳动，把劳动和劳动力区别开来，揭示了剩余价值的来源；也正是根据科学的实践观所揭示的实践的基本内容、特点和主要形式，马克思恩格斯阐发了关于人的解放和社会主义革命的相关原理。"① 只有从实践这一逻辑起点整体性出发，才能理解和说明马克思主义理论的整体性；只有在实践这一中心线索的基础上，才能理解和说明马克思主义三大主要组成部分各自的真切意蕴，才能在整体上理解和说明马克思主义理论三大主要组成部分相互渗透、相互论述、相互贯通、相互依存的关系，才能理解和说明它们在马克思主义理论整体中的地位作用及体系意义；也只有在实践这一逻辑中心线索的基础上，才能理解和说明马克思主义理论是水乳交融、"一块整钢"的"艺术的整体"。

第四节　马克思主义理论的整体性和层次性

建立在新的科学实践观基础之上的马克思主义理论是一个由马克思主义哲学、政治经济学和科学社会主义理论为主要组成部分的，具有内在逻辑联系的，层次分明的统一整体。这个理论整体具有科学性、实践性和价值性，逻辑严谨，思想深刻，充满学术气息。这个理论体系由马克思恩格斯创立和建构。在理论上，马克思主义理论既吸收了前人的文明成果，又站在时代的高度和实践的前列，超越了前人，超过了同时代的学者，用创新的、系统的、科学的理论回答了时代提出的问题，建构起了时代思想的高地和理论形态的丰碑，创立和建构起了世界工人阶级的世界观、方法论的理论体系。

一　马克思主义理论是整体性和层次性的统一

实践与马克思主义哲学、政治经济学和科学社会主义理论创立的内在关联性，生动地表明马克思主义理论是相互联系、相互论证、相互渗

---

① 郭大俊、吴思珺：《科学的实践观的形成与马克思主义理论的创立》，《理论学刊》2014 年第 3 期。

透和相互贯通、同时创立的统一整体。这意味着，马克思主义理论的内在本质，"马克思主义的全部精神，它的整个体系，要求人们对每一个原理都要（α）历史地，（β）都要同其他原理联系起来，（γ）都要同具体的历史经验联系起来加以考察"①。马克思主义理论就是这样一个与时代实践主题同步、与工人阶级这一实践主体同行、各个部分紧密相连并形成具有内在逻辑统一性的整体理论。"当然，马克思主义各个组成部分之间可以有相对独立性，可以成为专门研究的对象，却绝不能彼此割裂。其中任何一个部分都是整体的部分，具有总体规定的特性。一旦离开整体，丧失了马克思主义哲学和政治经济学的指导和论证，社会主义学说就只能是空想；如果经济学说不以唯物史观为指导、不以建设社会主义为总体目标，而是鼓吹私有化，那就不是马克思主义的政治经济学；同样，如果马克思主义哲学不与社会主义建设的实践相联系，不能发挥巩固和论证社会主义必然性的功能，脱离实际，那就是思辨哲学。马克思主义中的任何一个组成部分，都内在地包含着对其他部分内容的吸收、应用和论证。"②

马克思主义理论的整体性主要表现为内容和逻辑结构的整体性。它非常严密、十分科学，实现了深邃思想和精辟分析的高度统一。作为世界观和方法论的马克思主义哲学，它是对世界及其三大组成部分——自然、社会和思维——普遍本质和一般规律的认识。在马克思主义哲学视域中，人与世界的关系是以实践为中介、为纽带的。因此，人与世界的关系是实践主体与实践客体的关系。在这样的关系中，人与自然、人与社会、人与他人、人与自我等具体的关系也生成于实践。实践主体的实践活动是现实、对象、感性得以生成和存在的确证。千差万别、绚丽多姿的现实世界即现象界，可以视为实践主体的创造活动的产物。因此，自然进化、社会发展和认识进步，都能够在实践发展中寻求到答案。这样，马克思主义哲学便在唯物主义原则基础上将世界的各个组成部分、各个环节都打通了，从而建构起了唯物论与辩证法及唯物辩证的自然观、社会历史观和思维观相统一的彻底的唯物论，这也使得实践主体拥有了

---

① 《列宁专题文集——论马克思主义》，人民出版社，2009，第163页。
② 陈先达：《陈先达文集——马克思和马克思主义》，中国人民大学出版社，2006，第66～67页。

实践功能和改变世界的历史使命。

人们通常认为，辩证唯物主义是总论，而历史唯物主义只是关于人类社会普遍本质和一般规律的唯物主义。这种观点是不准确的。事实上，辩证唯物主义和历史唯物主义都是关于自然、社会和思维的总体看法。例如，关于世界的本质问题，马克思主义哲学对自然的普遍本质和一般规律的规定，既是辩证唯物主义的，又是历史唯物主义的，缺一个"主义"都不能完全理解和阐述马克思主义世界观把握自然界的真谛。马克思主义哲学是以实践主体的实践活动及其成果为依据的唯物论，马克思主义哲学可以表述为辩证（历史）唯物主义或历史（辩证）唯物主义。马克思主义政治经济学进一步将工人阶级在资本主义社会中的创造作用的理论系统化。马克思主义政治经济学将唯物史观的生产关系（"三要素""四环节"）理论具体化，生成了商品经济的一般理论。在此基础上，劳动价值论特别是剩余价值论，深刻揭示了资本主义社会财富的秘密，论证了工人阶级的历史使命及剥夺"剥夺者"斗争的必然性和合理性。科学社会主义理论是马克思主义理论的根本目的和归宿，论证了工人阶级建构共产主义社会的具体步骤和方略，描绘了共产主义社会发展的不同阶段及其一般原则，进一步将工人阶级获得解放的理论具体化和系统化。马克思主义理论整体就是这样，哲学、政治经济学和科学社会主义理论等内容相互渗透、相互论证，共同组成了一个统一整体。"运用唯物主义辩证法从根本上来修改整个政治经济学，把唯物主义辩证法运用于历史、自然科学、哲学以及工人阶级的政治和策略——这就是马克思和恩格斯最为关注的事情，这就是他们作出最重要、最新的贡献的领域，这就是他们在革命思想史上迈出的天才的一步。"①

与此同时，马克思主义理论又是分层次的。一般认为，马克思主义理论包括马克思主义哲学、政治经济学和科学社会主义理论三个主要组成部分。然而，这三个组成部分不是"板块结构"，不是并列的、同等层级的。马克思主义哲学及其概念逻辑是第一层级的理论，而政治经济学和科学社会主义理论及其概念逻辑属于第二层级的理论。正如毛泽东

---

① 《列宁专题文集——论辩证唯物主义和历史唯物主义》，人民出版社，2009，第335页。

所说，马克思主义有几门学问，但基础的东西是马克思主义哲学，这个东西没有学通，我们就没有共同的语言，没有共同的方法，扯了许多皮还扯不清楚，有了辩证唯物主义的思想就省了很多事，也少犯许多错误①。习近平指出："学习马克思主义经典著作，尤其要注意学习马克思主义哲学。哲学是人类的智慧之学。在马克思主义三个组成部分中，哲学是基础。掌握马克思主义哲学，是掌握马克思主义完整科学体系的重要前提。"② 由此可见，马克思主义理论的整体性是与层次性相结合的，其三大主要组成部分不是等量齐观的并列关系，而是分层的相互联系、相互依赖、相互渗透的"梯级"关系。其中，马克思主义哲学所蕴涵的世界观、方法论、历史观和价值观等具有普遍性，且成为人们认识世界、改变世界和推进马克思主义理论自身发展的基本方法和根本原则；政治经济学和科学社会主义理论的一般原理具有世界观、方法论的功能，但其中的某些具体历史课题研究的个别结论不具有普遍性。因此，马克思主义理论不是教条，不是"句句是真理"，也没有穷尽真理和垄断真理，而是为具体的、历史的、时代的实践课题的研究，留下了巨大的未来发展空间，为发现真理开辟了广阔的道路。"我们的理论是发展着的理论，而不是必须背得烂熟并机械地加以重复的教条。"③

综上所述，马克思主义理论是一个水乳交融、相互联系、与时俱进的完整科学体系。它以哲学理论为总纲，以政治经济学和科学社会主义理论为支撑；以哲学理论为世界观、方法论，以政治经济学和科学社会主义理论为分析内容，社会功能是为世界以工人阶级为主体的人民群众的实践活动提供世界观、方法论和基本方略的指导，价值指归是为世界工人阶级的解放进而为人类的彻底解放提供理论论证。

二　马克思主义理论的根本问题

马克思主义理论内容的整体性，突出表现在贯穿于其理论整体中的根

---

① 参见《毛泽东文集》第 6 卷，人民出版社，1999，第 396 页。

② 习近平：《认真学习马克思主义经典著作　不断推进中国特色社会主义事业——在中央党校春季学期第二批入学学员开学典礼上的讲话》，《人民日报》2011 年 5 月 14 日，第 1 版。

③ 《马克思恩格斯文集》第 10 卷，人民出版社，2009，第 562 页。

本问题上。在马克思主义理论各个组成部分的根本问题中，均贯通了实践精神，深刻而生动地揭示了实践与马克思主义理论整体性的内在关联性。

（一）马克思主义哲学的根本问题

作为科学的世界观、方法论的马克思主义哲学——辩证唯物主义和历史唯物主义，以人与世界的关系为其总体问题。从普遍本质和一般规律层面上讲的人与世界的关系，包括人与自然、人与社会、人与他人、人与自我等总体性关系问题，其中，"人类社会的实践本质和发展规律"问题是马克思主义哲学，进而是马克思主义理论的根本问题。

在马克思主义哲学视域中，人与世界的关系是以实践为中介、为纽带的。因此，人与世界之关系，即实践主体与实践客体的关系。在这样的关系中，人与自然、人与社会、人与他人、人与自我等具体的关系也生成于实践。"实践、感性活动，以及由此产生的人的其他活动，是理解人本身的存在和规定性、理解人的世界、理解人何以会成为现在这个样子、理解人的变易运动和进化发展的基础，是打开人的自我认识之迷的钥匙。"① 因此，人类发展、社会发展、认识发展与自然进化，都能够在实践发展中寻求到答案。这样，马克思主义哲学便在唯物主义原则的基础上将世界的各个组成部分、各个环节都打通了，实现了人与自然、人与社会、自然与社会、人与他人、人与自我的统一，从而使马克思主义哲学具有了唯物性、主体性、实践性、辩证性、历史性、人道性等特性，也具有了改变世界、规范世界的实践功能，也使得实践主体具有了实践功能和改变世界的历史使命。然而，实践总是一定实践主体的实践，实践主体的实践活动归根到底是在一定社会历史条件下进行的、创造一定社会历史的实践，是建立在对人类社会本质及其规律认识基础之上进行的实践（人与自然等关系的"形下"研究，主要体现在具体科学研究成果之中）。因此，人类发展、社会发展、认识发展、自然进化与实践发展，是历史地统一的社会进程。认识人类社会的实践本质和发展规律，成为马克思主义哲学的根本问题。这一根本问题是认识马克思主义哲学其他问题的基础。从这个意义上讲，论证人类社会的实践本质和发展规律是辩证唯物主义本体论和认识论、唯物辩证法的目的和归宿。

---

① 夏甄陶：《人是什么》，商务印书馆，2000，第8页。

（二）马克思主义政治经济学的根本问题

列宁说："马克思的全部理论，就是运用最彻底、最完整、最周密、内容最丰富的发展论去考察现代资本主义。自然，他也就要运用这个理论去考察资本主义的即将到来的崩溃和未来共产主义的未来的发展。"① 人类社会的实践本质和发展规律这一马克思主义理论的根本问题，体现在马克思主义政治经济学中，主要表现为资本主义社会的实践本质及其发展规律。资本主义社会的发展史实质上是工人阶级的实践史。资本主义生产是生产过程、价值形成过程和价值增殖过程的统一，剩余价值规律是资本主义的基本经济规律。工人阶级的劳动过程就是剩余价值的形成过程，也是资本主义社会财富的形成和增长过程。这一过程影响到资本主义社会的经济制度、政治制度和文化形态，决定着资本主义社会的形成、发展和演化，也决定着资本主义社会沿着既定方向——向着满足社会化大生产需要、容纳更多的社会财富的社会主义社会——进发的历史必然性。由此可见，马克思主义政治经济学，揭示了工人阶级对资本主义社会存在和发展的实践意义。"马克思、恩格斯关于政治经济学的研究对象和研究方法、政治经济学结构和体系、社会经济发展基本形态、商品经济一般规律和资本主义商品经济、劳动价值理论、剩余价值理论、资本主义积累一般规律和贫困化、资本的循环和周转、社会资本再生产和经济危机、资本主义的发展阶段和历史进程等等"② 内容，主要是围绕这一根本问题展开的。

（三）科学社会主义理论的根本问题

人类社会的实践本质和发展规律这一马克思主义理论的根本问题，体现在科学社会主义理论中，主要表现为作为主人的工人阶级创造社会主义社会的实践本质及其发展规律。作为马克思主义理论三个组成部分之一的科学社会主义理论，"主要是研究资本主义社会向社会主义社会转变的规律，以及社会主义建设和社会主义由低级阶段向高级阶段发展的规律"③。作为社会新生产力的代表，工人阶级的客观要求与社会发展规

---

① 《列宁专题文集——论马克思主义》，人民出版社，2009，第255页。
② 《实施马克思主义理论研究和建设工程》，《人民日报》2005年1月21日。
③ 《实施马克思主义理论研究和建设工程》，《人民日报》2005年1月21日。

律所指向的方向具有一致性，因此，工人阶级是推进社会形态变革的社会力量。工人阶级的解放意味着人民群众自己解放自己的历史的开始，意味着人类解放的开始。因此，人类社会的实践本质和规律，在工人阶级当家作主的社会主义社会发展时期就表现为工人阶级创造社会主义社会的实践活动及其过程。

总之，马克思主义理论以"人类社会的实践本质和发展规律"为根本问题。马克思主义哲学是世界观和方法论，从哲学的高度论证了世界的物质统一性，从而将唯物论的原则贯穿到了整个世界，特别是将人类社会历史发展及人类活动均纳入了唯物主义哲学范围。唯物史观的创立，揭示了社会生活的实践本质，发现了人类社会历史发展规律，论述了共产主义社会诞生的历史必然性，说明了人民群众是历史的创造者，回答了无产阶级和全人类解放的世界观和方法论问题。马克思主义政治经济学是解决无产阶级和全人类解放问题的基础理论。因为，经济是政治的基础，正因为资本主义社会内在的无法克服的经济矛盾——社会化大生产与生产资料资本主义私有制之间的矛盾，资本主义必将被社会主义所取代——资本主义社会的内在矛盾，决定了与先进生产力紧密联系在一起的工人阶级必将为从物的隶属关系中解放出来而奋斗。剩余价值论揭示了工人阶级剥夺"剥夺者"斗争的必然性和合理性。科学社会主义理论是马克思主义理论的根本目的和归宿。如何建立一个物质财富极大丰富、消费资料"按需分配"、社会关系高度和谐、人们精神境界极大提高、每个人自由而全面的发展、人类从必然王国向自由王国飞跃的共产主义社会，是科学社会主义理论的直接目的，同时也是马克思主义理论的根本目的。共产主义社会实际上是对人从对物的隶属关系中解放出来以后的社会是一个什么样的社会这一问题的回答。同时，科学社会主义理论也回答了谁来实现共产主义和如何实现共产主义社会的实践主体、实践方式、实践条件、实践路径等问题：工人阶级如何通过夺取国家政权，如何建设新型国家，最终实现全人类的解放？

三 马克思主义理论整体性的典型形态
——以《共产党宣言》为例

随着研究的深入，我国理论界越来越倾向于从整体上解读马克思主义理论的经典著作。例如，《关于费尔巴哈的提纲》《德意志意识形态》《共产党宣言》《反杜林论》《社会主义从空想到科学的发展》《资本论》① 等，这些具有标志性、里程碑意义的经典著作，都是将马克思主义理论的各个组成部分融会贯通的整体性著作②。特别是《共产党宣言》（以下简称《宣言》）在整体上宣示了马克思主义理论的诞生，生动地展示了其整体性和层次性的理论特色。

贯穿《宣言》的基本思想是："每一历史时代的经济生产以及必然由此产生的社会结构，是该时代政治的和精神的历史的基础；因此（从原始土地公有制解体以来）全部历史都是阶级斗争的历史，即社会发展各个阶段上被剥削阶级和剥削阶级之间、被统治阶级和统治阶级之间斗争的历史；而这个斗争现在已经达到这样一个阶段，即被剥削被压迫的阶级（无产阶级），如果不同时使整个社会永远摆脱剥削、压迫和阶级斗争，就不再能使自己从剥削它压迫它的那个阶级（资产阶级）下解放出来。"③ 这一贯穿《宣言》的基本思想，可以说是马克思主义理论整体性的浓缩而经典的展示。它把唯物史观的社会基本矛盾及其规律理论、政治经济学所揭示的经济关系理论以及科学社会主义理论所阐述的阶级关系理论，融为一体，从抽象到一般、到具体，层层推理，以哲学理论为世界观和方法论，以政治经济学和科学社会主义理论为分析内容，为世界工人阶级的解放进而为人类的彻底解放提供理论论证。

首先，确立社会基本矛盾及其规律理论为分析的世界观和方法论。《宣言》开宗明义地指出，原始共产主义社会解体以后的有文字记载的历史是阶级斗争的历史④。"从封建社会的灭亡中产生出来的现代资产阶级社会并没有消灭阶级对立。它只是用新的阶级、新的压迫条件、新的斗争形式代替了旧的。"⑤ 由此可见，资本主义社会也是这样。在资本主义社会里，阶级斗争表现为"两大相互直接对立的阶级：资产阶级和无

---

① 参见张雷声《〈资本论〉与马克思主义理论的整体性》，《马克思主义研究》2010 年第 2 期。
② 马克思恩格斯的其他著作如《1844 年经济学哲学手稿》《神圣家族》《哲学的贫困》等，都是将哲学、政治经济学及社会主义内容整体论述的。
③ 《马克思恩格斯文集》第 2 卷，人民出版社，2009，第 9 页。
④ 参见《马克思恩格斯文集》第 2 卷，人民出版社，2009，第 31 页。
⑤ 《马克思恩格斯文集》第 2 卷，人民出版社，2009，第 32 页。

产阶级"之间的矛盾。

　　什么是资产阶级？什么是无产阶级？恩格斯在 1888 年英文版上加了一个注释：资产阶级是指占有社会生产资料并使用雇佣劳动的现代资本家阶级。无产阶级是指没有自己的生产资料，因而不得不靠出卖劳动力来维持生活的现代雇佣工人阶级①。资产阶级赖以生存的生产资料和交换手段，是在封建社会里形成的。"现代资产阶级本身是一个长期发展过程的产物，是生产方式和交换方式的一系列变革的产物。"② 随着生产力的发展，"封建的所有制关系，就不再适应已经发展的生产力了"。资产阶级取代封建阶级，建立起了"自由竞争以及与自由竞争相适应的社会制度和政治制度、资产阶级的经济统治和政治统治"③。

　　资产阶级在历史上曾经起过革命性的作用。"资产阶级在它的不到一百年的阶级统治中所创造的生产力，比过去一切世代创造的全部生产力还要多，还要大。"④ 在经济、政治、文化，生产力、生产关系乃至社会面貌、人们的思想观念、科学技术、世界历史等方面，资产阶级都全方位地推进了人类社会的发展。但是，我们应辩证地看待历史的发展。"现在，我们眼前又进行着类似的运动。资产阶级的生产关系和交换关系，资产阶级的所有制关系，这个曾经仿佛用法术创造了如此庞大的生产资料和交换手段的现代资产阶级社会，现在像一个魔法师一样不能再支配自己用法术呼唤出来的魔鬼了。……社会所拥有的生产力已经不能再促进资产阶级文明和资产阶级所有制关系的发展；相反，生产力已经强大到这种关系所不能适应的地步，它已经受到这种关系的阻碍；而它一着手克服这种障碍，就使整个资产阶级社会陷入混乱，就使资产阶级所有制的存在受到威胁。资产阶级的关系已经太狭窄了，再容纳不了它本身所造成的财富了。……资产阶级用来推翻封建制度的武器，现在却对准资产阶级自己了。"⑤ "资产阶级不仅锻造了置自身于死地的武器；它还产生了将要运用这种武器的人——现代的工人，即无产者。"⑥

---

① 参见《马克思恩格斯文集》第 2 卷，人民出版社，2009，第 31 页。
② 《马克思恩格斯文集》第 2 卷，人民出版社，2009，第 33 页。
③ 参见《马克思恩格斯文集》第 2 卷，人民出版社，2009，第 36 ~ 37 页。
④ 《马克思恩格斯文集》第 2 卷，人民出版社，2009，第 36 页。
⑤ 《马克思恩格斯文集》第 2 卷，人民出版社，2009，第 37 页。
⑥ 《马克思恩格斯文集》第 2 卷，人民出版社，2009，第 38 页。

总之，《宣言》创造了人类思想史上崭新的思维方式，它将人类社会演进发展的动力归结为客观的物质原因及其矛盾运动，认为社会生产力与生产关系、经济基础与上层建筑是人类社会的基本矛盾，经济建筑决定上层建筑、生产力决定生产关系，从而找到了推动人类社会发展的最终动力——社会生产力。社会生产力总是通过一定社会成员的特性来体现并实现的。因此，社会生产力的代表是人类社会发展根本动力的"活"的因素和现实承担者，是人类社会新形态的建立者。正如在人类社会基本矛盾规律的作用下，在奴隶社会末期，先进生产力的代表——封建地主阶级建立了封建社会；封建社会末期，先进生产力的代表——资产阶级建立了资本主义社会那样，资本主义社会本身必将为更高的共产主义社会所取代。因为，在资本主义社会里，先进生产力的代表是工人阶级。现代工人阶级是社会化大生产的产物，社会化大生产客观上要求社会占有生产资料，要求社会对生产过程实现计划调控，也要求社会占有和分配劳动产品。这一切客观需要都要求现代工人阶级登上历史舞台，成为社会的统治阶级，建立"共产主义"社会，实现人类的彻底解放。"《共产主义宣言》的任务，是宣告现代资产阶级所有制必然灭亡。"① 《宣言》在深刻研究和论述整个人类社会产生发展的过程与规律，阐明一切社会形态都是历史的暂时形式的基础上，进一步论证了资本主义社会本身必将为更高的共产主义社会所取代的历史必然性。从这个意义上讲，《宣言》阐述了社会基本矛盾及其规律理论，并运用这些理论分析了人类社会的具体表现形态及其运行历程，是唯物史观诞生的标志，是马克思主义哲学的典型形态。

其次，用社会基本矛盾及其规律理论分析资本主义社会的经济关系。事实上，马克思主义社会基本矛盾及其规律理论既是哲学原理，也是政治经济学原理。马克思恩格斯结合生产力的现实状况，将生产关系的基本原理运用于对资本主义社会的经济关系分析，从而得出雇佣劳动者是资本主义社会财富创造者的基本结论。《宣言》说："资产阶级生存和统治的根本条件，是财富在私人手里的积累，是资本的形成和增殖；资本

---

① 《马克思恩格斯文集》第 2 卷，人民出版社，2009，第 8 页。

的条件是雇佣劳动。"①"一旦没有资本，也就不再有雇佣劳动了。"② 在资本主义雇佣劳动制形成的经济关系中，资本家占有资本（其实物形态主要为生产资料），从而在生产过程中居于支配和管理地位，其分配方式为资本所"带来的"剩余价值。

那么，无产阶级在资本主义社会的生产关系中居于什么样的地位？有怎样的历史使命？《宣言》说："随着资产阶级即资本的发展，无产阶级即现代工人阶级也在同一程度上得到发展；现代的工人只有当他们找到工作的时候才能生存，而且只有当他们的劳动增殖资本的时候才能找到工作。……由于推广机器和分工，无产者的劳动已经失去了任何独立的性质，因而对工人也失去了任何吸引力。工人变成了机器的单纯的附属品，要求他做的只是极其简单、极其单调和极容易学会的操作。因此，花在工人身上的费用，几乎只限于维持工人生活和延续工人后代所必需的生活资料。但是，商品的价格，从而劳动③的价格，是同它的生费用相等的。"④"难道雇佣劳动、无产者的劳动，会给无产者创造出财产来吗？没有的事。这种劳动所创造的是资本，即剥削雇佣劳动的财产，只有在不断产生出新的雇佣劳动来重新加以剥削的条件下才能增殖的财产。现今的这种财产是在资本和雇佣劳动的对立中运动的。"⑤"雇佣劳动的平均价格是最低限度的工资，即工人为维持其工人的生活所必需的生活资料的数额。因此，雇佣工人靠自己的劳动所占有的东西，只够勉强维持他的生命的再生产。……在这种占有下，工人仅仅为增殖资本而活着，只有在统治阶级的利益需要他活着的时候才能活着。在资产阶级社会里，活的劳动只是增殖已经积累起来的劳动的一种手段。"⑥

总之，在资本主义雇佣劳动制及社会化大生产条件下，现代的工人阶级不占有任何生产资料，他们要想生存，就必须出卖劳动力。因此，在雇佣劳动制中，无产阶级处在被雇佣、被统治、被剥削的境地。他们

---

① 《马克思恩格斯文集》第 2 卷，人民出版社，2009，第 43 页。
② 《马克思恩格斯文集》第 2 卷，人民出版社，2009，第 48 页。
③ 这里的劳动，实际上是劳动力。《马克思恩格斯文集》第 2 卷，人民出版社，2009，第 706 页，注释 36。
④ 《马克思恩格斯文集》第 2 卷，人民出版社，2009，第 38 页。
⑤ 《马克思恩格斯文集》第 2 卷，人民出版社，2009，第 45～46 页。
⑥ 《马克思恩格斯文集》第 2 卷，人民出版社，2009，第 46 页。

在生产劳动过程中居于被统治、被支配的位置，其分配方式——工资表现为劳动力商品的价值（即 v，其货币形式为价格）。于是，"现代的工人只有当他们找到工作的时候才能生存"[①]；作为特殊的商品，劳动力商品的使用价值——劳动能够创造新价值，在必要劳动时间内创造相当于自身价值的价值（v），在剩余劳动时间内创造剩余价值（m）。这意味着："只有当他们的劳动增殖资本的时候才能找到工作。"[②] 劳动力商品的价值同样是由社会必要劳动时间决定的："花在工人身上的费用，几乎只限于维持工人生活和延续工人后代所必需的生活资料。"[③] "雇佣劳动的平均价格是最低限度的工资，即工人为维持其工人的生活所必需的生活资料的数额。"[④] 由此可见，生产剩余价值是资本主义经济关系的轴心。与此同时，剩余价值资本化、雇佣工人的活劳动所创造的剩余价值还是资本主义扩大再生产的源泉。因此，显而易见的事实是，在资产阶级社会里，雇佣工人的活劳动只是增殖资本的一种手段，雇佣劳动者是资本主义社会财富的创造者。从这个意义上讲，《宣言》揭示了资本主义社会基本矛盾运行的基本规律，是政治经济学理论诞生的标志。

最后，用社会基本矛盾及其规律理论分析资本主义社会的阶级关系。社会基本矛盾在资本主义社会里特殊地表现为资产阶级与无产阶级的矛盾；建立在生产资料资本主义私有制基础之上的阶级矛盾，具有不可调和的对立性。这种不可调和的阶级矛盾，必然引起无产阶级的斗争，斗争的结果必然是无产阶级的独立解放。那么，无产阶级如何顺应历史规律，登上历史舞台，获得独立解放呢？

《宣言》指出，一是要组织成为阶级[⑤]。"随着工业的发展，无产阶级不仅人数增加了，而且结合成更大的集体，它的力量日益增长，而且它越来越感觉到自己的力量。"[⑥] 无产阶级要作为一个阶级整体统一行动，才能显示出整体的阶级力量。

---

① 《马克思恩格斯文集》第 2 卷，人民出版社，2009，第 38 页。
② 《马克思恩格斯文集》第 2 卷，人民出版社，2009，第 38 页。
③ 《马克思恩格斯文集》第 2 卷，人民出版社，2009，第 38 页。
④ 《马克思恩格斯文集》第 2 卷，人民出版社，2009，第 46 页。
⑤ 参见《马克思恩格斯文集》第 2 卷，人民出版社，2009，第 40 页。
⑥ 《马克思恩格斯文集》第 2 卷，人民出版社，2009，第 40 页。

　　二是要组织成为政党①。无产阶级整体的阶级力量，要由其先进分子所组成的政党——共产党来领导的。共产党由无产阶级中最坚决、最先进的分子组成，始终站在工人运动的最前列；共产党代表整个无产阶级的利益；共产党的最近目的是提高无产阶级觉悟，推翻资产阶级统治，夺取政权，使无产阶级上升为统治阶级，消灭私有制；共产党坚持无产阶级国际主义原则，其最终的目的是实现共产主义。《宣言》首次提出的无产阶级政党总的策略原则是："共产党人为工人阶级的最近的目的和利益而斗争，但是他们在当前的运动中同时代表运动的未来。"② 作为工人阶级政党的党纲，《宣言》详细地阐明了党的理论和实践的主张，论述了党的经济纲领、政治纲领和文化纲领，把现代工人阶级的斗争解放要求，用崭新的思想观念表现出来。

　　三是废除全部现存的占有方式。《宣言》昭示天下："无产者只有废除自己的现存的占有方式，从而废除全部现存的占有方式，才能取得社会生产力。"③ 现代工人阶级必须赢得独立的人格，废除自己对自身"劳动生产力"的占有，从而废除资本所有者对劳动力所有者的支配和占有，解除人身对资本的依附关系，从而废除一切现存的占有方式，摧毁至今保护和保障私有财产的一切，建立一个适应社会化大生产需要的新型社会，占有现成的社会生产力，更好地解放和发展社会生产力，建立一个为绝大多数人服务的社会。

　　四是实行暴力革命。《宣言》指出："随着大工业的发展，资产阶级赖以生产和占有产品的基础本身也就从它的脚下被挖掉了。它首先生产的是它自身的掘墓人。资产阶级的灭亡和无产阶级的胜利是同样不可避免的。"④ "无产阶级经历了各个不同的发展阶段。它反对资产阶级的斗争是和它的存在同时开始的。"⑤ "如果不就内容而就形式来说，无产阶级反对资产阶级的斗争首先是一国范围内的斗争。每一个国家的无产阶级当然首先应该打倒本国的资产阶级。叙述无产阶级发展的最一般的阶

① 参见《马克思恩格斯文集》第2卷，人民出版社，2009，第40页。
② 《马克思恩格斯文集》第2卷，人民出版社，2009，第65页。
③ 《马克思恩格斯文集》第2卷，人民出版社，2009，第42页。
④ 《马克思恩格斯文集》第2卷，人民出版社，2009，第43页。
⑤ 《马克思恩格斯文集》第2卷，人民出版社，2009，第39页。

段的时候，我们循序探讨了现存社会内部或多或少隐蔽着的国内战争，直到这个战争爆发为公开的革命，无产阶级用暴力推翻资产阶级而建立自己的统治。"① "现今社会的最下层，如果不炸毁构成官方社会的整个上层，就不能抬起头来，挺起胸来。"③ 由此可见，暴力革命是无产阶级赢得独立解放、上升为统治阶级的基本道路。《宣言》旗帜鲜明地向全世界宣告："共产党人不屑于隐瞒自己的观点和意图。他们公开宣布：他们的目的只有用暴力推翻全部现存的社会制度才能达到。让统治阶级在共产主义革命面前发抖吧。无产者在这个革命中失去的只是锁链。他们获得的将是整个世界。"②

五是建立生产资料公有制，赢得经济上的独立自主。《宣言》指出："无产阶级将利用自己的政治统治，一步一步地夺取资产阶级的全部资本，把一切生产工具集中在国家即组织成为统治阶级的无产阶级手里，并且尽可能快地增加生产力的总量。"③ 在大力发展生产力的同时，建构生产资料公有制。"资本不是一种个人力量，而是一种社会力量。" "因此，把资本变为公共的、属于社会全体成员的财产，这并不是把个人财产变为社会财产。这里所改变的只是财产的社会性质。它将失掉它的阶级性质。"④ 共产主义及社会主义社会为实现工人阶级的独立解放创造了条件，这就是生产资料的公有制。生产资料公有制实现了人对物的占有关系的平等性，从而为形成人们之间的平等关系并为实现人与自然之间的和谐关系提供了物质基础。人对人的剥削一消灭，民族对民族的剥削就会随之消灭。民族内部的阶级对立关系一消失，民族之间的敌对关系就会随之消失。工人阶级只有首先在国内赢得独立，获得解放，才能使世界各民族工人阶级赢得独立，获得解放；工人阶级只有赢得经济、政治和文化上的独立，在完全掌握了自己的历史命运的时候，才能真正成为社会的主人。

六是建构无产阶级的意识形态，赢得精神上和文化上的独立自主。社会存在决定社会意识。"人们的观念、观点和概念，一句话，人们的意

---

① 《马克思恩格斯文集》第2卷，人民出版社，2009，第43页。
② 《马克思恩格斯文集》第2卷，人民出版社，2009，第66页。
③ 《马克思恩格斯文集》第2卷，人民出版社，2009，第52页。
④ 《马克思恩格斯文集》第2卷，人民出版社，2009，第46页。

识，随着人们的生活条件、人们的社会关系、人们的社会存在的改变而改变……任何一个时代的统治思想始终都不过是统治阶级的思想。"①《宣言》提出了精神生产随着物质生产的改造而改造的理论，认为："共产主义革命就是同传统的所有制关系实行最彻底的决裂；毫不奇怪，它在自己的发展进程中要同传统的观念实行最彻底的决裂。"②

七是为实现"自由人的联合体"而奋斗。工人阶级的彻底解放进而实现人类的彻底解放是未来的共产主义社会必须解决的历史任务。那时的国家将失去政治性质，即不再是阶级压迫与统治的暴力工具；阶级社会的政治组织将为"自由人联合体"所取代。未来的共产主义社会是自由人的联合体，在那里，每个人的自由发展是一切人的自由发展的条件。由这样的人组成的社会就是自由人的联合体。在这样的社会里，每个人既是自己生存和发展的前提，又是他人生存和发展的前提。自由人的联合体，既由掌握了自我命运的自由人所组成，又为"自由人"的生存和发展创造了条件。"全世界无产者，联合起来！"③

综上所述，《宣言》在社会基本矛盾及其规律理论和资本主义社会经济矛盾及其运行规律的基础上，阐述了工人阶级如何实现其历史使命、获得独立解放的理论。从这个意义上讲，《宣言》是马克思主义理论整体诞生的标志。

---

① 《马克思恩格斯文集》第 2 卷，人民出版社，2009，第 50～51 页。
② 《马克思恩格斯文集》第 2 卷，人民出版社，2009，第 52 页。
③ 《马克思恩格斯文集》第 2 卷，人民出版社，2009，第 66 页。

第四章　实践与马克思主义理论整体的创立（二）

　　"人类社会的实践本质和发展规律"问题是马克思主义哲学的根本问题。论证世界的本质和规律、人类认识世界改造世界的方法等内容，都是以这一根本问题为目的和归宿的。历史唯物主义理论直接论述了"人类社会的实践本质和发展规律"问题。从这个意义上讲，历史唯物主义及其理论是马克思主义哲学的目的和归宿。

　　马克思主义理论整体创立的显著标志之一，是历史唯物主义（即唯物史观）①的创立。历史唯物主义的创立并非偶然，它与马克思主义理论整体一样，是特定时代实践和时代需要的产物。正如梅林在《论历史唯物主义》中所言："唯物主义历史观也服从于它自己所制定的那个历史运动规律。它是历史发展的产物。"② 历史唯物主义的形成经历了一个过程。19 世纪 40 年代初，马克思恩格斯通过对哲学、政治经济学、社会生活和经济事实的深入研究，亲自参加当时的社会实践，通过批判地继承前人的理论成果，迈开了创立唯物史观的历史步伐。1845 年 9 月至 1846 年 5 月，他们在合著的《德意志意识形态》中第一次对唯物史观做了系统的阐述。1847 年马克思独著的《哲学的贫困》和 1848 年与恩格斯合著的《共产党宣言》，首次将唯物史观公之于世。此后，它又在马克思恩格斯长期的革命实践与理论研究中不断发展和完善。那么，实践与历史唯物主义的创立有怎样的内在关联性？

---

① 人们习惯将历史唯物主义、唯物史观、唯物主义历史观等称谓相同使用。为了论述便利，本书也取这样的表述。仔细厘定，它们有一定的差异。参见张奎良《关于唯物史观与历史唯物主义的概念辨析》，《哲学研究》2011 年第 2 期；张奎良：《唯物史观与历史唯物主义的生成和特点》，《马克思主义与现实》2012 年第 2 期。

② 〔德〕梅林：《保卫马克思主义》，吉洪译，人民出版社，1982，第 3 页。

第一节　时代实践主题的凸显与唯物史观的创立

"正像达尔文发现有机界的发展规律一样，马克思发现了人类历史的发展规律"①，即唯物史观。以机器大工业取代工场手工业的社会化大生产实践和无产阶级反对资产阶级的政治斗争为核心的时代实践主题的凸显，为唯物史观的发现提供了社会历史启示。基于这一启示，马克思恩格斯从"当前的"事实出发，亲自参加社会实践，并通过批判地继承前人的思想，"把社会关系归结于生产关系，把生产关系归结于生产力的水平"，"把社会形态的发展看做自然历史过程"②，创立了唯物主义历史观。

一　唯物史观创立的生产实践基础

唯物史观的创立是时代条件发展的必然结果。19 世纪 30～40 年代，以机器大工业为代表的社会化大生产实践和以工人阶级的解放为核心的政治实践在西欧的兴起，直接构成了唯物史观创立的社会历史条件。

英国产业革命的完成标志着以机器大工业为主体的工厂制度对以手工业技术为基础的工场手工业的代替。产业革命创造的巨大生产力对西欧社会的发展产生了颠覆性的影响，并迅速辐射到其他资本主义国家乃至整个世界。产业革命代表着一种新的实践形式，其本身及其影响为唯物史观的创立提供了物质基础条件。

第一，产业革命推动了资本主义社会生产力的迅猛发展，带动了社会关系的急剧变化，使人们能够比较容易地看到任何社会制度都不是永恒的，而是发展变化的。产业革命是变革封建制度的强大物质力量，它把"一切封建的、宗法的和田园诗般的关系都破坏了"③。"一切固定的

---

① 《马克思恩格斯文集》第 3 卷，人民出版社，2009，第 601 页。
② 《列宁专题文集论——论辩证唯物主义和历史唯物主义》，人民出版社，2009，第 161 页。
③ 《马克思恩格斯文集》第 2 卷，人民出版社，2009，第 33～34 页。

僵化的关系以及与之相适应的素被尊崇的观念和见解都被消除了，一切新形成的关系等不到固定下来就陈旧了。一切等级的和固定的东西都烟消云散了，一切神圣的东西都被亵渎了。"①　由于英国产业革命的驱动，机器大工业作为一种革命性的物质力量迅速席卷西欧。旧的、落后的封建制度成为束缚生产力发展的严重障碍。代表先进生产力发展要求的资产阶级强烈要求推翻这一落后的社会制度，建立资产阶级国家政权。这样，资本主义取代封建社会就成为时代发展的趋势、历史发展的必然。而资本主义社会本身也是处于不断地发展变化之中的。"资产阶级除非对生产工具，从而对生产关系，从而对全部社会关系不断地进行革命，否则就不能生存下去。"②　所以，资本主义也不是永恒的，只能"从它的暂时性方面去理解"③。由此来看，产业革命的社会革命作用，彻底打破了过去社会制度"凝固不变"的历史僵局。

第二，只有在资本主义社会化大生产的条件下，人们才能够比较容易地看到社会发展与社会形态更替的根本动因是物质生产力。在产业革命以前，由于人类社会发展的总体进程相当缓慢，致使人们无法看到物质生产在社会发展中的决定作用，往往局限于从精神、上帝等领域寻找社会发展的原动力。人类社会发展至资本主义社会化大生产阶段之后，生产力的迅猛发展引发社会关系的全面变革，生产力对社会发展的决定作用凸显出来，使人们能够比较容易、清晰地看到物质生产在推动社会历史发展中的决定性作用。对此，马克思恩格斯指出："资产阶级在它的不到一百年的阶级统治中所创造的生产力，比过去一切世代创造的全部生产力还要多，还要大。"④　"封建社会的生产和交换在其中进行的关系，封建的农业和工场手工业组织，一句话，封建的所有制关系，就不再适应已经发展的生产力了。这种关系已经在阻碍生产而不是促进生产了。它变成了束缚生产的桎梏。它必须被炸毁，它已经被炸毁了。"⑤　"由于一切生产工具的迅速改进，由于交通的极其便利，把一切民族甚至最野

---

①　《马克思恩格斯文集》第 2 卷，人民出版社，2009，第 34 ~ 35 页。
②　《马克思恩格斯文集》第 2 卷，人民出版社，2009，第 34 页。
③　《马克思恩格斯文集》第 5 卷，人民出版社，2009，第 22 页。
④　《马克思恩格斯文集》第 2 卷，人民出版社，2009，第 36 页。
⑤　《马克思恩格斯文集》第 2 卷，人民出版社，2009，第 36 页。

蛮的民族都卷到文明中来了。"① "它创立了巨大的城市，使城市人口比
农村人口大大增加起来，因而使很大一部分居民脱离了农村生活的愚昧
状态。正像它使农村从属于城市一样，它使未开化和半开化的国家从属
于文明的国家，使农民的民族从属于资产阶级的民族，使东方从属于西
方。"② 可见，产业革命带来的生产力的巨大飞跃和生产力飞跃带来的整
个西方社会的革命性变革，使人们较容易看出物质生产在社会历史发展
中是起决定作用的。

　　第三，在资本主义社会化大生产的影响下，经济关系对国家、政治、
法律等上层建筑的决定作用由"隐性"转为"显性"。在奴隶社会和封
建社会中，近乎停滞的社会发展速度使人们无法从现实的物质生产中发
现经济关系与上层建筑的直接联系。当人类社会发展至资本主义机器大
生产阶段之后，资产阶级日甚一日地消灭生产资料、财产的分散状态，
把生产资料集中起来，使财产聚集在少数人手里，"由此必然产生的结果
就是政治的集中。各自独立的、几乎只有同盟关系的、各有不同利益、
不同法律、不同政府、不同关税的各个地区，现在已经结合为一个拥有
统一的政府、统一的法律、统一的民族阶级利益和统一的关税的统一的
民族。"③ 并且由于资产阶级开拓了世界市场，使"各民族的精神产品成
了公共的财产。民族的片面性和局限性日益成为不可能，于是由许多种
民族的和地方的文学形成了一种世界的文学"④。换言之，人类社会发展
至资本主义时期，由于社会化大生产的影响，生产资料的集中直接带来
了政治的集中，经济的全球影响直接带来了文化的世界化，经济基础对
上层建筑的决定性影响开始充分暴露出来。

二　在时代实践中全面探索唯物史观

　　马克思恩格斯完成世界观的彻底转变后，基于时代实践，开始全面
探索唯物史观。这一时期，他们的研究视角和研究重心有了新的转移。

---

① 《马克思恩格斯文集》第2卷，人民出版社，2009，第35页。
② 《马克思恩格斯文集》第2卷，人民出版社，2009，第36页。
③ 《马克思恩格斯文集》第2卷，人民出版社，2009，第36页。
④ "文学"一词德文是"Literatur"，这里泛指科学、艺术、哲学、政治等方面的著作。参
　见《马克思恩格斯文集》第2卷，人民出版社，2009，第35页。

一开始从哲学和历史的角度研究现实问题的马克思开始转向政治经济学领域的研究，最初倾向于从政治经济学研究问题的恩格斯则慢慢开始了对哲学问题的研究。这一阶段的主要理论成果有《1844年经济学哲学手稿》（以下简称《手稿》）和《神圣家族》。这两本著作对唯物史观的一些基本原理、重要范畴做了多方面的探讨和阐述。

受《德法年鉴》刊载的恩格斯的《国民经济学批判大纲》的影响，马克思意识到，要了解资本主义经济发展的规律，就必须深入研究政治经济学。在1844年3~8月，马克思研究了萨伊的《论政治经济学》、斯密的《国民财富的性质和原因的研究》、麦克库洛赫的《论政治经济学的起源、发展、特殊对象和重要性》等著作，写成了《1844年经济学哲学手稿》。这是马克思第一次尝试对资本主义经济制度和资产阶级政治经济学进行考察而取得的理论成果。它的理论价值在于，为马克思正在探索的唯物史观和共产主义理论提供了经济学论证。

异化劳动理论是《1844年经济学哲学手稿》的重要内容之一。马克思通过对异化劳动进行分析，揭露了资本主义社会异化劳动的实质，并论证了共产主义将消除异化，最终得出共产主义必然取代资本主义的结论。马克思将德国古典哲学中广泛使用的异化概念同私有制的统治及其社会制度结合起来，提出了"异化劳动"范畴。他分析了异化劳动的四个基本特征。其一，劳动产品和劳动者相异化。"工人生产的财富越多，他的生产的影响和规模越大，他就越贫穷。工人创造的商品越多，他就越变成廉价的商品。物的世界的增值同人的世界的贬值成正比。劳动生产的不仅是商品，它还生产作为商品的劳动自身和工人，而且是按它一般生产商品的比例生产的。"[1] 其二，劳动本身和劳动者相异化。由于生产资料的私人占有，"工人的活动也不是他的自主活动。他的活动属于别人，这种活动是他自身的丧失"[2]。工人在自己的劳动中不是自由地发挥自己的体力和智力，而是使自己的肉体受折磨、精神遭摧残。其三，人同自己的类本质相异化。异化劳动使劳动变成了仅仅维持人生理存续的手段，人的意识性、能动性、创造性在劳动中并没有体现出来。"异化劳

---

[1] 《马克思恩格斯文集》第1卷，人民出版社，2009，第156页。

[2] 《马克思恩格斯文集》第1卷，人民出版社，2009，第160页。

动把自主活动、自由活动贬低为手段，也就把人的类生活变成维持人的肉体生存的手段"①，因而人与动物的本能生存无异。其四，人与人相异化。在异化劳动条件下，每个人都按照他自己作为工人所具有的那种尺度和关系来观察他人，因而每个人都同人的本质相异化。"通过异化的、外化的劳动，工人生产出一个同劳动疏远的、站在劳动之外的人对这个劳动的关系。工人对劳动的关系，生产出资本家——或者不管人们给劳动的主宰起个什么别的名字——对这个劳动的关系。"② 与此同时，资本家阶级也"同样表现了人的自我异化。但是，有产阶级在这种自我异化中感到幸福，感到自己被确证，它认为异化是它自己的力量所在，并在异化中获得人的生存的外观。而无产阶级在异化中则感到自己是被消灭的，并在其中看到自己的无力和非人的生存的现实"③。

马克思认为，私有财产是一切异化、异化劳动的根源，要克服异化就必须扬弃私有财产。马克思把克服异化、扬弃私有财产同工人阶级的历史使命和实现共产主义统一起来。他指出："社会从私有财产等等解放出来、从奴役制解放出来，是通过工人解放这种政治形式来表现的，这并不是因为这里涉及的仅仅是工人的解放，而是因为工人的解放还包含普遍的人的解放。"④ 社会的解放与人的解放依赖于无产阶级的解放。无产阶级解放的社会目标是实现共产主义。马克思指出，共产主义是对私有财产即人的自我异化的积极的扬弃，因而是通过人并且为了人而对人的本质的真正占有；因此，它是人向自身、向社会的即合乎人性的人的复归，这种复归是完全的，自觉的和在以往发展的全部财富的范围内实现的。这种共产主义，作为完成了的自然主义，等于人道主义，而作为完成了的人道主义，等于自然主义，它是人和自然界之间、人和人之间的矛盾的真正解决，是存在和本质、对象化和自我确证、自由和必然、个体和类之间的斗争的真正解决⑤。可见，马克思已从无产阶级消除人的异化的视角论证了实现共产主义的历史必然性。

---

① 《马克思恩格斯文集》第 1 卷，人民出版社，2009，第 163 页。
② 《马克思恩格斯文集》第 1 卷，人民出版社，2009，第 166 页。
③ 《马克思恩格斯文集》第 1 卷，人民出版社，2009，第 261 页。
④ 《马克思恩格斯文集》第 1 卷，人民出版社，2009，第 167 页。
⑤ 参见《马克思恩格斯文集》第 1 卷，人民出版社，2009，第 185 页。

此外，在《1844 年经济学哲学手稿》中，马克思首次阐述了物质生产在社会生活中起决定作用的唯物史观思想，这为他科学地说明社会存在决定社会意识，揭示社会形态及其发展规律提供了重要的理论支撑。他指出："宗教、家庭、国家、法、道德、科学、艺术等等，都不过是生产的一些特殊的方式，并且受生产的普遍规律的支配。因此，对私有财产的积极的扬弃，作为对人的生命的占有，是对一切异化的积极的扬弃，从而是人从宗教、家庭、国家等等向自己的合乎人性的存在即社会的存在的复归。"① 马克思把国家、法律、道德、艺术、宗教等上层建筑看成"受生产的普遍规律的支配"② 的、从属于生产的"一些特殊的方式"③，表明他已看到物质生产在社会生活中的决定作用，或者说他对物质生产本身的认识有了全新的突破。

总而言之，在《1844 年经济学哲学手稿》中，马克思将政治经济学、哲学和社会主义理论的内容相结合，从劳动发展史中寻找理解全部社会发展史的尝试取得了重要进展。尽管这部手稿还不属于成熟的马克思主义著作，其中还保留着旧哲学特别是费尔巴哈人本主义的痕迹，但仍不失为马克思探索唯物史观理论的重要文献之一。

1844 年 9～11 月，马克思与恩格斯合著了《神圣家族》，这是他们合著的第一部著作。《神圣家族》进一步发展了马克思在《1844 年经济学哲学手稿》中所阐述的唯物史观思想，也表明他们进入了创立唯物史观的新时期。该书是马克思恩格斯为了批判青年黑格尔派鲍威尔兄弟的自我意识哲学而撰写的。但最为重要的是，他们在批判的过程中已辩证地解决了历史观的基本问题。

在《神圣家族》中，马克思恩格斯第一次提出了"生产方式"④ 概念，阐明了物质生产是人类历史发源地的思想。鲍威尔认为，自我意识是历史发展的动力，历史是自我意识的创造物和表现，因而历史的发展与"某一历史时期的工业，即生活本身的直接的生产方式"⑤、"自然科

---

① 《马克思恩格斯文集》第 1 卷，人民出版社，2009，第 186 页。
② 《马克思恩格斯文集》第 1 卷，人民出版社，2009，第 186 页。
③ 《马克思恩格斯文集》第 1 卷，人民出版社，2009，第 186 页。
④ 《马克思恩格斯文集》第 1 卷，人民出版社，2009，第 350 页。
⑤ 参见《马克思恩格斯文集》第 1 卷，人民出版社，2009，第 350 页。

学"无关，仅仅是人的自我意识的外在实现而已。对此，马克思恩格斯批判道，思想一旦离开物质利益，就一定会使自己出丑①；历史的诞生地不是"天上的迷蒙的云兴雾聚之处"，而是在"地上的粗糙的物质生产"之中②。这就是说，物质生产支配着人类历史的发展，一定社会的思想上层建筑受该社会的经济关系的制约。而以鲍威尔为代表的青年黑格尔派则完全颠倒了物质生产与自我意识在社会发展中的关系，他们无限夸大自我意识在历史发展中的作用，最终无可避免地陷入了唯心史观。此外，马克思恩格斯还进一步批判了青年黑格尔派的英雄史观，论证了人民群众是历史的主体和创造者的思想。他们提出："历史活动是群众的活动，随着历史活动的深入，必将是群众队伍的扩大。"③ 由上述思想来看，在一定程度上，《神圣家族》体现了社会存在决定社会意识的精神，解决了唯物史观的基本理论问题，也意味着离唯物史观科学体系的形成不再遥远。

同一时期，恩格斯在对英国工人阶级状况做了大量调查的基础上，写成了《英国工人阶级状况》一书。恩格斯指出，该书"主要是描述了资产阶级和无产阶级之间的相互关系以及这两个阶级之间的斗争的必然性，而对我来说特别重要的是要证明无产阶级的这一斗争是完全合法的，是要用英国资产阶级的丑恶行径来戳穿他们的花言巧语。我写的这本书，从第一页到最后一页，就是对英国资产阶级的起诉书④。恩格斯在此书中进一步论证了历史发展的物质基础和无产阶级的历史作用。

首先，恩格斯通过对英国产业革命的分析研究，阐述了物质生产对社会发展的决定作用。产业革命首先发生于英国，是从蒸汽机和棉花加工机器的发明开始的。这些发明不只是一种纯粹的技术革命，而且是一场深刻的、具有"世界历史意义"的社会革命，它"推动了整个市民社会中的变革"⑤，进而引发了整个社会经济制度、政治制度的变革。后来，恩格斯在《关于共产主义者同盟的历史》中追忆说，他在曼彻斯特

---

① 参见《马克思恩格斯文集》第 1 卷，人民出版社，2009，第 286 页。
② 参见《马克思恩格斯文集》第 1 卷，人民出版社，2009，第 351 页。
③ 《马克思恩格斯文集》第 1 卷，人民出版社，2009，第 287 页。
④ 《马克思恩格斯全集》第 42 卷，人民出版社，1979，第 278 页。
⑤ 参见《马克思恩格斯文集》第 1 卷，人民出版社，2009，第 388 页。

时异常清晰地观察到，迄今为止在历史著作中根本不起作用或者只起极小作用的经济事实，至少在现代世界中是一个决定性的历史力量；这些经济事实形成了产生现代阶级对立的基础；这些阶级对立，在它们因大工业而得到充分发展的国家里，特别是在英国，又是政党形成的基础，党派斗争的基础，因而也是全部政治史的基础①。其次，恩格斯通过对工人阶级状况的分析，阐明了无产阶级的历史地位和历史作用。恩格斯指出："工人阶级的状况是当代一切社会运动的真正基础和出发点，因为它是我们目前存在的社会灾难最尖锐、最露骨的表现。"② 工人阶级是产业革命的产物，他们的利益与资产阶级的利益是根本对立的。在资本主义制度下，产业后备军的形成、周期性的经济危机与资产阶级对工人阶级不断加强的剥削都是不可避免的。但是，无产阶级所处的历史地位及其遭受剥削的特殊境遇，必然会迫使他们联合起来，推翻资本主义制度，实现自身的解放。因此，工人阶级要设法摆脱这种非人的状况，争取良好的生存状况，就必须与资产阶级作斗争，以求得自身的解放。最后，恩格斯指明了无产阶级与全人类的利益的一致性。恩格斯确信，无产阶级"是认识到自己的利益和全人类的利益相一致的人，是伟大的人类大家庭的成员"③。无产阶级为实现自身解放而做出的努力，实质上是为人类的解放而努力。

总之，在《英国工人阶级状况》一书中，恩格斯通过对英国产业革命及其社会影响的考察，阐明了物质生产对社会发展的决定关系，说明了无产阶级的历史地位和作用，论证了无产阶级反抗资产阶级的合理性和必然性。

应该说，从1844年至1845年年初，是探索唯物史观道路上的一个极其重要的时期。在这一时期，马克思恩格斯基于时代的生产实践和政治实践，发现了唯物史观的一些重要原理，包括物质生产是人类历史的发源地，人民群众是历史的主体等思想。这些思想的提出表明，唯物史观的形成已近在咫尺了。

马克思1845年春写的《关于费尔巴哈的提纲》（以下简称《提纲》）

---

① 参见《马克思恩格斯文集》第4卷，人民出版社，2009，第232页。

② 《马克思恩格斯文集》第1卷，人民出版社，2009，第385页。

③ 《马克思恩格斯文集》第1卷，人民出版社，2009，第384页。

和 1845 年 9 月至 1846 年 5 月与恩格斯合著的《德意志意识形态》（以下简称《形态》），在马克思主义哲学史上乃至人类历史观史上，具有划时代的意义。它们标志着唯物史观的初步形成，（正如恩格斯后来在《社会主义从空想到科学的发展》一文中所说的那样）从而把"唯心主义从它的最后的避难所即历史观中被驱逐出去了"①。

《提纲》是马克思写的一份仅供自己进一步研究的笔记。1888 年，恩格斯把它作为《路德维希·费尔巴哈和德国古典哲学的终结》一书的附录首次发表，称它是"包含着新世界观的天才萌芽的第一个文献"②。《提纲》的意义在于，它彻底地批判了费尔巴哈的人本主义唯物主义以及既往的一切旧唯物主义和唯心主义，确立了马克思主义科学的实践观，并基于此，提出了一系列重要的唯物主义哲学思想。

在《提纲》中，马克思揭露了包括费尔巴哈在内的一切旧唯物主义的根本缺陷：由于看不到实践在认识和社会发展中的能动作用，看不到物质生产实践在人类历史发展中的决定作用，从而使自身在认识论上陷入直观反映论，在历史观上陷入唯心主义。马克思认为："全部社会生活在本质上是实践的。"③ 社会实践特别是物质生产实践是推动人类历史发展的决定性力量。如果以人、社会与实践的关系论之，人是社会的人，社会是人的社会；人是进行社会实践的人，社会是人进行实践的社会；人的本质属性是人的社会性和实践性的统一，是人在社会中进行社会实践的属性。也就是说，社会的人实际上是从事社会实践的现实的人，而非抽象的人或意识的人；它的本质，"在其现实性上，是一切社会关系的总和"④。马克思把人理解为从事实践活动的人，一方面克服了旧唯物主义鄙视物质生产实践、看不到物质生产实践在人类历史发展中的决定性作用的缺陷，另一方面确立了创立唯物史观的研究起点——现实的人及其实

---

① 《马克思恩格斯文集》第 3 卷，人民出版社，2009，第 544～545 页。
② 《马克思恩格斯文集》第 4 卷，人民出版社，2009，第 266 页。
③ 《马克思恩格斯文集》第 1 卷，人民出版社，2009，第 501 页。
④ "社会关系"，马克思恩格斯在《德意志意识形态》中将其定义为 "许多个人的共同活动"。参见《马克思恩格斯文集》第 1 卷，人民出版社，2009，第 532 页。但在《关于费尔巴哈的提纲》中，该词的含义要广一些，指人在进行物质生产、从事经济和政治等活动中形成的广泛的社会实践关系。参见《马克思恩格斯文集》第 1 卷，人民出版社，2009，第 499～502 页。

践活动①。此外，马克思还在《提纲》中批判了旧唯物主义和空想社会主义的"环境决定论"与"教育决定论"思想。他认为，这种学说忘记了"环境是由人来改变的，而教育者本人一定是受教育的"；"环境的改变和人的活动或自我改变的一致，只能被看做是并合理地理解为革命的实践"②。因此，应该从实践的角度去理解环境和人的关系，从辩证的角度去理解二者的关系：人们总是生活于一定的、具体的环境之中，这种环境又是由人们的实践活动构成的，正可谓人创造环境，环境也影响人。对于宗教，费尔巴哈将其归结于世俗基础，认为宗教是人创造的，是人的本质的异化，这无疑是正确的。但他同时又认为，要消灭宗教，使人从迷信中解脱出来，关键在于教育，这显然是荒诞的。对此，马克思指出："世俗基础使自己从自身中分离出去，并在云霄中固定为一个独立王国，这只能用这个世俗基础的自我分裂和自我矛盾来说明。"③ 要消灭宗教，只有通过实践推翻产生宗教的现实前提即世俗基础，使其"在理论上和实践中被消灭"④，才能做到真正消灭。

---

① 唯物史观体系的逻辑起点是物质生产实践。马克思恩格斯创立唯物史观的研究起点是从事物质生产实践的人即实践主体，而非抽象的、纯粹精神的或自然的人。由于人是现实的和有现实需要的人，所以人为了生存就必须不断地进行物质生产实践以满足自身的需要。在人们进行物质生产实践的过程中，形成了社会发展的最终决定力量即生产力；在进行生产的过程中又形成了人与人的关系，即生产关系；在一定经济关系的基础上进一步形成了政治的和其他社会关系。这样，人就是不断确证和建立各种社会关系的人，就是"一切社会关系的总和"的人。马克思恩格斯研究唯物史观正是从这种现实的人及其实践活动出发的。正如他们在《德意志意识形态》中所言："我们开始要谈的前提不是任意提出的，不是教条，而是一些只有在臆想中才能撇开的现实前提。这是一些现实的个人，是他们的活动和他们的物质生活条件，包括他们已有的和由他们自己的活动创造出来的物质生活条件。"参见《马克思恩格斯文集》第1卷，人民出版社，2009，第516～519页。"我们首先应当确定一切人类生存的第一个前提，也就是一切历史的第一个前提，这个前提是：人们为了能够'创造历史'，必须能够生活。但是为了生活，首先就需要吃喝住穿以及其他一些东西。因此第一个历史活动就是生产满足这些需要的资料，即生产物质生活本身，而且，这是人们从几千年前直到今天单是为了维持生活就必须每日每时从事的历史活动，是一切历史的基本条件。"参见《马克思恩格斯文集》第1卷，人民出版社，2009，第531页。马克思确立科学的人即实践主体的概念，为自己找准了研究唯物史观的起点，这也是马克思在此之前不断批判费尔巴哈和黑格尔的人的本质的思想并最终确立科学的人的本质观的重要原因之一。

② 《马克思恩格斯文集》第1卷，人民出版社，2009，第500页。

③ 《马克思恩格斯文集》第1卷，人民出版社，2009，第500页。

④ 《马克思恩格斯文集》第1卷，人民出版社，2009，第500页。

另外，马克思还阐明了新哲学的阶级基础、阶级本质以及它所承担的历史使命。"旧唯物主义的立脚点是市民社会，新唯物主义的立脚点则是人类社会或社会的人类。""哲学家们只是用不同的方式解释世界，问题在于改变世界。"① 其意思就是，旧唯物主义是资产阶级的世界观，代表资产阶级的利益，新唯物主义则是无产阶级的世界观，为无产阶级革命和实现共产主义服务。由于旧唯物主义排斥社会实践，看不到物质生产实践在历史发展中的变革作用，所以其在指导历史运动的过程中显得苍白无力，只能解释世界。新唯物主义则不同，它把实践视为自身理论的一个中心问题，看到了物质生产实践在社会发展中的决定作用，看到了政治革命实践在社会形态更替中的直接动力作用，这样，就历史地成为无产阶级推翻资产阶级、建立共产主义社会的思想武器。

综上所述，在《提纲》中，马克思已经充分认识到了实践在社会历史发展中的基础地位。其科学实践观的确立，为唯物史观的创立奠定了基石。

三　唯物史观创立的标志

《形态》是马克思恩格斯合著的第二部哲学著作，是对《提纲》观点的展开和发挥。《形态》第一次系统地阐述了唯物史观，标志着唯物史观的基本形成。恩格斯后来在回忆《形态》的创作时指出："1845年春天当我们在布鲁塞尔再次会见时，马克思已经从上述基本原理出发大致完成了阐发他的唯物主义历史理论的工作，于是我们就着手在各个极为不同的方面详细制定这种新形成的世界观了。"② 具体而言就是："我们决定共同阐明我们的见解与德国哲学的意识形态的见解的对立，实际上是把我们从前的哲学信仰清算一下。这个心愿是以批判黑格尔以后的哲学的形式来实现的。"③

马克思恩格斯在《形态》中第一次对唯物史观的基本范畴、基本原理做了系统阐述，唯物史观的理论体系初现雏形。

首先，提出了"物质生活条件"概念，阐明了唯物史观的基本问

---

① 《马克思恩格斯文集》第1卷，人民出版社，2009，第502页。
② 《马克思恩格斯文集》第4卷，人民出版社，2009，第232页。
③ 《马克思恩格斯文集》第2卷，人民出版社，2009，第593页。

题，即社会存在决定社会意识。旧唯物主义和唯心主义由于缺乏科学的实践观，在历史观上都是唯心的，对社会存在与社会意识的关系问题的回答也是颠倒的。马克思恩格斯围绕这一根本问题对唯心史观展开了批判。他们在解决这一根本问题和阐述唯物史观的过程中，首次提出了"物质生活条件"概念。他们指出："我们开始要谈的前提不是任意提出的，不是教条，而是一些只有在臆想中才能撇开的现实前提。这是一些现实的个人，是他们的活动和他们的物质生活条件，包括他们已有的和由他们自己的活动创造出来的物质生活条件。"① 物质生活条件是人类社会存在和发展的现实前提，是社会存在的重要组成部分，在一定程度上决定社会意识的发展。承不承认物质生活条件在历史发展中的制约作用是唯物史观与唯心史观的重要分水岭，承不承认社会存在对社会意识的决定作用是唯物史观与唯心史观的根本区别。对此，马克思恩格斯指出："迄今为止的一切历史观不是完全忽视了历史的这一现实基础，就是把它仅仅看成与历史进程没有任何联系的附带因素。"② 这就是说，唯心史观看不到物质生活条件对社会发展的制约性，颠倒了社会存在与社会意识的关系。之所以如此，是因为它们离开社会实践去观察社会历史问题，不了解从事实践活动的现实的人，不了解决定社会发展的物质生活条件与社会生产实践本身。而在马克思恩格斯看来，物质生活条件是人类历史存在和发展的现实前提，它制约着人类历史的发展；同时，人类历史也受一定物质生活条件下物质生产活动的制约。"首先应当确定一切人类生存的第一个前提，也就是一切历史的第一个前提，这个前提是：人们为了能够'创造历史'，必须能够生活。但是为了生活，首先就需要吃喝住穿以及其他一些东西。因此第一个历史活动就是生产满足这些需要的资料，即生产物质生活本身，而且，这是人们从几千年前直到今天单是为了维持生活就必须每日每时从事的历史活动，是一切历史的基本条件。"③ 与此同时，在物质生产过程中还进行着人们社会关系的生产，在此基础之上进行人口生产和精神生产。可见，物质生产活动构成一切历史存在和发展的基本条件。马克思恩格斯正是从物质生产活动中发现了

① 《马克思恩格斯文集》第 1 卷，人民出版社，2009，第 516 ~ 517 页。
② 《马克思恩格斯文集》第 1 卷，人民出版社，2009，第 545 页。
③ 《马克思恩格斯文集》第 1 卷，人民出版社，2009，第 531 页。

人类社会发展的最终动力——生产力。他们对物质生产活动在历史发展中起决定作用的全面肯定，意味着确认了社会存在在历史观基本问题中的决定性地位，即社会存在决定社会意识。"发展着自己的物质生产和物质交往的人们，在改变自己的这个现实的同时也改变着自己的思维和思维的产物。不是意识决定生活，而是生活决定意识。"① "意识在任何时候都只能是被意识到了的存在，而人们的存在就是他们的现实生活过程。"② 应该说，马克思恩格斯对社会存在决定社会意识这一基本问题的肯定回答，彻底划清了唯物史观与唯心史观的原则界限，实现了历史观的革命。

其次，阐述了生产力与生产关系的辩证关系。马克思恩格斯认为，人们只要进行生产活动，就立即表现为双重关系：一方面是自然关系，另一方面是社会关系。自然关系指人们在进行生产活动的过程中形成的改造自然的关系，这种关系通过"共同活动方式"表现出来，即生产力。"一定的生产方式或一定的工业阶段始终是与一定的共同活动方式或一定的社会阶段联系着的，而这种共同活动方式本身就是'生产力。'"③ 社会关系指"许多成员的共同活动"④，指人们在生产过程中所形成的人与人之间的关系——生产关系。马克思恩格斯在《形态》中首次提出了"生产关系"⑤ 范畴。不过在该著作中，他们多用"社会关系""交往关系""交往形式"等术语来表示生产关系。虽然术语使用还不够准确，但已基本揭示该概念的主要内涵及特征。生产力与生产关系构成物质生产过程中相互联系、相互制约的两个方面，二者在生产过程中表现出不同的地位和作用。马克思恩格斯指出，这种生产第一次是随着人口的增长而开始的。而生产本身又是以个人彼此之间的交往为前提的。这种交往的

①　《马克思恩格斯文集》第1卷，人民出版社，2009，第525页。
②　《马克思恩格斯文集》第1卷，人民出版社，2009，第525页。
③　《马克思恩格斯文集》第1卷，人民出版社，2009，第532~533页。
④　《马克思恩格斯文集》第2卷，人民出版社，2009，第46页。
⑤　马克思恩格斯在《形态》中已明确提出了"生产关系"术语，如"共产主义和所有过去的运动不同的地方在于：它推翻一切旧的生产关系和交往关系的基础"。参见《马克思恩格斯文集》第1卷，人民出版社，2009，第574页。此外，他们在手稿的最初方案中亦用到了该术语："在一定的生产关系下的一定的个人。"参见《马克思恩格斯文集》第1卷，人民出版社，2009，第524页。

形式又是由生产决定的①，即生产力与生产关系是辩证统一的。二者的辩证关系体现在两个方面：一方面，生产力决定生产关系。一定社会的生产力发展水平决定着该社会生产关系的性质和状况，进而决定着社会形态的更替。"人们所达到的生产力的总和决定着社会状况。"② 在人类历史发展的不同阶段，生产关系之所以不同，主要是由生产力的发展程度差异决定的。另一方面，生产关系对生产力有能动的反作用。当生产关系适应生产力发展时，生产关系成为生产力发展的必要条件，促进生产力的发展；当生产关系成为生产力发展的桎梏时，反过来，就阻碍生产力的发展。历史上，生产力与生产关系的辩证关系表现为生产关系一定要适应生产力发展的矛盾运动规律。马克思恩格斯将这一规律表述为：在生产力发展的一定阶段，生产关系"起初是自主活动的条件，后来却变成了自主活动的桎梏，这些条件在整个历史发展过程中构成各种交往形式的相互联系的序列，各种交往形式的联系就在于：已成为桎梏的旧交往形式被适应于比较发达的生产力，因而也适应于进步的个人自主活动方式的新交往形式所代替；新的交往形式又会成为桎梏，然后又为另一种交往形式所代替"③。

再次，深刻揭示了经济基础与上层建筑的辩证关系。在《形态》中，马克思恩格斯仍用（广义的）"市民社会"概念来说明经济基础。何谓市民社会？他们认为："受到迄今为止一切历史阶段的生产力制约同时又反过来制约生产力的交往形式，就是市民社会。……市民社会是全部历史的真正发源地和舞台。"④ "市民社会包括各个人在生产力发展的一定阶段上的一切物质交往。"⑤ 可见，市民社会指一切生产关系的总和，即经济基础。经济基础对上层建筑起决定作用。"那些决不依个人'意志'为转移的个人的物质生活，即他们的相互制约的生产方式和交往形式，是国家的现实基础，而且在一切还必需有分工和私有制的阶段上，都是完全不依个人的意志为转移的。这些现实的关系决不是国家政

---

① "交往的形式"指生产关系。参见《马克思恩格斯文集》第1卷，人民出版社，2009，第520页。

② 《马克思恩格斯文集》第1卷，人民出版社，2009，第533页。

③ 《马克思恩格斯文集》第1卷，人民出版社，2009，第575～576页。

④ 《马克思恩格斯文集》第1卷，人民出版社，2009，第540页。

⑤ 《马克思恩格斯文集》第1卷，人民出版社，2009，第582页。

权创造出来的，相反地，它们本身就是创造国家政权的力量。在这种关系中占统治地位的个人除了必须以国家的形式组织自己的力量外，他们还必须给予他们自己的由这些特定关系所决定的意志以国家意志即法律的一般表现形式。这种表现形式的内容总是决定于这个阶级的关系，这是由例如私法和刑法非常清楚地证明了的。""由他们的共同利益所决定的这种意志的表现，就是法律。"① 在这里，马克思恩格斯已经阐明，经济基础是国家、法律等政治上层建筑的现实基础，决定着政治上层建筑的性质和发展状况；反过来，国家、法律等政治上层建筑服务于一定的经济利益关系，反作用于经济基础。思想上层建筑也不例外，它一方面取决于它所依托的经济基础，另一方面又反作用于经济基础。"统治阶级的思想在每一时代都是占统治地位的思想。这就是说，一个阶级是社会上占统治地位的物质力量，同时也是社会上占统治地位的精神力量。……占统治地位的思想不过是占统治地位的物质关系在观念上的表现，不过是以思想的形式表现出来的占统治地位的物质关系；因而，这就是那些使某一个阶级成为统治阶级的关系在观念上的表现，因而这也就是这个阶级的统治的思想。"② 简言之，政治法律思想、道德、艺术、宗教、哲学等思想上层建筑的性质和发展取决于经济基础；而它作为"物质关系在观念上的表现"，又能动地表现它们所表现的物质关系。

最后，科学论证了共产主义的历史必然性。马克思恩格斯从生产力与生产关系、经济基础与上层建筑的辩证运动和分工中，揭示了人类历史依次更替的社会形态：部落所有制、古代国家和公社所有制、封建所有制、资本主义所有制和共产主义所有制。他们从社会发展规律的高度深刻地论证了实现共产主义的历史必然性。他们认为，共产主义战胜资本主义必须具备一定的物质条件。"如果还没有具备这些实行全面变革的物质因素，就是说，一方面还没有一定的生产力，另一方面还没有形成不仅反抗旧社会的个别条件，而且反抗旧的'生活生产'本身、反抗旧社会所依据的'总和活动'的革命群众，那么，正如共产主义的历史所证明的，尽管这种变革的观念已经表述过千百次，但这对于实际发展没

① 《马克思恩格斯全集》第3卷，人民出版社，1960，第377~378页。
② 《马克思恩格斯文集》第1卷，人民出版社，2009，第550~551页。

有任何意义。"① 随着资本主义社会化大生产的发展，高度发达的生产力为共产主义取代资本主义提供了强大的物质前提。那时，资本主义制度将成为生产力进一步发展的障碍，"生产力已经不是生产的力量，而是破坏的力量"②，这也加速了共产主义革命时代的到来。在社会化大生产中所形成的无产阶级是共产主义革命的主力军，他们将"推翻一切旧的生产关系和交往关系的基础，并且第一次自觉地把一切自发形成的前提看做是前人的创造，消除这些前提的自发性，使这些前提受联合起来的个人的支配"③，建立共产主义社会。

总体来看，在《形态》中，唯物史观的理论体系已基本形成。马克思恩格斯以"现实的人"及其实践活动为研究起点，以"物质生产"为唯物史观的逻辑起点，系统地揭示了人类社会发展的规律，阐明了唯物史观的基本范畴和基本原理，揭示了这些范畴和原理之间的内在联系。这些表明，唯物史观初步形成。他们在《形态》中，首次对唯物史观做了系统表述：这种历史观是"从直接生活的物质生产出发阐述现实的生产过程，把同这种生产方式相联系的、它所产生的交往形式即各个不同阶段上的市民社会理解为整个历史的基础，从市民社会作为国家的活动描述市民社会，同时从市民社会出发阐明意识的所有各种不同的理论产物和形式，如宗教、哲学、道德等等，而且追溯它们产生的过程……这种历史观和唯心义历史观不同，它不是在每个时代中寻找某种范畴，而是始终站生现实历史的基础上，不是从观念出发来解释实践，而是从物质实践出发来解释各种观念形态"④。

如果追溯唯物史观的形成过程，实可看出，其形成进程中存在两个具有决定性意义的环节：一是科学实践观的确立，为唯物史观的创立奠定了理论基石；二是时代物质生产实践和政治革命实践主题的凸显，为唯物史观的创立提供了现实启示和素材支撑。二者缺一不可，如果缺少某一方面就有可能导致唯物史观的历史难产问题。唯物史观基本生成之后，唯物史观的创立之路仍在延伸——在马克思恩格斯的再研究中不断

---

① 《马克思恩格斯文集》第1卷，人民出版社，2009，第545页。
② 《马克思恩格斯文集》第1卷，人民出版社，2009，第542页。
③ 《马克思恩格斯文集》第1卷，人民出版社，2009，第574页。
④ 《马克思恩格斯文集》第1卷，人民出版社，2009，第544页。

发展完善。

第二节　唯物史观的公开问世及经典阐述

唯物史观初步生成之后，马克思恩格斯携手创立唯物史观的工作仍在进一步推进，他们在长期的革命实践和研究中不断发展和完善唯物史观。1847～1848年，《哲学的贫困》和《共产党宣言》（以下简称《宣言》）出版，首次将唯物史观公之于众。1859年，马克思在《〈政治经济学批判〉序言》中，对唯物史观做了最为系统、深刻的阐述。

一　实践需要与唯物史观的公开问世

在《德意志意识形态》中，马克思恩格斯第一次对唯物史观做了系统阐述。但是，由于种种原因，该著作在他们有生之年并未出版。马克思认为，他们第一次向公众表达自己的新世界观是在1847年出版的《哲学的贫困》中。"我们见解中有决定意义的论点，在我的1847年出版的为反对蒲鲁东而写的著作《哲学的贫困》中第一次作了科学的，虽然只是论战性的概述。"[1] 后来，恩格斯在《反杜林论》的序言中又进一步重申了该情况。"我们的这一世界观，首先在马克思的《哲学的贫困》和《共产主义宣言》中问世。"[2] 这些表明，唯物史观最初是通过《哲学的贫困》和《宣言》这两本著作公开问世的。当然，在问世的同时，它们也发展了《德意志意识形态》中的唯物史观思想。

《哲学的贫困》是马克思为批判法国小资产阶级社会主义者蒲鲁东的《贫困的哲学》而写的。蒲鲁东主张保留小私有制，消灭大私有制，并反对通过革命推翻资本主义。这种小资产阶级社会主义观点在当时欧洲的一些国家产生了较大的影响，搅乱了无产阶级的革命思想。为了推动无产阶级革命斗争等实践活动的进程，马克思运用唯物史观和政治经济学理论对蒲鲁东的谬误展开了批判。在批判的过程中，他又发展了唯物史观。

---

① 《马克思恩格斯文集》第2卷，人民出版社，2009，第593页。
② 《马克思恩格斯文集》第9卷，人民出版社，2009，第11页。

首先，进一步阐述了生产力与生产关系的辩证关系。在《哲学的贫困》中，马克思深化了对生产力的认识，揭示了主体因素在生产力中的作用。他认为，生产力是人们从事社会生产实践能力的具体体现，它不仅包括生产工具的物的因素，还包括劳动者本身的人的因素。他指出："在一切生产工具中，最强大的一种生产力是革命阶级本身。"① 把革命阶级之类的主体因素，看成生产力的最重要、作用力最强大的要素，无疑是对生产力范畴认识的新突破。与此同时，"生产关系"范畴也初步定型。曾在《德意志意识形态》中只是偶然提到的"生产关系"概念，在《哲学的贫困》中则使用较多，其概念内涵也基本定型，如马克思提到"人们生产力的一切变化必然引起他们的生产关系的变化"②，"每一个社会中的生产关系都形成一个统一的整体"③，"分工、信用、货币等资产阶级生产关系"④，等等。可以看出，生产关系取决于生产力，生产力的变化必然引起生产关系的变化；生产关系并非仅指人们在生产过程中形成的人与人的关系，它更是一种经济关系。这些表明，"生产关系"概念离"广义的生产关系"，即经济基础已十分接近。值得注意的是，虽然马克思在《哲学的贫困》中对"生产关系"范畴了非常重要的阐述，但这个范畴在该著作中并没有完全取代"社会关系""交往形式"等概念。他还时常用"社会关系""交往形式"等概念代指生产关系。基于对新的概念的认识，马克思进一步阐明了生产力与生产关系的辩证关系，认为生产力决定生产关系，进而决定社会形态的更替及其性质。"社会关系和生产力密切相联。随着新生产力的获得，人们改变自己的生产方式，随着生产方式即谋生的方式的改变，人们也就会改变自己的一切社会关系。手推磨产生的是封建主的社会，蒸汽磨产生的是工业资本家的社会。"⑤

其次，阐述了历史发展的必然性及其与个人自觉活动之间的关系。生产力是人类历史发展的最终决定力量，它通过人们直接的物质生产活

① 《马克思恩格斯文集》第1卷，人民出版社，2009，第655页。
② 《马克思恩格斯文集》第1卷，人民出版社，2009，第613页。
③ 《马克思恩格斯文集》第1卷，人民出版社，2009，第603页。
④ 《马克思恩格斯文集》第1卷，人民出版社，2009，第598页。
⑤ 《马克思恩格斯文集》第1卷，人民出版社，2009，第602页。

动表现出来，不以任何个人的意志为转移。由于物质生产力的作用，历史的发展不再是盲目的。通过人类的生产实践，它表现为某种客观的、必然的规律性，展现历史发展的"有序性"。当然，客观的历史又是人的历史，历史发展的必然性和规律性总是通过人的活动表现出来，表现为人创造的、参与的历史——人既是"他们本身的历史剧的剧作者"，又是"剧中人"①。历史发展的规律性，最终通过人的有意识的、有目的的自觉活动来具体实现。

如同《哲学的贫困》一样，《宣言》不仅是将唯物史观公之于世的代表作，也是发展它的力作。列宁曾高度评价说："这部著作以天才的透彻而鲜明的语言描述了新的世界观，即把社会生活领域也包括在内的彻底的唯物主义、作为最全面最深刻的发展学说的辩证法，以及关于阶级斗争和共产主义新社会创造者无产阶级肩负的世界历史性的革命使命的理论。"②《宣言》以唯物史观为指导，论证了社会发展的规律和趋势，揭示了物质生产在历史发展中的决定作用，阐明了经济基础和上层建筑的相互作用关系以及阶级斗争在社会发展中重要作用。贯穿《宣言》的基本思想是："每一历史时代的经济生产以及必然由此产生的社会结构，是该时代政治的和精神的历史的基础；因此（从原始土地公有制解体以来）全部历史都是阶级斗争的历史，即社会发展各个阶段上被剥削阶级和剥削阶级之间、被统治阶级和统治阶级之间斗争的历史；而这个斗争现在已经达到这样一个阶段，即被剥削被压迫的阶级（无产阶级），如果不同时使整个社会永远摆脱剥削、压迫和阶级斗争，就不再能使自己从剥削它压迫它的那个阶级（资产阶级）下解放出来。"③《宣言》对唯物史观的发展，主要集中于阶级斗争理论和无产阶级专政理论两大块。

首先，阐述了阶级斗争理论。马克思恩格斯在《宣言》中指出，自原始社会解体以来，"至今一切社会的历史都是阶级斗争的历史"④。过去的每个历史时代，社会都被划分为多个不同的等级，分化成复杂的等级层次。但到资本主义时代，"阶级对立简单化了。整个社会日益分裂为

---

① 《马克思恩格斯文集》第 1 卷，人民出版社，2009，第 608 页。
② 《列宁专题文集——论马克思主义》，人民出版社，2009，第 5 页。
③ 《马克思恩格斯文集》第 2 卷，人民出版社，2009，第 9 页。
④ 《马克思恩格斯文集》第 2 卷，人民出版社，2009，第 31 页。

两大敌对的阵营，分裂为两大相互直接对立的阶级：资产阶级和无产阶级"①。伴随着资产阶级与资本主义生产方式的发展，从资本主义社会内部产生了资产阶级的掘墓人——无产阶级。资产阶级为维护自己的阶级利益，时常动用国家机器来干预无产阶级的斗争，使无产阶级反对资产阶级的斗争发展为政治斗争。另外，资产阶级为了追求超额利润，不断改进技术和生产工具。技术的进步和生产的社会化，加剧了生产力与生产关系的矛盾。在资本主义特定的私有制条件下，它们表现为生产的社会化和资本主义私人占有之间的矛盾。当这一矛盾不断激化，就无可避免地出现了资本主义的社会危机。"生产力已经强大到这种关系所不能适应的地步，它已经受到这种关系的阻碍；而它一着手克服这种障碍，就使整个资产阶级社会陷入混乱，就使资产阶级所有制的存在受到威胁。资产阶级的关系已经太狭窄了，再容纳不了它本身所造成的财富了。"②"资产阶级用来推翻封建制度的武器，现在却对准资产阶级自己了。"③无产阶级正是拿起这种武器，推翻资产阶级、解放被资本主义生产关系束缚的生产力的人。"资产阶级的灭亡和无产阶级的胜利是同样不可避免的。"④

其次，阐述了无产阶级专政理论。马克思恩格斯认为，无产阶级与资产阶级之间不可调和的阶级矛盾必然会演化为激烈的阶级斗争。一方面，资产阶级为了维护自己的统治，运用经济的、政治的手段特别是国家机器来镇压无产阶级；另一方面，无产阶级为了维护自身的利益，会拿起武器来抵抗资产阶级的镇压，甚至用暴力推翻资产阶级的统治，进行无产阶级革命。他们的"目的只有用暴力推翻全部现存的社会制度才能达到"⑤。由于资产阶级具有广泛的国际联系，加上每个国家的无产阶级的成熟程度、革命力量和革命条件各不相同，所以"无产阶级反对资产阶级的斗争首先是一国范围内的斗争。每一个国家的无产阶级当然首先应该打倒本国的资产阶级"⑥。无产阶级革命的第一步是"使无产阶级

① 《马克思恩格斯文集》第 2 卷，人民出版社，2009，第 32 页。
② 《马克思恩格斯文集》第 2 卷，人民出版社，2009，第 37 页。
③ 《马克思恩格斯文集》第 2 卷，人民出版社，2009，第 37 页。
④ 《马克思恩格斯文集》第 2 卷，人民出版社，2009，第 43 页。
⑤ 《马克思恩格斯文集》第 2 卷，人民出版社，2009，第 66 页。
⑥ 《马克思恩格斯文集》第 2 卷，人民出版社，2009，第 43 页。

上升为统治阶级,争得民主"①。无产阶级必须通过革命,推翻资产阶级的统治,夺取政权,建立无产阶级专政。无产阶级专政是无产阶级战胜资产阶级、走向共产主义的必由之路。无产阶级专政的首要任务是"消灭私有制","废除资产阶级的所有制"②。"同传统的所有制关系实行最彻底的决裂"。当然,也必须"同传统的观念实行最彻底的决裂"③。另外,建立无产阶级专政,还必须大力发展生产力。无产阶级要"利用自己的政治统治,一步一步地夺取资产阶级的全部资本,把一切生产工具集中在国家即组织成为统治阶级的无产阶级手里,并且尽可能快地增加生产力的总量"④,为巩固无产阶级政权提供坚实的物质基础。在无产阶级消灭私有制的过程中,阶级压迫和阶级对立的存在条件被同步消灭,这意味着阶级本身被消灭。当阶级差别一经消失而全部生产集中在联合起来的个人的手里的时候,"公共权力就失去政治性质"⑤;无产阶级专政完成了自己的使命,"从而消灭了它自己这个阶级的统治"⑥;那时,"代替那存在着阶级和阶级对立的资产阶级旧社会的,将是这样一个联合体,在那里,每个人的自由发展是一切人的自由发展的条件"⑦;人类由此进入没有阶级、没有压迫的社会。

应该说,在唯物史观的发展历程中,《宣言》的发表具有特殊的意义:一方面,以新的论证、新的理论丰富和发展了唯物史观,并以宣言的形式将其公之于世;另一方面,标志着唯物史观开始越出书斋,适应工人阶级社会实践的需要,实现与工人运动的结合,成为无产阶级及其政党指导革命、建设实践和实现人类解放的思想武器。列宁高度评价了《宣言》的历史作用,指出该书虽"篇幅不多,价值却相当于多部巨著:它的精神至今还鼓舞着、推动着文明世界全体有组织的正在进行斗争的无产阶级"⑧。

---

① 《马克思恩格斯文集》第2卷,人民出版社,2009,第52页。
② 《马克思恩格斯文集》第2卷,人民出版社,2009,第45页。
③ 《马克思恩格斯文集》第2卷,人民出版社,2009,第52页。
④ 《马克思恩格斯文集》第2卷,人民出版社,2009,第52页。
⑤ 《马克思恩格斯文集》第2卷,人民出版社,2009,第53页。
⑥ 《马克思恩格斯文集》第2卷,人民出版社,2009,第53页。
⑦ 《马克思恩格斯文集》第2卷,人民出版社,2009,第53页。
⑧ 《列宁专题文集——论马克思主义》,人民出版社,2009,第57页。

二 唯物史观的经典阐述

马克思对政治经济学的研究，促进了唯物史观的发展。1859 年，他在《政治经济学批判（序言）》（以下简称《序言》）中，对唯物史观做出了最为经典的表述。

"人们在自己生活的社会生产中发生一定的、必然的、不以他们的意志为转移的关系，即同他们的物质生产力的一定发展阶段相适合的生产关系。这些生产关系的总和构成社会的经济结构，即有法律的和政治的上层建筑竖立其上并有一定的社会意识形式与之相适应的现实基础。物质生活的生产方式制约着整个社会生活、政治生活和精神生活的过程。不是人们的意识决定人们的存在，相反，是人们的社会存在决定人们的意识。社会的物质生产力发展到一定阶段，便同它们一直在其中运动的现存生产关系或财产关系（这只是生产关系的法律用语）发生矛盾。于是这些关系便由生产力的发展形式变成生产力的桎梏。那时社会革命的时代就到来了。随着经济基础的变更，全部庞大的上层建筑也或慢或快地发生变革。……无论哪一个社会形态，在它所能容纳的全部生产力发挥出来以前，是决不会灭亡的；而新的更高的生产关系，在它的物质存在条件在旧社会的胎胞里成熟以前，是决不会出现的。所以人类始终只提出自己能够解决的任务，因为只要仔细考察就可以发现，任务本身，只有在解决它的物质条件已经存在或者至少是在生成过程中的时候，才会产生。大体说来，亚细亚的、古希腊罗马的、封建的和现代资产阶级的生产方式可以看做是经济的社会形态演进的几个时代。资产阶级的生产关系是社会生产过程的最后一个对抗形式，这里所说的对抗，不是指个人的对抗，而是指从个人的社会生活条件中生长出来的对抗；但是，在资产阶级社会的胎胞里发展的生产力，同时又创造着解决这种对抗的物质条件。因此，人类社会的史前时期就以这种社会形态而告终。"[1] 这就意味着，未来的共产主义社会是人类社会历史真正的开始。

这一经典阐述既是对唯物史观的总结，也是对其的发展。当初，马克思发现唯物史观之后，就用它来指导政治经济学研究。对政治经济学

---

[1] 《马克思恩格斯文集》第 2 卷，人民出版社，2009，第 591～592 页。

的研究，反过来又促进了唯物史观的丰富和发展。从《序言》的一些具体阐述来看，至此，唯物史观的基本范畴和原理已趋于成熟。

首先，进一步规范了唯物史观的基本范畴。在《序言》中，马克思把"生产关系"作为唯物史观的一个基本范畴完全确定了下来，并揭示了它的主要含义。生产关系是指"人们在自己生活的社会生产中发生一定的、必然的、不以他们的意志为转移的关系，即同他们的物质生产力的一定发展阶段相适合的"① 经济关系。通俗地讲，指人们在生产过程中形成的人与人的关系。马克思曾惯用的"市民社会"概念，已完全被"经济基础"取代，还揭示了它的基本内涵——全部"生产关系的总和"。建立在经济基础之上的上层建筑的类别的区分，趋于清晰。政治上层建筑指"法律的和政治的上层建筑"，即政治法律设施。思想上层建筑指"那些法律的、政治的、宗教的、艺术的或哲学的，简言之，意识形态的"② 上层建筑。

其次，集中阐述了唯物史观的基本原理。第一，阐述了社会存在决定社会意识的基本思想。马克思指出："不是人们的意识决定人们的存在，相反，是人们的社会存在决定人们的意识。"③ 这是唯物史观的立论之基，它的确立宣告了唯心主义历史观的彻底破产。第二，阐述了生产力决定生产关系的基本规律及其矛盾运动。生产力是一种客观的物质力量，不以人们的意志为转移；生产关系取决于生产力的发展状况，必须适应生产力的发展。马克思指出："人们在自己生活的社会生产中发生一定的、必然的、不以他们的意志为转移的关系，即同他们的物质生产力的一定发展阶段相适合的生产关系。"④ 社会生产力发展到一定阶段，便同一直在其中运动的生产关系发生矛盾。于是这些生产关系便由生产力的发展形式变成生产力的桎梏，阻碍生产力的发展。这时，革命的时刻就会到来，代表先进生产力的社会力量就会推翻旧的生产关系，解放被束缚的生产力，实现社会的发展。第三，阐述了经济基础决定上层建筑的基本规律及其矛盾运动。马克思认为："这些生产关系的总和构成社会

---

① 《马克思恩格斯文集》第 2 卷，人民出版社，2009，第 591 页。
② 《马克思恩格斯文集》第 2 卷，人民出版社，2009，第 592 页。
③ 《列宁专题文集——论马克思主义》，人民出版社，2009，第 13 页。
④ 《马克思恩格斯文集》第 2 卷，人民出版社，2009，第 591 页。

的经济结构，即有法律的和政治的上层建筑竖立其上并有一定的社会意识形式与之相适应的现实基础。"① 在此，"社会的经济结构"即经济基础，决定上层建筑，反过来，一定社会的上层建筑必须适应该社会经济基础的发展状况。当社会生产力发展到一定阶段，其经济基础就会发生变革，"全部庞大的上层建筑也或慢或快地发生变革"②。

最后，揭示了社会历史发展的一般进程。在《德意志意识形态》中，马克思恩格斯用"所有制形式"来区分社会发展的不同形态阶段③。1858 年，马克思在《政治经济学批判》中明确提出了"社会形态"的概念。在《序言》中，该术语在提法和用法上已基本成熟。从文本的直接表述来看，马克思直接阐明了人类历史发展的四种社会形态："大体说来，亚细亚的、古希腊罗马的、封建的和现代资产阶级的生产方式可以看做是经济的社会形态演进的几个时代。"④ 紧接着，他又间接提出了第五种社会形态："资产阶级的生产关系是社会生产过程的最后一个对抗形式，这里所说的对抗，不是指个人的对抗，而是指从个人的社会生活条件中生长出来的对抗；但是，在资产阶级社会的胎胞里发展的生产力，同时又创造着解决这种对抗的物质条件。因此，人类社会的史前时期就以这种社会形态而告终。"⑤ 马克思认为，继资本主义社会之后，人类历史将进入一个全新的社会阶段——共产主义社会。"五形态"的提出，揭示了人类社会由低级向高级发展的一般历史进程和规律。当然，这一历史进程表现为一个由低级向高级发展的自然历史过程，不以任何个人的意志为转移。并且，社会形态的更替，归根到底是由生产力与生产关系的矛盾运动决定的，在生产力上无法逾越。"无论哪一个社会形态，在它所能容纳的全部生产力发挥出来以前，是决不会灭亡的；而新的更高

---

① 《列宁选集》第 1 卷，人民出版社，2012，第 6 页。
② 《列宁选集》第 2 卷，人民出版社，2012，第 424 页。
③ 在《德意志意识形态》中，马克思恩格斯指出："分工的各个不同发展阶段，同时也就是所有制的各种不同形式。"他们从分工的角度用"所有制形式"来区分不同社会形态，并明确提出了三种社会形态：部落所有制、古典古代的公社所有制和国家所有制、封建的或等级的所有制。参见《马克思恩格斯文集》第 1 卷，人民出版社，2009，第 521 页。
④ 《马克思恩格斯文集》第 2 卷，人民出版社，2009，第 592 页。
⑤ 《马克思恩格斯文集》第 2 卷，人民出版社，2009，第 592 页。

的生产关系，在它的物质存在条件在旧社会的胎胞里成熟以前，是决不会出现的。"① 这就是说，社会形态的自然更替受客观物质力量，即生产力以及它与生产关系的矛盾运动的制约。

总之，马克思把唯物史观视为一个具有内在结构的整体在《序言》中精辟地阐述出来，这是对他多年来所从事的哲学、历史和政治经济学研究的一个理论总结，标志着唯物史观在理论上开始走向成熟。

第三节　恩格斯晚年对唯物史观的发展

19 世纪 80 年代，西方出现了一系列促进唯物史观进一步发展的新因素，如资本主义国家垄断组织的出现、人类史前史研究取得重大突破、马克思主义与机会主义斗争的兴起等。这些新情况成为促进唯物史观新发展的时代因素。在马克思逝世后的十多年里，恩格斯根据这些时代因素、时代要求与时代实践，创造性地发展了"两种生产"、国家的起源与实质、意识形态的相对独立性等理论，使唯物史观进一步得到完善。

一　原始社会的发展阶段及其结构

恩格斯于 1884 年 3 月底至 5 月底撰写的《家庭、私有制和国家的起源》（以下简称《起源》）一书，揭示了原始社会的发展阶段及其结构，是对唯物史观原始社会理论的一个重要补充。

最初在《德意志意识形态》中，马克思恩格斯首次探讨了在奴隶所有制之前还存在另一种所有制——部落所有制的情况。部落所有制"与生产的不发达阶段相适应，当时人们靠狩猎、捕鱼、畜牧，或者最多靠耕作为生"②。它大体对应于原始社会。当然，在《德意志意识形态》时期，马克思恩格斯对原始社会的认识还是很初步的③。1881 年，马克思

① 《马克思恩格斯文集》第 2 卷，人民出版社，2009，第 592 页。
② 《马克思恩格斯文集》第 1 卷，人民出版社，2009，第 521 页。
③ 19 世纪 40 年代，人类对原始社会的研究和认识还非常肤浅。由于受时代认识的局限，马克思恩格斯在《德意志意识形态》中只对原始社会做了极为浅显的阐述。他们用"部落所有制"指代原始社会，这在概念上并不准确。甚至后来他们还在《共产党宣言》中指出："至今一切社会的历史都是阶级斗争的历史。"这些表明，19 世纪 40 年代的马克思恩格斯对原始社会的阐述和认识，是非常初步的。

在《给维·伊·查苏利奇的复信》中彻底深化了该认识，指出原始社会是"从公有制到私有制、从原生形态到次生形态的过渡时期"①；原始社会存在多种社会结构、多种类型。很显然，马克思的这一认识已完全深入原始社会的结构内部。马克思逝世后，恩格斯根据马克思的研究成果以及摩尔根的相关材料，把对原始社会的研究推向了一个新的阶段。

恩格斯根据摩尔根的分期法，把原始社会分为蒙昧时代和野蛮时代，每一时代又分为低级、中级和高级阶段。蒙昧时代低级阶段是"人类的童年"。人还居住在自己最初居住的地方，即住在热带或亚热带的森林中，以果实、坚果、根为食物，开始产生音节清晰的语言。中级阶段是从采用鱼类作为食物和使用火开始的。人类开始使用粗制的、未加磨制的石器。高级阶段是从弓箭的发明开始的。人已开始定居，并能制造和使用简单的工具。总的来讲，"蒙昧时代是以获取现成的天然产物为主的时期"②。野蛮时代低级阶段是从学会制陶术开始的。到中级阶段，东大陆，是从驯养家畜开始；西大陆，是从靠灌溉之助栽培食用植物以及在建筑上使用土坯和石头开始的。野蛮时代高级阶段开始于铁矿石的冶炼，并由于拼音文字的发明及其应用于文献记录而过渡到文明时代。"野蛮时代是学会畜牧和农耕的时期，是学会靠人的活动来增加天然产物生产的方法的时期。"③

原始社会的社会结构同家庭的一定形式及其演变联系在一起。恩格斯指出，在人类历史的早期阶段，家庭血缘关系曾对社会制度起过重要作用。从蒙昧时代到野蛮时代，家庭的演变大致历经了一个长期的过程。首先，从杂乱性关系中发展出血缘家庭。血缘家庭是蒙昧时代的重要家庭形式。其次，在蒙昧时代与野蛮时代的交替时期，发展出对偶制家庭。最后，到野蛮时代高级阶段，对偶制家庭进一步演变为专偶制家庭。专偶制家庭的出现，是私有财产关系产生的前提，它意味着以血缘关系为基础的社会被受所有制支配的社会代替。在私有制之前，氏族是野蛮人共有的社会制度。氏族的基本规则是氏族内部禁止通婚。氏族社会实行共产制的共同的家庭经济，即原始社会财产内部公有。随着原始社会的

---

① 《马克思恩格斯文集》第3卷，人民出版社，2009，第574页。
② 《马克思恩格斯文集》第4卷，人民出版社，2009，第38页。
③ 《马克思恩格斯文集》第4卷，人民出版社，2009，第38页。

发展，从氏族中发展出胞族、部落和部落联盟。这些原始组织都反映出不同程度的血缘关系。当私有制发展成为社会中起支配作用的经济关系时，就宣告了这种以家庭血缘关系为基础的原始社会的解体。

二　"两种生产"理论

恩格斯在《家庭、私有制和国家的起源》1884 年第一版序言中，论证了"两种生产"理论。这是他晚年发展唯物史观的又一重要理论成果。

"两种生产"理论首先提出于《德意志意识形态》。在该著作中，马克思恩格斯指出："生命的生产，无论是通过劳动而生产自己的生命，还是通过生育而生产他人的生命，就立即表现为双重关系：一方面是自然关系，另一方面是社会关系。"① 他们从生产力与生产关系的形成角度，首次提出了"两种生产"理论。但是，由于"两种生产"理论与人类血族关系的发展、家庭的演变、私有制的起源和国家的产生紧密相连，所以，在这些问题尚未被科学解决之前，"两种生产"理论并没有进一步深化。至《家庭、私有制和国家的起源》，恩格斯对这些问题的认识有了质的突破，并以此为理论依据，集中、精辟地阐述了"两种生产"理论。他指出："根据唯物主义观点，历史中的决定性因素，归根结底是直接生活的生产和再生产。但是，生产本身又有两种。一方面是生活资料即路易斯·亨利·摩尔根《古代社会，或人类从蒙昧时代经过野蛮时代到文明时代的发展过程的研究》1877 年伦敦麦克米伦公司版。该书在美国刊印，在伦敦极难买到，作者已于数年前去世。食物、衣服、住房以及为此所必需的工具的生产；另一方面是人自身的生产，即种的繁衍。一定历史时代和一定地区内的人们生活于其下的社会制度，受着两种生产的制约：一方面受劳动的发展阶段的制约，另一方面受家庭的发展阶段的制约。劳动越不发展，劳动产品的数量越少，从而社会的财富越受限制，社会制度就越在较大程度上受血族关系的支配。然而，在以血族关系为基础的这种社会结构中，劳动生产率日益发展起来；与此同时，私有制和交换、财产差别、使用他人劳动力的可能性，从而阶级对立的

① 《马克思恩格斯文集》第 1 卷，人民出版社，2009，第 532 页。

基础等等新的社会成分，也日益发展起来；这些新的社会成分在几个世代中竭力使旧的社会制度适应新的条件，直到两者的不相容性最后导致一个彻底的变革为止。以血族团体为基础的旧社会，由于新形成的各社会阶级的冲突而被炸毁；代之而起的是组成为国家的新社会，而国家的基层单位已经不是血族团体，而是地区团体了。在这种社会中，家庭制度完全受所有制的支配，阶级对立和阶级斗争从此自由开展起来，这种阶级对立和阶级斗争构成了直到今日的全部成文史的内容。"①

从"两种生产"理论可以看出，物质生活资料的生产和人自身的生产构成人类直接生活的生产和再生产；两种生产决定人类历史的发展，一定时代、一定地区内的人们生活于其下的社会制度，受两种生产的制约；两种生产互为条件，不可分割；在历史发展的不同阶段，两种生产对社会制度的制约程度互不相同。一般来讲，在物质生产或劳动不发达的情况下，社会制度在较大程度上受血缘关系的制约；在物质生产或劳动发达的情况下，社会制度则在较大程度上受所有制关系的制约。对此，恩格斯指出，在原始"母权制"家庭制度时期，共产制的家庭经济是原始社会的物质基础。但是，当人类社会发展至更高阶段的私有制时期，直接物质生活资料的生产和再生产对历史发展的决定作用则更为突出。

恩格斯在《家庭、私有制和国家的起源》中对"两种生产"理论的集中阐述，进一步丰富和发展了唯物史观。他对"两种生产"理论的科学论证表明，唯物史观的基本原理不仅适应于阶级社会，而且也适应阶级社会之前的原始社会。

三　国家的起源及其实质

在《家庭、私有制和国家的起源》中，恩格斯还揭示了国家的起源及其阶级实质，深化了"市民社会决定国家"的理论。

国家不是从来就有的，而是社会发展到一定历史阶段的产物。在原始社会末期，伴随着氏族制度的瓦解，社会分裂为自由民和奴隶、进行剥削的富人和被剥削的穷人两个利益对立的阶级。这种阶级对立愈演愈烈，社会矛盾日益恶化。为了调控这种对立，把对立保持在秩序的范围

---

① 《马克思恩格斯文集》第4卷，人民出版社，2009，第15～16页。

之内，国家的产生就成为现实的必要。"国家是社会在一定发展阶段上的产物；国家是承认：这个社会陷入了不可解决的自我矛盾，分裂为不可调和的对立面而又无力摆脱这些对立面。而为了使这些对立面，这些经济利益互相冲突的阶级，不致在无谓的斗争中把自己和社会消灭，就需要有一种表面上凌驾于社会之上的力量，这种力量应当缓和冲突，把冲突保持在'秩序'的范围以内；这种从社会中产生但又自居于社会之上并且日益同社会相异化的力量，就是国家。"①

国家不同于氏族，国家按地区来划分国民，而氏族是按血缘关系来划分的。国家建立了与居民相脱离的公共权力，而氏族是居民自己组织成为武装力量。国家的实质在于它的阶级性，是阶级统治的工具。正如恩格斯指出："由于国家是从控制阶级对立的需要中产生的，由于它同时又是在这些阶级的冲突中产生的，所以，它照例是最强大的、在经济上占统治地位的阶级的国家，这个阶级借助于国家而在政治上也成为占统治地位的阶级，因而获得了镇压和剥削被压迫阶级的新手段。"② 这样，奴隶社会是奴隶主的国家，封建社会是封建主的国家，资本主义社会则是资产阶级的国家。

国家是私有制和阶级对立条件下的历史产物，正如它不可避免地产生一样，也会不可避免地消失。"随着阶级的消失，国家也不可避免地要消失。在生产者自由平等的联合体的基础上按新方式来组织生产的社会，将把全部国家机器放到它应该去的地方，即放到古物陈列馆去，同纺车和青铜斧陈列在一起。"③

四　上层建筑的相对独立性及其能动反作用

恩格斯晚年写的几封被称为"关于历史唯物主义的通信"的书信，突出强调了上层建筑的相对独立性及其对经济基础的能动反作用，发展和完善了唯物史观的基本原理。

1890 年 9 月 21 日，恩格斯在《致约·布洛赫》的书信中，针对当时资产阶级学者巴尔特把唯物史观歪曲为"经济唯物主义"的做法，阐

---

① 《马克思恩格斯文集》第 4 卷，人民出版社，2009，第 189 页。
② 《马克思恩格斯文集》第 4 卷，人民出版社，2009，第 191 页。
③ 《马克思恩格斯文集》第 4 卷，人民出版社，2009，第 193 页。

述了上层建筑在推动历史发展中的能动反作用。他指出："根据唯物史观，历史过程中的决定性因素归根到底是现实生活的生产和再生产。无论马克思或我都从来没有肯定过比这更多的东西。如果有人在这里加以歪曲，说经济因素是唯一决定性的因素，那么他就是把这个命题变成毫无内容的、抽象的、荒诞无稽的空话。经济状况是基础，但是对历史斗争的进程发生影响并且在许多情况下决定着这一斗争的形式的，还有上层建筑的各种因素：阶级斗争的各种政治形式及其成果——由胜利了的阶级在获胜以后确立的宪法等等，各种法的形式以及所有这些实际斗争在参加者头脑中的反映，政治的、法律的和哲学的理论，宗教的观点以及它们向教义体系的进一步发展。这里表现出这一切因素间的相互作用。"① 可见，恩格斯阐明了一个极其重要的唯物史观观点，即历史的发展是经济基础的各种因素和上层建筑的各种因素相互作用的结果，但归根到底，经济因素起决定作用。

1893 年 7 月 14 日，在《恩格斯致弗兰茨·梅林》的信中，恩格斯深刻剖析了意识形态的相对独立性及其在社会发展中的重要作用。其一，恩格斯指明了他和马克思过去没有突出意识形态相对独立性的原因，即他们"首先是把重点放在从基本经济事实中引出政治的、法的和其他意识形态的观念以及以这些观念为中介的行动，而且必须这样做"。但是他们在这样做的时候，"为了内容方面而忽略了形式方面"，以至于给巴尔特以"称心的理由来进行曲解或歪曲"② 唯物史观。其二，恩格斯说明了意识形态的相对独立性。意识形态有非常深厚的物质根源，但这并不否认它有相对独立的发展历史。"在每一科学领域中都有一定的材料，这些材料是从以前的各代人的思维中独立形成的，并且在这些世代相继的人们的头脑中经过了自己的独立的发展道路。"③ 当然，意识形态的这种独立性是相对的，其背后隐藏着深刻的物质根源。如果无限制地夸大这种独立性的话，只会使人们陷入唯心主义。其三，恩格斯阐明了意识形态对历史发展的能动反作用。众所周知，社会存在决定社会意识，社会意识对社会存在具有能动的反作用。"一种历史因素一旦被其他的、归根

---

① 《马克思恩格斯文集》第 10 卷，人民出版社，2009，第 591 页。
② 《马克思恩格斯文集》第 10 卷，人民出版社，2009，第 657 页。
③ 《马克思恩格斯文集》第 10 卷，人民出版社，2009，第 658 页。

到底是经济的原因造成了，它也就起作用，就能够对它的环境，甚至对产生它的原因发生反作用。"① 意识形态的反作用是有条件、有限度的，通常以服务于经济基础的形式表现出来。但如果对其过分夸大，也会使人们陷入唯心主义。

此外，1894 年 1 月 25 日，恩格斯在《致瓦尔特·博尔吉乌斯》的信中，还系统地阐述了经济基础和上层建筑各因素间的相互作用在推动历史发展中的作用。"政治、法、哲学、宗教、文学、艺术等等的发展是以经济发展为基础的。但是，它们又都互相作用并对经济基础发生作用。这并不是说，只有经济状况才是原因，才是积极的，其余一切都不过是消极的结果，而是说，这是在归根到底不断为自己开辟道路的经济必然性的基础上的相互作用。"② 一句话，历史的发展是基于经济基础之上的多种因素共同作用、合力的结果。

综上所述，恩格斯晚年根据新的材料、针对新的问题，在时代认识和时代实践中发展了唯物史观，进一步完善了其理论体系。

---

① 《马克思恩格斯文集》第 10 卷，人民出版社，2009，第 659 页。
② 《马克思恩格斯文集》第 10 卷，人民出版社，2009，第 668 页。

第五章　实践与马克思主义理论整体的创立（三）

马克思主义理论整体创立的显著标志之一，是马克思主义政治经济学的创立。在马克思主义理论整体中，马克思主义政治经济学研究的根本问题是资本主义社会的实践本质及其发展规律，而资本主义社会的实践本质及其发展规律的秘密则存在于工人阶级生产商品的劳动过程当中。

马克思运用辩证唯物主义和历史唯物主义的世界观和方法论，对工人阶级在商品经济中的实践活动及其社会作用进行了分析，创立了马克思主义政治经济学。马克思主义政治经济学以科学的劳动价值理论为基础，以剩余价值理论为核心。劳动价值论和剩余价值论构成了马克思的价值理论，价值理论是马克思主义政治经济学的主体或主干，是认识工人阶级创造资本主义社会历史的钥匙。因此，马克思主义政治经济学的创立主要表现为价值理论的创立。马克思价值理论的创立经历了从萌芽到形成的发展过程。那么，实践与马克思主义价值理论的创立有怎样的内在关联性？

第一节　马克思早期实践与价值理论的萌芽

马克思价值理论，是欧洲 19 世纪上半叶社会经济实践发展的产物。一方面，生产力的巨大发展夯实了社会化大生产的基础，资本主义生产方式日趋成熟，复杂的经济现象之间的内在联系日益丰富，工人阶级生产劳动的作用、剩余价值的存在和作用都得到充分的显现，理论研究具备了典型的实践样本；另一方面，随着资产阶级在经济、政治上取得统治和支配地位，无产阶级逐渐成为一个重要的社会阶级，并在 19 世纪 30～40 年代作为独立的政治力量登上历史舞台，在争取自身权利、反对资产阶级的斗争中，提出了创建自己理论的迫切需要。马克思回应时代呼唤，运用唯物史观和辩证法，对各种经济现象与社会矛盾进行考察和研究，在批判继承古典政治经济学的劳动价值理论基础上不断开辟研究领域，历经40年的艰苦卓绝的理论创造，揭示和阐释了一系列经济范畴，探讨了一系列经济规律，这些范畴和规律汇聚成马克思关于劳动价值、剩余价值的理论。马克思的价值理论实现了政治经济学史上划时代的变革。

一　马克思价值理论创立的萌芽时期

19世纪40年代初期，是马克思学术生涯的第一阶段，也是他创立价值理论的萌芽阶段。

1842年10月，马克思任职于《莱茵报》，登上社会舆情的高地，接触到社会生活实践中的大量问题：林木盗窃和地产析分、摩塞尔地区农民贫困原因的论争、自由贸易和保护关税的博弈等。对这些与物质利益有关的具体问题，马克思很难用他热衷的哲学、历史学知识发表高水平的意见，但他感觉到决定国家生活的某种"客观关系"的存在，虽然他还不清楚决定国家政治的那个客观关系是什么，但对这个关系的思考和研究，正是推动他去研究市民社会，从而转向经济学、创建价值理论的最初动因，并因此深入研究越来越具体的现实的政治、社会和经济问题。

《莱茵报》因不断发表一些让政府难堪的文章而遭到特别严格的双重检查，1843年3月17日，马克思声明退出编辑部，有机会"从社会舞台退回书房"[1] 去解决使他"苦恼的疑问"[2]。这个疑问，正是他发现的黑格尔哲学与现实的矛盾，即法律和国家同那个"客观关系"的关系究竟是什么的问题。1843年3月中旬至9月底，马克思完成了《黑格尔法哲学批判》一文的写作。他认为，与黑格尔恰好相反，国家和法不能从它们本身来理解，也不能从精神层面来理解，而只能从物质生活关系，也就是从市民社会来理解。因此，必须在政治经济学中寻求对市民社会的解剖，才能正确地理解国家的本质。从这个观点出发，马克思迫切需要彻底地研究市民社会，"而对市民社会的解剖应该到政治经济学中去寻求"[3]。于是，研究经济问题成为题中应有之义。

---

① 《马克思恩格斯文集》第2卷，人民出版社，2009，第589页。
② 《马克思恩格斯文集》第2卷，人民出版社，2009，第591页。
③ 《马克思恩格斯文集》第2卷，人民出版社，2009，第591页。

二 马克思价值理论创立萌芽时期的代表作及其主要思想

（一）"巴黎手稿"和《1844年经济学哲学手稿》

从1843年年底开始，马克思阅读了法国和英国众多经济学家的著作，还有恩格斯的《政治经济学批判大纲》，并做了摘要和评注，一共有七个笔记本，这些笔记后来被人称为"巴黎笔记"。

马克思原本就有写"政治和政治经济学批判"著作的计划，此时，利用这些笔记开始系统地整理自己的研究心得。1844年4~8月，马克思把三个不同领域的学术研究结合起来，即对古典政治学的研究、对法国社会主义和共产主义流派的研究、对德国古典哲学的研究，对它们进行了全面的分析批判，写下了颇具特色的手稿，这是马克思研究政治经济学的第一个成果，即《1844年经济学哲学手稿》。

《1844年经济学哲学手稿》（以下简称《手稿》）由写在三个笔记本中的未完成的手稿组成，这可视为马克思为"政治和政治经济学批判"所做的准备工作。《手稿》指出，资产阶级的国民经济学视私有制为一切物质生产的自然的和永恒的前提条件，因而并不能说明劳动和资本分离以及资本和土地分离的原因。事实上，推理过程、逻辑结论的正确与否取决于逻辑前提，马克思结合资本主义经济制度剖析资产阶级经济学，得出了自己的结论。《手稿》的基本思想有四个方面。

第一，揭示亚当·斯密学说的矛盾，初步提出了无产阶级政治经济学研究的基本任务。工资、利润和地租是斯密价值理论的核心因素，在他看来，工人、资本家和土地所有者的收入形式是收入、交换价值的原因和自然价格的组成部分。马克思把斯密学说中的工资、资本的利润和地租这三个经济范畴加以比较分析，揭示了斯密学说的矛盾："依照概念来说，地租和资本利润是工资受到的扣除。但是，在现实中，工资是土地和资本让工人得到的一种扣除，是从劳动产品中让给工人、让给劳动的东西。"[①] "我们现在必须弄清楚私有制、贪欲以及劳动、资本、地产三者的分离之间，交换和竞争之间、人的价值和人的贬值之间、垄断和

---

① 《马克思恩格斯文集》第1卷，人民出版社，2009，第123页。

竞争等等之间以及这全部异化和货币制度之间的本质联系。"①

第二，详细分析了资本主义社会条件下的异化劳动。"马克思论述异化劳动理论是以对国民经济学进行总的批判为基础的。他在开篇首先研究了工资、利润、地租三个基本的经济范畴，剖析了资本主义社会的阶级结构，揭示了资本主义社会阶级对立及其尖锐化的原因，论证了无产阶级的历史地位和作用。"② 马克思在《手稿》中描述并分析了资本主义社会的异化现象，他的异化理论包含以下四重含义：工人同自己的劳动产品相异化，工人同自己的生产活动相异化，人同自己的类本质相异化，人同人相异化。人同自己的劳动产品、自己的生命活动、自己的类本质相异化的直接结果就是人同他人、他人的劳动、劳动产品相异化③。

第三，马克思尝试对取代资本主义制度的新社会的本质特征，即对共产主义进行理论论证。马克思通过分析在资本主义生产条件下劳动者及其劳动产品的对立关系，揭示出国民经济学中提到的作为一切财富源泉的劳动其实是一种异化了的劳动，而扬弃异化的途径就是共产主义。"共产主义是对私有财产即人的自我异化的积极的扬弃，因而是通过人并且为了人而对人的本质的真正占有；因此，它是人向自身、也就是向社会的即合乎人性的人的复归，这种复归是完全的复归，是自觉实现并在以往发展的全部财富的范围内实现的复归。"④

第四，对黑格尔的辩证法和整个哲学的批判。马克思肯定了费尔巴哈对唯物主义的贡献，批判了黑格尔的唯心主义，同时也阐发了黑格尔辩证法的积极成果。

总的说来，《手稿》"反映了马克思对哲学和政治经济学结合的整体研究，是马克思经济思想发展初期的标志性著作"⑤。在《手稿》中，马克思对涉及哲学、政治经济学和共产主义理论的各种历史文献和思想观点进行了系统的批判性考察，在剖析资本主义经济制度和资产阶级经济

① 《马克思恩格斯文集》第1卷，人民出版社，2009，第156页。
② 张雷声：《马克思的第一部经济学著作的手稿——〈1844年经济学哲学手稿〉研读》，《思想理论教育导刊》2014年第9期。
③ 参见《马克思恩格斯文集》第1卷，人民出版社，2009，第161~166页。
④ 《马克思恩格斯文集》第1卷，人民出版社，2009，第185页。
⑤ 张雷声：《马克思的第一部经济学著作的手稿——〈1844年经济学哲学手稿〉研读》，《思想理论教育导刊》2014年第9期。

学的过程中，提出了一系列自己的新观点。同时应当看到，马克思的唯物史观尚未系统化以及资产阶级经济学说内在的科学性与非科学性因素的交织，使得马克思在深入经济学的内核时，难免陷入理论的混沌，价值理论的若干核心概念内涵未能廓清。

（二）《神圣家族》

1844 年 9 ~ 11 月，马克思和恩格斯合著的《神圣家族》，批判了青年黑格尔派和黑格尔本人的唯心主义哲学观点，初步阐述了唯物史观的一些重要思想。

（1）缘起。早在 1842 年夏季，柏林的青年黑格尔派就创立了"自由人"小组，热衷于唯心主义哲学思辨和抽象的哲学争论。随着马克思恩格斯世界观的转向，他们同青年黑格尔派的分歧发展到了在理论上和政治上根本对立的程度。为捍卫自己的世界观和政治抱负，他们决定共同撰写这部著作。从 1844 年 8 月底到 9 月初，二人共同拟定大纲、分割写作任务、合写了"序言"，马克思在撰写的时候，利用了自己在《1844 年经济学哲学手稿》中的研究成果。

（2）主要观点。①针对鲍威尔等宣扬的唯心史观，指出在历史发展中起决定作用的是物质生产而不是自我意识，强调必须从社会物质生产出发来观察历史。②批判私有制，阐明无产阶级的历史使命，指出："私有财产在自己的国民经济运动中自己使自己走向瓦解。"[1] ③"无产阶级执行着雇佣劳动由于为别人生产财富、为自己生产贫困而给自己做出的判决，同样，它也执行着私有财产由于产生无产阶级而给自己做出的判决。"[2] ④"无产阶级能够而且必须自己解放自己"。[3] ⑤论证了人民群众在历史发展中的作用，指出："历史活动是群众的活动。"[4]

（3）基本结论。总体而言，在《神圣家族》中，马克思恩格斯已经阐明了人类历史的基本内容是物质生产的观点，明确表达了社会存在决定社会意识、社会经济基础决定上层建筑的思想，人们的社会生产总是以一定的客观物质条件为前提的，人与物的关系背后总是存在人与人的

---

[1] 《马克思恩格斯文集》第 1 卷，人民出版社，2009，第 261 页。
[2] 《马克思恩格斯文集》第 1 卷，人民出版社，2009，第 261 页。
[3] 《马克思恩格斯文集》第 1 卷，人民出版社，2009，第 262 页。
[4] 《马克思恩格斯文集》第 1 卷，人民出版社，2009，第 287 页。

社会关系。这些历史唯物主义的基本观点，成为他们剖析资本主义生产方式、透视商品经济运行的思想武器，为创建劳动价值论和剩余价值理论奠定了方法论基础。

第二节　马克思价值理论的形成

马克思从1847年写《哲学的贫困》到1867年《资本论》第一卷发表以前，花了二十年的时间，透过商品现象逐渐揭示商品价值的本质及其表现形式，运用劳动二重性理论改造古典经济学的劳动价值理论，进而创立了剩余价值理论，最终形成了系统的、完整的价值学说。

一　马克思价值理论的形成时期

19世纪40年代中后期至19世纪60年代中期是马克思价值理论的形成时期。马克思创立价值理论是时代实践主题凸显、世界观方法论转变、理论基础建构等系列原因的结果。从这个意义上讲，马克思价值理论是与马克思主义理论整体一同创立的。

这一时期，马克思思想特点是唯物史观的形成与运用和对劳动价值理论的肯定。在经济学研究初期遇到的方法论障碍，迫使马克思在1845年年末暂时中断政治经济学的研究，再次转向对意识形态的批判，清算从前的哲学信仰。《关于费尔巴哈的提纲》被恩格斯誉为"包含着新世界观的天才萌芽的第一个文献"[1]。该著作中阐发的实践观成为马克思第一次全面制定唯物史观的理论基础。马克思把人理解为富于自身创造力的活生生的现实的人。人是自己劳动创造的产物，人的本质就在生产实践之中。因此，只有把"对象、现实、感性"看成"感性活动""并合理地理解为革命的实践"[2]，才能最终实现主观与客观、思维与存在、自然世界和属人世界的真正统一。

科学实践观的确立，使马克思的哲学最终摆脱了单纯思辨的传统，开始从人的实践活动出发，来观察事物、现实和感性，使唯物主义的世

---

① 《马克思恩格斯文集》第4卷，人民出版社，2009，第266页。
② 《马克思恩格斯文集》第1卷，人民出版社，2009，第500页。

界观在历史领域中得到了科学的诠释。在《德意志意识形态》中，马克思和恩格斯提出并论证了社会存在决定社会意识的原理，并指出生产方式在人们的整个社会生活中的决定作用。新世界观的创立，不仅完成了哲学和历史观中的根本变革，而且用真正科学的研究方法武装了政治经济学，也给马克思的经济学研究开辟了新的视野，成为进一步研究政治经济学的基础。

虽然《德意志意识形态》没有直接论证劳动价值论，却确定了研究政治经济学的基点，即从生产（不是消费）出发来研究整个政治经济学。马克思在创立唯物史观的同时接受了劳动价值理论。因为马克思的唯物史观越成熟，其对政治经济学的研究就越深入，从而更加肯定了人们的生产活动（即劳动）在整个社会生活中决定性的基础地位，使劳动成为商品生产者之间的社会关系的基础。在其后的《哲学的贫困》中，马克思已经明确站在了维护劳动价值论的立场上，但这并不是简单的赞同古典经济学的观点，而是运用唯物史观这一崭新的方法论工具来分析价值理论，赋予李嘉图理论新的内容，这就为制定科学的价值理论奠定了坚实的基础。

二　马克思价值理论形成的代表作及其主要思想

马克思价值理论的形成是一个与实践相连、与思想同步的创造过程。马克思创立价值理论的串串足迹，被生动地记录在马克思于 19 世纪 40 年代中后期至 19 世纪 60 年代中期撰写的一系列著作之中。

（一）《哲学的贫困》

1847 年 7 月，《哲学的贫困》在布鲁塞尔和巴黎以法文的形式出版。这是马克思批判蒲鲁东、阐发新的历史观和新的经济观的重要著作。

1846 年圣诞节，马克思读了刚出版的蒲鲁东的著作《经济体系的矛盾，或贫困的哲学》，发现蒲鲁东虽举着"社会主义"大旗，却认为私有制和交换"在本质上是正义的"、永恒的，主张通过和平改良的方式消除资本主义社会的矛盾和贫困，力图在保存小私有制的基础上实现社会的普遍平等与幸福。12 月 28 日，马克思在给俄国文学评论家和政论家帕·瓦·安年科夫的信中，对蒲鲁东的唯心主义和形而上学的观点做了详细的评论，信中表述的思想后来成为马克思撰写《哲学的贫困》的基础。1847 年 1 月马克思开始撰写，4 月交稿并付印。马克思在这部著作中开始形成关于价值理论的一系列重要观点。

第一，首次对李嘉图的价值理论进行深刻的评价。在批判蒲鲁东的"构成价值"理论时，马克思肯定了李嘉图用"制造商品所需的劳动量"来确定商品价值的观点，认可他的理论体系。"在李嘉图看来，劳动时间确定价值这是交换价值的规律……李嘉图的价值论是对现代经济生活的科学解释……李嘉图从一切经济关系中得出他的公式，并用来解释一切经济现象，甚至如地租、资本积累以及工资和利润的关系等那些骤然看来好像是和这个公式抵触的现象，从而证明他的公式的真实性；这就使他的理论成为科学的体系。"①

第二，批判蒲鲁东的错误观点，指出经济范畴的历史性。马克思指出："经济范畴只不过是生产的社会关系的理论表现，即其抽象。真正的哲学家蒲鲁东先生把事物颠倒了，他认为现实关系只是一些原理和范畴的化身。……生产关系和生产力密切相联。随着新生产力的获得，人们改变自己的生产方式，随着生产方式即谋生的方式的改变，人们也就会改变自己的一切社会关系。手推磨产生的是封建主的社会，蒸汽磨产生的是工业资本家的社会。人们按照自己的物质生产率建立相应的社会关系，正是这些人又按照自己的社会关系创造了相应的原理、观念和范畴。所以，这些观念、范畴也同它们所表现的关系一样，不是永恒的。它们是历史的、暂时的产物。"②

第三，确立了"价值由劳动时间来衡量"的命题，探讨了"简单劳动日"和"复杂劳动日"的关系。

第四，探究了资本主义经济危机产生的根源。马克思指出："人们一再迫切希望实现的这种供求之间的正确比例早就不存在了。它已经过时了；它只有在生产资料有限、交换是在极狭隘的范围内进行的时候，才有可能存在。随着大工业的产生，这种正确比例必然消失；由于自然规律的必然性，生产一定要经过繁荣、衰退、危机、停滞、新的繁荣等等周而复始的更替。"比例失调的原因在于："大工业由于它所使用的工具

---

① 《马克思恩格斯全集》第 4 卷，人民出版社，1958，第 92 ~ 93 页。
② 《马克思恩格斯文集》第 1 卷，人民出版社，2009，第 602 ~ 603 页。

的性质，不得不经常以愈来愈大的规模进行生产，它不能等待需求。生产走在需求前面，供给强制需求。"①

第五，分析了货币的起源、本质与职能。马克思对货币的认识有：货币所表现的关系也像其他经济关系一样，是一种生产关系，这种关系正如个人交换一样，是和一定的生产方式相适应的；货币之所以用金银来充当，不能用生产关系的总体性来解释，应该用金银作为一种物质所固有的特性来解释；金银之所以永远能够交换，是由于它们具有作为普遍交换手段的特殊职能。

第六，超越亚当·斯密的分工思想。马克思分析了历史上各种不同的社会分工，将社会分工与作坊内的分工进行对比，在分工理论上超越了亚当·斯密。马克思在这里提出的分工理论，后来在《资本论》中得到了更为系统的阐发。

第七，分析了竞争与垄断的关系。"垄断产生着竞争，竞争产生着垄断。垄断者彼此竞争着，竞争者变成了垄断者。如果垄断者用局部的联合来限制彼此间的竞争，工人之间的竞争就要加剧；对某个国家的垄断者来说，无产者群众越增加，各国垄断者之间的竞争就越疯狂。……垄断只有不断投入竞争的斗争才能维持自己。"②

第八，解析了"租"的内涵。"租是土地经营赖以进行的社会关系产生的结果。它不可能是土地所具有的多少是稳固的持续的本性的结果。租来自社会，而不是来自土壤。""由于这些改良，租佃者可以避免用更多的劳动量获得比较少的产品。这时，他不需要耕种劣等地，他在同一块土地上的连续投资可以保持相同的生产率。"③ 马克思的认识已经接近区分两种不同的级差地租。

第九，马克思认为："被压迫阶级的解放必然意味着新社会的建立。"④ 在资本主义社会里，"劳动阶级解放的条件就是要消灭一切阶级；劳动阶级在发展进程中将创造一个消除阶级和阶级对抗的联合体来代替

---

① 《马克思恩格斯全集》第 4 卷，人民出版社，1958，第 109 页。
② 《马克思恩格斯文集》第 1 卷，人民出版社，2009，第 637 页。
③ 《马克思恩格斯文集》第 1 卷，人民出版社，2009，第 648 页。
④ 《马克思恩格斯文集》第 1 卷，人民出版社，2009，第 655 页。

旧的市民社会；从此再不会有原来意义的政权了"①。

总之，《哲学的贫困》一书，正如马克思后来在《政治经济学批判（序言）》中所说，对马克思主义政治经济学中有决定意义的论点（其中当然包括关于价值的论点），"第一次作了科学的、虽然只是论战性的概述"②。1880 年再版这部著作时，马克思说："在该书还处于萌芽状态的东西，经过二十年的研究之后，变成了理论，在《资本论》中得到了发挥。"③

（二）《雇佣劳动与资本》

1847 年 12 月，马克思在布鲁塞尔德意志工人协会做了几次讲演，根据这些讲演的部分内容，马克思写了《雇佣劳动与资本》，并于 1849 年 4 月 5～11 日在《新莱茵报》上以论文的形式分期部分发表。

《雇佣劳动与资本》的主旨，是向工人阐明资本主义制度下劳动和资本关系的实质，即资本剥削雇佣劳动，驳斥那些宣扬"资本家和工人的利益是一致的"④ 的观点，从而阐明无产阶级的阶级地位及其历史使命。这是马克思第一次公开地从正面阐明自己的价值理论。其主要内容有五个方面。

第一，分析了资本主义工资的本质。在现象上，资本家用货币购买到的是工人的劳动，"但这只是假象"，实际上工人出卖的是劳动力，"劳动力是一种商品"，劳动力成为商品是特定生产方式的产物，资本家支付给工人的"工资是一定商品即劳动力的价格"⑤。

第二，考察了决定商品价格的因素。商品的价格是由什么决定的？马克思认为："它是由买者和卖者之间的竞争即需求和供给的关系决定的。"⑥ 而且，决定商品价格的竞争包括卖者之间的竞争、买者之间的竞争、买卖双方之间的竞争三个方面。"那么需求和供给的关系又是由什么决定的呢？"⑦ 他认为："供给和需求的波动，总是会重新把商品的价格

---

①　《马克思恩格斯文集》第 1 卷，人民出版社，2009，第 655 页。

②　《马克思恩格斯文集》第 2 卷，人民出版社，2009，第 593 页。

③　《马克思恩格斯全集》第 19 卷，人民出版社，1963，第 248 页。

④　《马克思恩格斯文集》第 1 卷，人民出版社，2009，第 727 页。

⑤　《马克思恩格斯文集》第 1 卷，人民出版社，2009，第 713～717 页。

⑥　《马克思恩格斯文集》第 1 卷，人民出版社，2009，第 717 页。

⑦　《马克思恩格斯文集》第 1 卷，人民出版社，2009，第 719 页。

引导到生产费用的水平。"各种商品是依其生产费用而互相交换的，因此，商品的价格是"总是由它的生产费用决定的"，"就等于说价格由生产商品所必需的劳动时间决定"①。可见，马克思已经把竞争和供求关系理解为影响价格的机制。

第三，分析了劳动力的生产费用，即劳动力的价格决定。马克思认为，劳动力的生产费用"就是为了使工人保持其为工人并把他训练成为工人所需要的费用"，它"由必要生活资料的价格决定"，"是维持工人生存和延续工人后代的费用"②，这是最低工资的限度，这种最低工资额不是就单个人来说的，而是就整个种属来说的。不仅如此，马克思还进一步区分了名义工资与实际工资，提出了相对工资和比较工资的概念，提出了"工资和利润是互成反比的"③、"资本的利益和雇佣劳动的利益是截然对立的"④ 等看法。

第四，进一步分析了资本，揭露了资本的本质。马克思第一次明确地指出，资本不是物，而是一种特定的社会生产关系，"是资产阶级的生产关系，是资产阶级社会的生产关系"。"除劳动能力以外一无所有的阶级的存在是资本的必要前提。"⑤ 资本以雇佣劳动为前提，而雇佣劳动又以资本为前提，资本的增加就是无产阶级的增加。"资本的实质并不在于积累起来的劳动是替活劳动充当进行新生产的手段。它的实质在于活劳动是替积累起来的劳动充当保存并增加其交换价值的手段。"⑥在此，马克思已经离正确揭示剩余价值的秘密很近了。

第五，分析了生产资本的增加对工资的影响。马克思认为，随着生产资本的增加，分工和采用机器的范围就会扩大，而"分工和采用机器的范围越扩大，工人之间的竞争就越剧烈，他们的工资就越减少"。"产业地震"就越来越频繁。"这种危机之所以越来越频繁和剧烈，就是因为随着产品总量的增加，亦即随着对扩大市场的需要的增长，世界市场

---

① 《马克思恩格斯文集》第 1 卷，人民出版社，2009，第 720、733、721 页。
② 《马克思恩格斯文集》第 1 卷，人民出版社，2009，第 722~723 页。
③ 《马克思恩格斯文集》第 1 卷，人民出版社，2009，第 732 页。
④ 《马克思恩格斯文集》第 1 卷，人民出版社，2009，第 734 页。
⑤ 《马克思恩格斯文集》第 1 卷，人民出版社，2009，第 724~726 页。
⑥ 《马克思恩格斯文集》第 1 卷，人民出版社，2009，第 726 页。

变得日益狭窄了，剩下可供榨取的新市场日益减少了。"① 这是马克思首次提出对资本主义经济危机"市场论"的解释。

在《雇佣劳动与资本》这一著作中，马克思研究了雇佣劳动和资本之间的关系，指出劳动力成为商品是资本主义生产方式的特征，这就使马克思最终解决了劳动一方面作为价值，另一方面又作为价值形成要素而存在的矛盾。这种特殊的商品作为劳动的结果时是价值，作为一种活动时是价值形成的要素，而商品的价值由生产它所耗费的价值量决定，因此这是两个不同的量。马克思在承认劳动价值论的基础之上运用该理论去研究雇佣工人用来交换工资的那种特殊商品，于是就形成了剩余价值理论的最初观点。当然这一理论是不成熟的，仍然带有李嘉图理论的胎记。由于马克思已经开始运用唯物史观这一新世界观解剖资本主义生产过程了，于是新的发现出现也只是时间的问题。

（三）《伦敦笔记》

24 本、共计 1250 多页的《伦敦笔记》，写于 1850 年 9 月至 1853 年 8 月，是马克思对所阅读文献的摘录、评注和一些统计资料的记录，以及为某些专题写的手稿。

（1）《伦敦笔记》的写作背景。1849 年 8 月，马克思因从事领导和组织工人运动遭法国政府驱逐来到伦敦。在大英博物馆图书馆的阅览室里，马克思通过《经济学家》杂志了解到英国和北美的经济形势。他认为，在资本主义处于繁荣时期资产阶级的政治地位非常巩固，无产阶级不应该贸然行动，而应该集中精力进行革命理论准备，特别是政治经济学研究。马克思身体力行，广泛阅读了休谟、洛克、劳埃德、李嘉图、斯密、托伦斯、弗拉顿、斯图亚特、拉姆赛、马尔萨斯、凯里、霍普金斯、威克菲尔德、安德森等众多经济学家的著作，并从中学习了货币银行和信用理论以及地租理论。同时马克思还关注工人状况、自然科学和技术史、工艺史和发明史、殖民地等各方面的问题，并围绕这些问题阅读文献，写下了大量笔记，即《伦敦笔记》。

（2）《伦敦笔记》的结构和主要内容。笔记内容十分广泛，第 1～7 本笔记主要是关于货币理论，包括：①英国"通货原理"与"银行理

---

① 《马克思恩格斯文集》第 1 卷，人民出版社，2009，第 741～742 页。

论"两派的论战；②李嘉图货币数量理论的摘录、评析。李嘉图认为是流通中货币数量决定商品价格，马克思认为是流通中的商品价格总额决定流通中的货币数量。在第 8 本之后的笔记中，马克思开始涉猎价值、利润、工资、地租等经济学原理。

1854 年年底至 1855 年年初，马克思对这部笔记编制过索引，它是马克思后来创作自己价值理论最重要的资料来源之一。

（四）《1857—1858 年经济学手稿》

《1857—1858 年经济学手稿》是马克思建构自己的经济学体系的第一次尝试。手稿由《导言》《政治经济学批判（1857—1858 年手稿）》组成，被认为是《资本论》的第一稿。

（1）《导言》。《导言》是一篇未完成的手稿，写于 1857 年 8 月下旬，是马克思为他计划中的经济学巨著《政治经济学批判》写的"总的导言"。

第一，《导言》的逻辑结构。①生产一般；②生产、分配、交换和消费之间的一般关系；③政治经济学的方法；④生产资料（力）和生产关系；⑤生产关系和交往关系；等等。

第二，《导言》的主要内容。马克思在《导言》中论述了政治经济学的对象、方法以及经济理论写作框架。一是关于政治经济学的对象。马克思指出，资产阶级经济学家割裂了社会再生产四个环节的内在联系并把它们并列起来，认为发生变化的只是分配方式，往往把分配提到首位，当做政治经济学的研究对象。事实上，生产不是某种抽象的永恒不变的东西，它是由特定社会历史条件决定的，生产是一定社会的生产。马克思把一定社会发展阶段的生产、一定生产关系下的生产，当做自己的研究对象，"现代资产阶级生产——这种生产事实上是我们研究的本题"[1]，在界定了"生产一般"之后，进而阐明了生产、分配、交换、消费四个环节之间辩证统一和相互作用的关系。二是关于政治经济学的研究方法。马克思详细地考察了以往经济学家们建立理论体系的方法，批判地吸收了其中的积极成果，并对黑格尔辩证法进行了唯物主义改造，从而创立了自己的经济学研究方法，即从抽象上升到具体的逻辑方法。

---

[1] 《马克思恩格斯文集》第 8 卷，人民出版社，2009，第 7 页。

他认为，从简单到复杂的逻辑发展进程总的说来是同现实的历史过程相一致的，这种方法是在科学上正确的方法。三是初次提出五篇的研究计划。按照他认定的研究对象和方法，马克思第一次罗列了包括五篇的研究框架："显然，应当这样来分篇：（1）一般的抽象的规定，因此它们或多或少属于一切社会形式，不过是在上面所阐述的意义上。（2）形成资产阶级社会内部结构并且成为基本阶级的依据的范畴。资本、雇佣劳动、土地所有制。它们的相互关系。城市和乡村。三大社会阶级。它们之间的交换。流通。信用事业（私人的）。（3）资产阶级社会在国家形式上的概括。就它本身来考察。'非生产'阶级。税。国债。公共信用。人口。殖民地。向国外移民。（4）生产的国际关系。国际分工。国际交换。输出和输入。汇率。（5）世界市场和危机。"①

　　第三，《导言》的意义。由《导言》的内容、框架可以看出，在这一阶段，马克思的学术研究发生了重大转变，即从对现存的经济学理论批判为主转向经济学体系的构建。马克思在论及经济学研究方法和叙述方法时曾指出："在形式上，叙述方法必须与研究方法不同。研究必须充分地占有材料，分析它的各种发展形式，探寻这些形式的内在联系。只有这项工作完成以后，现实的运动才能适当地叙述出来。这点一旦做到，材料的生命一旦在观念上反映出来，呈现在我们面前的就好像是一个先验的结构了。"② 在此之前，马克思经济学的发展主要是研究过程，即充分地占有经济学的各种材料、分析所有这些材料的各种发展形式以及寻求这些形式的内在联系的过程。以《导言》为起点，马克思从批判巴师夏和凯里等经济学家的理论中，尝试确立以商品范畴为逻辑起点的新体系，反映了马克思以叙述为主的经济学发展的新阶段。这一重大变化的最直接的成果就是1859年《政治经济学批判》第一分册的出版，最重大的成果就是1867年《资本论》第一卷德文第一版的问世。

　　（2）《政治经济学批判（1857—1858年手稿）》。《政治经济学批判（1857—1858年手稿）》写于1857年10月至1858年5月底，是《资本论》的最初草稿，共有7个笔记本，总计在50个印张以上，被认为是

---

① 《马克思恩格斯文集》第8卷，人民出版社，2009，第32~33页。
② 《马克思恩格斯文集》第5卷，人民出版社，2009，第21~22页。

《资本论》创作史和马克思主义经济思想史的第一个里程碑。马克思自述"它是15年的即我一生中的黄金时代的研究成果"①。在这部手稿中，马克思从劳动价值论、货币理论、剩余价值论等方面揭示了资本主义生产方式的运动规律，第一次提出了劳动二重性理论，创立了剩余价值理论，从而实现了他一生中的第二个伟大发现。

1852年年底，马克思的主要精力转向关注英国和欧洲大陆突出的政治经济事件，据此为《纽约每日论坛报》撰写评论文章。这看似中断了经济学研究的举措，实则有助于马克思熟悉当时资本主义经济社会发展的新动向和面临的新问题。1854年年底到1855年年初，马克思重读了他以往十余年间写的经济学笔记，并对这些笔记做了简要的索引，受个人健康和家庭经济困难等因素的影响，他并没有继续坚持对经济学的研究和写作。次年，英国面临着一场新的经济危机，为了迎接危机以后可能来临的无产阶级革命（他当时认为，危机之后革命就将来临），马克思决心在革命的"洪水"到来之前，至少把经济学的一些基本问题搞清楚。1856年下半年，马克思开始通宵达旦地总结他的经济学研究成果，最终实现了经济学领域中的一场真正的革命。

（3）手稿的结构和主要内容。《政治经济学批判（1857—1858年手稿）》的结构是在写作过程中逐步形成的，包括"价值章""货币章""资本章"三章。

手稿一开始是第二章《货币章》。马克思批判了蒲鲁东的"劳动货币论"，批判了古典经济学家在货币、价值理论上的缺陷和错误，论述了商品的二因素及其相互关系、商品价值量与劳动时间的关系、商品的价值与价格的关系，科学地分析了货币的本质。从这些分析中，马克思得出劳动价值论的两个重要结论。第一个结论是："产品的交换价值产生出同产品并存的货币。因此，货币同特殊商品的并存所引起的混乱和矛盾，是不可能通过改变货币的形式而消除的（尽管可以用较高级的货币形式来避免较低级的货币形式所具有的困难），同样，只要交换价值仍然是产品的社会形式，废除货币本身也是不可能的。"② 第二个结论是，货币作

---

① 《马克思恩格斯文集》第10卷，人民出版社，2009，第167页。
② 《马克思恩格斯文集》第8卷，人民出版社，2009，第43页。

为同其他一切商品相对立的特殊商品，作为其他一切商品的交换价值的化身，具有四个重要属性：商品交换的尺度、交换手段、在契约上作为商品的代表、同其他一切特殊商品并存的一般商品。马克思强调："所有这些属性都单纯来自货币是同商品本身相分离的和对象化的交换价值这一规定。"① 货币在其第四个属性上，已表现为资本在历史上的"最初"形式。在转入下一章《资本章》时，马克思专门论述了"货币转化为资本"的历史逻辑过程。总之，尽管当时用"一般劳动"与"特殊劳动"这两个概念来指代具体劳动与抽象劳动，在"货币章"中，马克思确定了以商品范畴为逻辑叙述起点，在他自己的经济学理论体系中成功运用了从抽象上升到具体的总体方法，第一次对劳动价值论进行了较为系统的论述，标志着他实现了劳动价值论的科学革命。劳动价值论是马克思经济学说的基础，也是马克思实现经济学科学革命的最辉煌的成果之一。

在"货币章"之后是第三章"资本章"，包括《资本的生产过程》《资本的流通过程》和《资本作为结果实的东西。利息。利润》三篇。1858年1月16日，马克思在给恩格斯的信中指出："我取得了很大的进展。例如，我已经推翻了迄今存在的全部利润学说。"② 这里提到的"很好的进展"和"推翻了迄今存在的全部利润学说"③，指的就是"资本章"在剩余价值理论研究上的重大突破，其重要标志就是剩余价值范畴的提出。

在《资本的生产过程》这一篇，马克思第一次全面论述了资本与货币的关系，指出商品和货币是考察资本主义经济的必要前提，货币的完成形态表现为资本的最初规定性；创造性地指出了"劳动"与"劳动能力"的区别，基本形成了劳动力商品理论，这是揭示资本运动过程的根本性质，进而创立剩余价值理论的重要基础。马克思深入分析了资本主义的生产过程，揭示了资本生产过程的二重性：一方面表现为一般生产过程中活劳动和它的物质对象之间的自然联系，也就是表现为"简单生产过程"或"劳动过程"；另一方面表现为资本占有劳动而实现价值增

---

① 参见《马克思恩格斯文集》第8卷，人民出版社，2009，第43页。
② 《马克思恩格斯文集》第10卷，人民出版社，2009，第143页。
③ 《马克思恩格斯文集》第10卷，人民出版社，2009，第143页。

殖的特殊的社会关系。根据对资本的生产过程的分析，马克思第一次提出了剩余价值范畴，并揭示了其产生与来源。

在《资本的流通过程》中，马克思基本形成了资本循环和周转理论，并对社会总资本再生产的实现问题进行了初步分析，接近于揭示出社会资本简单再生产的实现条件。

在"资本章"的第三部分（暂定标题是《资本作为结果实的东西。利息。利润》）中，马克思研究了利润、商业资本、生息资本和信用等理论问题，尤以利润为核心和重点。马克思第一次揭示了利润与剩余价值的关系，第一次区分了"资本的生产费用"与"实际的生产费用"，进而考察了利润向平均利润的转化，初步形成了平均利润理论；探讨了利润率的变动规律，初步形成了平均利润率趋向下降规律的理论；从历史的视角说明了商业资本运动的特点及商业利润的来源、生息资本的性质及利息的来源，初步分析了资本主义信用的作用及矛盾。从内容上看，马克思实际上研究了属于资本主义生产总过程的各个方面。

在《政治经济学批判（1857—1858年手稿）》的最后一页上，马克思起草了第一章的开头，虽然这一章以"价值"为标题，但其内容是分析商品。

除此之外，马克思在手稿的不同部分，分别对资本主义经济危机进行了论述，初步提出了经济危机的观点。

基于建构的价值理论，马克思在手稿中还阐述了经济社会形态思想，即论述了人的历史发展的三种社会形式：人的依赖关系，以物的依赖性为基础的人的独立性，建立在个人全面发展和他们共同的、社会的生产能力成为从属于他们的社会财富这一基础上的自由个性。同时，他还考察了资本主义以前的各种所有制形式，评析了机器体系的发展及其应用的重大意义，阐明了科学技术是极其重要的生产力，预测了未来共产主义社会的某些特征。

（4）《政治经济学批判》的"六册计划"和第一分册。在《1857—1858年经济学手稿》的写作过程中，马克思将经济学研究的"五篇结构"变更为"六册结构"。1858年2月22日，马克思在致拉萨尔的信中，首次提到了自己的恢宏构想，他计划写三部著作，其中，"应当首先出版的著作是对经济学范畴的批判，或者，也可以说是对资产阶级经济学体系的批判叙述"①。其次，"关于政治经济学和社会主义的批判及历史应当是另一部著作的对象。最后，对经济范畴或经济关系的发展的简短历史概述，又应当是第三部著作的对象"②。信中马克思更是明确了第一部著作的体系，全部著作分成六个分册，依次为：《资本》《土地所有制》《雇佣劳动》《国家》《国际贸易》《世界市场》③。按照这个计划，在 1858 年最后的两三个月里，马克思完成了"六册结构"的开头部分——第一册《资本》第一部分"资本一般"的起首两章，并于 1859 年 1 月底出版，这就是《政治经济学批判。第一分册》。

《政治经济学批判。第一分册》是马克思的科学劳动价值学说形成过程中的路标。就理论内容而言，第一分册虽然是根据马克思的手稿加工而成的，其主要内容在《资本论》第一卷第一篇中得到了更严密的重述。但是，这一分册中关于资本主义制度下的货币问题、价值和货币学说史、货币计量单位的学说等内容，又是《1857—1858 年经济学手稿》和《资本论》第一卷第一篇中都没有全面反映的。因而，这部著作在理论上仍然具有独立的科学价值。此外，第一分册的问世，还具有重要的政治意义，它使得"（1）蒲鲁东主义被连根铲除了，（2）通过最简单的形式、即商品形式，阐明了资产阶级生产的特殊社会的，而决不是绝对的性质"④。

在出版《政治经济学批判。第一分册》之前，马克思为这部著作写了一篇著名的序言，即《〈政治经济学批判〉序言》，这是一篇经典的马克思主义理论文献，该序言介绍了马克思自己的思想发展和理论形成的过程和逻辑，对历史唯物主义的核心思想做了最为经典的表述。

（五）《1861—1863 年经济学手稿》

1861 年 8 月至 1863 年 7 月，马克思写下了 23 个笔记本、共计 1427 页的《政治经济学批判（1861—1863 年手稿）》，这是马克思继《1857—1858 年手稿》之后写的第二个经济学手稿，是马克思主义经济思想史上的第二个里程碑。手稿在马克思经济学体系结构演进、思想历史研究和

---

① 《马克思恩格斯文集》第 10 卷，人民出版社，2009，第 150 页。
② 《马克思恩格斯文集》第 10 卷，人民出版社，2009，第 150 页。
③ 参见《马克思恩格斯文集》第 10 卷，人民出版社，2009，第 150 页。
④ 《马克思恩格斯全集》第 29 卷，人民出版社，1972，第 445 页。

理论原理创新上取得了显著的成果和成就。

（1）《1861—1863 年经济学手稿》的写作过程。手稿最初是作为《政治经济学批判》第二分册而写的。1859 年 6 月，在柏林出版的《政治经济学批判。第一分册》包含了"商品"和"货币"两章，并且是"绪论性章节"。马克思随后准备写第二分册"资本"，他认为："这个分册具有决定性的重要意义。实际上，这是全部资产阶级污垢的核心……"① 但是，"福格特的丑事占去很多时间"②，直到 1861 年夏天马克思才重拾政治经济学的著述。他先拟定了一个"资本章计划草稿"，把这一章分为四大部分：①资本的生产过程；②资本的流通过程；③资本和利润；④其他。然后，马克思把自己以前的手稿的相关内容分别列入这四大部分的各项之中。这样，《资本论》各卷的结构图被大致勾勒出了，从而成为马克思写手稿的依据。

《1861—1863 年经济学手稿》的写作大体上分为三个阶段。第一阶段是 1861 年 8 月至 1862 年春，所写的手稿包括第Ⅰ～Ⅴ这 5 个笔记本。在这部分手稿中，马克思论述了《资本的生产过程》中的第一章"货币转化为资本"、第二章"绝对剩余价值"和第三章"相对剩余价值"的开头部分。第二个阶段是 1862 年春至 12 月，包括第Ⅵ～ⅩⅤ共 10 个笔记本。这部分手稿后来被编辑为《剩余价值理论》（也称作"《资本论》第四卷"）。大约在 1862 年 1 月，马克思在写作第Ⅵ个笔记本时，中断了对"相对剩余价值"的论述，开始写作"剩余价值理论"这一章。这一章是对剩余价值理论原理做的理论史的考察。第三阶段是 1863 年 1～7 月，包括第ⅩⅥ～ⅩⅩⅢ共 8 个笔记本。在第ⅩⅥ和第ⅩⅦ个笔记本上，马克思论述了原先计划中的"资本和利润"的内容。从第ⅩⅧ个笔记本开始，马克思除了对商人资本和货币资本的某些问题做了补充论述外，还回过来续写了由于写作"剩余价值理论"而中断的"相对剩余价值"这一章及以下各章。手稿的最后几个笔记本，包括马克思打算继续深入研究的有关理论问题的引文摘要。这三个阶段所写作的内容大大超出原先计划的第二分册的内容，马克思在 1862 年 12 月 28 日《致路·库格曼的信》中谈

---

① 《马克思恩格斯文集》第 10 卷，人民出版社，2009，第 178 页。
② 《马克思恩格斯文集》第 10 卷，人民出版社，2009，第 196 页。

道："第二部分终于脱稿……它是第一分册的续篇，将以《资本论》为标题单独出版，而《政治经济学批判》只作为副标题。其实，它只包括本来应构成第一篇第三章的内容，即《资本一般》。这样，这里没有包括资本的竞争和信用。"① 关于写作计划的调整，恩格斯曾经做过解释："第一分册刚出版，马克思就发现他并没有完全弄清楚以后几个分册的基本思想发展中的一切细节；迄今保存下来的手稿是这一点的最好证明。于是他立刻重新开始新的工作，这样，他没有继续出版那几个分册，而是直到 1867 年才出版了'资本论'。第一册：资本的生产过程。"②

（2）《1861—1863 年经济学手稿》中价值理论的新进展。马克思在《1861—1863 年经济学手稿》中对政治经济学的基本原理做了更为深刻全面的阐发。

第一，比较了资本流通与商品流通。马克思首次对"资本最初的表现形式"，也是"资本的最一般形式"G—W—G 和商品流通形式 W—G—W 进行了比较，更加深刻地揭示出资本的属性是价值增殖。马克思在手稿中提出的"资本的最一般形式"后来在《资本论》中被进一步发展为资本的总公式。

第二，进一步完善了劳动力商品理论。在《1857—1858 年经济学手稿》中，马克思已经提出了劳动力的概念，在这部手稿中，全面分析了劳动力商品形成的条件、劳动力商品的价值构成、劳动力商品价值决定中的历史和道德因素的作用，彻底摆脱了古典经济学的"最低限度的工资"观点的影响，建立了科学的劳动力商品理论，为科学揭示剩余价值的来源奠定了理论基础。

第三，创立了生产劳动和非生产劳动理论。在对斯密理论的批判中，马克思提出了自己的生产劳动和非生产劳动理论。斯密对生产劳动的理解具有二重性，一方面，斯密认为生产劳动是"把自己的生活费的价值和他的主人的利润，加到他所加工的材料的价值上"③，这个理解是正确的，因为"他下了生产劳动是直接同资本交换的劳动这样一个定义"，

---

① 《马克思恩格斯文集》第 10 卷，人民出版社，2009，第 196 页。

② 《马克思恩格斯全集》第 22 卷，人民出版社，1965，第 398 页。

③ 《马克思恩格斯文集》第 8 卷，人民出版社，2009，第 216 页。

"触及了问题的本质，抓住了要领"①。与此相应，非生产劳动就是不同资本交换，而直接同收入，即工资或利润交换的劳动。故此，马克思主张"从一定的社会形式，从这个劳动借以实现的社会生产关系得出来的"② 区分生产劳动和非生产劳动，并强调"劳动的物质规定性，从而劳动产品的物质规定性本身，同生产劳动和非生产劳动之间的这种区分毫无关系"③，这为揭示资本增殖的秘密夯实了理论基础。另一方面，斯密又把生产劳动同那种"固定和实现在一个特定的对象或可以出卖的商品中，而这个对象或商品在劳动结束后，至少还存在若干时候"的劳动联系在一起，只是从劳动的物质规定性、劳动独有的特殊形式及其结果上来定义生产劳动。马克思指出了其中的错误："这里就越出了形式规定的范围，越出了用劳动者对资本主义生产的关系来给生产劳动者和非生产劳动者下定义的范围"④，从而在根本上混淆了从资本主义特殊生产方式来看的生产劳动同一般的生产劳动的区别。总之，生产劳动与非生产劳动问题不能从劳动的物质内容区分，而应该从社会形式，即特定的生产关系区分。

第四，阐述了劳动对资本的形式从属和实际从属及其发展趋势。马克思一直重视劳动对资本从属性质和从属形式的研究。在《1844 年经济学哲学手稿》中，马克思从劳动异化的角度，考察过"分工使工人越来越片面化和越来越有依赖性"⑤ 的事实。在《雇佣劳动与资本》中，马克思已经把"雇佣劳动对资本的关系，工人遭受奴役的地位，资本家的统治"⑥ 作为首位重要的问题提出来了。在《1857—1858 年经济学手稿》中，马克思通过对资本主义生产方式发展阶段的研究，得出了资本是工人的对立面，所以文明的进步只会增大支配劳动的客观权力的结论。基于这些思想，在《1861—1863 年经济学手稿》中，马克思系统地提出了劳动对资本的形式从属和实际从属的理论。①两种"从属"。从现象上看，劳资双方是纯粹的自由人买卖关系，不存在"任何政治上或社会上

---

① 参见《马克思恩格斯文集》第 8 卷，人民出版社，2009，第 218 页。
② 《马克思恩格斯文集》第 8 卷，人民出版社，2009，第 218 页。
③ 参见《马克思恩格斯文集》第 8 卷，人民出版社，2009，第 220 页。
④ 参见《马克思恩格斯文集》第 8 卷，人民出版社，2009，第 222～223 页。
⑤ 《马克思恩格斯文集》第 1 卷，人民出版社，2009，第 121 页。
⑥ 《马克思恩格斯文集》第 1 卷，人民出版社，2009，第 712 页。

固定的统治和从属的关系"，然而，工人的客观劳动条件"作为他人的财产越是和工人充分对立，资本和雇佣劳动之间的关系在形式上也就越是充分，从而劳动对资本的形式上的从属也就越是充分"①。不仅如此，在资本主义生产方式下，生产劳动的目的是剩余价值的生产而不是工人的生存，"如果工人在工业发展的一定阶段上是生产剩余价值所必要的，那么在进一步发展阶段上对生产这种剩余价值就变成多余的"②，因而劳动对资本从形式上的从属转变为实际从属。②两种"从属"的发展趋势是社会经济关系的必然的变革。劳动对资本的实际从属，是生产方式发生革命的结果，是直接生产过程中大规模应用自然力、科学和机器的结果，是科学技术力量转化为资本力量的结果。"因此，在这里不仅是形式上的关系发生了变化，而且劳动过程本身也发生了变化。一方面，只是现在才表现为特殊生产方式的资本主义生产方式，创造出一种已经改变了的物质生产形态。另一方面，物质形态的这种改变构成了资本关系发展的基础，因此与资本关系完全适合的形态只是与物质生产力的一定发展阶段相适应的。"③ ③两种"从属"的发展方向。劳动对资本的实际从属蕴涵着资本主义私有制被扬弃的因素。因为在劳动对资本的实际从属阶段，"资本家必须是某一社会规模的生产资料的所有者或占有者，由一个人集中占有的这个价值量同个人或单个家庭世世代代通过私人货币贮藏尚能积累起来的那个价值量越来越不能相提并论"④。这时，表现为资本家个人集中占有生产资料的所有制形式是一种"劳动的异己的所有制"，随着社会生产力的巨大发展，资本主义经济中"个别人占有生产条件不仅表现为不必要的事情，而且表现为和这种大规模生产不相容的事情"⑤。对劳动的异己的所有制的否定，马克思认为并不是恢复到孤立的单个人所有制，而是将其"改造为联合起来的、社会的个人的所有制"⑥，最终终结劳动对资本的从属。

第五，进一步丰富了剩余价值的生产方法理论。在《1857—1858 年

---

① 《马克思恩格斯文集》第 8 卷，人民出版社，2009，第 371～372 页。
② 《马克思恩格斯文集》第 8 卷，人民出版社，2009，第 382 页。
③ 《马克思恩格斯文集》第 8 卷，人民出版社，2009，第 383～384 页。
④ 《马克思恩格斯文集》第 8 卷，人民出版社，2009，第 384 页。
⑤ 《马克思恩格斯文集》第 8 卷，人民出版社，2009，第 386 页。
⑥ 《马克思恩格斯文集》第 8 卷，人民出版社，2009，第 386 页。

经济学手稿》中，马克思区分了两种剩余价值，侧重于对绝对剩余价值的分析。在这部手稿中，马克思对两种剩余价值的生产及其相互作用做了进一步的分析，在相对剩余价值生产的分析上取得了重要的进展：第一次详细地考察了资本主义生产方式下生产力发展、生产力提高的三种主要途径和方式，即协作、分工和机器；这三种方式对劳资双方的多重影响，基本建立起了系统的相对剩余价值生产理论。此外，在手稿中，马克思引入了超额剩余价值范畴，第一次阐明了绝对剩余价值生产和相对剩余价值生产两种形式之间的逻辑的和历史的转化"中介"，凸显了资本推动生产力发展的直接目的和最终结果之间的内在矛盾和冲突。

第六，形成了资本结构理论。马克思在分析资本和剩余价值的关系中，形成了资本结构理论。①资本的外在形式，即产业资本和商业资本、借贷资本的产生、作用过程及相互转化关系。马克思认为，商业资本和生息资本尽管是历史上最古老的资本形式，但是，在资本主义生产方式的基础上，它们都表现为产业资本的"派生的、第二级的形式"，产业资本在它的产生过程中必须使这些形式从属于自己，并把它们转化为它自己的派生的或特殊的职能。对资本的"基本形式"和资本"派生形式"关系的离析，是理解资本一般与资本特殊关系的关键，也是揭示剩余价值一般到剩余价值特殊（产业利润、商业利润、利息）转化的基础。②资本的内在结构，即固定资本和流动资本、不变资本和可变资本的区分。马克思认为，不变资本和可变资本的构成是从资本的直接生产过程中产生的，它是"生产过程内部的资本有机构成"；固定资本和流动资本虽然也是对生产资本的结构划分，但是，它们借以划分的依据却是资本流通中价值的不同的转移方式，因而是流通过程产生的资本的有机构成。严格区分两种不同的资本构成，是马克思对资本理论探索的重大贡献。③资本的技术构成与价值构成。在手稿中，马克思还深入区分了不变资本和可变资本有机构成的两重形式：由活劳动量同所使用的生产资料量的对比关系决定的"资本的技术构成"；由资本各要素之间的价值比例关系决定的"资本的价值构成"。在这两重构成形式中，资本技术构成的变动起着决定性的作用。当然，此时，马克思还没有明确提出资本有机构成的概念。

第七，深化资本流通过程分析，创立了社会资本再生产理论。

《1857—1858 年经济学手稿》对于资本流通过程的分析，侧重点是单个资本的循环周转运动，而这部手稿的侧重点是社会资本再生产。马克思在 1863 年 7 月 6 日给恩格斯的信中附上了一份他设计的"包括全部再生产过程"的《经济表》用以"代替"魁奈的《经济表》①，并做了详细说明。①确立了理解社会资本再生产理论的两个基本前提。社会总产品在价值上划分为不变资本、可变资本和剩余价值三个部分，在实物形式上划分为第Ⅰ部类（生活资料）和第Ⅱ部类（生产资料）两大部类。②准确概述了社会资本简单再生产的三个主要的交换过程，即第Ⅰ部类内部的交换、第Ⅱ部类内部的交换、两大部类之间的交换。马克思还在"社会总产品"形式上，表述了社会资本再生产的实现条件，即第Ⅰ部类总产品等于两大部类中可变资本和剩余价值之和、第Ⅱ部类总产品等于两大部类中不变资本之和的重要思路。③扼要地阐明了社会资本再生产过程中货币回流运动的实质，揭示了社会资本再生产的核心问题——社会总产品的实现问题，包括物质替换与价值补偿。这些思想标志着马克思社会资本简单再生产理论的创立。

第八，平均利润和生产价格理论。平均利润和生产价格理论的形成，是手稿最显著的理论创新成果之一。马克思在对资本一般转化为资本特殊的论述中，探讨了剩余价值一般向剩余价值的分支——利润、利息等的转化过程；在对价值转化为生产价格的论述中，探讨了剩余价值转化为利润、利润转化为平均利润的序列过程。

第九，完善资本积累理论。①提出资本积累概念。在"剩余价值再转化资本"这一章，马克思不再使用过期的提法"剩余资本"来表示剩余价值向资本的转化，而是把"剩余价值向资本的转化叫做资本积累"或叫做"追加资本"，这是马克思首次提出资本积累的概念。②调整了对这个问题的分析结构。以前，马克思是将这部分内容放在资本的流通过程这一理论板块来分析的，而现在，将它纳入了资本的生产过程理论板块。③分析了资本积累的实质及影响。资本积累的实质是不付等价物无止境地占有工人创造的剩余价值。资本积累是资本主义生产方式的条件，资本积累中资本和雇佣工人之间对立关系存在三种主要的趋势：一是劳动

---

① 《马克思恩格斯文集》第 10 卷，人民出版社，2009，第 206、209 页。

条件在作为资本的财产而"永恒化"的同时，"使工人作为雇佣工人的地位永恒化"，"从而使工人始终要用自己的一部分劳动时间白白为他人劳动的命运永恒化"①；二是资本积累通过使资本家及其同伙的相对财富增多而使工人的状况相对恶化；三是劳动条件以越来越庞大的形式作为社会力量，出现在单个工人面前。这三种趋势就是资本积累比其物质结果更为重要的生产关系的结果。

第十，概述了探究经济危机的基本思路。《政治经济学批判。第一分册》就已经指出危机的可能性在于"单纯的商品形态变化"，即在货币作为交换手段和支付手段的职能中。马克思认为，重要的是要研究，"为什么危机的抽象形式，危机的可能性的形式会从可能性变为现实性"②。而"在资本主义生产的本质中就包含着不顾市场的限制而生产"，"更加明确地说，资本的生产过剩无非是，为了发财而生产的东西过多了"③。因此，危机的可能性转化为现实性的基础，在于资本主义生产方式的一定发展，在于资本主义基本矛盾的充分发展。《1857—1858年经济学手稿》对经济危机问题虽然没有"彻底考察"，但还是概述了这一"彻底考察"的基本方法和思路。

第十一，关于科学技术和生产力理论的研究。马克思在《政治经济学批判（1861—1863年手稿）》中第一次把对机器的考察放在第一篇"资本的生产过程"的"相对剩余机制"这一章中进行，并且确立了这一章分为"协作""分工""机器"的三分结构，不再如以往对机器的考察放在资本流通中作为固定资本分析。除了结构的调整，更多的进展体现在论述机器的产生和发展过程以及它对社会关系产生的重大影响。①科学技术作为生产力发展因素的作用。只有建立在机器应用基础上的协作，才第一次"把单纯的自然力——如水、风、蒸汽、电等——变成社会劳动的力量"④，自然力第一次大规模地从属于直接的生产过程。②科学技术对社会生产关系发展的革命性作用。马克思认为，火药、指南针、印刷术是瓦解封建制度、预告资产阶级社会到来的三大发明。"火药把骑士

---

① 《马克思恩格斯全集》第26卷第3册，人民出版社，1974，第389页。
② 《马克思恩格斯文集》第8卷，人民出版社，2009，第253页。
③ 《马克思恩格斯文集》第8卷，人民出版社，2009，第261、273页。
④ 《马克思恩格斯文集》第8卷，人民出版社，2009，第279~280页。

阶层炸得粉碎，指南针打开了世界市场并建立了殖民地，而印刷术则变成新教的工具，总的来说变成科学复兴的手段，变成对精神发展创造必要前提的最强大的杠杆。"①不仅如此，机器发明引起了生产方式上的改变，并且由此引起了生产关系的改变，进而引起了社会关系上的改变，归根到底引起了工人在生活方式上的改变。③科学技术与资本主义生产方式的相互作用。一旦传统的生产手段无法满足资本获取利润的需要，资本就迫切地追求一种新的效率更高的生产工具的出现，这是资本主义社会生产力发展的基本动力。"对别人劳动（剩余劳动）的贪欲，并不是使用机器的人的独特本性，它是推动整个资本主义生产的动机。"② 显然，机器的资本主义利用过程，就是围绕着资本增殖展开的，与此相应，"资本主义生产第一次在相当大的程度上为自然科学创造了进行研究、观察、实验的物质手段"③，推动了自然科学本身的发展。

（六）《1863—1865 年经济学手稿》

1863 年 8 月至 1865 年 12 月，马克思着手对既有手稿"进行整理，准备付印"，在整理手稿的过程中又写下了一些新的手稿，这便是《1863—1865 年经济学手稿》。这是马克思继《1857—1858 年经济学手稿》和《1861—1863 年经济学手稿》之后写成的《资本论》第三份手稿，由三册组成。

（1）第一册的结构与主旨。第一册《资本的生产过程》共有 6 章，前 5 章与后来出版的《资本论》第一卷完全一致，但手稿没有被完全保存下来，留下的只有最后一章"直接生产过程的结果"和其他一些章节的片断。在"直接生产过程的结果"这一章中，马克思首先明确了本章要考察的三个问题是："商品作为资本的产物，作为资本主义生产的产物""资本主义生产是剩余价值的生产""资本主义生产是使这个直接生产过程具有特殊资本主义特征的整个关系的生产和再生产"。他指出："在为付印而最后加工的时候，这三节的第一节将放在最后，而不是放在最前面，因为它是向第二卷——资本的流通过程——的过渡。"④

---

① 《马克思恩格斯文集》第 8 卷，人民出版社，2009，第 338 页。
② 《马克思恩格斯文集》第 8 卷，人民出版社，2009，第 290 页。
③ 《马克思恩格斯文集》第 8 卷，人民出版社，2009，第 359 页。
④ 《马克思恩格斯文集》第 8 卷，人民出版社，2009，第 423 页。

第一，马克思第一次详细地分析了作为资本产物的商品，指出这种商品不同于作为资本前提的商品，它具有许多新的特点。

第二，作为资本产物的商品是"资本的转化形式"，这个商品量的价值能否实现是资本的价值和剩余价值能否实现的条件。

第三，马克思还指出，资本主义是剩余价值的生产，这种生产"不是工人使用生产资料，而是生产资料使用工人"。

第四，资本增殖的过程同时"表现为工人贫困化的过程"[①]。资本主义生产也是资本主义生产关系的生产和再生产，资本主义不可调和的矛盾决定了资本主义必然灭亡和社会主义必然胜利。

（2）第二册的结构与主旨。第二册《资本的流通过程》，是由一个150页的手稿和一份第二册的写作计划组成的，是后来《资本论》第二卷的第一稿。其中的第三章"流通和再生产"比《资本论》第二卷更详细地论述了再生产过程中的各种"可变因素"，是对再生产理论的重要补充。具体表现在以下五个方面。

第一，固定资本和劳动力是既定的量，又是可变的量，科学则是另一个可变要素。

第二，撇开积累不说，每年应该补偿的现有的固定资本"会以生产效率更高的形式被再生产出来"[②]。

第三，这些可变因素也形成了积累或扩大再生产的自然基础，有了这样的基础，即使不追加投资，再生产的扩大也是可能的。

第四，生产力的这种发展是积累或规模扩大的再生产的决定因素之一。

第五，社会各生产领域的关系。它们之间互相影响、互为前提的错综复杂的关系之间，具有"平行性""相继性"和循环的关系。

（3）第三册的结构与主旨。第三册《总过程的各种形态》是一份完整而巨大的手稿，共有7章，后来恩格斯就是以这部分手稿为主来编辑《资本论》第三卷的。

（七）《工资、价格和利润》

《工资、价格和利润》是马克思的又一部经济学著作。这部著作是

---

① 《马克思恩格斯文集》第8卷，人民出版社，2009，第468页。
② 《马克思恩格斯文集》第8卷，人民出版社，2009，第556页。

马克思 1865 年 6 月 20 日和 27 日在国际工人协会总委员会会议上用英语所做的报告，这篇报告是由总委员会委员约翰·韦斯顿的发言引起的。韦斯顿认为，货币工资水平的普遍提高会引起物价上涨和整个社会生产的破产，对工人并没有好处，由此得出工会"有害"的结论。马克思在报告中驳斥了这种观点，并从正面阐述了自己关于剩余价值生产的理论观点，论述了利润、工资和价格的关系，从而提出了工人革命的政治主张。这是马克思第一次公开宣讲自己的政治经济学理论。后来，马克思的女儿爱琳娜将报告加以整理，以《价值、价格和利润》为题于 1898 年首次在伦敦发表，后来在出版德文版时将标题改为《工资、价格和利润》。

马克思在这部著作中所阐明的价值理论，主要有以下八个方面。

第一，批判了资产阶级经济学家关于供求关系决定价值、工资决定价值的谬论。马克思指出："供给和需求只调节市场价格一时的变动。供给和需求可以说明为什么一种商品的市场价格会涨到它的价值以上或降到它的价值以下，但决不能说明这个价值本身。"① "'工资决定商品的价格'这一教条，用它的最抽象的说法来表示，就是'价值是由价值决定的'，这种同义反复只表明我们实际上对价值一窍不通。要是接受这个前提，有关政治经济学一般规律的全部推论就都变成空洞的呓语了。"②

第二，追问所有商品共同的社会实体，简要地说明了价值的本质及其决定因素。马克思认为："我们如果把商品看做是价值，我们是只把它们看做体现了的、凝固了的或所谓结晶了的社会劳动。从这个观点来看，它们所以能够互相区别，只是由于它们代表着较多或较少的劳动量。"由此可以得出结论："商品具有价值，是因为它是社会劳动的结晶。……所以各个商品的相对价值，是由耗费于、体现于、凝固于该商品中的相应的劳动数量或劳动量决定的。"③

第三，明确提出了社会必要劳动量这一重要范畴。马克思指出，社会必要劳动量是"在一定的社会状态中，在一定的社会平均生产条件下，在所用劳动的一定的社会平均强度和平均熟练程度下，生产这个商品所

---

① 《马克思恩格斯文集》第 3 卷，人民出版社，2009，第 42 页。
② 《马克思恩格斯文集》第 3 卷，人民出版社，2009，第 45 页。
③ 《马克思恩格斯文集》第 3 卷，人民出版社，2009，第 47 页。

必需的劳动量"①。

第四，阐明了商品价值与劳动生产率的关系。马克思指出："商品的价值与生产这些商品所耗费的劳动时间成正比，而与所耗费的劳动的生产力成反比。"②

第五，阐明了价值与价格的关系。马克思指出："价格本身不过是价值的货币表现。"③ "市场价格只是表现平均的生产条件下为供给市场以一定数量的一定产品所必需的平均社会劳动量。市场价格是依据该种商品的总额来计算的。在这个范围内，商品的市场价格是和它的价值相符的。另一方面，市场价格有时高于价值或自然价格和有时低于价值或自然价格的这种变动，是以供给和需求的变动为转移。"④

第六，区分劳动与劳动力，揭示劳动力的价值决定。"工人出卖的并不直接是他的劳动，而是他的暂时让资本家支配的劳动力。" "劳动力的价值，是由生产、发展、维持和延续劳动力所必需的生活必需品的价值决定的。"⑤ 所以，不同的行业所用劳动力的价值也一定各不相同，工资平等的要求在根本上是错误的，是绝不可能实现的妄想。

第七，说明了剩余价值的形成过程，揭示了资本家剥削工人的秘密。《剩余价值的生产》指出，劳动力的价值与劳动力的使用所能创造的价值是不同的，二者的差额构成了剩余价值，资本家对此并不付出任何等价物。"资本主义的生产或雇佣劳动制度，正是在资本和劳动之间的这种交换的基础上建立的，这种交换必然不断地造成这样的结果：工人作为工人再生产出来，资本家作为资本家再生产出来。"⑥

第八，深刻论证了工人阶级开展经济斗争的必要性，同时指出了经济斗争的局限性。资本家的本质是追求最大限度的利润，工人必须不断地为提高工资和缩短工作日而斗争，才能对资本家的贪欲有所抑制，才能防止自己的地位不断恶化。但是，单纯的经济斗争反对的只是结果，而不

① 《马克思恩格斯文集》第3卷，人民出版社，2009，第49页。
② 《马克思恩格斯文集》第3卷，人民出版社，2009，第51页。
③ 《马克思恩格斯文集》第3卷，人民出版社，2009，第51页。
④ 《马克思恩格斯文集》第3卷，人民出版社，2009，第51~52页。
⑤ 《马克思恩格斯文集》第3卷，人民出版社，2009，第54、56页。
⑥ 《马克思恩格斯文集》第3卷，人民出版社，2009，第58页。

是产生这种结果的原因，工人要在自己的旗帜上写上"消灭雇佣劳动制度！"①

第三节　价值理论的系统再现及其革命意义

1867 年 9 月，马克思校订的《资本论》第一卷出版，由恩格斯整理编辑的《资本论》第二卷和第三卷分别于 1885 年 7 月、1894 年 11 月出版，至此，马克思的劳动价值理论和剩余价值理论在《资本论》中得以系统再现。

一　《资本论》整理和出版

早在 1865 年 2 月，马克思同德国出版商奥·卡·迈斯纳签订了出版全部《资本论》的合同。同年的下半年，恩格斯建议分批出版，已经誊写清楚的部分先送出版社，马克思没有接受这个建议，他认为自己的著作是一个"艺术的整体"，在全部书稿写好之前绝不付印。1866 年 2 月 10 日，恩格斯再次致信催促马克思："当事变惊动我们的时候，你即使已经写完了你的书的最后几章，然而却未能把第一卷付印，那又有什么用处呢？"② 三天之后马克思回信表示采纳恩格斯的建议："一当第一卷完成，就立即寄给迈斯纳。""这本'该死的'书，情况是这样：12 月底已经完成。""手稿虽已完成，但它现在的篇幅十分庞大，除我之外，任何人甚至连你在内都不能编纂出版。我正好于 1 月 1 日开始誊写和润色，工作进行得很顺利。"③

1867 年 3 月 27 日，马克思致信恩格斯，《资本论》第一卷的全部书稿已经写好了，"下星期我必须亲自带手稿到汉堡去"④，恩格斯得到这个消息无比高兴，资助马克思旅费玉成其事。4 月中旬，马克思在汉堡会见迈斯纳，双方议定将全部《资本论》分三卷出版，将原计划的第二册和第三册合成第二卷，原计划的第四册，即理论史作为第三卷。

---

① 《马克思恩格斯文集》第 3 卷，人民出版社，2009，第 77～78 页。
② 《马克思恩格斯全集》第 31 卷，人民出版社，1972，第 180 页。
③ 参见《马克思恩格斯文集》第 10 卷，人民出版社，2009，第 234～235 页。
④ 《马克思恩格斯全集》第 31 卷，人民出版社，1972，第 283 页。

待第一卷清样出来后，马克思寄给恩格斯征求意见，并在一些理论问题上求得了恩格斯的帮助。

1872 年 7 月，《资本论》第一卷德文第二版出版，同年 9 月，由约瑟夫·鲁瓦翻译的《资本论》第一卷法文版出版，为使法国读者更容易理解，马克思对译文做了"许多重要的修改和补充"，调整了篇章结构，补充了历史资料和统计资料，增加了评注，这是马克思生前修订过的最后一个版本。

1867 年《资本论》第一卷问世后，马克思本打算当年秋冬季完成后两卷的出版工作。但到了 1877 年 11 月，"其他两卷仍然处于一切研究工作最初阶段所具有的那种初稿形式"[1]。原因在于资本主义的新变化。19 世纪 70 年代是资本主义发展的分水岭。此前，资本主义处于自由竞争阶段，从 19 世纪 70 年代开始，自由竞争资本主义逐步向垄断资本主义过渡，19 世纪末 20 世纪初，垄断代替自由竞争并占据统治地位，垄断资本主义得以形成。马克思的价值理论、《资本论》的三大手稿都是基于对自由竞争资本主义经济运行的分析而确立的，在向垄断资本主义过渡阶段，包括经济危机在内的很多经济都发生了新变化，出现了新问题，这些新情况新问题成为检验和推动价值理论的契机，自然也就延迟了第二、第三卷的出版。在修订《资本论》的过程中，马克思得到大批来自俄国、美国、英国、法国的新资料。"这些资料使我幸运地得到一个能够继续进行我的研究的'借口'，而不是最后结束这项研究以便发表。"[2]"在英国目前的工业危机还没有达到顶峰之前，我决不出版第二卷。这一次的现象十分特殊，在很多方面都和以往不同，完全撇开其他各种正在变化着的情况不谈，这很容易用下列事实来解释：在英国的危机发生以前，在美国、南美洲、德国和奥地利等地就出现如此严重的、至今几乎已经持续五年之久的危机，这还是从来没有过的事。因此，必须注意目前事件的进展，直到它们完全成熟，然后才能把它们'消费到生产上'，我的意思是'理论上'。"[3] 1880 年 6 月 27 日，马克思致信斐迪南·多梅拉·纽文胡斯时再次指出："在目前条件下，《资本论》的第二卷在德国

---

[1]　《马克思恩格斯文集》第 10 卷，人民出版社，2009，第 422 页。
[2]　《马克思恩格斯文集》第 10 卷，人民出版社，2009，第 433 页。
[3]　《马克思恩格斯文集》第 10 卷，人民出版社，2009，第 431 页。

不可能出版，这一点我很高兴，因为恰恰是在目前某些经济现象进入了新的发展阶段，因而需要重新加以研究。"① 对资本主义做出全面的分析，然后才在理论上表达出来，是马克思一贯的研究态度。正如恩格斯在 1883 年指出的那样："要不是有那么多美国和俄国的材料（单是俄国统计学方面的书籍就有两个多立方米），第二卷早就印出来了。这种详细的研究工作使第二卷的进展耽误了许多年。他向来这样，总是要把直到最后一天的所有材料都搜集齐全。"②

1865～1881 年，马克思为《资本论》第二卷写作了 8 个稿本，完善和发展了社会资本再生产理论。同时，马克思为修订《资本论》第三卷，搜集和阅读了俄国、美国、爱尔兰、比利时、匈牙利等国家的大量材料，专门研究了农业、土地所有制和地租的问题；研究了银行、信贷、经济危机等问题，丰富了资本具体形态的理论。

马克思逝世后，编辑、出版《资本论》第二、第三卷的任务，历史性地落在了恩格斯的肩上。自 1883 年 3 月起，恩格斯花了两年半的时间挑选、编排马克思手稿，将全书分由原来的三章 11 项 17 小项调整为三篇 21 章 66 小节，并为许多章、节、项新加或更改标题，1885 年 7 月，《资本论》第二卷第一版出版，1893 年恩格斯出版了《资本论》第二卷的修订版。

第二卷编定付印后，恩格斯开始第三卷的编辑工作，难度之大超乎预期。"当 1885 年第二册出版的时候，我曾以为，第三册的困难大概只是技术性的……我当时没有想到，正是全书这些最重要的章节会给我造成这么多的困难，同样也没有想到，还有其他一些障碍会如此严重地拖延本书的付排。"③ 更困难的还在于："第三册只有一个初稿，而且极不完全。每一篇的开端通常都相当细心地撰写过，甚至文字多半也经过推敲。"④ 而长期的视力衰退也使恩格斯不得不把写作时间限制到最低限度，为此，他只能先费劲按照原文把全部手稿口授一遍，弄出一个易读的抄本，然后再进行细致的加工，做大量的补充，这件工作一干就是 9

---

① 《马克思恩格斯文集》第 10 卷，人民出版社，2009，第 449 页。
② 《马克思恩格斯全集》第 36 卷，人民出版社，1974，第 47 页。
③ 《马克思恩格斯文集》第 7 卷，人民出版社，2009，第 3 页。
④ 《马克思恩格斯文集》第 7 卷，人民出版社，2009，第 4 页。

年多，到 1894 年《资本论》第三卷才编定出版。

此外，恩格斯还为《资本论》第三卷增补了两篇论文作为附录，即《价值规律和利润率》《交易所》。在附录Ⅰ《价值规律和利润率》一文中，恩格斯先用了不到三分之一的篇幅回应洛里亚、施米特等人对《资本论》有关理论的错误认识，大半篇幅阐发、补充和深化了商品生产、价值规律、生产价格理论。在附录Ⅱ《交易所》一文中，恩格斯对马克思写作《资本论》第三卷第三稿以来的 30 年间资本主义经济的巨大变化，总结了带有提纲的六个方面：①交易所的作用大大增加了，成为资本主义生产本身最突出的代表；②1865 年交易所在资本主义体系中还是一个次要的要素，而自 1866 年危机以来，积累以不断加快的速度进行，食利者的人数也增加了，大量的闲置货币资本需要寻找出路；③工业、商业、银行和其他信用机构逐渐转变为股份制企业；④股份公司的发展侵入农业；⑤一切外国投资都已经采取股份形式；⑥开拓殖民地是交易所的附属品，欧洲列强为了交易所的利益开始瓜分世界。

恩格斯为《资本论》第二、第三卷所付的心血，"就是替他的天才朋友建立了一座庄严宏伟的纪念碑，无意中也把自己的名字不可磨灭地铭刻在上面了"[①]。

马克思《1861—1863 年经济学手稿》包括理论和理论史两大板块，其中的"理论部分"编入《资本论》第一、第二两卷，"历史部分"则被束之高阁，直到 1883 年恩格斯在整理马克思遗物时才发现，计划作为《资本论》第四卷出版，实际上并没来得及完成。后来，这部分手稿由考茨基编辑、以"剩余价值学说史"为标题于 1905～1910 年第一次出版，1954～1961 年苏联重新编辑以"剩余价值理论"为标题再次出版。与《资本论》的"理论部分"最大的不同点是，"历史部分"不是直接地、纯粹地、正面地阐述马克思的价值理论，而是有针对性地，在分析、批判、评论前人思想的基础上提出了自己的观点、学说。这表明，马克思价值理论的创新，既是他长期研究以英国为典型的资本主义现实经济材料的结果，也是他不断研究和批判政治经济学理论的结果；马克思价值理论的创新，既是基于现实的批判，也是基于理论的批判，是二者有

[①]《列宁专题文集——论马克思主义》，人民出版社，2009，第 58 页。

机结合的结果。

二　价值理论的系统再现

马克思的《资本论》，运用唯物辩证法，以资本主义生产方式以及与它相适应的生产关系和交换关系为研究对象，以资本和剩余价值为中心，建构了价值理论，揭示出基于大工业生产的资本主义社会的经济运行规律。

第一卷《资本的生产过程》①，主要研究资本直接生产过程中包含的各方面关系，着重研究的是剩余价值怎样在生产过程中被创造出来的问题（包括资本本身怎样被创造出来），阐明了马克思的劳动价值理论、商品理论、货币理论、资本理论、劳动力商品理论、剩余价值生产理论、资本主义工资理论、资本积累理论、现代殖民理论。

第二卷《资本的流通过程》②，主要研究剩余价值怎样通过流通过程被实现的问题。在资本的整个运动过程中，资本的生产过程和资本的流通过程是统一的，资本的生产过程必须由资本的流通过程来补充。因此，《资本论》第二卷是第一卷理论逻辑的继续，也是第三卷内容的引言。这一卷包括了资本循环理论、资本的周转理论、社会总资本的再生产和流通理论、经济危机理论。

第三卷《资本主义生产的总过程》③，揭示和阐明了资本主义生产总过程中的各种具体形式，主要研究剩余价值怎样在剥削阶级内部进行分配的问题。在这里，资本由前两卷分析呈现的一般形式，转化为产业资本、商业资本和借贷资本；价值转化为生产价格；剩余价值转化为利润、平均利润，并进一步转化为产业利润、商业利润、利息和地租。这一卷包括了平均利润和生产价格理论、商业资本和商业利润理论、借贷资本和利息理论、资本主义地租理论。

三　价值理论的科学革命

马克思创立并运用辩证唯物主义和历史唯物主义对资本主义社会进

---

① 《马克思恩格斯文集》第 5 卷，人民出版社，2009，第 46 页。
② 《马克思恩格斯文集》第 6 卷，人民出版社，2009，第 1 页。
③ 《马克思恩格斯文集》第 7 卷，人民出版社，2009，第 1 页。

行剖析，始终坚持从生产力与生产关系的矛盾运动角度解释社会经济制度的变迁，始终坚持以生产资料所有制为基础来确定整个社会经济制度的性质，始终坚持依据经济关系来理解和说明政治法律制度和伦理规范，实现了对古典经济学的超越，完成了价值理论的科学革命。

（一）形成了科学的劳动价值论

马克思的价值理论是在批判地继承资产阶级古典政治经济学的基础上建立起来的。古典经济学家开创性地把理论考察由流通领域转到生产领域，奠定了劳动价值论的基础；斯密已经认识到商品的二因素，提出了劳动创造价值的观点；李嘉图认识到决定商品价值量的，不是生产商品实际耗费的劳动量，而是社会必要劳动量。但是，受世界观和方法论的限制，古典经济学的劳动价值论是极不完善和极不彻底的。古典经济学家们不能区分劳动的二重性，所以回答不了什么劳动创造价值；不能清楚地说明价格、价值之间的关系；不懂得价值的实质，只能将价值仅仅理解为解释商品价格的工具。结果，在价值的质、价值的量、价值的表现形式等重大理论问题上出现了混乱和错误。

马克思在长期艰辛的理论探索过程中，研究了劳动形成价值的特性，第一次明确了什么样的劳动形成价值、为什么形成价值以及怎样形成价值，提出了劳动二重性学说，阐明了具体劳动和抽象劳动在商品生产中的不同作用；创立了系统的关于价值形式的理论，科学地揭示了货币的本质和起源；创立了平均利润和生产价格理论，科学地论证了价值到生产价格的转化。

（二）创立了剩余价值理论

马克思以前的一切资产阶级经济学家的一个共同的局限，就是没有"剩余价值"这个范畴，把剩余价值的某些具体形式，例如地租、利息或利润，错误地当做剩余价值的一般形式，即剩余价值本身。马克思则不同，他首先把剩余价值归结于它的一般形式，然后在此基础上逐步阐明了它的来源、实质和运动，以及它的各种具体形式。

马克思通过分析剩余价值的生产、积累、流通以及分配，揭示出了生产剩余价值是资本主义生产方式的绝对规律，创立了剩余价值理论。

（1）剩余价值生产的前提条件。马克思提出劳动力商品的观点，把劳动成为商品作为资本运行的前提条件。劳动者拥有劳动力的所有权但丧失了生产资料、缺乏生活资料，是劳动力成为商品的重要条件。劳动力商品的价值和使用价值都有不同于普通商品的特点，最大的特殊性在于使用价值，劳动力在使用过程中能够创造出比自身价值更大的价值，即剩余价值。

（2）剩余价值的生产。从直接生产过程来看，资本主义的生产过程不仅是创造使用价值的劳动过程，同时也是价值增殖的过程，即剩余价值生产过程。资本是能够带来剩余价值的价值，但这并不等于说，任何形态的资本都能发生价值增殖。生产资本的不同部分在生产剩余价值中的作用是不同的：不变资本是生产剩余价值的物质基础，只有购买劳动力的可变资本才带来剩余价值。为了最大限度地获取剩余价值，资本的所有者总是尽可能地采用绝对剩余价值生产和相对剩余价值生产两种方法。从再生产来看，为了追逐更多的剩余价值和应对竞争，单个资本的规模通过积累和集中两种形式而不断地膨胀，资本有机构成随之提高，其结果是社会财富占有的两极分化。

（3）剩余价值的实现。剩余价值的创造在生产过程、流通过程中同样十分重要。第一，资本只有在运动中才能增殖。产业资本要连续不断地循环，就不能处在某一种职能资本形式上，必须按照一定的比例分割为货币资本、生产资本、商品资本，保持这三种职能形式在空间上并存；必须保持每一种职能形式的依次转化，在时间上继起。第二，资本运动速度的快慢会影响其增殖能力的大小。资本周转研究的是资本的运动速度。两大因素影响资本周转速度：一是周转时间，二是产业资本的结构，即固定资本和流动资本的比例与各自的周转速度。资本运动速度影响年剩余价值量和年剩余价值率。第三，社会资本运动的核心问题是社会总产品的实现问题。社会总产品的实现，关键是要解决物质补偿和价值补偿问题。分析社会资本运动的理论前提是：在物质形态上，社会总产品分为生产资料和生活资料，与此相应，社会产生分为两大部类，即第一部类生产资料的生产和第二部类生活资料的生产；在价值形态上，社会总产品分为 C、V、M 三个部分。社会资本无论是简单再生产还是扩大再生产，两大部类之间、社会生产和社会消费之间都必须保持规模和结构上的协调，再生产才能顺利进行，这是社会化大生产的客观要求，是社会经济正常运行的基本条件。

（4）剩余价值的分配规则及其结果。从两个方面来看，其一，劳资之间对新价值的分配决定了剩余价值总量。资本主义工资是劳动力的价值或价格的转化形式，工资数量变化并没有改变资本与雇佣劳动之间的基本经济关系。其二，资本家各利益集团对剩余价值的瓜分。在剩余价值规律和竞争规律作用下，资本在不同部门间的流动，使得利润率趋于平均化，形成了瓜分剩余价值的游戏规则：等量资本得等量利润，按照此规则，产业资本得产业利润、商业资本得商业利润、借贷资本得利息、银行资本得银行利润、土地所有者得地租，从而在资本家集团之间完成了剩余价值的瓜分。

（5）经济危机。在简单商品经济条件下，由于货币执行流通手段和支付手段的职能，经济危机具有了抽象的一般的可能性。资本主义的基本矛盾使经济危机的可能性变为现实，社会基本矛盾运动的阶段性决定了经济危机的周期性，从而使社会资本再生产也呈现了周期性的特点。危机的实质是生产的相对过剩。

（三）规范了价值创造的实践主体

在资本主义社会里，谁是价值的创造者？从表面上看是资本家，许多"理论家"也是这么认为的。然而，马克思恩格斯透过现象看本质，以历史唯物主义基本原理为分析利器，拂去表象的尘埃，拨开历史的迷雾，还经济事实以真实，以严谨透彻的理论逻辑和无可争辩的现实逻辑，在理论上再现了工人阶级劳动实践在整个资本主义社会中的意义和价值，论证了工人阶级是价值创造者的客观规律，规范了资本主义社会价值创造的实践主体，为工人阶级赢得未来社会的科学社会主义理论奠定了政治经济学基础。

总之，马克思运用辩证唯物主义和历史唯物主义方法论，分析占统治地位的资本主义生产方式，研究它的产生、发展和灭亡的规律与趋势，形成了以科学的劳动价值理论为基础、以剩余价值理论为核心的马克思主义政治经济学。马克思主义政治经济学既自成一体，又体现了马克思主义哲学的基本精神，成为无产阶级争取解放胜利的理论武器，成为马克思主义理论整体的有机构成部分。

第六章 实践与马克思主义理论整体的创立（四）

马克思主义理论整体创立的显著标志之一，是科学社会主义理论的创立。作为马克思主义理论的主要组成部分，科学社会主义理论研究的根本问题是作为主人的工人阶级创造社会主义社会的实践本质及其发展规律。围绕这一根本问题，科学社会主义理论主要研究资本主义社会向社会主义社会转变的规律，以及社会主义建设和社会主义由低级阶段向高级阶段发展的规律等基本问题。

科学社会主义理论的创立并非偶然，正如恩格斯在《社会主义从空想到科学的发展》一文中所说的那样："由于唯物主义历史观和剩余价值的发现，社会主义变成了科学。"① 它与马克思主义其他理论相互联系、相互论证，相互渗透、相互贯通，共同构成马克思主义理论整体，同时诞生于特定的历史时代。那么，实践与科学社会主义理论的创立有怎样的内在关联性？

第一节 科学社会主义理论的创立及其经典表述

科学社会主义理论是应工人阶级的革命实践而产生的。《共产党宣言》论述了整个马克思主义理论的基本内容，是马克思主义理论（特别是科学社会主义理论）的经典表述，是马克思主义理论包括科学社会主义理论诞生的标志。《共产党宣言》开创了科学社会主义理论和实践的新时代。

一 科学社会主义理论应运而生

列宁曾说："没有革命的理论，就不会有革命的运动。"② 科学社会

---

① 参见《马克思恩格斯文集》第 3 卷，人民出版社，2009，第 545～546 页。
② 《列宁专题文集——论无产阶级政党》，人民出版社，2009，第 39 页。

主义理论应运而生的思想缘由主要是无产阶级迫切需要解放思想。在前
资本主义的欧洲，宗教神权占据着统治地位，禁锢着人们的思想，欧洲
的封建社会更是将这种统治发展到了极致。后来，随着资本主义的萌芽
和发展，唯物主义思想逐步发展起来。14 世纪前后，资本主义开始了简
单协作阶段，当时虽然宗教神权仍然占据着统治地位，但唯物主义思想
也有所发展。17 世纪以来，资本主义进入了工场手工业阶段，特别是英
国资产阶级通过革命建立统治地位以后，为了发展社会生产力，需要自
然科学开路，于是开始提倡唯物主义，反对宗教迷信。19 世纪中叶，资
本主义通过工业革命从工场手工业过渡到了大机器生产阶段，资本主义
有了很大发展，随之无产阶级也日益壮大和成熟，工人运动也有了很大
发展，资产阶级和无产阶级的矛盾日益尖锐。资产阶级一方面为发展资
本主义需要自然科学而提倡唯物主义，另一方面为了操控人民的思想又
需要不可知论而宣扬唯心主义。

可见，资产阶级由反对宗教宣扬唯物主义逐渐转向宣扬宗教反对唯
物主义的过程是与资本主义国内阶级矛盾的发展相一致的。在资产阶级
反对封建制度的斗争中，资产阶级把斗争矛头指向宗教，因为宗教是封
建制度的支柱和中心。他们需要利用唯物主义争取农民和城市平民的支
持与参加，否则单靠资产阶级不能取得斗争的胜利。但是当资产阶级成
了统治阶级以后，就需要在思想上利用宗教来麻痹和操控人民的思想，
在政治上防止和镇压人民群众的反抗，这样，资产阶级最终从革命走向
反动。这就是唯物主义与唯心主义、唯物主义与宗教斗争的阶级实质和
历史过程。

但是，宗教不能长期成为资本主义社会的保护物，宗教挽救不了资
本主义制度。资产阶级由反对宗教宣扬唯物主义逐渐转向宣扬宗教反对
唯物主义的历史过程充满着唯心主义与唯物主义的斗争，并且，是唯心
主义逐步走下坡路与唯物主义逐步走上坡路的历史过程。具体而言，前
后分为两大阶段：资产阶级建立统治地位以前，唯心主义的主要代表是
封建主阶级，唯物主义的主要代表是新兴资产阶级。资产阶级建立统治
地位以后，唯心主义的主要代表是资产阶级，唯物主义的主要代表是资
产阶级的有识之士和无产阶级。

唯物主义逐步发展的历史过程，从大的方面来说，也可以分为两大

阶段：一是从自然唯心主义转变为自然唯物主义的阶段。在这一阶段，许多科学家在自然领域摆脱了唯心主义的束缚，认为自然界的发展是辩证唯物的，而在社会领域仍然是唯心主义的，主要有主观唯心主义和客观唯心主义两种。主观唯心主义认为社会历史是由天才或英雄创造的，客观唯心主义则认为社会历史是由某种神秘的"客观"精神（即上帝或神仙的变种）创造的。二是从历史唯心主义转变为历史唯物主义的阶段。由于在现实社会中，天才或英雄无力拯救受苦受难的无产阶级和劳动群众，上帝或神仙更是人们在无可奈何之下虚无缥缈的精神寄托。灾难深重的压迫和剥削使无产阶级和劳动群众深度觉醒，如后来《国际歌》中所表达的心声："从来就没有什么救世主，也不靠神仙皇帝，要创造人类的幸福，全靠我们自己。我们要夺回劳动果实，让思想冲破牢笼。快把那炉火烧得通红，趁热打铁才能成功！"无产阶级破旧立新的斗争迫切需要解放思想，正确认识世界和改造世界。

无产阶级破旧立新的斗争迫切需要思想武装，只是表明人类社会提出了创立无产阶级新世界观、新理论这一重大而艰巨的历史课题，而历史课题的完成还需要人类社会智慧的结晶，需要历史伟人来担当重任。19世纪上半叶的欧洲理论创新十分活跃，德国的古典哲学、英国的古典政治经济学、英国和法国的空想社会主义学说，以及法国复辟时期历史学关于阶级和阶级斗争的杰出思想构成了当时特殊的理论环境。这些理论的成就和缺陷，已经解决和尚未解决的问题，都成为孕育工人阶级理论诞生的沃土，为马克思主义理论提供了全面的思想养分。其中，以法国的圣西门、傅立叶和英国的欧文为最高代表的空想社会主义学说，是马克思恩格斯创立科学社会主义的直接思想来源。空想社会主义学说一方面从经济、政治、文化等方面对资本主义制度的种种弊端进行了深刻揭露和尖锐批判，另一方面对未来理想社会提出了许多天才的设计、积极的主张和合理的预测。它是无产阶级觉醒的"征兆、表现和先声"，是社会主义理论的初级形态，为启发无产阶级觉悟提供了宝贵的精神食粮，为科学社会主义理论提供了有益的思想材料。

最终顺应无产阶级解放思想迫切需要的时代召唤，勇敢担当科学社会主义理论创始人这一历史重任的是马克思恩格斯。从19世纪40年代初开始，马克思和恩格斯各自通过亲身参加当时无产阶级反对资产阶级斗争的实践和进行大量的科学理论研究，促进了各自的阶级立场和世界观的根本转变。他们从资产阶级知识分子转变为无产阶级革命家，从唯心主义者转变为唯物主义者，从民主主义者转变为共产主义者，开始为全世界无产阶级的解放事业并肩战斗。他们在无产阶级革命斗争进入高潮时，便积极投身热火朝天的战斗；在无产阶级革命斗争转入低潮时，便潜心总结经验教训著书立说。他们呕心沥血、艰苦卓绝地奋斗，在理论和实践的有机结合中，在批判地吸收前人优秀思想成果的基础上，系统地创立了工人阶级世界观、方法论及解放胜利的思想主张——马克思主义。随着马克思主义及其理论的创立，科学社会主义理论同时诞生。

二　《共产党宣言》的写作及面世

《共产党宣言》写作于 1847 年 11 月，是马克思恩格斯为共产主义者同盟起草的纲领。19 世纪 30～40 年代，随着工人运动的发展，欧洲各国出现了一些具有政治性质的工人群众组织。这些组织不同程度地受到各种小资产阶级社会主义等思潮的影响和控制，不能适应工人运动发展的要求。马克思恩格斯为了改变这种状况，于 1846 年建立了布鲁塞尔共产主义通讯委员会，开展了反对魏特林空想社会主义、反对真正社会主义、反对蒲鲁东改良主义的斗争，为建立无产阶级政党在组织上和理论上做准备，使自己已经形成的新型世界观和社会斗争学说成为国际性工人革命组织——正义者同盟的指导思想。1847 年 1 月，正义者同盟邀请马克思和恩格斯加入并改组同盟，马克思和恩格斯欣然同意。1847 年 6 月，正义者同盟在伦敦举行了第一次代表大会，恩格斯参加了大会。大会决定将"正义者同盟"改名为"共产主义者同盟"，并使用了新的战斗口号"全世界无产者，联合起来！"共产主义者同盟是世界上第一个国际性的无产阶级政党。恩格斯受托制定同盟纲领，他以当时工人团体容易接受的教义问答形式写出了《共产主义信条草案》。会后共产主义者同盟各支部对该草案进行了大讨论。1847 年 11 月，恩格斯又写出《共产主义原理》，以此为同盟的新纲领草案。1847 年 11 月底，共产主义者同盟召开第二次代表大会，马克思和恩格斯都出席了会议，并在关于纲领的讨论中捍卫了科学社会主义原则。受大会委托，他们会后以《共产主义原理》为基础，起草了《共产党宣言》，从而完成了为共产主义者同盟制定纲领的任务。

1848 年 2 月德文版《共产党宣言》在英国伦敦问世，标志着科学社会主义理论的诞生。它篇幅不大，中文版只有 25000 字，但其深邃的思想、铿锵的语言、严密的逻辑、公正的态度和锐不可当的精神力量，犹如一座丰碑屹立在读者的心头，永不磨灭。160 多年来，《共产党宣言》已被翻译成 200 多种文字，印刷 1000 多次，传遍全世界，被公认为全球发行量最大的社会政治文献。

三　《共产党宣言》所表述的科学社会主义的基本理论

《共产党宣言》以洗练和经典的语言，透彻而鲜明地在整体上表述了马克思主义理论（特别是科学社会主义理论）的基本内容。

关于发表《共产党宣言》的意图："一个幽灵，共产主义的幽灵，在欧洲游荡。为了对这个幽灵进行神圣的围剿，旧欧洲的一切势力，教皇和沙皇、梅特涅和基佐、法国的激进派和德国的警察，都联合起来了。""从这一事实中可以得出两个结论：共产主义已经被欧洲的一切势力公认为一种势力；现在是共产党人向全世界公开说明自己的观点、自己的目的、自己的意图并且拿党自己的宣言来反驳关于共产主义幽灵的神话的时候了。"[①]

关于资产阶级的历史作用："资产阶级，由于开拓了世界市场，使一切国家的生产和消费都成为世界性的了。使反动派大为惋惜的是，资产阶级挖掉了工业脚下的民族基础。古老的民族工业被消灭了，并且每天都还在被消灭。它们被新的工业排挤掉了，新的工业的建立已经成为一切文明民族的生命攸关的问题；这些工业所加工的，已经不是本地的原料，而是来自极其遥远的地区的原料；它们的产品不仅供本国消费，而且同时供世界各地消费。旧的、靠本国产品来满足的需要，被新的、要靠极其遥远的国家和地带的产品来满足的需要所代替了。过去那种地方的和民族的自给自足和闭关自守状态，被各民族的各方面的互相往来和各方面的互相依赖所代替了。物质的生产是如此，精神的生产也是如此。各民族的精神产品成了公共的财产。民族的片面性和局限性日益成为不

---

① 《马克思恩格斯文集》第 2 卷，人民出版社，2009，第 30 页。

可能，于是由许多种民族的和地方的文学形成了一种世界的文学。""资产阶级，由于一切生产工具的迅速改进，由于交通的极其便利，把一切民族甚至最野蛮的民族都卷到文明中来了。它的商品的低廉价格，是它用来摧毁一切万里长城、征服野蛮人最顽强的仇外心理的重炮。它迫使一切民族——如果它们不想灭亡的话——采用资产阶级的生产方式；它迫使它们在自己那里推行所谓的文明，即变成资产者。一句话，它按照自己的面貌为自己创造出一个世界。""资产阶级在它的不到一百年的阶级统治中所创造的生产力，比过去一切世代创造的全部生产力还要多，还要大。自然力的征服，机器的采用，化学在工业和农业中的应用，轮船的行驶，铁路的通行，电报的使用，整个整个大陆的开垦，河川的通航，仿佛用法术从地下呼唤出来的大量人口——过去哪一个世纪料想到在社会劳动里蕴藏有这样的生产力呢？"①

关于资本主义的历史命运："现在，我们眼前又进行着类似的运动。资产阶级的生产关系和交换关系，资产阶级的所有制关系，这个曾经仿佛用法术创造了如此庞大的生产资料和交换手段的现代资产阶级社会，现在像一个魔法师一样不能再支配自己用法术呼唤出来的魔鬼了。几十年来的工业和商业的历史，只不过是现代生产力反抗现代生产关系、反抗作为资产阶级及其统治的存在条件的所有制关系的历史。只要指出在周期性的重复中越来越危及整个资产阶级社会生存的商业危机就够了。在商业危机期间，总是不仅有很大一部分制成的产品被毁灭掉，而且有很大一部分已经造成的生产力被毁灭掉。在危机期间，发生一种在过去一切时代看来都好像是荒唐现象的社会瘟疫，即生产过剩的瘟疫。社会突然发现自己回到了一时的野蛮状态；仿佛是一次饥荒、一场普遍的毁灭性战争，使社会失去了全部生活资料；仿佛是工业和商业全被毁灭了。这是什么缘故呢？因为社会上文明过度，生活资料太多，工业和商业太发达。社会所拥有的生产力已经不能再促进资产阶级文明和资产阶级所有制关系的发展；相反，生产力已经强大到这种关系所不能适应的地步，它已经受到这种关系的阻碍；而它一着手克服这种障碍，就使整个资产阶级社会陷入混乱，就使资产阶级所有制的存在受到威胁。资产阶级的

---

① 《马克思恩格斯文集》第2卷，人民出版社，2009，第35～36页。

关系已经太狭窄了，再容纳不了它本身所造成的财富了。资产阶级用什么办法来克服这种危机呢？其一方面不得不消灭大量生产力，另一方面夺取新的市场，更加彻底地利用旧的市场。这究竟是怎样的一种办法呢？这不过是资产阶级准备更全面更猛烈的危机的办法，不过是使防止危机的手段越来越少的办法。""资产阶级用来推翻封建制度的武器，现在却对准资产阶级自己了。""资产阶级不仅锻造了置自身于死地的武器；它还产生了将要运用这种武器的人——现代的工人，即无产者。"①

关于无产阶级革命的目的和步骤："过去的一切运动都是少数人的，或者为少数人谋利益的运动。无产阶级的运动是绝大多数人的，为绝大多数人谋利益的独立的运动。无产阶级，现今社会的最下层，如果不炸毁构成官方社会的整个上层，就不能抬起头来，挺起胸来。""如果不就内容而就形式来说，无产阶级反对资产阶级的斗争首先是一国范围内的斗争。每一个国家的无产阶级当然首先应该打倒本国的资产阶级。"②

关于共产党人的性质、作用和目的："共产党人不是同其他工人政党相对立的特殊政党。他们没有任何同整个无产阶级的利益不同的利益。他们不提出任何特殊的原则，用以塑造无产阶级的运动。共产党人同其他无产阶级政党不同的地方只是：一方面，在各国无产者的斗争中，共产党人强调和坚持整个无产阶级共同的不分民族的利益；另一方面，在无产阶级和资产阶级的斗争所经历的各个发展阶段上，共产党人始终代表整个运动的利益。因此，在实践方面，共产党人是各国工人政党中最坚决的、始终起推动作用的部分；在理论方面，他们胜过其余的无产阶级群众的地方在于他们了解无产阶级运动的条件、进程和一般结果。共产党人的最近目的是和其他一切无产阶级政党的最近目的一样的：使无产阶级形成为阶级，推翻资产阶级的统治，由无产阶级夺取政权。"③

关于两个不可避免的历史趋势："共产主义的特征并不是要废除一般的所有制，而是要废除资产阶级的所有制。……现代的资产阶级私有制是建立在阶级对立上面、建立在一些人对另一些人的剥削上面的产品生产和占有的最后而又最完备的表现。从这个意义上说，共产党人可以把

① 《马克思恩格斯文集》第2卷，人民出版社，2009，第37~38页。
② 《马克思恩格斯文集》第2卷，人民出版社，2009，第42~43页。
③ 《马克思恩格斯文集》第2卷，人民出版社，2009，第44页。

自己的理论概括为一句话：消灭私有制。"① "资产阶级的灭亡和无产阶级的胜利是同样不可避免的。"②

关于无产阶级专政的历史使命："原来意义上的政治权力，是一个阶级用以压迫另一个阶级的有组织的暴力。"③ "不管阶级对立具有什么样的形式，社会上一部分人对另一部分人的剥削却是过去各个世纪所共有的事实。因此，毫不奇怪，各个世纪的社会意识，尽管形形色色、千差万别，总是在某些共同的形式中运动的，这些形式，这些意识形式，只有当阶级对立完全消失的时候才会完全消失。" "共产主义革命就是同传统的所有制关系实行最彻底的决裂；毫不奇怪，它在自己的发展进程中要同传统的观念实行最彻底的决裂。"④

关于无产阶级革命的奋斗目标："代替那存在着阶级和阶级对立的资产阶级旧社会的，将是这样一个联合体，在那里，每个人的自由发展是一切人的自由发展的条件。" "共产党人不屑于隐瞒自己的观点和意图。他们公开宣布：他们的目的只有用暴力推翻全部现存的社会制度才能达到。让统治阶级在共产主义革命面前发抖吧。无产者在这个革命中失去的只是锁链。他们获得的将是整个世界。" "全世界无产者，联合起来！"⑤

四　《共产党宣言》的划时代意义

《共产党宣言》宣告了马克思主义理论的诞生，第一次比较全面地阐述了科学社会主义的基本理论，体现了科学社会主义理论形成时期马克思恩格斯在理论上的最高成就。它的发表有极为重要的理论意义和实践意义。

第一，《共产党宣言》的发表标志着马克思主义理论特别是科学社会主义理论的形成。关于科学社会主义的个别思想，马克思恩格斯曾在《〈黑格尔法哲学批判〉导言》《论犹太人问题》《政治经济学批判大纲》《德意志意识形态》等著作中提出来，但不完整、不系统。《共产党宣

---

① 《马克思恩格斯文集》第 2 卷，人民出版社，2009，第 45 页。
② 《马克思恩格斯文集》第 2 卷，人民出版社，2009，第 43 页。
③ 《马克思恩格斯文集》第 2 卷，人民出版社，2009，第 53 页。
④ 《马克思恩格斯文集》第 2 卷，人民出版社，2009，第 51~52 页。
⑤ 《马克思恩格斯文集》第 2 卷，人民出版社，2009，第 66 页。

言》是马克思主义的第一个纲领性文件，它第一次比较全面地阐述了科学社会主义的基本原理，有力驳斥了资产阶级及其辩护者对共产主义的攻击和诽谤，深刻批判了五花八门的社会主义的谬论，划清了科学社会主义与各种冒牌社会主义的界限。它深含着唯物史观和剩余价值学说的理论基础，标志着马克思在哲学领域的伟大变革已经完成，唯物主义历史观的基本原理已经奠定，标志着马克思恩格斯已经基本发现剩余价值的源泉，剩余价值学说的一系列主要观点已经奠定。所以，《共产党宣言》的发表，表明马克思主义理论整体同时诞生，科学社会主义理论和实践的伟大征程已经起航。

第二，《共产党宣言》的问世标志着马克思主义理论与工人运动的结合。《共产党宣言》是世界上第一个无产阶级政党实践的党纲，第一次向全世界公开阐明共产党人"自己的观点、自己的目的、自己的意图"①，表明科学社会主义理论不是少数文人在与世隔绝的书斋中炮制出来的玄学臆想，而是因无产阶级斗争需要而产生，为无产阶级解放斗争的实践服务，并随着实践的发展而不断丰富和完善的革命理论。它表明，无产阶级已经摆脱了自发、分散的斗争状态，有了明确的阶级意志和系统的理论武器，并在科学理论的指导下自觉地、有组织地、有目标地开展斗争，这样工人运动与科学社会主义理论正式结合起来了。

第三，《共产党宣言》的问世为国际共产主义运动树立了一面旗帜。旗帜就是方向，旗帜就是形象。《共产党宣言》的基本原理和所规定的无产阶级政党的基本原则，是任何一个真正的无产阶级政党必须遵循的，因此许多国家的无产阶级都按照《共产党宣言》的世界观、方法论指导自己的实践活动，按照《共产党宣言》的原则和要求建立自己的政党、开展斗争活动并赢得了胜利。《共产党宣言》所揭示的真理、提出的奋斗目标和"全世界无产者，联合起来！"的战斗口号，激发了世界上不同国家、民族的工人阶级紧密团结，相互支援，共同奋斗，展开了推翻资产阶级统治、建立无产阶级政权的伟大斗争。正是在《共产党宣言》的基本原理指导下，各国共产党人从本国实际出发，制定正确的政策和策略，取得了反对资产阶级斗争的一个个伟大胜利，使社会主义在部分

---

① 《马克思恩格斯文集》第2卷，人民出版社，2009，第30页。

国家成为现实。可以说，《共产党宣言》引导了国际共产主义运动的发展，也对自它问世后的世界历史产生了深远影响。可以说，世界各国的工人阶级和先进知识分子在很大程度上是因《共产党宣言》而得知了马克思恩格斯，因《共产党宣言》而认识和接受了科学社会主义。科学社会主义在《共产党宣言》发表后的一个多世纪里，无论是在理论上还是在实践上都取得了伟大胜利。可见，正是《共产党宣言》的问世开辟了科学社会主义理论和实践广泛传播和蓬勃发展的新时代。

第二节　科学社会主义的基本理论

科学社会主义理论的基本原理，是科学社会主义体系的基本理论和基本范畴，是其基本立场、观点和方法的理论表达。这些基本理论和基本范畴，紧紧围绕"工人阶级创造社会主义社会的实践本质及其发展规律"这一根本问题展开，是世界从资本主义转向社会主义、从社会主义转向共产主义的客观规律的科学反映。它对无产阶级解放事业有重要的指导意义，持共产主义信仰的人们必须始终不渝地予以坚持。科学社会主义理论的基本原理，大致可以从三个方面来概括。

一　否定资本主义旧世界的基本理论

否定资本主义旧世界的基本理论，论证工人阶级的历史地位及历史使命，主要包括"两个必然""两个决不会"等基本理论。

（1）"两个必然"的基本理论。1848 年，马克思恩格斯在《共产党宣言》这部马克思主义的纲领性文件中做出了"资产阶级的灭亡和无产阶级的胜利是同样不可避免的"① 这一著名论断，后来被马克思主义者从社会制度的角度表达为"资本主义必然灭亡，共产主义必然胜利"②。"两个必然"的理论是科学社会主义基本原理的核心，整个科学社会主义理论都是围绕这个核心来展开的。"两个必然"概括了资本主义被社会主义取代的历史必然性，为无产阶级革命指明了前进的方向。1859

---

① 《马克思恩格斯文集》第 2 卷，人民出版社，2009，第 43 页。
② 中共中央文献研究室编《十五大以来重要文献选编》（中卷），人民出版社，2001，第 1333 页。

年，马克思在《政治经济学批判》第一分册序言中进一步论证了"两个必然"论断的理论基础是唯物史观关于社会基本矛盾运动的规律："人们在自己生活的社会生产中发生一定的、必然的、不以他们的意志为转移的关系，即同他们的物质生产力的一定发展阶段相适合的生产关系。这些生产关系的总和构成社会的经济结构，即有法律的和政治的上层建筑竖立其上并有一定的社会意识形式与之相适应的现实基础。……社会的物质生产力发展到一定阶段，便同它们一直在其中运动的现存生产关系或财产关系（这只是生产关系的法律用语）发生矛盾。于是这些关系便由生产力的发展形式变成生产力的桎梏。那时社会革命的时代就到来了。随着经济基础的变更，全部庞大的上层建筑也或慢或快地发生变革。"① 马克思正是依据这一社会基本矛盾运动规律，揭示出了资本主义基本矛盾，推导出了"两个必然"的重要结论：随着资本主义的发展，生产的社会化与生产资料的私人占有之间的基本矛盾，导致了个别企业生产的组织性与整个社会生产的无政府状态之间的矛盾，和社会生产无限扩大的趋势与人民群众有支付能力的购买力相对缩小之间的矛盾，以及无产阶级与资产阶级之间的矛盾。由资本主义基本矛盾导致的这些具体矛盾由于各种原因时而激化，时而缓和，使资本主义社会生产力会有不同程度的发展。然而，资本主义的基本矛盾不可能从根本上得以解决，在一定的历史条件下必然迫使生产关系适合生产力的发展要求，从而产生出社会主义。

"两个必然"从整个人类社会历史发展规律的角度，指出生产力决定生产关系，生产关系（进而整个社会形态）的变化是由生产力的变化引起的，而不是凭人们主观的意志、愿望实现的。当生产关系不适合生产力的发展要求，已经成为生产力发展桎梏的时候，这种生产关系就必然为新的生产关系所取代，由此决定一切社会制度都有其产生、发展和灭亡的历史必然性。资本主义制度也一样，由于自身的基本矛盾以及由此产生的阶级矛盾和阶级斗争的发展，资产阶级作为资本主义制度的代表日益成为生产力发展的阻碍者，而无产阶级作为社会化大生产的代表是促进生产力发展的最先进、最革命的阶级，因此资产阶级的灭亡和无

---

① 《马克思恩格斯文集》第 2 卷，人民出版社，2009，第 591～592 页。

产阶级的胜利同样不可避免。恩格斯在《社会主义从空想到科学的发展》中，比较详细地论述了"两个必然"的运动过程。他说，必须在"事实上承认现代生产力的社会本性，因而也是使生产、占有和交换的方式同生产资料的社会性质相适应。而要实现这一点，只有由社会公开地和直接地占有已经发展到除了适于社会管理之外不适于任何其他管理的生产力。……当人们按照今天的生产力终于被认识了的本性来对待这种生产力的时候，社会的生产无政府状态就让位于按照社会总体和每个成员的需要对生产进行的社会的有计划的调节。……这种生产方式日益迫使人们把大规模的社会化的生产资料变为国家财产，因此它本身就指明完成这个变革的道路。无产阶级将取得国家政权，并且首先把生产资料变为国家财产。但是这样一来，它就消灭了作为无产阶级的自身，消灭了一切阶级差别和阶级对立，也消灭了作为国家的国家。……当国家终于真正成为整个社会的代表时，它就使自己成为多余的了。"①

马克思恩格斯还认为社会主义也是不断发展的运动："所谓'社会主义社会'不是一种一成不变的东西，而应当和任何其他社会制度一样，把它看成是经常变化和改革的社会。"② 恩格斯还说："共产主义不是教义，而是运动。它不是从原则出发，而是从事实出发。共产主义者不是把某种哲学作为前提，而是把迄今为止的全部历史，特别是这一历史目前在文明各国造成的实际结果作为前提。"③ "我们没有最终目标。我们是不断发展论者，我们不打算把什么最终规律强加给人类。"④ 马克思恩格斯不认为人类社会发展有最后阶段。在他们看来，共产主义的实现，仅仅是人类史前史的终结，同时又是真正的人类历史的开端。到那时，人类仍然会有新的奋斗目标，社会还要经历无数的发展阶段。

（2）"两个决不会"的基本理论。1859 年马克思在《政治经济学批判》第一分册序言中指出："无论哪一个社会形态，在它所能容纳的全部生产力发挥出来以前，是决不会灭亡的；而新的更高的生产关系，在

---

① 《马克思恩格斯文集》第 3 卷，人民出版社，2009，第 560～561 页。
② 《马克思恩格斯文集》第 10 卷，人民出版社，2009，第 588 页。
③ 《马克思恩格斯文集》第 1 卷，人民出版社，2009，第 672 页。
④ 《马克思恩格斯文集》第 4 卷，人民出版社，2009，第 561 页。

它的物质存在条件在旧社会的胎胞里成熟以前，是决不会出现的。"① 这
"两个决不会"概括了社会主义取代资本主义所需客观条件的制约性。

马克思恩格斯认为，历史是各种因素的合力创造的，在强调生产力
决定生产关系、经济基础决定上层建筑的同时，也辩证地指出上层建筑
对物质生产方式具有反作用。生产关系一定要适合生产力性质是人类社
会发展的最一般规律，虽然不适合生产力发展要求的旧生产关系迟早一
定会被取代，但这种旧生产关系并不会一下子就灭亡，在它还有一定的
适合生产力发展空间，还能够在一定程度上促进生产力发展的时候，这
种生产关系又是不会灭亡的，并且还会有一定的生命力。马克思恩格斯
在 19 世纪下半叶阐明资本主义基本矛盾的发展时，虽然自由竞争在资本
主义经济中还占据着绝对统治地位，但他们已经研究了刚刚出现的由私
人公司的"私人生产"发展到股份公司乃至托拉斯垄断公司的"联合生
产"的新现象，并预见到资本积累会导致垄断，还分析了这些新现象对
资本主义基本矛盾运动产生的影响。马克思指出："资本主义的股份企
业，也和合作工厂一样，应当被看做是由资本主义生产方式转化为联合
的生产方式的过渡形式。"② "在股份公司内，职能已经同资本所有权相
分离，因而劳动也已经完全同生产资料的所有权和剩余劳动的所有权相
分离。资本主义生产极度发展的这个结果，是资本再转化为生产者的财
产所必需的过渡点。"③ 因此，股份制的产生和发展表明，这一变化包含
着"在资本主义体系本身的基础上对资本主义的私人产业的扬弃"④。恩
格斯认为，一方面，它表明要求承认生产力的社会本性的这种日益增长
的压力，迫使资本家阶级本身在资本关系内部可能的限度内，越来越把
生产力当做社会生产力看待，资本主义生产这一"社会形式"不是一成
不变的，而是发展变化的，其结果对资本主义社会基本矛盾有所缓解。
另一方面，这只是承认生产力的社会本性的第一步，而不是它的完成。
只有在生产资料真正发展到不适于由股份公司来管理，因而国有化在经
济上已成为不可避免的情况下，才意味着经济上的进步，才意味着达到

---

① 《马克思恩格斯文集》第 2 卷，人民出版社，2009，第 592 页。
② 《马克思恩格斯文集》第 7 卷，人民出版社，2009，第 499 页。
③ 《马克思恩格斯文集》第 7 卷，人民出版社，2009，第 495 页。
④ 《马克思恩格斯文集》第 7 卷，人民出版社，2009，第 497 页。

了一个新的为社会本身占有一切生产力做准备的阶段。但是，即使是这样，资产阶级也并没有自觉地、完全地承认生产力的社会性。因为资本主义国家"不管它的形式如何，本质上都是资本主义的机器，资本家的国家，理想的总资本家。它越是把更多的生产力据为己有，就越是成为真正的总资本家，越是剥削更多的公民"①。"资本关系并没有被消灭，反而被推到了顶点。但是在顶点上是要发生变革的。生产力归国家所有不是冲突的解决，但是它包含着解决冲突的形式上的手段，解决冲突的线索。"②"两个决不会"阐明了社会主义取代资本主义不可能一蹴而就，它是一个积极创造条件破旧立新的长期历史过程。我们既要考虑人们实践的主观能动性，又要考虑社会条件的客观制约性。

二　指导无产阶级革命的基本理论

指导无产阶级革命的基本理论，阐述工人阶级如何成为社会主人的实践方略，主要包括："一个目的""一条道路""两种走法""三种形式"等基本理论。

（1）"一个目的"的基本理论。"过去的一切运动都是少数人的，或者为少数人谋利益的运动。无产阶级的运动是绝大多数人的，为绝大多数人谋利益的独立的运动。"③"如果说无产阶级在反对资产阶级的斗争中一定要联合为阶级，通过革命使自己成为统治阶级，并以统治阶级的资格用暴力消灭旧的生产关系，那么它在消灭这种生产关系的同时，也就消灭了阶级对立的存在条件，消灭了阶级本身的存在条件，从而消灭了它自己这个阶级的统治。代替那存在着阶级和阶级对立的资产阶级旧社会的，将是这样一个联合体，在那里，每个人的自由发展是一切人的自由发展的条件。"④无产阶级最终要实现的利益价值目的是不再有任何阶级差别，不再有任何个人生活资料的忧虑的社会制度。"人终于成为自己的社会结合的主人，从而也就成为自然界的主人，成为自身的主人——

① 《马克思恩格斯文集》第9卷，人民出版社，2009，第295页。
② 《马克思恩格斯文集》第3卷，人民出版社，2009，第560页。
③ 《马克思恩格斯文集》第2卷，人民出版社，2009，第42页。
④ 《马克思恩格斯文集》第2卷，人民出版社，2009，第53页。

自由的人。"① 由此可见，无产阶级归根到底孜孜追求的就是两个自由，即人对自然的自由和人对社会的自由。马克思恩格斯还指出了实现这一目的的客观依据和历史进程。客观依据是人类社会发展始终面临着两大矛盾，即人与自然的矛盾关系和人与社会的矛盾关系。人的真正解放，依赖于人与自然之间、人与社会之间矛盾的解决。其中，认识社会和改造社会是实现人的自由而全面发展的决定性环节。人类社会解决两大矛盾的历史进程是：前资本主义社会生产力水平十分低下，只能是"人的依赖关系"；资本主义社会随着生产力的长足发展，实现了"以物的依赖性为基础的人的独立性"②；共产主义社会生产力高度发达，将建立以每个人全面而自由发展为基本原则的"自由人的联合体"，"第一次能够谈到真正的人的自由，谈到那种同已被认识的自然规律和谐一致的生活"③。马克思恩格斯高瞻远瞩指出的利益价值目的为无产阶级革命树立了远大的奋斗目标，指明了前进的明确方向。

　　（2）"一条道路"的基本理论。马克思恩格斯在革命实践中，认真探索了关于无产阶级变革资本主义的道路问题，形成了系统的理论。其基本内容是：无产阶级要成为有组织的阶级力量，由先进分子组建起无产阶级政党，无产阶级在其政党的领导下，以同农民结成联盟为基础，团结起最广大的人民群众，通过阶级斗争推翻资产阶级统治。他们还从国体上提出，无产阶级必须打碎旧的国家机器，夺取政权建立自己的统治，即建立无产阶级专政。这是因为，只有这样才能在无产阶级革命胜利后，镇压资产阶级和其他一切剥削阶级的反抗，对整个社会进行社会主义的革命改造。他们在政体即国家组织形式上提出，把"民主共和国"作为无产阶级专政的一种形式的设想，说明无产阶级国家和对资产阶级国家是可以批判继承的。"无产阶级将利用自己的政治统治，一步一步地夺取资产阶级的全部资本，把一切生产工具集中在国家即组织成为统治阶级的无产阶级手里，并且尽可能快地增加生产力的总量。"④ 同时，共产主义革命要同传统的观念实行最彻底的决裂，实现对共产主义

① 《马克思恩格斯文集》第3卷，人民出版社，2009，第566页。
② 《马克思恩格斯文集》第8卷，人民出版社，2009，第52页。
③ 《马克思恩格斯文集》第9卷，人民出版社，2009，第121页。
④ 《马克思恩格斯文集》第2卷，人民出版社，2009，第52页。

的精神产品的占有和生产。无产阶级还要建设高度的政治文明、和谐的社会文明、良好的生态文明，最终建立共产主义社会制度。这就解决了社会主义如何取代资本主义以及如何巩固和发展社会主义的问题。

（3）"两种走法"的基本理论。"两种走法"是马克思恩格斯提出的实现科学社会主义的两个方案。在 19 世纪 70 年代以前，马克思恩格斯曾设想的是"发达国家革命同时胜利"论，认为社会主义革命首先在西欧北美那些资本主义比较发达的国家同时爆发才能取得胜利，因为无产阶级革命当时总是被各国资产阶级联合绞杀，无产阶级也只有联合起来革命才有胜利的希望。但是，马克思恩格斯从来没有把自己的理论视为一成不变的东西。1871 年巴黎公社失败后，欧洲工人运动转入低潮，他们把视线从西方移向俄国等东方国家，开始探讨经济文化比较落后的资本主义国家向社会主义过渡的可能性。他们指出，革命运动方兴未艾的俄国等东方国家有可能跨越资本主义的"卡夫丁峡谷"①　直接过渡到社会主义，并通过同欧美国家无产阶级革命互相补充和互相援助，取得社会主义革命的最终胜利。事实上，20 世纪社会主义运动的发展进程表明，马克思恩格斯的第一种方案未能实现，而第二种方案却得到了较多实现。

（4）"三种形式"的基本理论。无产阶级革命的形式多种多样，其中有三种基本形式，即经济斗争、政治斗争、思想（理论）斗争。经济斗争是指无产阶级为改善劳动和生活条件而进行的斗争，是一种普遍的和经常的形式，它可以在一定程度上限制资产阶级对工人的过度剥削，对于锻炼无产阶级的组织性和提高觉悟程度起着重要作用，同时往往会成为政治斗争的导火线。政治斗争是无产阶级以夺取政权为目标的革命，

----

① 公元前 321 年第二次萨姆尼特战争时期，萨姆尼特人在古罗马卡夫丁城（今意大利蒙泰萨尔基奥）附近的卡夫丁峡谷包围并击败了罗马军队。按照当时意大利双方交战的惯例，罗马军队必须在由长矛交叉构成的"轭形门"下通过。这被认为是对战败军的最大羞辱。"通过卡夫丁峡谷"一语由此而来，意即遭受奇耻大辱。——转引自《马克思恩格斯文集》第 3 卷，人民出版社，2009，第 703 页，注释 311。马克思用"卡夫丁峡谷"借喻资本主义制度，"通过资本主义的卡夫丁峡谷"即遭受资本主义制度所带来的一切苦难和波折，"跨过资本主义制度的卡夫丁峡谷"意在说明落后国家在一定条件下可以超越资本主义充分发展的阶段，从而避免资本主义制度所带来的一切极端不幸的灾难。

其目的是推翻资产阶级的统治，消灭阶级剥削和阶级压迫，使无产阶级和劳动人民获得彻底解放。思想（理论）斗争是无产阶级在意识形态领域里同资产阶级和其他形形色色的机会主义思潮的斗争，它是抵制各种非无产阶级思想对工人运动的侵蚀，提升无产阶级的阶级意识，使无产阶级从自在阶级走向自为阶级的必要条件。马克思恩格斯还指出，这三种形式是相互联系、相互配合、相互促进的，其中决定性的斗争是政治斗争，无产阶级夺取政权的革命是政治斗争的最高形式，是资本主义社会变革的巨大杠杆。在斗争中马克思恩格斯还非常注重无产阶级斗争策略，虽然他们历来十分重视暴力革命在变革资本主义制度中的作用，认为"暴力是每一个孕育着新社会的旧社会的助产婆"①，但他们并没有排斥非暴力发展的可能性。他们曾设想，暴力手段与和平手段是夺取政权时可以采用的两种方式，不同的国家革命方式也不同。恩格斯说："如果旧的东西足够理智，不加抵抗即行死亡，那就和平地代替；如果旧的东西抗拒这种必然性，那就通过暴力来代替。"② 至于采取什么样的斗争形式和手段，应当根据当时各国的具体条件来决定。不顾时间、地点、条件，一味崇尚暴力，是愚蠢的；但是如果完全放弃暴力的准备，甚至放弃夺取政权的革命目标，则是对无产阶级的欺骗。开展合法斗争的前提是统治者必须在法律范围内活动，如果政府破坏法律，迫害工人政党，无产阶级就要转向非法斗争。

三　追求社会主义新世界的基本理论

追求社会主义新世界的基本理论，重点阐述了工人阶级创造社会主义社会的实践本质及其发展规律，主要包括"三个阶段""两个预测"的理论。

（1）"三个阶段"的基本理论。马克思恩格斯强调人类不可能由资本主义社会一步跨越到理想社会，预测了从资本主义向社会主义和共产主义的发展大致可以划分为三个阶段：一是革命转变时期即过渡时期，这个时期的起点是无产阶级夺取政权，终点是建立社会主义制度。二是

---

① 《马克思恩格斯文集》第 5 卷，人民出版社，2009，第 861 页。
② 《马克思恩格斯文集》第 4 卷，人民出版社，2009，第 269 页。

共产主义社会第一阶段（列宁称之为社会主义社会）。三是共产主义社会高级阶段（列宁称之为共产主义社会）。马克思 1875 年在《哥达纲领批判》中强调："在资本主义社会和共产主义社会之间，有一个从前者变为后者的革命转变时期。同这个时期相适应的也有一个政治上的过渡时期，这个时期的国家只能是无产阶级的革命专政。"① 因为在无产阶级革命胜利后，为了消灭私有制，镇压资产阶级和其他一切剥削阶级的反抗，以便对整个社会进行革命的改造，无产阶级必须牢牢掌握自己的政权，实行无产阶级专政。马克思还指出，共产主义社会也应该以其成熟程度的不同分为"第一阶段"和"高级阶段"。马克思认为，共产主义第一阶段由于是"刚刚从资本主义社会中产生出来的，因此它在各方面，在经济、道德和精神方面都还带着它脱胎出来的那个旧社会的痕迹"②，还保留着"不平等的权利"等"资产阶级权利的狭隘眼界"③。"在迫使个人奴隶般地服从分工的情形已经消失，从而脑力劳动和体力劳动的对立也随之消失之后；在劳动已经不仅仅是谋生的手段，而且本身成了生活的第一需要之后；在随着个人的全面发展，他们的生产力也增长起来，而集体财富的一切源泉都充分涌流之后，——只有在那个时候，才能完全超出资产阶级权利的狭隘眼界，社会才能在自己的旗帜上写上：各尽所能，按需分配！"④ 社会才能进入共产主义社会高级阶段。

（2）"两个预测"的基本理论。马克思恩格斯虽然运用唯物辩证法揭示了事物发展的客观规律，因而能够科学预测社会主义社会和共产主义社会高级阶段的发展趋势，但他们反复表明，对未来社会的蓝图制定得越是详尽周密，就越是要陷入纯粹的幻想。为此，他们对未来社会的预测和构想，只是提出了一些重要的原则特征。共产主义社会第一阶段，在社会生产力方面，生产力的巨大增长和高度发展，是建立社会主义绝对必需的实际前提，社会主义社会不仅必须以资本主义生产已经达到的工业化、社会化和商品化为物质前提，而且要创造比资本主义社会更为发达的生产力作为自己的物质基础。到了共产主义社会高级阶段，迫使

---

①　《马克思恩格斯文集》第 3 卷，人民出版社，2009，第 445 页。
②　《马克思恩格斯文集》第 3 卷，人民出版社，2009，第 434 页。
③　《马克思恩格斯文集》第 3 卷，人民出版社，2009，第 436 页。
④　《马克思恩格斯文集》第 3 卷，人民出版社，2009，第 435~436 页。

人们奴隶般地服从分工的情形已经消失，从而脑力劳动和体力劳动的对立也随之消失；劳动已经不仅仅是谋生的手段，而且本身成了生活的第一需要；随着个人的全面发展，生产力也增长起来，集体财富的一切源泉都充分涌流。在社会生产关系方面，在共产主义社会第一阶段，废除资产阶级私有制，生产资料归社会占有。现代的资产阶级私有制是建立在阶级对立上面、建立在一些人对另一些人的剥削上面的产品生产和占有的最后而又最完备的表现。共产主义社会第一阶段实行"各尽所能、按劳分配"。到共产主义社会高级阶段，"一旦社会占有了生产资料，商品生产就将被消除，而产品对生产者的统治也将随之消除。社会生产内部的无政府状态将为有计划的自觉的组织所代替"[①]。共产主义社会第一阶段实行"各尽所能、按需分配"。在社会上层建筑方面，共产主义第一阶段，由于是"刚刚从资本主义社会中产生出来的，因此它在各方面，在经济、道德和精神方面都还带着它脱胎出来的那个旧社会的痕迹"[②]；到共产主义社会高级阶段，在消灭阶级和阶级差别的基础上国家逐步自行消亡，"国家政权对社会关系的干预在各个领域中将先后成为多余的事情而自行停止下来。那时，对人的统治将由对物的管理和对生产过程的领导所代替"[③]。社会成员的体力和智力获得充分的、自由的发展和运用，从而实现人的全面发展和人类的彻底解放。

---

① 《马克思恩格斯文集》第 3 卷，人民出版社，2009，第 564 页。
② 《马克思恩格斯文集》第 3 卷，人民出版社，2009，第 434 页。
③ 《马克思恩格斯文集》第 3 卷，人民出版社，2009，第 562 页。

第七章 实践的合理性与马克思主义理论的价值指归

马克思主义理论中的实践，是一个与合理性相联系的总体性概念。建立在实践合理性基础之上的马克思主义理论的价值指归，就是为工人阶级的实践及彻底解放服务，即论证共产主义社会的合理性和必然性。马克思主义理论的价值指归，凝聚在马克思恩格斯关于未来社会基本特征的理论当中。

第一节 实践的合理性

何谓实践合理性？实践合理性有哪些基本意蕴？这些意蕴是如何确立马克思主义理论价值指归的？实践合理性与马克思主义理论价值指归之间有怎样的内在联系？

一 实践合理性释义

相对于社会实践而言，合理性是一个历史的、社会的、具体的概念。"马克思主义哲学立足于实践来理解合理性问题，把合理性问题看做对事物所具有的'合理的'性质及其根据的确认和评价，认为它所体现的是自觉的和主动的主体对于对象和人与对象关系的合理化发展的一种追求，也是人们力图在实践中合理地引导这种关系并使之向合理化方向发展的一种愿望和能力。理解合理性概念的关键是对于'合理'的界定。什么是'合理的'？这在不同的场合有不同的要求。一般说来，所谓合理的，就是合规律而被认为是客观的，合目的而被认为是有价值的，合逻辑而被认为是严密的，合理智而被认为是正常的，合规范而被认为是正当的，有根据而被认为是应当的，有理由而被认为是可理解的，有价值而被认为是可接受的，有证据而被认为是可相信的，有目标而被认为是自觉的，有效用而被认为是可以采纳的，等等。合理性就是对人们的思想和行为所应当具有的客观性、价值性、严密性、正常性、正当性、应当性、可理解性、可接受性、可信性、自觉性等的概括与要求，是合规律性、合目的性和合规范性的统一，也是真理性与价值性的统一。"①

由此可见，实践的合理性是指实践的合真理性和合价值性。这就是说，合理的实践，既合事物、对象之"理"——条理、准则、规律，又合实践主体之"理"——需要、价值、目的，是合规律性、合目的性与合规范性的统一，也是真理性与价值性的统一。或者说，实践合理性揭示了实践主体行为的价值性。任何成功的、有价值的、合理的实践活动，都是从人的目的、需要出发，根据对事物所做的正确认识，进行能够满足人类生存和发展需要的实践活动，都必须是既遵循客体尺度，又遵循主体尺度的，是既合规律，又合目的的。人类实践所实现的真理性与价值性的统一，实际上也就是真、利、善、美、圣的有机统一。

二　实践合理性的基本意蕴

马克思主义理论中的实践，不是指任何人的任何形式的行为或活动，其在本质上是指合理的实践。不管是哲学层次的实践（实践是人自觉能动地在一定规范的制约和制导下展开的现实的感性的具体的活动），还是一般层次的实践（物质生产实践、社会政治实践和科学文化实践）或具体层次的各种实践方式，都是指合理的实践。这是由马克思主义理论的本质属性决定的。2003 年 7 月 1 日，胡锦涛在"三个代表"重要思想理论研讨会上的讲话中说："辩证唯物主义和历史唯物主义的世界观和方法论，是马克思主义最根本的理论特征……实现物质财富极大丰富、人民精神境界极大提高、每个人自由而全面发展的共产主义社会，是马克思主义最崇高的社会理想……马克思主义政党的一切理论和奋斗都应致力于实现最广大人民的根本利益，这是马克思主义最鲜明的政治立场……坚持一切从实际出发，理论联系实际，实事求是，在实践中检验真理和发展真理，是马克思主义最重要的理论品质。"② 这是对马克思主义理论

---

① 欧阳康：《合理性与当代人文社会科学》，《中国社会科学》2001 年第 4 期。
② 胡锦涛：《在"三个代表"重要思想理论研讨会上的讲话》，人民出版社，2003，第 6~9 页。

本质属性最概括的表述。由此可见，马克思主义理论在本质上属于以工人阶级为代表的最广大的人民。这样的本质属性决定了马克思主义理论体系中实践主体的人民性、实践目的的正义性和实践规范的真理性，从而形成了实践的合理性。具体来说，实践的合理性主要有真（规律、真理性）、利、善、美、圣（目的、价值性）等意蕴。

"真"有真实、真相与真理之分。"真实"即准确无误的客观事实。"真相"即事实的本来面目。"真理"即人们所关注的部分真实、真相之充分呈现，是关于"真"之理的揭示。因此，真理与真是既相联系又相区别的两个概念。相对于实践主体的实践活动而言，"真"是认识客体。"真"是客观存在的，与实践主体的科学研究活动相联系的认识对象。从这个意义上讲，在实践活动中，只有本体论意义上的"真"，而价值论层面上的"真"同认识论层面上的"真"一样，是人们认识的成果，是对于客观"是"的"真"揭示。由此可见，真正意义上的"真"即认识对象，是与实践主体的实践活动相对应的客观实在。它是一个存在论概念，而人们对它的认识活动及其认识成果则是认识论、价值论概念。对"真"的认识、揭示和阐释和表述则是"真理"。

由真向利的飞跃，是真理向价值的转变。从理论上讲，真理与价值是既相互区别，又相互关联的。真理与价值各有侧重。真理是认知的结果，价值是评价的产物；真理侧重于客体性原则，价值侧重于主体性原则；真理的根本目的是让社会更好地改造世界，价值的目标则是要使主体更多地在反映客体的基础上去占有客体；真理只是揭示被认识对象的本来面目而不能创造对象本身，价值则是能给人们和社会带来利益和幸福的社会作品。真理与价值相互贯通。一方面，它们在社会的实践认识活动中是互为前提的。实践主体以真理性认识为基础去追求价值，实现事物、对象对社会的价值性、有用性；同时社会又以价值为动力去探求更为完善和完备的真理性认识，促进社会对事物、对象更深入的认识和更真切的把握。另一方面，两者又是互相促进的。真理解决价值追求、价值评价活动中的真假问题，使得社会和人们的价值生活成为可能，亦使得社会和人们创造价值的活动更为自觉；价值对社会、对人们更好地了解真理同样能够起到推动作用，因为追求和实现真理的价值是社会实践活动得以顺利实现的巨大动力。

利又叫利益，合理实践的基本表现形式是能够获得实际利益。个人肉体组织的需要，使得人们必须首先创造能够供给自身吃喝住穿以及其他需要的生活资料。相对于主体需要而言，它们是其生存的最基本的条件，也是其最基本的利益之所在。实践所实现的"利"有多重表现形式：有个人的利，有团体的利，还有国家乃至人类的整体利益。合理性实践所追求的利应该是大利。大利是至善、至美和至圣的统一。这样的大利、至善、至美和至圣的统一，就是个人自由而全面的发展和实现"自由人的联合体"。

善是指对人类社会有利、有益的价值，是实践活动的结果符合实践主体的需求、满足其愿望而使实践主体所达到的一种和谐、愉悦的状态。作为与真理性相对应的价值性概念，善不仅是一种道德价值，还包括社会的经济关系、政治关系和文化关系，是一种综合价值。善是实践的积极的、正面的社会效应。"恶"的"实践"有悖于马克思主义理论的本质属性和价值追求，不蕴涵在马克思主义理论视域中的实践概念之中。

美是实践主体的一种感悟，一种和谐、愉悦、享乐、惬意、满足、安逸式的感悟。美是发现，实践主体由于获得新的认识成果而充满美感。美是感受，利与善的和谐统一、创造性活动的心理体验，都能给实践主体以美的感受。美是契合，在一定观念的导向下，对象的特性与主体的心灵相通，引起主体内心安逸感、归宿感等美的体验。美是发展，在美的观念指导下，实践主体不断地获得真理性的认识，将美的价值烙印在实践对象上。美能唤起实践主体的热情。人们在接受和评价真理性理论时也能体验到审美的快乐，领略到美的魅力。

实践主体是按照美的规律来塑造世界、创造自身的。马克思说，有意识的生命活动构成了人自由自觉活动的类本质特性，从而将人与动物区别开来——动物的生产是片面的生物本能式的，人的生产是全面的；动物的生产是由直接的肉体需要所支配的，人的生产则超越了肉体的直接需要，进行着社会性生产；动物只能生产自身，而人则再生产整个自然界；动物的产品直接属于它的肉体，而人则自由地面对自己的产品；动物只是按照它的物种尺度和需要来建造，人则懂得按照任何物种的尺度来进行生产，并处处将自己的内在意识对象化，按照美的规律来构造，构造一个普遍性的属人的或人化的自然界①。在此，马克思提出了人类社会对象性活动的"物的尺度""人的尺度"以及"美的规律"问题。人类社会的对象性活动是有目的、有意识的创造性活动。这样的创造性活动必定遵循着一定的世界观、人生观和价值观，体现着一定的价值取向。而马克思主义理论视域中的实践是蕴涵着美的规律的合理性实践。

圣是实践合理性的最高境界。圣是实践主体对客体、对象的认同、尊重、崇拜、敬畏之情和由此而生成的圣洁之感。特别是对一些终极问题的思考，往往会使人们生发出一种神圣之感，达到对有限世界的超越，获得一种心灵的恬静和慰藉。圣是真、利、善、美的升华。合理的实践活动不是单纯的满足物质追求的活动，而是实现人的内在本质和向往美好未来的活动。

第二节　马克思主义理论的价值指归

以实践的合理性为基础的马克思主义理论的价值指归，就是为工人阶级的实践本质及彻底解放服务，即论证共产主义社会的合理性和必然性。

一　价值指归释义

作为一种实践关系，哲学意义的价值总是相对于一定的实践主体而言的，总是与一定实践主体的需要相联系的。价值是从人与世界、主体与客体的角度揭示世界、客体、对象、事物对人、对主体、对社会的意义，是指世界、客体、对象、事物的存在、属性及合乎规律的变化与主体的生存发展相一致、符合或接近的性质和状态。它标志着客体属性与主体需要的关系。它既是客体自身存在属性的显现，也是客体属性满足主体需要的现实程度和状况。它既打上了实践主体的主观愿望、目的等烙印，也蕴涵着一定的实践主体对实践结果的主观评价。

任何理论都是为一定的主体服务的，都有其价值指归。所谓价值指

---

① 参见《马克思恩格斯文集》第1卷，人民出版社，2009，第162～163页。

归是指理论形态所蕴涵的价值取向的宗旨或意向。或者说，价值指归即价值取向的归宿，价值所指向的主体是谁、为谁服务。

二　马克思主义理论的价值指归

建立在实践基础之上的马克思主义理论，其价值指归在整体上是为以工人阶级为代表的实践主体的实践活动服务的，进而为实现"自由人的联合体"、实现共产主义社会提供价值合理性依据。马克思主义理论是"一块整钢"，其组成部分如"水乳交融"般地融为一体。我们习惯上将马克思主义理论区分为"三个组成部分"，亦是在相对意义上讲的：马克思主义哲学部分渗透着政治经济学和科学社会主义理论的内容，其他两个组成部分亦是如此，相互渗透，相互论证，而一以贯之的中心线索则是工人阶级和全人类的解放。工人阶级的解放进而整个人类社会的解放、实现共产主义社会是马克思主义理论追求的根本价值目标。这一价值取向深刻地存在于马克思主义理论三个组成部分之中。

马克思主义哲学以实践主体的实践活动为中心，建构起了人与自然、人与社会、人与他人、人与自我即人与世界关系的相通相融性，实现了唯物论与辩证法以及唯物辩证的自然观、社会观、思维观的完整统一，确立了人与世界关系的总体性，揭示了自然世界与社会世界的统一性和物质世界的整体性。作为统一的物质世界的有机组成部分，人类社会也有其客观本质及其发展规律。唯物史观认为，人类社会是一个由多个子系统所构成的复杂的有机体，是自然历史过程、自觉能动过程和自我认识过程的统一。同时，人类社会是一个由低级到高级、由简单到复杂的发展进化过程。唯物史观把人类历史视为物质生产活动的历史，人类社会的一切存在与现象都基于这个基础；在生产劳动中形成的生产力与生产关系、经济基础与上层建筑的矛盾运动，是历史发展的内动力。社会基本矛盾推动人类社会由低级向高级发展，使人类社会形态呈现出由低级到高级发展的一般进程和发展序列。因此，资本主义社会必将为社会主义和共产主义社会所取代，这是社会矛盾运动历史发展的客观规律和必然结果。

唯物史观确信，在千差万别、纷繁复杂的社会现象中起决定作用的是生产力及其发展水平。生产力发展的动力系统主要有两个方面。一是生产力发展的外力因素——生产力与生产关系的对立统一。倘若生产关系适应生产力发展状况，就对生产力的发展起促进作用，否则便起阻碍（但不是阻止）作用。二是生产力发展的内部矛盾。生产力有劳动资料、劳动对象、劳动者三个实体要素。它们的对立统一、相互矛盾是生产力发展的根本动力因素，加之教育、科学技术、管理等非实体要素的渗透和提高作用，生产力具有永不停歇的发展动能，且有加速发展的趋势。人类社会生产力的发展及其发展水平必然使人与自然的矛盾解决达到科学、合理和完美的程度，使人与自然之协调关系在更高层次上复归，从而使人与社会、人与他人与自我的关系和谐协调。美好的共产主义社会是社会生产力发展的客观产物。

　　唯物史观确信，人民群众是首要的生产力要素。因此，人民群众特别是其中的劳动者是历史的创造者。人民群众是人类社会物质财富、精神财富的创造者和社会变革的决定力量。在人类历史的各种社会形态和各个历史时期，人民群众总是与生产劳动紧密相连，与创造世界的实践活动密不可分，他们自己创造着自己的历史，同时创造着人类社会的辉煌。在人民群众的实践推进中，人类社会的物质文明不断增长，精神文明不断昌明，社会形态在变革中不断进步，为共产主义社会形态的到来做了充分的物质、精神和社会形态的准备。随着人类社会物质文明的增长，精神文明的昌明和社会形态的进步，人的自由而全面发展的时代、"自由人的联合体"的社会形态，必然成为现实。共产主义社会是人民群众创造历史伟大变革实践活动的合理归宿。实现共产主义社会的历史必然性就在工人阶级创造世界历史的实践活动之中。

　　政治经济学和科学社会主义理论直接论证了工人阶级及广大劳动人民创造人类历史的伟大创造性及共产主义社会实现的历史必然性。马克思主义政治经济学，可以说是工人阶级社会地位、历史作用的生产关系学，是工人阶级创造资本主义社会财富的经济学。劳动价值论、剩余价值论，深刻地体现了"人民群众创造历史"这一唯物史观的精髓。政治经济学是人类社会彻底解放、实现共产主义社会的"奠基石"。科学社会主义理论更是工人阶级的社会功能、历史价值的直接的系统表达，为人类社会提供了一个符合人类本质的、美好的发展前景，令世界亿万劳动者向往。

实现共产主义社会这一根本价值目标，是马克思主义理论整体性、科学性的集中体现。在共产主义旗帜下，凝聚起了亿万共产主义战士，组织起了浩浩荡荡的队伍，开展了轰轰烈烈的运动，诞生了崭新的社会主义社会制度，开创了人类历史的新纪元。在新的世纪、新的时代，人类社会继续沿着马克思主义理论所论证和指引的价值之路曲折前行。

第三节　马克思主义理论价值指归的真切蕴涵

马克思主义理论的价值指归凝聚在马克思恩格斯关于未来社会基本特征的理论之中。从这个意义上讲，马克思主义理论的价值指归凝聚在马克思恩格斯关于未来社会的论述之中。马克思恩格斯关于未来社会基本特征的理论，实质上是关于工人阶级解放胜利的理论，是整体性马克思主义理论价值指归集中而典型的展示。它凝聚了经典作家对工人阶级及人类彻底解放、实现个人自由而全面发展和自由人联合体的人类社会的向往。与此同时，它从总体性上规定了未来社会的基本原则，为工人阶级神圣而宏伟的创造性实践活动提供了理论指导，奠定了工人阶级政党思想的理论基础。严谨而科学的整个马克思主义理论，从哲学、政治经济学和科学社会主义理论等方面阐述了未来社会诞生的历史必然性及价值合理性，为工人阶级夺取国家政权，建设新型国家，最终实现全人类解放的伟大历史使命，做了系统而完美的理论论证。

马克思在《哥达纲领批判》中，把共产主义社会分为两个发展阶段，即第一阶段或初级阶段、共产主义社会高级阶段。"我们这里所说的是这样的共产主义社会，它不是在它自身基础上已经发展了的，恰好相反，是刚刚从资本主义社会中产生出来的，因此它在各方面，在经济、道德和精神方面都还带着它脱胎出来的那个旧社会的痕迹。"① 后来，列宁在《国家与革命》中，明确把马克思设想的共产主义社会第一阶段称为社会主义社会，把高级阶段称为共产主义社会。

---

① 《马克思恩格斯文集》第 3 卷，人民出版社，2009，第 434 页。

一　马克思恩格斯关于社会主义社会基本特征的理论①

什么是社会主义社会？社会主义社会有哪些基本特征？马克思恩格斯是如何规定的？其时代实践依据是什么？有学者依据经典文本，将马克思恩格斯关于社会主义社会具有的"基本规定性设想"概括为六个方面：社会生产力大大提高，创造了高于资本主义的劳动生产率；消灭了一切私有制，生产资料归整个社会所有；在消费品分配上实行"各尽所能，按劳分配"②的原则；消灭了一切阶级和阶级差别，造成了使资产阶级既不能存在也不能再产生的条件；国家不再具有压迫工具的性质，只具有社会管理职能；消灭了商品货币关系，实行产品经济。尽管"这种社会主义不是初级阶段的社会主义，而是发达的社会主义社会"③，但是，这些方面还是比较全面典型地揭示了经典作家关于社会主义社会基本特征的科学构想。那么，马克思恩格斯关于社会主义社会基本特征的理论是如何生成的呢？

（一）社会主义社会基本特征理论的历史逻辑

"鲜花不能开在石板上。"任何新的学说都"必须首先从已有的思想材料出发"④，都是在批判地继承前人优秀思想材料的基础上进行的。经典作家关于社会主义社会基本特征的理论亦是如此，它有自己的思想来源，这就是空想社会主义关于未来社会的思想。

"社会主义"（Socialism）一词衍生于拉丁文形容词 Socius（社会的），它的原意是"同辈的""同伙的"，与"个人的"相对立。把它用于社会，则包含着平等的、大体一致的伙伴等意蕴。空想社会主义者使用"社会主义"一词，表达了他们对资本主义社会盛行的个人主义的批判和改变人与人之间不平等社会关系的愿望。他们希望用类似家族中"同辈"和"同伙"之间平等的、体现平等的政治地位和经济利益的集

---

① 参见夏建国、沈建波《经典作家关于社会主义社会基本特征理论的生成逻辑》，《武汉科技大学学报》（社会科学版）2013 年第 6 期。

② 《中共中央文件选集（一九四九年十月～一九六六年五月）》第 29 册，人民出版社，2013，第 309 页。

③ 参见赵家祥《马克思恩格斯对未来社会主义社会的设想》，《暨南学报》（哲学社会科学版）2001 年第 1 期。

④ 《马克思恩格斯文集》第 3 卷，人民出版社，2009，第 523 页。

体主义，来取代以个人主义为内核的资本主义。

空想社会主义是伴随着资本主义生产关系的出现而产生的早期无产者的思想体系。它反映着早期无产者群众对资本主义剥削方式的抗议和对理想社会制度的憧憬。作为资本主义社会的否定因素，空想社会主义是在对资本主义一系列弊端的批判过程中形成和发展起来的，对资本主义社会的批判和对未来社会的描绘，是同时进行的两个方面。因此，空想社会主义关于未来社会的设想与资本主义社会的现实表现具有"特征对应性"的"正相反"的特点。这个"正相反"的特点，一是与人文主义的价值诉求相关联，二是以资本主义社会的现实表现为依据，三是有唯物史观和辩证法的因素作为理论和思维基础。

第一，就人文主义的价值诉求而言，空想社会主义盼望建立起与存在剥削、压迫等不正义、不仁道、不符合"理性"原则的资本主义社会"正相反"的新社会。这个新社会以"永恒的真理、永恒的正义、基于自然的平等和不可剥夺的人权"① 为依据，没有剥削，没有压迫，没有特权，充满正义和仁道，体现理性原则。人文主义是资产阶级的思想体系。它反对以神为中心，主张以人为中心，强调以人权取代神权。人文主义者抨击天主教神学、经院哲学和僧侣主义，追求科学知识，赞扬人在现实世界中的地位和作用。这些思想和主张反映了当时资产阶级的革命性和勃勃生机，对于劳动人民反对剥削和压迫的斗争也具有鼓舞和推动作用。人文主义者所宣扬的人性论和理性主义为空想社会主义者所接受和发展。但是，人文主义毕竟是属于资产阶级的思想体系。人文主义者把自己的思想和主张视为人类本性所固有的永恒理性的表现，把自己要求实现的未来社会视为理性的王国。事实上，"这个理性的王国不过是资产阶级的理想化的王国"② 而已。因此，他们用唯心主义、形而上学的猜测来解决社会问题，并设计出一幅幅富于理想的社会幻景。尽管与资产阶级人文主义不同，空想社会主义批判了资本主义生产方式及其后果，但是，"它不能说明这个生产方式，因而也就不能对付这个生产方式；它只能简单地把它当做坏东西抛弃掉"③。这样的理论品质和思维方

① 《马克思恩格斯文集》第3卷，人民出版社，2009，第524页。
② 《马克思恩格斯文集》第3卷，人民出版社，2009，第524页。
③ 《马克思恩格斯文集》第3卷，人民出版社，2009，第545页。

式必然使空想社会主义在理论形式上也表现为唯心史观所支配的社会主义学说。这种唯心主义历史观，具体表现为"理性史观""英雄史观""天才史观"，其社会主义学说必然带有人文主义所倡导的理性王国的性质。因此，空想社会主义不可能用维护资产阶级利益的理论作为批判的武器，并用这个武器实现推翻资本主义社会、建立新社会的历史任务。空想社会主义不可能真正成为资本主义社会的"反对者"和未来社会的建构者。因此，他们设想的"新的社会制度是一开始就注定要成为空想的，它越是制定得详尽周密，就越是要陷入纯粹的幻想"①。当然，空想社会主义者所强调的理性同人文主义者所宣扬的理性主义具有根本不同的阶级内容。资产阶级人文主义的理性主义是以维护资产阶级生产资料私有制为出发点的，而空想社会主义者则借助于理性武器，为废除私有制、建立公有制的理想社会的合理性论证，表达了无产者群众和其他劳动人民的愿望和要求。因此，他们对未来社会的憧憬必然与资本主义现实不同，具有新的社会主义因素。

第二，就对资本主义社会的具体表现的现实批判来说，空想社会主义对资本主义进行了全方位的无情揭露和批判。一是批判了资本原始积累带来的罪恶，严厉地谴责了资本主义的残酷剥削，揭露了剥削制度所造成的贫富对立和无产者受奴役的悲惨状况。二是批判了资本主义生产的无政府状态以及竞争、垄断和经济危机等病症及其带来的严重后果。三是批判了造成资本主义罪恶的根本原因——私有制。四是批判了资产阶级国家及其意识形态的虚伪性。正是在对资本主义社会的现实批判中，空想社会主义对未来社会提出了许多天才设想。这些设想具有与资本主义社会的现实"正相反"的特征对应性。例如，废除私有制，消灭剥削和压迫，建立一个以公有制为基础的、人人都参加劳动的、实行各尽所能按（劳）需分配的平等、幸福、和谐的理想社会；有计划地组织社会生产，促进社会生产力的发展，妥善安排和组织社会生活，实现生活社会化；用新型分工代替旧式分工；消灭城市和乡村、工业和农业、脑力劳动和体力劳动的对立和差别；提倡政治民主，国家官吏或社会组织的各级领导和管理人员由人民选举产生，是人民的公仆，不享有任何特权，

---

① 《马克思恩格斯文集》第 3 卷，人民出版社，2009，第 528 ~ 529 页。

并且可以随时撤换；国家的法律不再是少数压迫者的专横工具，而成为治理国家和保护公民的手段；等等。

第三，历史观中的唯物主义和辩证法的因素。空想社会主义毕竟是早期无产者的"代言人"，因此，他们的理论和思维具有某些唯物史观和辩证法的因素，这是他们的批判和设想具有某些合理性的根本原因。这主要表现在圣西门、欧文、傅立叶这三大空想家那里。他们提出了社会发展有规律的观点；看到了阶级的存在和贫富的对立；认为人类历史是不断发展进步的，表现出从低级到高级的运动；认为资本主义制度不会永存。傅立叶明确提出了劳动已不再是谋生的手段，而成为人生快乐的要素，以及妇女解放是社会解放的天然尺度的重要思想。圣西门不仅提出了"各尽所能，按劳分配"思想的雏形，而且猜测到国家将成为生产组织，将由对人的政治统治变成对物的管理和对生产过程的指导，具有"国家消亡"的思想因素。欧文的空想社会主义提出了关于工业革命为共产主义社会提供客观条件的重要思想。空想社会主义者当中有的人还提出了科学技术是促进生产发展和社会进步的动力，必须在现代化的大生产中运用先进的科学技术的重要论点。

总之，与社会化大生产及资本主义社会矛盾冲突状况相适应，空想社会主义的内容不断充实、各项原则也逐渐明确起来，空想社会主义者对资本主义的观察和批判越来越深刻，对未来社会的猜测亦越来越丰富；三大空想社会主义者还突破了唯心史观的思想束缚，接触到唯物史观和辩证法的某些因素，并进行了实现理想社会的实践探索。因此，空想社会主义的发展过程，也就是逐渐减少空想色彩和增强现实主义精神、为科学社会主义的诞生做思想材料准备的过程。"德国的理论上的社会主义永远不会忘记，它是站在圣西门、傅立叶和欧文这三个人的肩上的。虽然这三个人的学说含有十分虚幻和空想的性质，但他们终究是属于一切时代最伟大的智士之列的，他们天才地预示了我们现在已经科学地证明了其正确性的无数真理。"① 由此可见，空想社会主义的空想性，并不主要表现在其对未来社会基本原则的设想方面，而是主要表现在没有科学的理论依据证明其设想的必然性、未能找到实现其理想社会的社会力量

---

① 《马克思恩格斯文集》第2卷，人民出版社，2009，第218页。

和现实道路方面。从这个意义上讲，空想社会主义关于未来社会的设想具有时代的合理性，能够成为经典作家关于未来社会基本特征构想的思想资料。这意味着，空想社会主义关于未来社会的设想是经典作家从事理论创新的逻辑基础，经典作家关于社会主义社会基本特征的理论是空想社会主义合理主张的逻辑延伸。

（二）社会主义社会基本特征理论的实践逻辑

空想社会主义关于未来社会的合理憧憬，只是为经典作家关于未来社会基本特征的理论提供了形式上的思想资料，而要将这些思想资料批判继承，使其成为科学社会主义理论的思想资料及有机组成部分，就必须有理论上的创新。特别是，要对当时现实的客观事实进行科学分析，使新的社会主义理论获得工人阶级的本质属性和客观的时代内容，更需要有理论上的创新。"共产党人的理论原理，决不是以这个或那个世界改革家所发明或发现的思想、原则为根据的。这些原理不过是现存的阶级斗争、我们眼前的历史运动的真实关系的一般表述。"① 因此，科学社会主义本质上是辩证法、发达的经济关系和政治关系的产物②。这说明，经典作家的理论创新是以当时的客观现实为依据的。"现代社会主义，就其内容来说，首先是对现代社会中普遍存在的有财产者和无财产者之间、资本家和雇佣工人之间的阶级对立以及生产中普遍存在的无政府状态这两个方面进行考察的结果。"这就是说，现代社会主义新学说的"根子深深扎在物质的经济的事实中"③。因此，创新的理论科学地揭示了客观现实的本质和规律。"唯物主义历史观"和剩余价值学说揭示了客观现实的本质和规律，从而能够把握未来。这意味着，"两大发现"既揭示了当时时代的特殊规律，又揭示了人类社会发展演进的一般规律。从这个意义上讲，经典作家创立的关于社会主义社会基本特征理论的理论逻辑也是客观的现实逻辑，是工人阶级创造历史的实践逻辑；经典作家创立的关于社会主义社会基本特征的理论，既符合当时时代的特殊规律，又符合人类社会发展演进的一般规律。因此，唯物史观和剩余价值学说

---

① 《马克思恩格斯文集》第2卷，人民出版社，2009，第44~45页。
② 参见《马克思恩格斯文集》第3卷，人民出版社，2009，第495页。
③ 《马克思恩格斯文集》第3卷，人民出版社，2009，第523页。

这两个伟大发现，共同为实现社会主义从空想到科学的发展奠定了理论基础，为经典作家关于社会主义社会基本特征的理论探索提供了科学而合理的理论逻辑。从这个意义上讲，经典作家关于社会主义社会基本特征的理论是"两大发现"理论的逻辑展开。

第一，唯物史观论证了社会主义社会诞生的历史必然性。马克思"用'历史唯物主义'这个名词来表达一种关于历史过程的观点……这种观点认为，一切重要历史事件的终极原因和伟大动力是社会的经济发展，是生产方式和交换方式的改变，是由此产生的社会之划分为不同的阶级，是这些阶级彼此之间的斗争"①。唯物史观把人类历史视为物质生产活动的历史，人类社会的一切存在与现象都建立在这个基础之上；在生产劳动中形成的生产力与生产关系、经济基础与上层建筑的矛盾运动，是历史发展的内在动力。社会基本矛盾推动人类社会由低级向高级发展，使人类的社会形态呈现出由低级到高级发展的一般进程，即原始社会→奴隶社会→封建社会→资本主义社会→社会主义和共产主义社会的发展序列。因此，资本主义必将为社会主义所取代，这是社会基本矛盾运动的必然结果和历史发展的客观规律。同时，社会主义社会的诞生是资本主义社会自我否定的结果，是社会化大生产的客观要求和必然产物。依据生产力是人类社会最根本的决定性因素这一关键原理，社会主义社会之所以需要建立，之所以有诞生的历史必要性和必然性，最根本的原因是资本主义社会容纳不了自己所创造的社会生产力——社会化大生产——及社会财富。社会化大生产的进一步发展，使得资本主义生产关系显得狭小了，就要爆炸了。"正如从前工场手工业以及在它影响下进一步发展了的手工业同封建的行会桎梏发生冲突一样，大工业得到比较充分的发展时就同资本主义生产方式对它的种种限制发生冲突了。新的生产力已经超过了这种生产力的资产阶级利用形式；生产力和生产方式之间的这种冲突，并不是像人的原罪和神的正义的冲突那样产生于人的头脑中，而是存在于事实中，客观地、在我们之外、甚至不依赖于引起这种冲突的那些人的意志或行动而存在着。"② 正是社会发展演进的客观规律，也

---

① 《马克思恩格斯文集》第3卷，人民出版社，2009，第508～509页。
② 《马克思恩格斯文集》第3卷，人民出版社，2009，第548页。

正是由于资本主义社会所创造的社会生产力及社会财富，既使社会主义社会的诞生成为必要和必然，亦使社会主义社会具有客观的、既定的基本内容。

第二，唯物史观规定了社会主义社会基本特征的主要内容。历史唯物主义从下述原理出发："人们在自己生活的社会生产中发生一定的、必然的、不以他们的意志为转移的关系，即同他们的物质生产力的一定发展阶段相适合的生产关系。这些生产关系的总和构成社会的经济结构，即有法律的和政治的上层建筑竖立其上并有一定的社会意识形式与之相适应的现实基础。物质生活的生产方式制约着整个社会生活、政治生活和精神生活的过程。不是人们的意识决定人们的存在，相反，是人们的社会存在决定人们的意识。"[①] 以唯物史观为立论根基，社会主义社会有如下一些基本特征。

一是社会化大生产，决定了社会主义社会生产力的先进性。一方面，高度发达的社会生产力——社会化大生产——奠定了社会主义社会发展的物质基础；另一方面，社会主义社会的建立，解除了社会化大生产发展的桎梏，为社会化大生产的进一步高速发展创造了适宜的社会环境。因此，社会主义社会的生产力必然比同期的资本主义社会的生产力有更快的发展。如果说在物质基础相对丰厚基础上建立的社会主义社会，其生产力的快速发展具有某种"自发的"加速度发展趋势的话，那么，在社会化生产不那么发达的国家建立起来的社会主义社会，就必须高度自觉地把发展生产力放在首位。"生产力的这种发展（随着这种发展，人们的世界历史性的而不是地域性的存在同时已经是经验的存在了）之所以是绝对必需的实际前提，还因为如果没有这种发展，那就只会有贫穷、极端贫困的普遍化；而在极端贫困的情况下，必须重新开始争取必需品的斗争，全部陈腐污浊的东西又要死灰复燃。"[②] 与此同时，生产力的发展之所以是绝对必需的实际前提，还因为共产主义只能建立在普遍交往的世界历史的基础之上。作为共产主义社会的第一阶段，社会主义社会是世界历史深化发展的必经之路。因此，社会主义社会发展的各个历史

---

① 《马克思恩格斯文集》第 2 卷，人民出版社，2009，第 591 页。
② 《马克思恩格斯文集》第 1 卷，人民出版社，2009，第 538 页。

时期都必须把发展生产力，特别是解放和发展劳动者这一首要的生产力要素，作为首要的时代任务。事实上，当与生产资料相结合的劳动者成为社会的主人之后，作为生产力的根本要素的劳动者是为自己劳动，这就更加完善了生产力快速发展的社会环境，更加增强了社会化大生产所具有的世界历史意义上的融合功能，更加增强了社会主义社会的发展动能。

二是社会化大生产，决定了社会主义社会生产关系的性质和内容。唯物史观认为，生产力是社会存在和发展的最终决定因素。按照社会生产力发展水平、生产力对生产关系及其社会形态的影响来预测未来社会主义社会的基本特征，是经典作家关于社会主义社会基本特征构想最根本的理论依据。具体来说，资本主义社会的生产力具体表现为社会化大生产。"社会化生产和资本主义占有的不相容性"① 表现在哪些方面呢？这种矛盾和冲突如何解决？首先是形式上生产资料社会化与资本主义私有制之间的矛盾。一方面，为了适应社会化大生产的客观需要，资产阶级必须把生产资料集中起来，形成社会化的生产资料。"资产阶级要是不把这些有限的生产资料从个人的生产资料变为社会化的即只能由一批人共同使用的生产资料，就不能把它们变成强大的生产力。"② 另一方面，正是这种强大的生产力，推动着生产资料进一步社会化，从而要求社会占有生产资料，实行生产资料的社会占有，即生产资料公有制。"生产资料的扩张力撑破了资本主义生产方式所加给它的桎梏。把生产资料从这种桎梏下解放出来，是生产力不断地加速发展的唯一先决条件，因而也是生产本身实际上无限增长的唯一先决条件。"③ 那么，谁是生产资料的占有者呢？显然是与社会化大生产相联系的工人阶级。由此可见，工人阶级是社会主义社会的建构者和统治者，是由社会化大生产这一生产力因素直接决定的。其次是生产过程的社会化与市场的自发性之间的矛盾。"社会化生产和资本主义占有之间的矛盾表现为个别工厂中生产的组织性和整个社会中生产的无政府状态之间的对立。"④ 一方面，"同生产资料

---

① 《马克思恩格斯文集》第 3 卷，人民出版社，2009，第 551 页。
② 《马克思恩格斯文集》第 3 卷，人民出版社，2009，第 549 页。
③ 《马克思恩格斯文集》第 3 卷，人民出版社，2009，第 563 页。
④ 《马克思恩格斯文集》第 3 卷，人民出版社，2009，第 554 页。

一样，生产本身也从一系列的个人行动变成了一系列的社会行动"①。在分工协作很复杂的条件下，产品的生产过程往往要由许多个人、企业、部门共同协作劳动才能完成，这就加强了生产过程的广泛社会联系。另一方面，在自由竞争的资本主义社会里，"社会生产的无政府状态占统治地位"②，促使经济危机周期性爆发。然而，商品经济的客观规律，会满足社会化大生产的客观要求，"不顾无政府状态、在无政府状态中、通过无政府状态而为自己开辟道路"③，要求社会对全行业甚至全社会的生产过程予以事前调节，实行计划生产，消除经济危机。再次是产品社会化与效益资本家私人所有之间的矛盾。随着生产资料和生产过程的社会化，"产品也从个人的产品变成了社会的产品"④。一方面，随着商品经济的发展，原来许多独立分散的生产单位及小市场逐渐联结成为相互联系的大生产及全国统一的大市场，甚至冲破国界，形成世界市场。这意味着各个私人生产的产品实际上是社会化了。另一方面，蕴涵在产品里的价值或效益实际上是资本家私人所有。因此，按社会化方式生产的产品实际上不属于那些真正使用生产资料和真正生产这些产品的人，而属于资本家。于是，"社会化生产和资本主义占有之间的矛盾表现为无产阶级和资产阶级的对立"⑤。因此，必须按照新的生产方式实行由劳动者占有劳动产品的分配方式，即建立在生产资料公有制基础之上的按劳分配。在社会主义社会里，必须实行"按劳分配"的原则。"在一个集体的、以生产资料公有为基础的社会中，生产者不交换自己的产品；用在产品上的劳动，在这里也不表现为这些产品的价值，不表现为这些产品所具有的某种物的属性，因为这时，同资本主义社会相反，个人的劳动不再经过迂回曲折的道路，而是直接作为总劳动的组成部分存在着。"⑥ 在生产资料公有制前提下，个人劳动与社会劳动、个人利益与社会利益达成了直接统一。个人劳动直接成为社会劳动的一部分，个人利益直接在社会利益中得到实现。商品生产和商品交换将不复存在。"在共产主义社会高

---

① 《马克思恩格斯文集》第3卷，人民出版社，2009，第549页。
② 《马克思恩格斯文集》第3卷，人民出版社，2009，第552页。
③ 《马克思恩格斯文集》第3卷，人民出版社，2009，第552页。
④ 《马克思恩格斯文集》第3卷，人民出版社，2009，第549页。
⑤ 《马克思恩格斯文集》第3卷，人民出版社，2009，第551页。
⑥ 《马克思恩格斯文集》第3卷，人民出版社，2009，第433～434页。

级阶段上……社会才能在自己的旗帜上写上：各尽所能，按需分配！"①
"消费资料的任何一种分配，都不过是生产条件本身分配的结果；而生产
条件的分配，则表现生产方式本身的性质。"② 所有制性质决定消费资料
的性质和分配形式，社会主义生产资料公有制决定个人消费品实现按劳
分配的原则。

　　总之，在经典作家的理论视域中，社会化大生产即生产力的社会本
性，必然要求社会化的生产关系，即生产资料由社会公有，生产经营由
社会调控，生产成果由社会享有。因此，社会化大生产使社会主义社会
的生产关系至少有以下几个基本特征：实行生产资料公有制，私人不占
有生产资料，生产资料不参与分配；社会实行计划生产，不存在商品交
换；个人消费品实行按劳分配的原则。换句话说就是："使生产、占有和
交换的方式同生产资料的社会性质相适应。……社会的生产无政府状态
就让位于按照社会总体和每个成员的需要对生产进行的社会的有计划的
调节。那时，资本主义的占有方式，即产品起初奴役生产者而后又奴役
占有者的占有方式，就让位于那种以现代生产资料的本性为基础的产品
占有方式：一方面由社会直接占有，作为维持和扩大生产的资料，另一
方面由个人直接占有，作为生活资料和享受资料。……这种生产方式日
益迫使人们把大规模的社会化的生产资料变为国家财产，因此它本身就
指明完成这个变革的道路。无产阶级将取得国家政权，并且首先把生产
资料变为国家财产。……一旦社会占有了生产资料，商品生产就将被消
除，而产品对生产者的统治也将随之消除。社会生产内部的无政府状态
将为有计划的自觉的组织所代替。"③ 由此可见，社会主义社会的建立和
社会主义国家占有生产资料、有计划地组织生产、社会和劳动者直接占
有劳动产品即实行按劳分配的原则，是社会化大生产的客观要求和必然
结果。

　　三是社会化大生产，决定了工人阶级将成为社会主义社会的建构者
和主人。工人阶级是社会化大生产的产物，亦是社会化大生产的直接载
体、直接呈现者和实现者。社会化大生产客观上要求社会占有生产资料，

①　《马克思恩格斯文集》第3卷，人民出版社，2009，第435～436页。
②　《马克思恩格斯文集》第3卷，人民出版社，2009，第436页。
③　《马克思恩格斯文集》第3卷，人民出版社，2009，第560～564页。

要求社会对生产过程实现计划调控，亦要求社会占有和分配劳动产品，这一切客观需要都要求现代工人阶级登上历史舞台，成为社会的统治阶级。"社会生产力已经发展到资产阶级不能控制的程度，只等待联合起来的无产阶级去掌握它，以便建立这样一种制度，使社会的每一成员不仅有可能参加社会财富的生产，而且有可能参加社会财富的分配和管理，并通过有计划地经营全部生产，使社会生产力及其成果不断增长，足以保证每个人的一切合理的需要在越来越大的程度上得到满足。"① 因此，历史的领导权必须转移到工人阶级手中。"社会主义现在已经不再被看做某个天才头脑的偶然发现，而被看做两个历史地产生的阶级即无产阶级和资产阶级之间斗争的必然产物。"② 也就是说，随着社会化大生产的进一步发展，社会必然要求新的生产力代表成为社会的主人，成为新社会的统治者。于是，新生产力的代表必然与旧的生产资料占有者之间发生矛盾。矛盾解决的结果，必然是满足新生产力的需要，建立起新的社会制度。具体到资本主义社会，就是"资产阶级的灭亡和无产阶级的胜利是同样不可避免的"③。为顺应历史潮流，现代工人阶级首先必须赢得独立的人格，废除自己对自身的"劳动生产力"的占有，从而废除资本所有者对劳动力所有者的支配和占有，解除人身对资本的依附关系，占有现成的社会生产力，更好地解放和发展社会生产力，建立一个适应社会化大生产需要的、为绝大多数人服务的社会主义社会。由此可见，社会化大生产与工人阶级成为社会的主人和社会主义社会的建立，是同时进行的、"三位一体"的社会运动。这样的演绎逻辑，决定了工人阶级必然成为社会主义社会的建构者和主人。这样的社会主人必将开始劳动者自我解放的新历程，为实现人的本质——自由而全面发展——开辟广阔的道路，为达到自由人的联合体——共产主义社会——创造条件。这一切都规定了工人阶级执政党的最高目标和实践宗旨必然是实现共产主义。

四是生产资料公有制等物质基础，决定了社会主义社会上层建筑的性质和内容。正是由于物质生活的生产方式制约着整个社会生活、政治生活和精神生活的过程，在社会主义社会里，社会化大生产和生产资料

---

① 《马克思恩格斯文集》第3卷，人民出版社，2009，第460页。
② 《马克思恩格斯文集》第3卷，人民出版社，2009，第545页。
③ 《马克思恩格斯文集》第2卷，人民出版社，2009，第43页。

公有制等组成的生产方式，必然形成建立在人对自然占有关系平等基础之上的平等和谐的人际关系，形成社会主义法律和政治，形成科学技术先进、核心价值昌明、风俗习惯高尚等社会意识，形成占统治地位的工人阶级的意识形态。社会主义社会是不是存在国家？马克思没有明确回答这个问题。但是，他肯定国家已经失去了政治职能。"当国家终于真正成为整个社会的代表时，它就使自己成为多余的了。……国家真正作为整个社会的代表所采取的第一个行动，即以社会的名义占有生产资料，同时也是它作为国家所采取的最后一个独立行动。那时，国家政权对社会关系的干预在各个领域中将先后成为多余的事情而自行停止下来。那时，对人的统治将由对物的管理和对生产过程的领导所代替。"① 国家失去政治职能的前提是阶级差别被消灭。"随着阶级差别的消灭，一切由这些差别产生的社会的和政治的不平等也自行消失。"② 与此同时，马克思明确指出："在资本主义社会和共产主义社会之间，有一个从前者变为后者的革命转变时期。同这个时期相适应的也有一个政治上的过渡时期，这个时期的国家只能是无产阶级的革命专政。"③ 马克思认为，阶级的存在仅仅同生产发展的一定历史阶段相联系，阶级斗争必然要导致无产阶级专政，这个专政不过是达到消灭一切阶级和进入无阶级社会的过渡④。

第三，剩余价值学说进一步论证了工人阶级是社会主义社会的建构者和主人的历史必然性。资本主义剥削是如何产生的？这种剥削是怎么回事？剩余价值学说深刻地回答了这些空想社会主义者"不能明白"的问题。剩余价值学说既说明了资本主义生产方式的形成和在一定历史时期存在的必然性，从而说明了它灭亡的必然性；又揭露了一直被隐藏着的资本主义生产方式的内在性质和剥削的秘密。剩余价值学说已经证明："无偿劳动的占有是资本主义生产方式和通过这种生产方式对工人进行的剥削的基本形式；即使资本家按照劳动力作为商品在商品市场上所具有的全部价值来购买他的工人的劳动力，他从这种劳动力榨取的价值仍然比他对这种劳动力的支付要多；这种剩余价值归根到底构成了有产阶级

---

① 《马克思恩格斯文集》第 3 卷，人民出版社，2009，第 561 ~ 562 页。
② 《马克思恩格斯文集》第 3 卷，人民出版社，2009，第 442 页。
③ 《马克思恩格斯文集》第 3 卷，人民出版社，2009，第 445 页。
④ 参见《马克思恩格斯文集》第 10 卷，人民出版社，2009，第 106 页。

手中日益增加的资本量由以积累起来的价值量。这样就说明了资本主义生产和资本生产的过程。"① 由此可见，剩余价值学说全面地阐述了剩余价值的来源、本质、实现和分割等内容，深刻地揭示了资本主义生产方式的实质、内在矛盾、运行规律以及资本主义生产关系的历史局限性等问题。这样，剩余价值学说也就说明了工人阶级是资本主义社会财富的创造者和推进资本主义社会发展的决定性力量的客观事实，论证了工人阶级成为社会主义社会的建构者和主人的根本原因。与此同时，正是由于工人阶级成为社会主义社会的主人，从而在社会整体的层次上决定了社会主义社会上层建筑的性质和特点：工人阶级的政党成为执政党、实行无产阶级专政等根本政治制度、工人阶级解放胜利的学说——马克思主义理论——成为其思想理论基础。

（三）社会主义社会基本特征理论的思维逻辑

如前所述，唯物辩证法与唯物史观和剩余价值学说一样，是经典作家关于社会主义社会基本特征理论生成的不可或缺的理论基础。它们的目标是一致的，只是在功能方面各有侧重："两大发现"偏重于理论逻辑即理论依据，唯物辩证法则偏重于思维逻辑即思维方法。

第一，矛盾分析。运用矛盾分析的方法构想社会主义社会的基本特征，是经典作家最根本的立论方法。经典作家从生产力与生产关系、经济基础与上层建筑等矛盾入手，对资本主义社会的基本矛盾、主要矛盾等进行了具体分析，论证了社会主义社会产生的历史必然性及社会主义社会应有的象征性、标志性和本质性特征。可以说，资本主义社会的主要矛盾与基本矛盾形影相随，无产阶级反对资产阶级的实践运动与资本主义社会的基本矛盾及其变化密切相关。因此，无产阶级反对资产阶级的实践运动是随着资本主义社会的基本矛盾的逐渐展开而不断深化的。资本主义社会基本矛盾和主要矛盾解决的结果，必然是社会发展到更高一级的形态，即社会主义社会。与此同时，经典作家亦在世界历史的普遍联系的层面上，从"东方社会"的特殊发展阶段、特殊外部环境、特殊阶级状况、特殊历史任务等特殊矛盾入手，对"东方社会"的一些民族走向社会主义、构建社会主义社会的基本方式予以了研究和论述。

① 《马克思恩格斯文集》第3卷，人民出版社，2009，第545页。

第二，辩证否定。"批判阐述"的方法是经典作家表达思想的重要特征，在批判资本主义弊端的过程中阐述科学社会主义的基本观点，是经典作家构想社会主义社会基本特征的经典方法。这种批判是双重的：一是对资本主义的批判，二是对空想社会主义的批判，其目的都是建构科学社会主义理论。批判就是辩证否定。具体到关于社会主义社会基本特征的理论而言，经典作家与空想社会主义者的简单否定方法不同，他们对资本主义的否定是辩证否定，是"扬弃"。在社会物质关系方面，否定其社会形式即"所有者关系"，保留其客观的物质内容即工人阶级等劳动者所创造社会财富。"共产主义并不剥夺任何人占有社会产品的权力，它只剥夺利用这种占有去奴役他人劳动的权力。"① 在社会精神关系方面，否定资本主义国家机器、意识形态等上层建筑的具体内容，吸取其创造的有利于人类进步的文明成果。毋庸赘述，对于空想社会主义的否定亦是如此。不仅如此，经典作家对自己的理论也采取辩证肯定的态度。经典作家坚决反对抽象地对待他们关于未来社会的看法，反对把这些看法当成一成不变的教条，主张对这些原理的实际运用，要"随时随地"以当时的"历史条件为转移"②。恩格斯曾明确指出："我所在的党并没有任何一劳永逸的现成方案。我们对未来非资本主义社会区别于现代社会的特征的看法，是从历史事实和发展过程中得出的确切结论；不结合这些事实和过程去加以阐明，就没有任何理论价值和实际价值。"③

第三，普遍性与特殊性相统一。经典作家关于社会主义社会基本特征理论的普遍性和特殊性，可称之为统一性和多样性。在总体上，经典作家关于社会主义社会基本特征的理论是基于人类社会发展的一般规律和普遍演绎道路，因而他们构想的社会主义社会的基本特征具有普遍性和统一性，对各个社会主义社会都有制约作用。与此同时，经典作家也探索了许多特殊民族或国家发展的具体道路，特别是"东方社会"建立社会主义社会的特殊性和多样性。因此，经典作家关于社会主义社会基本特征的理论是普遍性与特殊性的统一、统一性与多样性的统一。就其普遍性而言，经典作家关于社会主义社会基本特征的理论是建立在资本

---

① 《马克思恩格斯文集》第2卷，人民出版社，2009，第47页。
② 参见《马克思恩格斯文集》第2卷，人民出版社，2009，第15页。
③ 《马克思恩格斯文集》第10卷，人民出版社，2009，第548页。

主义充分发展基础之上的，因而有其一般的内容（如前所述）。这亦使社会主义社会的基本特征同时具有一系列特点：生产力的高度发达；全社会占有生产资料；人们的科学文明素养昌明，社会主义和共产主义道德成为社会的主流风尚；特别是社会主义在多个主要资本主义发达国家同时胜利，在国际格局中占有绝对的比较优势，能够成为世界历史的主导力量。就其特殊性来说，经典作家亦从整体的、普遍联系的角度，关注"世界历史"进程中的相对落后国家（如俄国和中国）的特殊发展演进道路。"一方面，土地公有制使它有可能直接地、逐步地把小地块个体耕作转化为集体耕作，并且俄国农民已经在没有进行分配的草地上实行着集体耕作。俄国土地的天然地势适合于大规模地使用机器。农民习惯于劳动组合关系，这有助于他们从小地块劳动向合作劳动过渡；最后，长久以来靠农民维持生存的俄国社会，也有义务给予农民必要的垫款，来实现这一过渡。另一方面，和控制着世界市场的西方生产同时存在，就使俄国可以不通过资本主义制度的卡夫丁峡谷，而把资本主义制度所创造的一切积极的成果用到公社中来。"① "假如俄国革命将成为西方工人革命的信号而双方互相补充的话，那么现今的俄国公有制便能成为共产主义发展的起点。"② 在半殖民地半封建的中国，西方列强的侵入，一方面堵塞了中国自行发展资本主义的既定道路，另一方面又使得中国资本主义因素更加扭曲地畸形生长，使中国社会有可能跳过资本主义发展形态而实现社会主义③。但是，东方社会所建构的社会主义社会具体内容的特殊性表现在哪些方面？对此，经典作家并未给出充分的论述，而是将这样的课题留给了后来的马克思主义者。恩格斯曾明确指出："无论如何，共产主义社会中的人们自己会决定，是否应当为此采取某种措施，在什么时候，用什么办法，以及究竟是什么样的措施。我不认为自己有向他们提出这方面的建议和劝导的使命。那些人无论如何也会和我们一样聪明。"④

---

① 《马克思恩格斯文集》第3卷，人民出版社，2009，第574页。
② 《马克思恩格斯文集》第2卷，人民出版社，2009，第18页。
③ 参见《中国革命和欧洲革命》《不列颠在印度的统治》《不列颠在印度统治的未来结果》等文，《马克思恩格斯文集》第2卷，人民出版社，2009年。
④ 《马克思恩格斯文集》第10卷，人民出版社，2009，第455~456页。

第四，原则性与抽象性相统一。经典作家关于社会主义社会基本特征理论的原则性和抽象性，亦可称为明确性和模糊性。在经典作家那里，社会主义社会基本特征的根本原则是明确的。这些根本原则是具有标志性、象征性和本质性意义的"旗帜"，如生产资料公有制、按劳分配、工人阶级政党成为社会的执政党等；具体指标则是模糊的或抽象的。经典作家致力于对资本主义社会及其发展趋势的研究，致力于对社会主义社会基本特征的构想，并不把精确描绘社会主义社会、精确规定一切民族建构的社会主义社会的具体指标当做自己的主要任务。因此，当经典作家展望未来社会时，总是只限于指出未来社会发展的方向、原则和基本特征，而把具体情形留给未来的实践去回答。因为，经典作家认为，对未来社会的描绘越是具体就越会陷入空想。在明确基本原则的前提下，允许各民族所建构的社会主义社会的具体指标有所差异、各具特色。"所谓'社会主义社会'不是一种一成不变的东西，而应当和任何其他社会制度一样，把它看成是经常变化和改革的社会。"① 因此，在具体内容上更应该有一定的民族特色和时代的变化空间。

综上所述，经典作家站在无产阶级立场上，尊重无产阶级的伟大实践，运用创新的"两大发现"和唯物辩证的方法，以"世界历史"普遍联系的视角，在人类社会发展一般规律的基础上，分析资本主义社会发展及其转变为社会主义社会的客观规律，对社会主义社会的基本特征做出了科学的构想和论述，从而规定了社会主义社会的一般原则，为社会主义社会的实践奠定了科学而合理的理论基础。

二　马克思恩格斯关于共产主义社会基本特征的理论

马克思主义理论的价值指归与关于未来社会理论、关于工人阶级和人类彻底解放理论是"三位一体"的。"无产阶级只有在世界历史意义上才能存在，就像共产主义——它的事业——只有作为'世界历史性的'存在才有可能实现一样。"② 共产主义社会是世界历史发展的必然产物，是以工人阶级为代表的人民群众创造历史实践活动的必然归宿。

---

① 《马克思恩格斯文集》第10卷，人民出版社，2009，第588页。
② 《马克思恩格斯文集》第1卷，人民出版社，2009，第539页。

马克思认为，生产力是人类社会最主要的发展动能，劳动者是首要的生产力要素。因此，以劳动者为主体的人民群众是人类社会历史的创造者。共产主义社会是人民群众创造历史伟大变革实践活动的合理归宿。马克思指出："在共产主义社会高级阶段，在迫使个人奴隶般地服从分工的情形已经消失，从而脑力劳动和体力劳动的对立也随之消失之后；在劳动已经不仅仅是谋生的手段，而且本身成了生活的第一需要之后；在随着个人的全面发展，他们的生产力也增长起来，而集体财富的一切源泉都充分涌流之后，——只有在那个时候，才能完全超出资产阶级权利的狭隘眼界，社会才能在自己的旗帜上写上：各尽所能，按需分配！"①

恩格斯概括总结道："一旦社会占有了生产资料，商品生产就将被消除，而产品对生产者的统治也将随之消除。社会生产内部的无政府状态将为有计划的自觉的组织所代替。个体生存斗争停止了。于是，人在一定意义上才最终地脱离了动物界，从动物的生存条件进入真正人的生存条件。人们周围的、至今统治着人们的生活条件，现在受人们的支配和控制，人们第一次成为自然界的自觉的和真正的主人，因为他们已经成为自身的社会结合的主人了。人们自己的社会行动的规律，这些一直作为异己的、支配着人们的自然规律而同人们相对立的规律，那时就将被人们熟练地运用，因而将听从人们的支配。人们自身的社会结合一直是作为自然界和历史强加于他们的东西而同他们相对立的，现在则变成他们自己的自由行动了。至今一直统治着历史的客观的异己的力量，现在处于人们自己的控制之下了。只是从这时起，人们才完全自觉地自己创造自己的历史；只是从这时起，由人们使之起作用的社会原因才大部分并且越来越多地达到他们所预期的结果。这是人类从必然王国进入自由王国的飞跃。"②

马克思恩格斯的论述说明，共产主义社会的标准应该包括：①消灭了人们奴隶般服从分工，脑力劳动和体力劳动的差别已经消失。这里要强调的是，到共产主义社会分工还是存在的，但是分工不是被迫的、奴隶般的服从，而是自愿的。②劳动已经不是谋生的手段，而是人们生活

①　《马克思恩格斯文集》第3卷，人民出版社，2009，第435～436页。
②　《马克思恩格斯文集》第9卷，人民出版社，2009，第300页。

的第一需要。随着社会的发展，劳动成了轻松愉快的事情。③随着生产力的高度发展，物质财富极大丰富，"集体财富的一切源泉都充分涌流"。只有达到这种程度，才能实行"各尽所能，按需分配"的共产主义分配原则。④人类从必然王国向自由王国的飞跃，实现人的自由而全面的发展，是马克思主义追求的根本价值目标，也是共产主义社会的根本特征。⑤"随着阶级的消失，国家也不可避免地要消失。在生产者自由平等的联合体的基础上按新方式来组织生产的社会，将把全部国家机器放到它应该去的地方，即放到古物陈列馆去，同纺车和青铜斧陈列在一起。"① 在共产主义社会里，由于阶级消灭、国家消亡和"三大差别"消除，社会关系实现了高度和谐。"代替那存在着阶级和阶级对立的资产阶级旧社会的，将是这样一个联合体，在那里，每个人的自由发展是一切人的自由发展的条件。"② ⑥共产主义社会是一个过程。"历史同认识一样，永远不会在人类的一种完美的理想状态中最终结束；完美的社会、完美的'国家'是只有在幻想中才能存在的东西；相反，一切依次更替的历史状态都只是人类社会由低级到高级的无穷发展进程中的暂时阶段。"③ 共产主义社会不是人类社会的终结，而是完全意义上的人类社会的真正开始。共产主义社会只是人类社会发展历程中的一个阶段，它仍然会向着更加美好的社会进发。

---

① 《马克思恩格斯文集》第 4 卷，人民出版社，2009，第 193 页。
② 《马克思恩格斯文集》第 2 卷，人民出版社，2009，第 53 页。
③ 《马克思恩格斯文集》第 4 卷，人民出版社，2009，第 270 页。

第八章 实践的真理标准与马克思主义理论的实践功能

毫无疑问，作为一个总体性概念，实践揭示了人类行为方式的一般特性。然而，在马克思的语境中，在肯定实践所具有的一般特性的前提下，马克思实际上将实践区分为了两类：理论指导的实践与检验真理的实践。因此，实践又有其层次性，必须对具体实践进行性质甄别。合理实践必须遵循科学理论即真理。真理是指经过实践检验了的、主体的认识成果与客观实际相符合的科学理论。真理具有主体性，马克思主义真理是检验实践的重要标准。人民群众是实现马克思主义理论实践价值的实践主体。

第一节 两种理论、两类实践与实践的真理标准

经过拨乱反正的洗礼和改革开放的实践，"实践是检验真理的唯一标准"这一深刻的真理性命题已经成为妇孺皆知的"常识"。那么，实践需要检验吗？回答是肯定的，实践也是需要检验的。"理论有科学与非科学之分，实践也有合理与不合理之分。"① 那么，检验实践的标准是什么？"践行马克思主义的实践观，为实现中国梦而奋斗"②，深刻地揭示了马克思主义实践观的真理性与实践合理性的内在统一性，亦提出了实践检验的"马克思主义"标准问题。我们认为，马克思主义理论是检验实践的重要标准。

如何理解马克思主义理论是检验实践的重要标准？这需要我们从真理的主体性出发，去寻觅马克思主义理论的实践功能。从真理的主体性视角阐释马克思主义的实践功能，有利于增强人们认识马克思主义世界

---

① 欧阳康：《探寻科学理论与合理实践的内在统一》，《湖北日报》2013 年 4 月 2 日。
② 陶德麟：《践行马克思主义的实践观为实现中国梦而奋斗》，《光明日报》2013 年 4 月 16 日。

化、中国化的历史必然性和合理性以及中国特色社会主义理论的科学性，有利于增强人们践行马克思主义理论的自觉性，为全面建成小康社会、实现中国梦，赢得共识、凝聚力量。

一　两种理论与两类实践

在马克思新世界观即唯物史观视域中，实践是一个与社会历史活动主体的活动方式、行为特点联系在一起的哲学概念。毫无疑问，作为一个哲学概念，实践在总体上表征的是社会历史活动主体的行为方式及其特点，揭示了人类行为方式的一般特性。然而，仔细体悟马克思话语的深刻蕴涵，我们发现，在马克思的语境中，在肯定实践所具有的一般特性的前提下，马克思实际上将"能动的""感性的人的活动"即实践区分为了两类，一类是理论指导的实践——"对象性的""革命的""实践批判的"活动，另一类是检验真理的实践——"人应该在实践中证明自己思维的真理性"①。那么，这两类实践各自的特点是什么？这两类实践与理论是什么关系？对我们认识真理的基本特性有什么启示？

"理论指导的实践"与"检验真理的实践"的差异性是显而易见的。一是理论形态不同。指导实践的理论是经过实践证明了的"老理论"，特别是真理；待实践检验的理论则是新的认识成果，是未经证实的"新理论"，是有待检验的"准真理"。二是实践目的不同。"理论指导的实践"的目的，是在现有理论的指导下变革现实，是理论特别是真理的对象化、外化和物化。"检验真理的实践"的目的，是对"准真理"正确与否进行甄别、判定和检验，实践结果是"副产品"。三是实践结果不同。"理论指导的实践"的结果就在实践的目的当中，实践过程亦是实践目的的展示和展开，实践结果具有某种必然性。真理性理论指导的实践结果自不待言。即使是非真理性理论指导的实践结果，也具有某种必然性。而"检验真理的实践"的实践结果则不然。检验性实践带有探索性，其结果与预期的目的之间存在某种或然性：可能与实践目的相一致，从而证明认识成果的真理性；可能不完全一致，从而证明认识成果的部分真理性；可能不一致，从而证明认识成果的非真理性。因此，新的认

①　参见《马克思恩格斯文集》第1卷，人民出版社，2009，第499~500页。

识成果即有待检验的理论，必须经过适当形式的检验，证明其真理性，才能获得推广实行的价值。

"理论指导的实践"与"检验真理的实践"之间的差异性告诉人们，要区分不同性质的实践，对具体实践进行性质甄别。这是科学分析实践活动的前提。实践是检验真理的唯一标准。那么，有没有检验实践的标准？检验实践的标准是什么？事实上，实践也应该有检验的标准。一般说来，检验实践的标准是实践的结果。其实，作为检验实践是否合理的标准，指导实践的理论的性质比实践的结果更为重要。这就是说，要区分不同性质的实践，关键是要区分不同性质的理论。是经过实践检验过了的真理性理论，还是有待检验的理论？是真理性理论，还是谬误性理论？要知道，不仅真理性理论能够指导人们达到成功的结果；在一定条件下和一定范围内，谬误性理论也能够"指导"人们达某种"成功"的结果。因此，仅仅在结果的层次上是不能将真理性理论与谬误性理论区别开来的。这就是说，判断某种实践是否合理、其结果是否具有合理性的问题，首先要辨别实践所遵循的理论的性质。理论的真理性是实践合理性的基础，要到理论的真理性中确立实践合理性的依据。因此，必须对具体的实践活动进行性质的甄别，要破除实践迷信。那种认为任何人的任何实践都是合理的、任何人的任何实践都能够成为检验认识是否具有真理性的标准的观点是错误的。如果只是看实践的结果，而不甄别指导实践活动的理论的性质（也不关注实现实践目的的手段的正当性），那就是典型的"实用主义"。因此，必须对具体的理论进行性质的甄别，要破除理论迷信。要区分不同性质的理论，对真理性理论应持敬畏和遵循的态度，虚心学习和诚心实践。当然，对真理的遵循，不仅要在形式上，更重要的是要在内容和实质上。因此，对真理指导下的实践，要特别警惕修正主义、教条主义和形式主义。对探索性理论则应持谨慎态度，先在小范围试验，待检验以后再做出取舍的决定。对谬误性理论应持批判和否定的立场，绝对不能用谬误性理论作为实践的理论指导。对检验真理的实践，要特别防范经验主义。总之，科学理论是实现合理实践的实践规范，也是检验实践是否合理的标准。

二 合理实践必须遵循科学理论

科学理论与合理实践之间具有内在的关联性。合理实践必须遵循科学理论。我们这里所讲的科学理论，就是经过实践检验了的真理。真理是"与谬误相对立的认识论范畴，指认识主体对存在于意识之外并且不以意识为转移的客观实在的规律性的正确反映。……马克思主义哲学以实践为基础，把唯物主义和辩证法的统一贯穿于对真理的理解之中"，认为真理具有客观性、绝对性和相对性、具体性，实践是检验真理的唯一标准①。事实上，这里的"认识主体对存在于意识之外并且不以意识为转移的客观实在的规律性的正确反映"，本身就含有一个前提，即经过一定的实践活动，已经证明了认识主体对存在于意识之外并且不以意识为转移的客观实在的规律性反映是正确的。如果没有这一环节，则无法对"反映"做出"正确"与否的判断。直观地看，真理就是关于"真"的"理论"。

什么是"真"？笔者曾指出，真正意义上的"真"即认识对象，是与实践主体的认识活动及其认识成果相对应的客观实在。它是一个存在论概念，而人们对它的认识活动及其认识成果则是认识论、价值论概念。对"真"的认识、揭示和阐释、表述则是"真理"。真理是人们解释世界的"真"的观念模型②。此外，真理还必须是经过人们的实践活动已经证明了的符合"真"的理论。因此，所谓真理是指经过实践检验了的、主体的认识成果与客观实际相符合的科学理论。真理与谬误相对立、与未经过检验的理论相区别。因此，真理不仅是认识与实际相符合、主观与客观相一致的、正确的认识成果，还必须是经过实践检验了的科学理论。那些没有经过实践检验的理论，不能判断其是否必然与客观相符合，因而不能直接称为真理。

由此可见，真理形成于实践，经过实践所检验。因此，真理具有双重功能，既指导实践，又检验实践。真理总是与一定的实践主体紧密相连的。真理具有客观性、辩证性、价值性和主体性。探寻真理是人类孜孜不懈的永恒追求，按真理办事是人们最朴实的实践理念。真理以其无比耀眼的智慧光芒，启迪民智、照亮人类前行的路。一部人类发展进化史其实就是人类追求真理、发现真理、发展真理、实现真理的实践历程。

---

① 参见《中国大百科全书·哲学Ⅱ》，中国大百科全书出版社，1987，第1155~1156页。
② 参见夏建国《实践规范论》，中国社会科学出版社，2006，第126页。

然而，真理只有在被主体所认识、敬畏和敬仰并自觉遵循的时候，才能发挥其智慧作用和理论价值。因为，真理不会自我呈现，不能自己展示自己的存在、意义和价值，不能自行实现其实践功能。真理总是由一定的实践主体所发现、创建、检验并实现其实践功能的。这意味着，真理具有主体性。主体性同客观性、辩证性、价值性等属性一样，是真理不可或缺的基本属性。

第二节　真理的主体性

主体性是指人在实践活动中获得的并在实践过程中表现出来的地位、能力和作用，即人的自觉、自主、自决、主动、能动、自由、有目的的活动的特性。真理的主体性是指真理被一定的实践主体所发现、创建、检验并实现其实践功能的特性。真理总是与一定的实践主体联系在一起的。

一　真理涵盖领域的主体性

毫无疑问，真理涵盖的领域是无限性与有限性的辩证统一。作为一种普遍性认识，真理揭示的是事物的类本质和规律。作为一种发现真理的科学研究活动，科学研究是通过现实的、展现在眼前的、有限的具体客体，揭示事物的本质特性及其规律的。属性是特殊的，而本质和规律则是普遍的。本质特性即反映事物普遍联系和发展规律的稳定的、普遍的特性。规律即事物内部稳定的必然的联系，具有可重复性。因此，科学研究所形成并经过检验的科学理论即真理，其涵盖的领域是无限性与有限性的统一。在这里，无限亦是相对的，是相对于有限而言的。无限通过有限得以存在并通过有限表现出来；同样的道理，有限蕴涵着无限并表现无限。因此，在对事物本质和规律加以正确认识的基础上，科学理论能够对未来予以合理的推测，从而形成科学理论的预见功能。

然而，无论是有限的现实的客体，还是其蕴涵着的无限属性，真理所揭示的对象即涵盖的领域都与特殊的主体密不可分。特殊主体所发现和创建的科学理论都只是对某一领域的客体、做出某一时段的正确认识，而不可能穷尽一切领域、一切内容的认识。离开一定主体而存在的抽象主体及永恒不变的"终极真理"是不存在的。现实的发现、创立真理的科学研究等实践活动，总是与实践者的知识背景、学科属性、研究目标、研究主旨、思维方式、研究手段和方法及实践者群体的特性密切关联，加之实践检验即确立真理的实践活动，科学研究及其科学成果，总是带有特定主体的特色。

二　真理具体内容的主体性

毋庸赘述，真理的内容是客观的，具有绝对性和相对性。真理的绝对性与相对性同样是辩证统一的。绝对性蕴涵在相对性之中并通过相对性表现出来；相对性表现绝对性，意味着具体性和发展性。真理的绝对性和相对性统一于发展着的、具体的真理命题当中。

真理的内容总是具体的。就研究的对象而言，真理的内容是具体的。"思想、观念、意识的生产最初是直接与人们的物质活动，与人们的物质交往，与现实生活的语言交织在一起的。人们的想象、思维、精神交往在这里还是人们物质行动的直接产物。表现在某一民族的政治、法律、道德、宗教、形而上学等的语言中的精神生产也是这样。人们是自己的观念、思想等等的生产者。……意识在任何时候都只能是被意识到了的存在，而人们的存在就是他们的现实生活过程。"[1]　人们总是选择那些与自己的实践活动密切相关的客体作为自己研究探寻的对象，从而使真理的内容深深印上了实践需要的时代性和主体性色彩。

就研究的主体来说，真理的内容亦是具体的。这就是说，具体的真理内容又总是与具体的实践主体联系在一起的。没有离开实践主体而自我创制、独立存在的抽象真理。即使是以文字、公式、定义、图表等抽象形式为载体的、具有内在逻辑结构的、系统的科学理论形态，亦与一定的实践主体密切相关，即与主体的知识结构、思维能力、研究环境及所处时代、所属科研群体等特性密切关联。实践主体既不是无人身的"绝对主体"或抽象精神，也不是被动接受自然规律制约的消极存在，而是通过实践活动创造自己实践活动的现实的人。实践活动及其内容是决定人成为实践主体的直接因素。人以什么样的主体形态登上实践平台，

---

① 《马克思恩格斯文集》第 1 卷，人民出版社，2009，第 524 ~ 525 页。

不是由其自然属性决定的，而是由其所从事的实践活动决定的。实践赋予人以主体的身份和功能。因此，实践主体是由具体的实践内容决定的，是具体的。这说明，人是实践的作品，是自己未完成的作品。整个世界也一样，是人类实践创造了自己的历史和现实。在认识和改造世界、创造人类自己的历史和现实的实践过程中，人们发现、创建并检验了具体的真理。

由此可见，真理是人类对客观世界本质和规律的认识，是人类过去和现在的实践成果的凝聚和结晶，是在一系列胜利与失败的交织过程中确立的。具体的客观真理是人类认识和实践史上的一个个阶段，其串串足迹，构成了不断延伸的人类探寻真理之路，真理的内容则在人类认识和实践活动中不断地得到丰富和完善。因此，真理发展的历程与人类实践的历程具有"正相关性"。在真理的视界里，必然性、本质和规律与实践和真理，是形影相随的同等程度的概念，生动和深刻地展现着真理具体内容的客观必然性、时代性和主体性。

三　真理价值实现的主体性

真理就是力量。真理的实践功能是客观的，真理具有价值性。这就是说，按照真理办事就能够获得事业的成功。价值是指主客体相互关系中客体属性对主体需要所具有的正面能量和肯定意义。价值不是主体本身，也不是客体属性，而是实践主体与客体属性之间的对象性关系。真理的价值就是其所具有的内容满足实践主体实践需要及其程度的属性。在这里，价值关系是以主体的认识和实践能力为依据的；或者说，是以主体所掌握的真理内容及实现真理的实践能力为前提条件的。

从这个意义上讲，真理价值性的实现形式及其程度，主要是由实践主体决定的。人们遵循外在的客观尺度和内在的美的规律，敬畏天上的星空和内心的道德律，将真理的尺度对象化，使客体发生满足主体需要的改变。这就是说，实践主体的实践行为，既符合规律性，又符合目的性。一方面，实践的合规律性强调实践必须从客观实在的实际出发，与客体的特性相符合，尊重客体的独立性和先在性，为实现对客体的改造、达到主体的实践目的奠定坚实的客观基础。在实践中，任何实践客体都有其特定的结构、性质、规律，实践客体的发展、变化方向和秩序都要受其内在规律的制约。实践客体的尺度是作为外在的必然性强加给主体的，是主体在实践过程中必须遵循的。客体尺度是实践活动取得成功的必要条件。只有遵循和按照客体的尺度去实践、去创造，实践才是合理的，才会产生真正的效益。这里的客观尺度，就是真理的客观内容。然而，真理的价值不能自发实现，而是通过一定的实践主体来实现的。"历史不过是追求着自己目的的人的活动而已。"① 因此，实践主体合规律性的实践活动与实践和实现真理客观内容的活动是同一的。在这里，对客体规律的把握转变成了对真理客观内容的遵循，充分展示了真理价值实现的主体性特点。另一方面，实践主体的实践活动还应该是合目的的，即遵循主体自身的尺度。如果撇开主体尺度的需求，单纯按客体尺度对对象实行对象性活动，就很难确保实践活动及其结果对人类主体有利。"动物只是按照它所属的那个种的尺度和需要来构造，而人却懂得按照任何一个种的尺度来进行生产，并且懂得处处都把固有的尺度运用于对象；因此，人也按照美的规律来构造。"② 人们必须按照人自身的目的、意义和价值等美的追求去改造世界，只有这样才能使自然事物发生恰好符合主体目的、主体需要的变化，从而变为主体的结果，满足主体的需要，使客体成为主体生活世界、意义世界和价值世界的一部分。在这里，实践活动的目的性，实际上亦是真理价值实现的主体性。

必须指出的是，真理价值实现的主体性，是以真理的客观内容为前提和基础的。没有这样的前提和基础，貌似正确的各种错误理论，其价值实现的主体性往往成为主观随意性。在实际生活中，就存在有"客体尺度"和主体尺度的错误理论，例如迷信、邪教等，它们也能满足许多人心理和生理的需要，具有某种"主体性"价值。但是，这里的主体性实质上是主观随意性；这里的所谓"价值"绝对不是正面效应，不是真理的价值。

四　真理服务对象的主体性

探寻真理的路布满荆棘，充满艰辛。然而，探寻真理的路上有真的

---

① 《马克思恩格斯文集》第 1 卷，人民出版社，2009，第 295 页。
② 《马克思恩格斯文集》第 1 卷，人民出版社，2009，第 163 页。

勇士勇往直前。人类由于有真理普照光的照耀而一路前行。事实上，不是随便什么人都能够发现和创立真理，也不是任何类型的行为都能够检验真理，更不是所有的人都向往和尊崇真理。世界不缺乏真理，缺乏的是发现真理的心境、勇气和主体向度。世界上亦不缺少真理，缺少的是对真理的敬畏、敬仰、遵循和实践。真理总是与先进的生产力代表、与社会的进步力量联系在一起的。真理青睐社会的进步人士，为人类的进步事业而敞开和服务。有些人发现不了真理，真理"躲"着他们；而有些人则逃避真理、害怕真理甚至诋毁真理。逃避真理的人往往成为伪科学的俘虏和帮凶，害怕和诋毁真理的人及其理论更是人类进步事业的敌人。因此，真理总是"选择"与有资格、有能力发现并实现其实践功能的主体在一起。倘若真理能够自行呈现和实现，倘若人人都热爱真理，那么人类就不会有愚昧、谬误、野蛮和罪恶，世界就不会有迷信、邪教、恐怖和侵略掠夺战争。这意味着，真理的服务对象是特定的实践主体。

真理是社会前行动能的实践主体的智慧和力量，它"为人民服务"。人民是真理创造的主体和服务的主体。从这个意义上讲，真理的主体性就是人民性。人民群众是历史的创造者，这既是一条被人民群众亿万次实践所证明了的颠扑不破的真理，也是真理服务对象主体性的突出表现。必须指出的是，真理服务对象的主体性与其价值性是统一的，这就决定了真理是目的与手段的统一。目的与手段的一致性表明，真理由人民创造、经过人民的实践活动检验，指导人民创造新的世界，为提升人民的价值服务。倘若有人仅仅将真理价值当做手段，违背真理价值的目的，为某种邪恶的目的服务，真理最终会被强制发挥作用，摧毁自己所建构的"殿堂"。

第三节　真理主体性视域中的马克思主义理论的实践功能

既然真理具有主体性，那么，真理价值的实现同样具有主体性。在真理的主体性视域中，马克思主义理论的实践功能主要表现在马克思主义理论实践功能的实践主体、马克思主义理论实践功能的"相对性"和马克思主义理论实践功能的人民性等方面。

一　真理涵盖领域及其具体内容的主体性与实现马克思主义理论实践功能的实践主体

首先，马克思主义理论的研究对象具有相对性。任何理论都是一定历史条件下的产物，都不可能有绝对的普适性。包罗万象和绝对不变的"终极真理"是不存在的。同样，马克思主义理论并不研究和回答世界上的一切问题，亦没有穷尽一切研究对象及一切真理，其研究的问题域是特定的和有限的。马克思主义理论的研究对象及其内容是以马克思恩格斯的名字命名的，具有鲜明的主体性。仿照恩格斯《在马克思墓前的讲话》中的名言来说，马克思恩格斯首先是革命家，同时是科学家[1]。马克思恩格斯的理论创造是"发现了人类历史的发展规律"和"现代资本主义生产方式和它所产生的资产阶级社会的特殊的运动规律"[2]。他们在这两个伟大发现的基础上，将社会主义从空想转变成为科学。因此，马克思恩格斯不是将物质世界和人类社会的所有领域都作为自己的研究内容，而是从整体上揭示了世界的一般本质及其发展规律，从而阐述了人类社会的本质和发展的一般规律，为研究资本主义社会转变为社会主义社会、最终实现共产主义社会奠定坚实的理论基础。因此，那种认为马克思主义理论"包罗万象"、能够"包治百病"的想法，表面上是给马克思主义理论以过多的"荣誉"，实际上则是给了过多的"侮辱"。

其次，马克思主义理论实践功能的实现具有鲜明的主体性。马克思恩格斯从事理论创造的主旨不是去揭示某一自然领域的特殊物质的本质及规律，而是为工人阶级的解放提供世界观、方法论等理论武器，从而为实现人类的彻底解放、全面而彻底地实现人的本质创造条件。尽管他们有杰出的自然科学研究的天赋，也研究自然辩证法，并对许多科学研究的最新成果表现出极大的兴趣和密切的关注，但是这些关注和研究，主要是为其研究宗旨服务的。他们"毕生的真正使命，就是以这种或那种方式参加推翻资本主义社会及其所建立的国家设施的事业，参加现代无产阶级的解放事业"[3]。因此，马克思主义不是所有人的主义，其实践

---

[1]　参见《马克思恩格斯文集》第3卷，人民出版社，2009，第602页。
[2]　《马克思恩格斯文集》第3卷，人民出版社，2009，第601页。
[3]　《马克思恩格斯文集》第3卷，人民出版社，2009，第602页。

指导对象有其鲜明的主体性，即工人阶级。马克思主义理论是工人阶级利益和愿望的理论表达。恩格斯指出："科学越是毫无顾忌和大公无私，它就越符合工人的利益和愿望。"①因此，工人阶级及其知识分子是实现马克思主义理论实践功能的实践主体。当然，工人阶级及其知识分子并不独占真理，他们不是实现马克思主义理论实践功能的唯一实践主体；马克思主义理论也不吝啬，那些认同、信仰并自觉践行马克思主义理论、为人类进步事业服务的社会进步人士，客观上也具备实现马克思主义理论实践功能的主体资格。

二　真理涵盖领域及其具体内容的主体性与马克思主义理论实践功能的"相对性"

马克思主义理论实践功能的"相对性"有两个方面的含义：一是其实践指导功能的相对性，二是其实践检验功能的相对性。

"建立在科学实践观基础上的马克思主义理论是普遍规律的反映，它不可能直接对各个不同国家、民族、地区的千差万别的特殊情况和特殊问题提供现成的答案，而只能提供观察问题和解决问题的世界观和方法论。马克思和恩格斯一再告诫人们，他们的理论只是行动的指南而不是教条。"② 与任何具体的客观真理一样，马克思主义真理也是绝对性与相对性的统一，其对实践的指导也是既能指导实践，又不能完全指导一切实践。一般认为，马克思主义理论包括马克思主义哲学、马克思主义政治经济学和科学社会主义三个主要组成部分。事实上，这三个主要组成部分的内容不是同等层级的。马克思主义哲学是第一层级的理论，而政治经济学和科学社会主义理论则属于第二层级的理论。具体的实践问题是有层级的，指导实践的理论也是分层次的。就"方法"而言，有普遍层次的方法、一般层次的方法和个别层次的方法。作为行动的指南，马克思主义哲学主要是在"世界观、方法论和价值观"等普遍层次上指导人们认识世界和"改变世界"等实践活动，它具有广泛的适应性，对社

---

① 《马克思恩格斯文集》第4卷，人民出版社，2009，第313页。
② 陶德麟：《践行马克思主义的实践观为实现中国梦而奋斗》，《光明日报》2013年4月16日。

会群体和普通个人都具有实践指导功能；而政治经济学和科学社会主义原理则可以在相对宏观的一般层次上指导人们的实践活动。然而，马克思主义是"指导我们思想的理论基础"，因此，除了马克思主义理论的某些具体结论之外，在整体上，马克思主义理论并不能"解决"非常个别的、具体的实践问题。一般说来，非常个别的、具体的实践问题，是科学原理、具体的方针政策等个别层次的方法发挥实践指导功能的领域。作为检验实践的标准，马克思主义理论能够检验人们的实践是否具有合理性。当然，马克思主义理论对实践的检验也具有绝对性和相对性。它既能检验又不能完全检验一切实践。

马克思主义理论实践功能的"相对性"是由其理论的相对性决定的。马克思主义理论是时代的产物，其基本原理都有其特定的理论时空及其真理的边界，因而亦有其适用的范围，随着时代实践主题的变化发展，马克思主义的基本原理所包含的具体内容亦要获得新的形态。譬如，《共产党宣言》中"所阐述的一般原理整个说来直到现在还是完全正确的。某些地方本来可以作一些修改。这些原理的实际运用，正如《宣言》中所说的，随时随地都要以当时的历史条件为转移"①。一般原理的具体运用要"以当时的历史条件为转移"，实际上就是讲原理内容的相对性和发展性问题。与时俱进是马克思主义理论的本质特征。正是这一本质特征，构成了马克思主义理论演绎递进、承袭沿革的内在逻辑。特别重要的是，马克思主义理论的与时俱进，不是随随便便地与时代的任何"新"东西俱进，而是与时代的实践主体、与工人阶级的实践主题紧密相连，与时代的进步脉络一起跳动。从这个意义上讲，对于今天的中国社会来说，坚持马克思主义理论对实践的指导和检验，就是在用马克思主义世界观方法论、基本原理和基本立场指导和检验全面建成小康社会、实现中国梦的历程中，人们实践行为是否合乎马克思主义理论。因为"我们所追求的理论与实践的统一，是科学理论与合理实践的内在统一"②。马克思主义理论是实践行为是否成功的导航标，是实践行为是否合理的试金石。这意味着，坚持和践行马克思主义理论特别是中国特色

---

① 《马克思恩格斯文集》第2卷，人民出版社，2009，第15页。

② 欧阳康：《探寻科学理论与合理实践的内在统一》，《湖北日报》2013年4月2日。

社会主义理论，对于全面建成小康社会、实现中国梦具有极端的重要性。

三　真理价值实现和真理服务对象的主体性与马克思主义理论实践功能的人民性

如前所述，真理的价值不能自发实现，而必须通过一定的实践主体来实现。由真理的主体性所决定，马克思主义理论必须通过工人阶级及其知识分子来实现。这就是说，在当今世界，以工人阶级为主要代表的人民大众是马克思主义理论的实践主体。马克思主义理论为人民服务，掌握人民、武装人民，转化成为人民大众的实践意识，从而转变为变革现实的物质力量。"就单个人来说，他的行动的一切动力，都一定要通过他的头脑，一定要转变为他的意志的动机，才能使他行动起来。"① 相对于有意识的能动主体而言，再好的理论，倘若不与人们的现实实践活动相结合，都等于无。马克思主义理论只有转化、内化、活化为人们自觉的实践意识，参与现实的实践活动，通过人民大众的实践活动，才能实现其实践功能。

实践性是马克思主义理论的显著特征，对人民主体的确定同样是马克思主义理论的显著特征。马克思主义理论是实践的、有实践主体的理论，而不是束之高阁、无的放矢的空洞教条。因此，马克思主义理论绝不是无主体、无价值、无实践的抽象概念，其真理具有鲜明的主体性立场和价值性指向。这是马克思主义理论实践功能得以现实化的根本前提与理论归宿。

---

① 《马克思恩格斯文集》第 4 卷，人民出版社，2009，第 306 页。

第九章　当代实践与马克思主义理论整体的创新发展（一）

马克思主义理论必然要在新的社会实践中与时俱进，增添新的时代内容。马克思主义理论整体的与时俱进、创新发展是一个历史过程。① 当代实践在发展，特别是科学技术在进步、世界历史在深化，马克思主义理论亦必然要在新探索中获得新发展。然而，当代实践对马克思主义理论整体的影响是多方面的，我们难以穷尽各个方面的研究和论述。在此，我们择其具有典型性、全局性和战略性的新科技革命和经济全球化而论之。

新科技革命和经济全球化对马克思主义理论整体创新发展的影响同样是全面的和整体性的。在此，我们首先阐述新科技革命和经济全球化对马克思主义实践理论的影响。一是因为，新科技革命和经济全球化本身就是当代实践的重要形式和典型形态，是马克思主义理论整体发展的实践基础，必须在这一章中率先集中论述，后续各章则以此实践基础为背景，不再全面论及；二是因为，马克思主义实践理论是马克思主义理论整体发展的奠基之石及逻辑之线。从这个意义上讲，理解新科技革命和经济全球化对马克思主义实践理论的影响，是理解对其他理论影响的先导和基础。

第一节　科学文化实践的典型形态
——新科技革命

如前所述，马克思主义理论整体中的实践概念包含多重含义：实践

---

① 马克思主义理论整体的创立是一个过程，马克思主义理论整体的创新发展也是一个过程。事实上，马克思主义理论整体自创立之日起，就在实践中不断丰富完善和创新发展。本书主要阐述当代实践与马克思主义理论整体创新发展的内在关联性。当代实践的发展对马克思主义理论产生了双重影响：一方面证实了马克思主义理论的基本原理，另一方面又要求马克思主义理论在整体上获得创新发展。

是人自觉能动地在一定规范的制约和制导下展开的现实的、感性的、具体的活动；实践有物质生产实践、社会政治实践和科学文化实践等基本形式；实践的具体形式及其时代内容千差万别、变化发展。

随着人类对于自然界与人自身的探索深度与广度的扩展，人类知识的增加，人类的实践活动有了新的形式——专门性的科学文化实践。科学文化实践是实践主体为了更好地认识世界而进行的一种探索性的精神生产活动。起初，人们为了达到某一目的而开展一些实验性的活动。随着科学技术的发展以及人们探索认识世界的能力进一步增强，产生了专门的、有明确目标的科学研究及其社会建制。它运用一定的设施和手段，去探索和发现客观事物的本质和规律。

新科技革命是当代科学文化实践的典型形态。20世纪的自然科学获得了划时代的进展，先后出现了相对论和量子力学，信息论、系统论、控制论，耗散结构理论、协同学、突变论和现代生命科学等一系列崭新的科学理论，开创了人类新的科学时代；20世纪50年代开始出现的一系列新技术（如信息技术、生物技术、新材料技术、新能源技术、空间技术、海洋技术和纳米技术等）得到了迅速发展，形成了人们所说的新技术革命。新科技革命改变了人类的实践方式、工作方式、生活方式、交往方式和思维方式，对人类社会产生了广泛而深刻的全方位的影响。

一　科学发现的丰硕成果

科学的本质是发现①。20世纪是人类科学获得新突破、新发现、新成果的革命的新世纪。新科学革命的特点与趋势主要表现在科学体系结构的整体化和专业化，科学活动的社会化和国际化，科学发展的加速化和数学化，科学、技术、生产的一体化。

（一）两大科学革命

19世纪，物理学是自然科学中发展得最完善的学科，以经典力学、热力学、统计物理学和电磁学为支柱，建立了一座宏伟的经典物理学大厦。但是，迈克尔逊－莫利的实验和黑体辐射现象的发现带来了一场物理学革命，从而诞生了相对论和量子力学，自然科学进入了新的时代。

---

① "定制"婴儿的诞生标志着科学已经进入了"科学把握"的新阶段。

迈克尔逊－莫利的"以太"漂移实验在理论上简单易懂，方法上精确可靠，可以得出结论。实验结果表明，地球相对"以太"的运动并不存在。经典物理学在这个实验面前一筹莫展。卢梅尔等人的著名实验——黑体辐射实验，发现黑体辐射的能量不是连续的，它按波长的分布只与黑体的温度有关。在经典物理学看来，这个实验结果是不可思议的。

19世纪末物理学上的三大发现，即X射线、放射性、电子，帮助人们开始探索原子内部的奥秘。X射线和电子的发现源于对阴极射线的研究。而元素放射性的发现则源于人们对X射线的研究。伦琴、居里夫人、汤姆逊分别发现了这三大发现，这三大发现打破了原子不可再分的陈旧观念，整个经典物理学大厦开始动摇了。

爱因斯坦创立的相对论在很大程度上解决了经典物理学的危机。"他在论文《运动物体的电动力学》（1905）中提出：（1）物理定律对于相互运动的两个坐标系具有同样形式的描述。（2）光速与光源的速度无关。从而否定了过去牛顿力学认为时间长短、空间距离、同时性等概念都与速度有关的时空观，同时否定了'以太'的概念。"[1] 爱因斯坦用光子说解释了光电效应，提出了狭义相对论。狭义相对论是建立在相对性原理和光速不变原理两个基本假设基础之上的。爱因斯坦提出的质能关系式 $E = MC^2$，奠定了核物理学和粒子物理学的理论基础。

"1916年在论文《广义相对论的基础》中，爱因斯坦用黎曼空间来描绘由于质量分布而具有一定曲率的物理空间。这种空间的局部近似闵可夫斯基四维空间。广义相对论是探索宇宙构造的重要理论之一。"[2] 爱因斯坦的广义相对论是关于空间、时间与万有引力关系的理论。他指出，空间—时间不可能脱离物质而独立存在，空间的结构和性质取决于物质的分布。"狭义相对论和广义相对论以其深邃的思想内容、优美的数学形式、辉煌的事实验证揭示出宏观和宇观高速运动世界的规律，其对时空观的革命性变革深刻影响着20世纪甚至21世纪的科学和哲学思想。"[3]

---

① 〔日〕伊东俊太郎等编《科学技术史词典》，樊洪业等编译，光明日报出版社，1986，第774页。
② 〔日〕伊东俊太郎等编《科学技术史词典》，樊洪业等编译，光明日报出版社，1986，第774~775页。
③ 张密生主编《科学技术史》，武汉大学出版社，2005，第174页。

相对论和量子力学开创了人类科学发展的新时代，是人类科学史上的不朽丰碑。

量子力学是关于微观粒子物理现象普遍规律的物理学理论。最先提出量子理论的是普朗克。爱因斯坦用量子论第一次揭示了微观客体的波动性和粒子性的统一，即波粒二象性，用光量子概念轻而易举解释了光电效应。玻尔建立了揭示原子结构奥秘的玻尔理论，玻尔提出的原子定态、量子跃迁等概念推动了量子力学的形成。德布罗意提出了"物质波"的假说。海森伯提出了量子力学第一种有效形式，被称为矩阵力学。另一种量子力学形式是波动力学，核心是由薛定谔创立的波动方程。狄拉克将相对论引入量子力学，创立了相对论形式的薛定谔方程，即狄拉克方程，从而使量子力学成为完整的理论体系。

概述量子力学的基本原理，"我们可从中把握微观客体运动的三个本质特征，即量子性、几率性、波粒二象性，反映在理论上，就是量子理论区别于经典理论的三个基本特征，即量子假定、非完全决定论、微观粒子和辐射在不同仪器条件下表现出的波粒二象性。量子力学正是要从物理学和哲学上，对这些基本特征和概念作出解释"①。"量子学说不仅成功地阐明了原子结构，而且打通了理解尺度较大的分子的固体、液体、气体物理以及更小尺度的粒子物理的道路。……量子学说将不确定性引入自然科学，并给予了基础性的地位，以前所未有的深度改变着人们的世界观。"②

（二）三大综合性科学

现代科学理论的发展引发了一系列综合性科学的兴起，著名的信息论、系统论和控制论是其典型代表。

（1）信息论。信息论是一门研究信息传输和信息处理系统中一般规律的学科。1948 年，美国应用数学家申农与韦弗合著的《通信的数学理论》一书的出版，标志着信息论的产生。该书提出了著名的信息编码定理与编码冗余度和消除传递过程中噪声干扰的理论，为现代通信理论的发展奠定了基础。"由于信息方法是从事物的整体出发，用联系、转化的

---

① 胡文耕主编《科学前沿与哲学》，中共中央党校出版社，1993，第 71~72 页。
② 张密生主编《科学技术史》，武汉大学出版社，2005，第 174 页。

观点综合研究系统运动的信息过程，从而获得有关系统整体性的认识。因此，它已经成为现代科学研究事物的系统性、整体性和复杂性的重要方法。"①

信息论诞生以后产生了广泛的影响，促进了人工智能、公共工程、全球金融、跨国公司经营、环境科学、生命科学和认知科学等的研究，也为现代经济学、社会学甚至哲学的研究提供了理论依据。

（2）系统论。系统论是研究客观现实系统共同的特征、本质、原理和规律的科学。系统论的思想渊源是辩证法，它强调从事物的普遍联系和发展变化中研究事物。它所概括的思想、理论、方法，普遍地适用于物理、生物、技术和社会系统。系统论的发展大致可以分为两条线索："第一条是由奥地利生物学家贝塔郎菲的一般系统理论。……一般系统论的特点是采取整体论的观点，它所重视的不是实体，而是在动态过程中保持构造的开放系统。……另一条线索是把系统看成一种概念结构和模型。这是从第二次世界大战期间的运筹学发展而来的，即系统工程。"②

系统论主张从整体出发去研究系统与系统、系统与要素以及系统与环境之间的普遍联系。它强调要素之间的结构优化对系统整体功能的影响作用，从哲学角度提出了有关系统的基本思想而且通过科学的、精确的数学方法，定量地描述系统机制及其发展变化过程。所以，系统论的原理及方法具有普通的适用性。

（3）控制论。控制论主要研究系统的各个部分如何进行组织以实现系统（开放系统）的稳定性和环境适应性，即开放系统的运行过程及这一过程中各要素的关系。控制论的奠基性著作是维纳的《控制论——关于动物与机械中控制与通信的理论》（1948年）。"维纳根据通信工程、自动控制理论、计算机科学、神经生理学、统计力学等现代学科的发展，通过与各个领域学者的交流和自身的体验建立了这门综合的学科。"③ 控制论将人的行为、目的及其生理基础与机械、电子运动相结合，揭示了

---

① 张密生主编《科学技术史》，武汉大学出版社，2005，第246页。
② 〔日〕伊东俊太郎等编《科学技术史词典》，樊洪业等编译，光明日报出版社，1986，第768页。
③ 〔日〕伊东俊太郎等编《科学技术史词典》，樊洪业等编译，光明日报出版社，1986，第413页。

无机界与有机界、机器与生命之间的相似性及联系性。

控制论创立以后产生了广泛的社会影响。1954 年，我国著名科学家钱学森首创了工程控制论，接着神经控制论、生物控制论、经济控制论、社会控制论等相继问世①。目前，控制论的发展日益同人工智能的发展联系在一起，并与国家战略防御系统、生态环境系统、经济安全系统、治安监控系统、社会管理系统等理论和实践的问题相联系，受到了人们的高度重视。

（三）现代系统科学的发展

现代系统科学的发展表现为三门系统理论的分支学科即耗散结构理论、协同论和突变论的陆续确立。

（1）耗散结构理论。耗散结构理论是比利时物理学家普利高津于1969 年提出来的。耗散结构理论回答了开放系统如何从无序走向有序的问题。耗散结构是在远离平衡区的非线性系统中所产生的一种稳定化的自组织结构。在一个非平衡系统内有许多变化着的因素，它们相互联系、相互制约，并决定着系统的可能状态和可能的演变方向。系统通过不断地与外界交换能量与物质，就可能从原来的无序状态转变为一种时间、空间或功能的有序状态。

耗散结构理论科学地证明："只要具备开放、远离衡、内部非线性相互作用的条件，远离平衡态的开放系统发生自组织就是必然的，而不是偶然的。……耗散结构论为辩证的同时又是唯物的自然观提供了有力的证据。"②

（2）协同论。协同论是德国物理学家哈肯在 1976 年创立的另一种系统理论。它研究各种不同系统从混沌无序状态向稳定有序结构转化的机理和条件。哈肯认为，自然界是由许多系统组织起来的统一体，这许多系统就称为小系统，这个统一体就是大系统。在某个大系统中的许多小系统既相互作用，又相互制约，它们的平衡结构，而且由旧的结构转变为新的结构，则有一定的规律，研究本规律的科学就是协同论。协同论认为，千差万别的系统，尽管其属性不同，但在整个环境中，各个系统

---

① 参见张密生主编《科学技术史》，武汉大学出版社，2005，第 247～248 页。
② 张密生主编《科学技术史》，武汉大学出版社，2005，第 250 页。

之间存在相互影响、相互合作的关系。"协同学最重要的贡献就是揭示了自组织的内在动力机制，综合考察了自组织发展的各种内部因素的作用，发现了系统内部大量子系统的竞争、合作产生的协同效应，以及由此带来的序参量支配过程，是系统自组织的动力。"①

（3）突变论。突变论是法国数学家托姆于 1972 年创立的。所谓突变，即强调变化过程的间断或突然转换。突变论是用形象而精确的数学模型描述和预测事物的质变过程的数学理论。"突变论用微分拓扑研究了奇点的性质，考察系统每个参数变化时平衡点附近分叉情况的全面图像，特别是其中可能出现的突然变化，试图对系统的不连续过程和状态跃迁进行数学分析。……由于自然界中存在着渐变，也存在着突变，以往的数学只注重研究渐变，突变论的出现使数学这个人类认识和把握自然的工具更为平衡。"②

（四）现代生命科学的崛起

生命科学是研究生命现象的科学。19 世纪的施莱登和施旺创立了细胞学说，揭开了生命科学的新纪元。孟德尔的工作奠定了遗传学的基础，也标志着遗传学的诞生。摩尔根用大量确凿的实验资料证明了染色体是基因的载体，借助数学方法给染色体—基因理论奠定了可靠的基础，从而创立了细胞遗传学。沃森和克拉克发现了 DNA 双螺旋结构，奠定了分子生物学的基础。紧接着遗传密码被破译，中心法则被发现，分子生物学发展起来了。

人类基因组计划可以说是现代生命科学的杰作。基因是生物生老病死、生长发育、繁殖后代、遗传变异、新陈代谢的物质基础和功能核心。人类基因组计划（HGP）旨在阐明人类基因组 DNA3×10^9bp 的序列，发掘所有人类基因，确定其在染色体上的位置，从而破译人类的全部遗传信息。这是一项规模宏大、跨国、跨学科的科学探索工程。2000 年，中、美、英、法、日、德六国科学家同时宣布人类基因组框架草图已经完成。截止到 2005 年，人类基因组计划的测序工作已经完成。不停歇地攀登在科学的山峰是人类科学研究的常态。人类基因组计划只是揭示生

---

① 张密生主编《科学技术史》，武汉大学出版社，2005，第 252 ~ 253 页。
② 王鸿生：《世界科学技术史》，中国人民大学出版社，2001，第 355 ~ 356 页。

命奥秘的一小步，人类向蛋白质组①研究发起了新的冲锋。

二 技术发明的辉煌成就

技术的核心是发明。20 世纪同时也是高新技术发明的辉煌世纪。高新技术呈现出新的特点：一是发展的不连续性。传统技术发展的一般规律是渐变→突变，而高新技术越来越呈现出技术上的跳跃性。二是技术成果加速综合及商品化。三是智力资源、地理位置和原有的技术基础等软资源占优势。

（一）信息技术

信息技术主要指信息的获取、传递、处理等技术，包括计算机技术、微电子技术、通信技术和网络技术等。

物质、能量和信息，是构成世界的三大要素，信息获取、传递、处理对于人类不可或缺。自从人类诞生，就有了信息传播。传播方式经历了语言符号、文字印刷、电子传播等的演变。由于现代科技革命的作用，计算机技术、微电子技术、通信技术和网络技术的深度发展及其广泛使用，人类社会现在进入了多媒体和网络传播的时代。

以数字化技术、多媒体技术和网络化技术为核心的"数字地球"、信息高速公路、大数据、物联网等，推动人类社会向信息社会迅速转变。现代社会信息极其丰富，呈现"信息爆炸"的态势，信息传播超越了时空，使全世界成为一个"地球村"，信息交流方便、迅捷，不出家门即知天下事，并且人人可以向全世界发布信息。

信息技术是 20 世纪发展最快、应用最广的技术领域。它对人类社会的经济、政治、文化和人们的生活方式、生产方式、工作方式、交往方式、思维方式等产生了全方位的巨大而深远的影响。在未来的岁月里，信息技术特别是计算机技术②，会有一个更令人惊奇的飞跃。

（二）生物技术

生物技术也称生物工程，是在分子生物学、细胞生物学和生物化学等

---

① 蛋白质组学研究不仅是探索生命奥秘的工作，也能为人类健康事业带来巨大的利益。蛋白质组学的研究是生命科学进入后基因时代的特征。

② 我国国防科学技术大学研制的"天河二号"以每秒 33.86 千万亿次的浮点运算速度，成为全球最快的超级计算机。

理论基础上发展起来的综合性技术体系。现代生物技术主要包括基因工程、蛋白质工程、细胞工程、酶工程、发酵工程等，其中的核心是基因工程。

基因工程技术（基因重组技术）是 20 世纪下半叶蓬勃兴起和发展的现代生物技术的最前沿领域，其应用十分广泛。20 世纪 60 年代末至 70 年代初，阿尔伯和史密斯发现细胞中有两种能对 DNA 进行"剪切"和"连接"的"工具酶"；内森斯则使用工具酶首次实现了对 DNA 的切割和组合。20 世纪 80 年代以后，人类已经获得上百种转基因动植物，对农业发展具有重要意义①。转基因药物的研制和生产为人类的健康提供了新的保证。1978 年首例试管婴儿路易斯的诞生，1996 年克隆羊多莉的出世，都是基因工程的杰作。现在，干细胞研究②有了新的实质性进展，蛋白质工程③迈出了坚实的步伐。由于生物工程技术在农业、工业、医疗等方面越来越广泛地应用并对社会造成深入影响，人们称 21 世纪为生物技术世纪。

（三）新材料技术

材料是能够用于制造各种产品的物质，是人类生产生活的物质基础。材料种类繁多，大体可以分为金属材料、无机非金属材料、有机高分子材料和复合材料四大类。所谓新材料技术主要研究具有优异性能的新型材料的合成。新材料"一般具有多学科交叉、知识密集和技术储量高的特点，而且品种繁多，结构性好、功能性强、附加值高、更新换代快。全世界每年以 5% 的速度增加新的材料，在现有上百万种材料中不断添加新的品种，而且每年还以 25 万种新化合物的速度添加到现有 800 多万

---

① 中国科学家袁隆平于 1964 年率先对水稻杂种优势进行研究，于 1972 年育成中国第一个应用于生产的不育系"二九南 1 号"，实现了水稻育种的历史性突破，被誉为"杂交水稻之父"。

② 据新华网华盛顿 2007 年 11 月 20 日电，美国和日本两个独立研究小组分别宣布，它们的研究人员成功地将人体皮肤细胞改造成了几乎可以和胚胎干细胞相媲美的干细胞。这一成果有望使胚胎干细胞研究避开一直以来面临的伦理争议，从而大大推动与干细胞有关的疾病疗法研究。

③ 由中国科学院上海生物化学研究所牵头的中国科学工作者于 1965 年率先完成了人工胰岛素的合成，这是世界上第一个人工合成的蛋白质。另据新华网伦敦 2014 年 5 月 28 日电，英国新一期《自然》杂志公布两组科研人员分别绘制的人类蛋白质组草图。这一成果有助于人们了解各个组织中存在何种蛋白质，这些蛋白质与哪些基因表达有关等，从而进一步揭开了人体的奥秘。

种人工化合物中，其中有一部分也是新材料。"21世纪新材料技术的发展将主要体现在以下八个方面：高性能化、智能化、多功能化、仿生化、低维化、设计化、极限化和综合化①。

（四）新能源技术

能源可以分为可再生能源与非再生能源。凡是可以不断得到补充或能在较短周期内再产生的能源称为再生能源，反之则称为非再生能源。煤、石油和天然气等是非再生能源。新能源技术主要进行新能源的研究和开发，从多方面探寻发展新能源的途径。目前正在研究开发的新能源主要有核能（原子能）、太阳能、地热能、风能、海洋能、生物能、氢能等。

原子核的裂变和聚变反应将产生和释放巨大的能量。核能的和平利用，为人类提供了一个既安全又清洁、取之不尽用之不竭的能源宝库。1942年，美国建成了世界上第一座原子反应堆，首次实现了人工控制的链式核裂变反应。1954年，苏联建成世界上第一座原子能发电站。核聚变能比核裂变能可高出 5 ~ 10 倍，核聚变最合适的燃料重氢（氘）又大量存在于海水之中，可谓"取之不尽，用之不竭"，因而核能是未来能源系统的支柱之一。

地热能基本上是非再生能源，但从地球内部巨大的蕴藏量来看，又具有再生的性质。风能、水能、海洋能、潮汐能、太阳能和生物质能则是明显的可再生能源。

在现在研究的可再生能源当中，太阳能以其清洁和环保得到了研究者的青睐。太阳能利用指太阳能的直接转化和利用。利用物理、化学、生物等原理产生的光伏效应原理，把太阳辐射能转换成电能，称为太阳能光伏技术；把太阳辐射能转换成热能的属于太阳能利用技术，再利用热能进行发电，称为太阳能热发电。

生物能源（又称绿色能源）是指从生物质得到的能源，来自植物的光合作用固定于地球上的太阳能，把太阳能变成有机物时而储藏的能量，包括各种植物、人畜粪便及有机废物转化成的能源。当前生物能源的主要形式有燃料乙醇、生物柴油、沼气和生物制氢。燃料乙醇是目前世界

---

① 参见顾肃《第四次科技革命》，江苏人民出版社，2003，第105 ~ 106页。

上生产规模最大的生物能源。

（五）空间技术

空间技术又称航天技术，通常指人类研究进入外层空间、开发和利用空间资源的一项综合性工程技术，主要包括人造卫星、运载火箭、宇宙飞船、空间站、航天飞机、载人航天等内容。空间技术是现代科学技术和基础工业的高度集成，体现了一个国家的综合实力。

1957 年 10 月 4 日，苏联发射第一颗人造地球卫星，开创了人类征服宇宙的"太空时代"。1961 年 4 月 12 日，第一艘载人宇宙飞船发射升空，苏联航天员尤里·加加林成为人类有史以来进入太空的第一人。1969 年 7 月 21 日，美国阿波罗 11 号飞船登月成功，阿姆斯特朗成为登上月球表面的第一位航天员。1971 年 4 月 19 日，苏联发射了第一个空间站——礼炮 1 号，开辟了人类在宇宙空间长期生活和工作的科学研究基地。1981 年 4 月 12 日，美国发射世界上第一架可重复使用的航天飞机，标志着人类大规模开发宇宙空间的开始。

2008 年 9 月 25 日，"神舟七号"搭载中国宇航员翟志刚、刘伯明、景海鹏三位宇航员升空，翟志刚在太空迈出第一步，这是中国人的第一次太空行走。2010 年 9 月中央批准载人空间站工程启动研制建设工作，计划 2020 年前后建设中国自己的空间站。2013 年 12 月 2 日"嫦娥三号"从西昌卫星发射中心成功发射，12 月 14 日"嫦娥三号"成功实施软着陆（月球），降落相机传回图像，标志着登月"绕""落""回"三步走战略第二步的成功。中国北斗卫星导航系统（BDS）是我国正在实施的自主发展、独立运行的全球卫星导航系统，它已经与美国全球定位系统（GPS）、俄罗斯格洛纳斯系统（GLONASS）和欧盟伽利略定位系统（Galileo Positioning System）一起成为联合国卫星导航委员会认定的全球卫星导航系统四大核心供应商。

（六）海洋技术

海洋是人类的"新"家园①。海洋技术包括进行海洋调查和科学研究、海洋资源开发和海洋空间利用，涉及许多学科和技术领域，主要包

---

① 地球的表面积是 510067866 平方公里，其中海洋的面积为 361745300 平方公里，占地球总表面积的 71%；陆地的面积是 148322566 平方公里，占地球总表面积的 29%。

括海底石油和天然气开发技术、海洋采矿技术、海洋生物资源的开发和利用技术、海水淡化技术、海水农业技术①、海洋能发电技术等方面。

(七) 纳米技术

纳米是一种度量单位，1 纳米等于 10^{-9} 米（1/100 万毫米，为 1/10 亿米）。一种物质如被加工到 100 纳米以下的尺寸时，往往就产生既不同于微观原子、分子，也不同于宏观物质的超常规特性，会出现某种特殊的效应，人们把具有这种特性的材料称为纳米材料，拥有这种效应且具有纳米尺寸的量子物质现象，称为纳米现象。因此，纳米技术实际上就是在单个原子的层次上对物质进行精确的观测、识别和控制的研究和应用，即用单个原子进行制造的控制物质的技术。

第二节　物质生产实践的时代形式
——经济全球化

作为当今时代两种重要的实践方式，新科技革命与经济全球化相互影响，相互促进，共同促进社会生产力的巨大发展，推进世界经济的一体化进程。有学者指出："高新技术非常深刻地影响着当今社会的生产和生活。而生产方式和生活方式发生了变化，交往方式、社会组织形式也必然相应地发生变化。这种变化的深刻基础就是现代技术的最广泛应用和效能的最大发挥，而全球化的形成实际上也是依赖于这种技术基础的。高新技术既是全球化的基础，也是当代社会形态的基础，这为我们理解全球化和理解当代社会形态提供了一种新的思路和方法。"②

一　经济全球化的动因

作为世界历史的一个发展阶段及当今物质生产实践的重要形式，经济全球化是由多重原因推进和形成的。

---

① "海水农业"是指直接用海水灌溉农田的农业生产方式，可用于沿海地带的盐碱地、沙漠和荒滩的开发。

② 欧阳康：《全球化与马克思主义哲学的当代发展》，《哲学研究》2005 年第 9 期。

（一） 生产力的发展是经济全球化形成和发展的根本动因

经济全球化的动因是多方面的，但其根本动力还是世界范围内的科技进步所导致的生产力的发展，归根结底是生产力和社会化大生产的发展突破了国家和地区之间的界限，寻求更为广阔发展空间的结果。

由新科技革命引发的生产力的变化发展，主要表现在以下几个方面：一是劳动资料的变革。在人类历史上，对信息进行处理，一直是人脑的专利。电子计算机出现以后，改变了人脑单独处理信息的历史，开始了人脑与电脑"共同"处理信息的信息革命时代，从而极大地推进了社会生产力的发展。由于电子计算机在生产领域的应用，机器工具系统在传统的发动机、传动机构和工具机或工作机三个部分组成的基础上，加上了自动控制和调节装置，从而使机器大生产发展成为自动化大生产。20世纪70年代，人工智能机器人的出现和在生产部门的使用，更是使人们的生产能力如虎添翼，不仅大幅度地提高了劳动生产率，大大地降低了生产成本，而且其应用范围也越来越广泛，几乎无所不能。二是劳动对象的改变。在现代新科技革命条件下，人们能够上天入地，下海登极；宏观寻幽，微观探秘。太空站、航天器，使广袤的宇宙不再神秘，使遥远的天体成为近邻。在太空失重条件下，人们能够生产出在地球上无法生产出的许多新产品，如新的物种或新的品种等。海洋不仅可以发展养殖业，还可以成为新能源、新医药的重要基地。新材料、新能源，集环保、节能甚至人性化服务为一体。数控机床等加工手段，使微型化、巨型化、人性化的智能机器成为现实。现代新科技革命使劳动领域空前拓展，劳动对象包罗万象，对国际分工与国际合作提出了需要，为经济全球化的形成和发展提供了必要的条件。三是劳动者的解放。人工智能使生产工具由机器工具发展到智能工具的新阶段。智能型自动控制和调节装置，代替了劳动者在生产过程中的控制活动，使生产过程成为智能自然力与一般自然力相互作用的过程，"无人车间"成为现实，"虚拟生产"成为可能。劳动者从生产现场的直接劳动活动及过程中解放了出来。特别是，有一部分由现代新科技知识武装起来的劳动者，成为从事生产程序的设计和编制、科技研发和管理等领域"生产"的脑力劳动者。有学者指出了这样一个事实，物化在生产中的体力劳动与脑力劳动之比，在机械化初期为9:1，在机械化中等水平时为6:4，在高度机械化时期则为 1:9①。随着脑力劳动者成为生产领域里的主体，人类便走上了解放人脑的新的解放之路。四是教育、科学、管理功能的加强。作为知识形态的、潜在的生产力"软件"要素，教育、科学管理有其生产力功能。一旦物化到现实的生产力"硬件"要素当中，它们便转化成为物质形态的、现实的生产力要素。由于生产力因素在经济全球化中的决定性作用，使经济全球化运动和过程具有客观的必然性和一定的强制性。它既是世界各国参与经济全球化运动和过程的决定性因素，也是我们认识经济全球化客观本质的重要依据。

（二）全球网络化是经济全球化形成和发展的物质技术基础

人类对信息的利用、取舍是不断变化的。信息的变化是随着人类社会的发展而发展的。由过去单一的、原始的简单信息，发展到今天的多样化的、社会化的、综合化的信息，从一个侧面说明了人类社会信息利用的进步过程。作为一种新的信息传递方式和交换方式，大容量的海底电缆、通信卫星、计算机及计算机网络的出现，构成了全球化快速便捷的网络系统和信息交流系统。这不仅极大地改变了人类的生活方式、交往方式和思维方式，也改变着人类的生产方式、工作方式。它将人类信息交往方式、联系方式和生产方式推向了新的历史高峰。这在客观上为经济全球化准备了物质技术基础。

（三）知识经济的兴起和发展为经济全球化提供了经济载体

在本质上，知识经济的兴起是世界范围内产业结构调整的产物。知识经济是指建立在知识、信息的生产、分配和使用基础之上的经济，如知识产业，教育、科学研究系统等领域的经济系统形态。知识经济主要有资产投入无形化、生产要素智能化、经济发展可持续化、世界经济一体化、经济决策知识化、生产组织社会化等特点。在知识经济中，占主导地位的是信息产业，特别是软件产业。知识经济需要生产要素的智能化，要实现经济、社会的可持续发展，在客观上就使得世界经济你中有我，我中有你，优势互补，相互联系，逐渐形成区域化和世界经济一体化。所谓世界经济一体化，是指经济组织的联盟性、经济规则的一致性、

---

① 参见徐顺梨《现代科技革命与社会经济变革》，《求实》2000 年第 12 期。

经济市场的跨国性、经济效益的互补性和经济资源的共享性。仅以信息科学技术为例，任何国家都不可能在计算机技术、光纤技术、微电子技术、光电子技术、芯片技术、大规模集成电路技术、多媒体技术、网络技术、软件技术以及日新月异的高新技术中全面领先。任何国家的人们都有可能凭着自己的知识和智慧，在世界级高新技术某些领域占有一席之地，从而成为世界经济一体化中不可缺少的有机组成部分。

（四）以高科技人才为代表的劳动者为经济全球化的形成和发展创造了人才条件

一定的劳动者是一定经济的创造主体。经济全球化归根结底依赖劳动者的全球流动和生产"国际标准产品"的能力。知识经济也就是以人为本的经济形态。知识经济是真正依赖人类自身存在价值和创造能力的经济形态，是体现出人类自己把握、决定自己命运的自主性经济形态。人类的未来和国家的繁荣比以往任何时候都更加依赖人才的培养和科学知识的应用，依赖社会的全面进步和人才素质的综合提高。放眼知识经济时代，最大的战略资源是人才。吸引以高科技人才为代表的劳动者参与知识经济的创造活动，将成为影响一个国家综合国力和国际竞争力的重要手段。

（五）经济全球化依赖相对开放的世界市场的建立

第二次世界大战结束以后，一个主要由美、苏主导的两极格局的世界逐渐形成。与此相应，由美、苏所主导的经济模式，亦使得世界经济逐渐形成两极鼎立的基本格局。在美、苏主导的范围内，形成了两个比较发达的平行的地区市场。这在客观上有利于世界经济全球化的进程。20世纪90年代以后，随着东欧剧变和苏联解体，特别是改革开放的中国参与，相对开放的世界市场在逐渐地形成。逐渐形成的相对开放的世界市场，为经济全球化的形成和发展提供了舞台。经济全球化还有一个动因，就是生产资源全球配置和利用以及与此相联系的国际分工的深化，由于多国籍生产，形成了产业内水平贸易的新格局，能产生更多的社会财富和更大的经济利益。加之金融方面的世界组织及世界市场的形式，均使世界各国各地区的经济联系得以强化。

二　经济全球化的表现形式及其本质

大约在 1960 年，"全球化"一词已进入英语世界的日常生活中①，但被大规模地使用则是在 20 世纪 80～90 年代。尽管全球化是一个风靡全球的时髦概念，但关于到底什么叫全球化，迄今为止却没有一个统一并权威的定义。有学者把全球化的内容概括为"十化"，即科技全球化、经济全球化、政治全球化、法治全球化、管理全球化、组织全球化、文化全球化、思想观念全球化、人际交往全球化和国际关系全球化②。有学者把全球化归结为经济全球化："所谓的全球化，就是指随着越来越多的国家和地区加入贸易与投资开放的行列，商品、服务和生产要素的国际流动加速，世界各国各地区之间的经济联系日益密不可分，相互依赖日益加强，经济日益成为一个整体。"③

我们认为，直接地看，全球化是一个地域性的概念，指某一事情、现象在地球上形成的一种整体性、一体化运动和过程。当今世界的全球化实质上是世界历史的一个发展阶段，在内容上主要是指在开放世界条件下出现的经济全球化，即全球经济的整体性运动和过程。"全球化或经济全球化的实质是反映了单个国家的开放程度和整个世界的包容程度，也反映了市场国际化的范围和资本流动国际化的范围。"④ 经济全球化有全球化的市场经济、全球化的金融资本、全球化的企业集团、全球化的资本直接流动、全球化的经济组织和区域经济的一体化等基本形式⑤。

经济全球化的特征只是其本质的表现。经济全球化的本质到底是什么？理论界对这个问题的认识是不一致的。比较有代表性的观点是，从生产关系的角度进行考察，认为在世界市场形成过程中，曾经出现过商业资本全球化、借贷资本全球化、产业资本全球化。这三个阶段的全球

① 参见杨雪冬《全球化：西方理论前沿》，社会科学文献出版社，2002，第 1 页。
② 参见高放《纵览世界风云》，中国书籍出版社，2002。
③ 黄宗良、孔寒冰：《社会主义与资本主义的关系——理论、历史和评价》，北京大学出版社，2002，第 352～353 页。
④ 黄宗良、孔寒冰：《社会主义与资本主义的关系——理论、历史和评价》，北京大学出版社，2002，第 353 页。
⑤ 参见黄宗良、孔寒冰《社会主义与资本主义的关系——理论、历史和评价》，北京大学出版社，2002，第 353～356 页。

化所不同的只是资本形态的变化，而没有改变资本关系的本质。因此，现今经济全球化作为前三种资本形态的完备表现，其实质依然是资本剥削关系向全球的扩张。这一观点有其一定的合理性，对于人们在"和平与发展"时代主题下认清资本主义的剥削本质有着重要的警示作用。但是，我们认为，认识问题的角度还应该继续深化，应进一步从生产力与生产关系相统一的角度，区分经济全球化的本质与主导力量之间的差异。

所谓经济全球化的本质，是指建立在全球化生产力要素及发展水平基础之上的、代表了人类社会客观本质及其发展规律的，从而具有强大的生命力和远大发展前途的、得到人民群众拥戴的经济形态及其全球化运动和过程。而经济全球化的主导力量则是经济全球化运动和过程之中某一个历史阶段的代表性力量。这一力量可能与经济全球化的本质相一致，也可能部分相符，也可能根本不符。判断一种经济形态是不是经济全球化本质和主流的代表的标准，是"生产力标准"和"三个有利于"标准。与经济全球化的本质相一致的经济形态自觉地推进经济全球化运动和过程，不相一致的经济形态则不自觉地充当了历史发展的工具，部分地以"歪曲的形式"起着推进历史发展的作用。具体到当前的分析，我们认为，在当前比较"显形""强势"的资本经济，是当前经济全球化的主导力量，但它们绝对不能代表经济全球化的本质和主流。也就是说，一方面，由于目前发达资本主义国家仍然代表着生产力发展的较高水平，这些国家经济发展的客观要求决定了它们暂时是世界市场和经济全球化的积极开拓者和推动者。另一方面，又由于少数发达资本主义国家出于自私的利益要求，使现阶段的经济全球化运动和过程深深带有新殖民主义的印记，从而阻碍了经济全球化的健康顺利发展。因此，经济全球化不是资本化，不是资本主义化，更不是美国化。

按照《共产党宣言》的经典论述，资本、资产阶级只是不自觉地充当了历史发展的工具。首先，资产阶级不是现代大工业条件下先进生产力的代表，它将随着大工业的发展而退出历史舞台。其次，资产阶级具有排他性，其经济利益拥有利己主义的封闭性、排他性。资产阶级的利益是社会特殊利益阶层的利益，不具有人类性或国际性。最后，资产阶级的经济运动只是代表社会少数人的利益。这样的运动必定只能代表少数人的利益。这就是说，在经济全球化的大势之中，在资本经济的背后，还有更深层次的原因，支配着经济全球化的发展动向；在当前比较"显形""强势"的资本经济之下，还有经济的"主流"形态，决定着经济全球化的实质。这个深层的根本原因就是社会生产力——社会化大生产。社会化大生产的主体是工人阶级。因此，经济全球化是社会化大生产的国际化，是工人阶级创造实践的世界化，是工人阶级走向世界的国际化。这个"主流"的经济形态则是与社会化大生产相联系的、由工人阶级主导的社会主义经济形态。因此，资本主义的剥削是不符合经济全球化的本质和主流的，是不符合人民群众的根本利益的。当前由资本主义经济所主导的经济全球化形成了不合理的经济秩序，它既造成了资本主义经济内部交往、发展中的矛盾，也对广大发展中国家造成了伤害，受到了广大发展中国家的批判，也遭到了"反全球化"思潮和运动的批判与抵制。

第三节　当代实践对马克思主义实践
理论创新发展的影响

作为当代实践的典型形式，新科技革命及经济全球化对马克思主义实践理论的丰富和发展产生着重要影响。有学者指出，由于当代实践技术中介系统具有结构复杂、形式多样，作用巨大、效率惊人，综合性强、发展速度极快等特点，使得当代形态的马克思主义实践观具有了新的基本规定，即当代形态的马克思主义实践观是关于当代实践的全球意识、未来意识和人类意识。当代形态的马克思主义实践观诉诸当代人类实践、诉诸当代实践的合理化健康发展，必将为无产阶级解放全人类并最后解放自己的伟大事业做出新的历史贡献[①]。具体论之，在新科技革命及经济全球化的影响下，马克思主义实践理论主要在以下几个方面有了新的认识和创新。

一　关于新的实践方式的探索

在已有的实践理论中，实践方式具有实在性。新科技革命使虚拟实

---

① 参见陶德麟、汪信砚主编《马克思主义哲学的当代论域》，人民出版社，2005，第10～39页。

践、模拟实践成为现实。"各种高新技术的发展不仅导致一大批新兴产业的建立，而且还推动着传统产业的调整和革新。新技术革命的发展直接地引发了当代产业结构的变化。"① 随着人工智能、互联网的日益普及和虚拟现实技术的迅速发展，新的实践方式——虚拟实践和模拟应运而生。

（一）虚拟实践

"所谓虚拟实践，是指主体和客体之间通过数字化中介系统在虚拟空间进行的双向对象化的感性活动。"② 虚拟实践是一种伴随新科技革命的进步而逐渐兴起的人类活动方式。当今各种类型的"计算机实践""互联网实践"，在本质上都是虚拟实践。相对于实在实践而言，虚拟实践是一种具有"臆构性"色彩的实践。尽管不同的学者由于研究视角的不同，可能给虚拟实践赋予不同的意蕴，但大体是一致的。通俗地讲，虚拟实践是指人们运用计算机、网络和虚拟现实（VR）等信息技术在电脑网络空间中有目的地进行的能动地改造和探索虚拟客体的一种客观活动。在虚拟实践活动中，虚拟化信息传递工具已从模拟、类比方式转换为数字方式，人们必须依赖各种网络图标或象征符号作为其自身标志、行动中介和实践对象，这样信息技术介入了人类生活、工作、学习的各个方面，从而极大地提高了人类的实践能力。

"虚拟"是标志人的超越性和创造性的哲学概念。从特性上讲，它不是预成性的，而是生成性的；不是因循的，而是创造的。"虚拟"与"实在"相对应，理解了"实在"，就理解了"虚拟"。在哲学上，客观实在性是物质的唯一属性。辩证唯物主义认为，世界是由物质构成的，运动是物质的根本属性。物质与物质的属性是辩证的统一，既没有离开了物质的属性，也不存在不具备属性的物质。人们正是通过对物质属性的把握逐渐认识物质的，即在现实世界中，人之所以能感受到物质的存在，就是因为物质属性能够被我们的感觉所感知。物质具有可知性，因而感觉能够反映物质。在人类不能应用光电技术之前，人类无法对已经发生或者正在发生以及未发生的人类活动进行复制、保存与拟制，所有的人类活动都必须是实实在在发生的活动。人类发明与应用光电技术后，

---

① 陶德麟、汪信砚主编《马克思主义哲学的当代论域》，人民出版社，2005，第60页。
② 张明仓：《虚拟实践论》，云南人民出版社，2005，第114页。

人类可以运用这些技术对人类社会活动进行复制、保存与拟制，例如拍摄照片、拍摄电影等。这样，人类不仅可以如同过去一样，运用人脑的记忆能力去记忆人类的实践活动，还可以通过以硅晶体为介质的物质形式去记忆、存储人类社会活动。"虚拟"是依赖人类感觉或者其他物质为介质的"存在"，这样的"存在"在光电技术发明与应用之前，只能够依赖人脑通过假想而认为其"存在"。比如，在人类社会早期的活动中，虚拟是以想象、幻想为手段，建构了原始宗教神话和传奇、传说，并以此来把握世界、超越现实的限制。在语言文字产生及光电技术发明与应用之后，则多了一种所依赖的物质形式——以硅晶体为介质的物质形式体现其"存在"。总之，所谓"虚拟"的存在，就是依赖某种物质形式为介质而体现的"存在"。

虚拟不是虚幻。虚幻仅仅是个人头脑中的幻想而已，没有可感知、可触摸的性质，是纯意识的产物，无法在其中从事实践活动。虚拟则不然，在虚拟的世界里，事物不仅可视可听，还具有一定的可操作性质。但是，虚幻虽不同于虚拟，却可以借助虚拟手段来表达，使之成为具体实践的依托。没有虚拟现实技术，这种设想的实现几乎是不可能的。虚拟现实技术给人类的幻想插上了翅膀，使人类可以无拘无束地在幻想的空间中飞翔，使人类的想象力得到最大限度的发挥，让人类更充分地享受幻想王国中的自由。因此，虚拟现实技术对现实空间的模拟，大大增加了人们的实践机会并扩展了实践的自由度。由于其所具有的种种物理属性以及可操作、交互的性质，人们可以利用它们来模拟现实，或者在虚拟的世界中从事种种在现实世界里不可能进行或是具有较大危险性的工作。尽管虚拟的事物具有非物质性，但虚拟开创了一个新的实践领域，正是在这个基础上，虚拟现实张扬着它的现实意义，也孕育着它的未来意义。

与实在实践相同，虚拟实践也是由主体、客体和中介三个要素构成的，它们之间是一个动态的系统。如果说现实实践是主体在现实空间中运用中介工具改造现实客体的话，那么虚拟实践则是虚拟主体在虚拟空间中以数字化技术为中介创设和改造虚拟客体的活动。

虚拟实践必须依赖现代以人工智能为核心的信息技术，具有交互性、交融性等显著特征。

　　与实在实践形式一样，虚拟实践也可以划分为虚拟生产、虚拟社会交往与虚拟科学实验等具体形式。近年来引起各国科技界、政府部门及相关世界组织广泛重视的"数字地球""大数据""物联网"等，是虚拟实践的典型形式。

　　虚拟交往实践是虚拟实践的新型方式。由"数字地球"构成的"网络世界"产生了以"网民"为"主体"的虚拟社区。虚拟社区超越地理疆域的国界，遵循着网络世界的"网络规范"，形成了"漫无边际"的交往实践，具有超政府、无政府甚至反政府的色彩。如何对网络世界、虚拟社区的虚拟交往实践进行规范和治理，成为各国信息安全、社会安全甚至国家安全的新课题。

（二）模拟实践

　　模拟实践是随着人类社会的发展、科学技术的进步而出现的新的实践形式。一般而言，模拟实践是"功能性"实践。模拟实践也叫"仿真"实践，是指在一定的实验场景下，实践主体遵循事物本身的属性及规律，仿效实在实践，实现一定实践目的的实践活动。

　　模拟实践的实现需要主体构建一定的实验场景。模拟实践同实在实践以及虚拟实践一样，也是由三个要素构成的，即模拟实践的主体、客体以及实现模拟实践的媒介。模拟实践的主体是现实的人。模拟实践的客体是不需要借助任何数字化媒介的真实存在物。模拟实践的中介既可以是现实的工具，也可以借助虚拟技术派生。模拟实践是现实的人按照自己的实践目标、通过预设实践的客体以及预设一定的实践场所和环境来从事模拟实践活动。一般来说，其实践结果也是实践主体所能预期到的，具有预测性。

　　模拟实践形式表现在各个领域。现代战争多采用模拟战争的实践形式。除了有模拟战争的形式外，还有许多其他形式的模拟实践行为。人类社会的生产、生活的各个环节都充满了模拟实践的具体形式，如模拟教学、模拟法庭、模拟证券市场等，使得受教育者能够获得一定的亲身体验，提高认识和实践能力。

（三）实践手段的高新科技化及高效益性

　　"传统的技术革命或工业革命是以生产和使用机器为特征的，而以信息处理技术为中心的新技术革命则是以发明和使用计算机为目的和特征的。"① 在当代新科技革命中，诞生了以电子计算机为核心的新型实践手段。这是实践技术中介系统历史发展过程中具有划时代意义的新的里程碑。由于电子计算机在生产领域的应用，机器工具系统在传统的发动机、传动机构和工具机或工作机三个部分组成的基础上，加上了自动控制和调节装置，从而使机器大生产发展成为自动化大生产。由于科学技术间的相互渗透和信息、通信、交通等技术的发展，使得各种资源得到合理的配置和利用，从而大大提高了实践活动的经济效益和社会效益。

二 关于实践主体的新探索

社会的实践活动是实践主体本质力量的展示及对象化。实践主体是指在实践—认识活动中，实践和认识活动的发动者、活动者、行为者，即具体的从事实践和认识活动的人。作为实践主体而存在的实体的人，必须是具有自我意识和实践能力并从事一定实践认识活动的社会的人。因此，实践主体亦是一定思维方式、实践理念及实践行为的承担者。

作为一定思维方式、实践理念及实践行为的承担者，实践主体具有社会性，其特性深受社会因素的影响和制约。首先，实践主体是在实践活动当中获得主体身份、角色、意义的。也就是说，现实的实践主体只有与现实的实践客体构成现实的实践关系的时候，才能获得实践主体的意义，才能以实践主体的身份，扮演实践主体的角色，成为实践主体。从这个意义上讲，实践主体是什么，是由实践客体决定的。由于实践内容存在多样性，实践主体的角色、身份也是多样的。也就是说，具体从事实践活动的人，以什么样的实践主体身份出现在实践活动当中，是由其从事的实践活动的内容决定的。因此，实践主体的角色身份是多样的，是随着实践主体自身的变化、实践客体及实践中介的变化而变化的。因此，要到与其发生现实实践关系的实践客体那里，去确定、认同实践主体的身份。特别是，在现代科技革命条件下，多重身份的实践主体，可以是以"人"的形式从事实践活动，亦可以创造一个客体的"我"，以"虚拟人"的形式从事实践活动。因此，现实的"人"，能够充当实在实

---

① 陶德麟、汪信砚主编《马克思主义哲学的当代论域》，人民出版社，2005，第60页。

践、虚拟实践和模拟实践的实践主体。其次，实践主体主要由现实的基本经济制度所决定，伴随着经济全球化的深入发展及世界科技革命的深刻影响、信息网络时代的到来，当代社会实践主体亦出现了许多新特性。

（一）　实践主体的国际化

毫无疑问，实践主体具有民族性，即由一定民族群体成员作为实践活动的承担者而形成的一种独特属性，其实践方式亦具有独特的民族性。但是，随着新科技革命及经济全球化现象的出现，使得人们交往范围日益世界化，信息、资本、人员等生产要素在全球范围内流动，不断扩大的交往促使表现为民族性的人类实践活动日益整合成为全人类的总体实践活动，呈现出国际化的趋势。它使得人类生产方式国际化，生产主体知识化和资源配置、科技交流、人才交往世界化。

马克思恩格斯曾在《德意志意识形态》中揭示了人类历史发展过程中将要呈现出来的这种全球性特征："各个相互影响的活动范围在这个发展进程中越是扩大，各民族的原始封闭状态由于日益完善的生产方式、交往以及因交往而自然形成的不同民族之间的分工消灭得越是彻底，历史也就越是成为世界历史。"[①] 不同的民族、地域、国家在普遍交往的碰撞、交流中，日益被纳入全球一体化的结构而成为世界性的存在，实践主体的实践方式在不断发展的实践活动中，日益呈现出国际性的特征。实践主体实践方式的国际化主要有两个方面的表现：一是民族的实践主体日益获得了国际性实践功能，二是境外其他民族的社会成员成为本国社会实践的主体。实践主体实践方式的国际化，反映了国际分工的深化及世界经济日益紧密的联系。这样的实践主体，要求马克思主义实践理论，在重视传统实践主体的基础上，充分肯定并特别重视对于知识工人、管理者阶层等知识分子的实践主体作用的研究，要充分认识并特别重视知识分子的工人阶级属性的研究，充分阐述世界工人阶级及其知识分子是知识经济条件下社会财富的创造者，是社会的实践主体；要充分论证信息生产、知识生产与物质生产、财富生产的统一性，将实践主体范畴提升到人类总体层次，充分揭示经济全球化的本质特征。

---

① 《马克思恩格斯文集》第 1 卷，人民出版社，2009，第 540～541 页。

（二）实践能力的智能化

毋庸赘述，当代社会的实践形式具有多样性和差异性。一方面，传统农业、传统工业的物质生产方式大量存在；另一方面，与高新科技相联系、与信息化建设任务相适应，产生了许多新的实践方式，如现代农业、现代工业、现代信息业、现代科学实验，虚拟实践、模拟实践等。20世纪50年代开始出现的以电子化为先导的第三次科技革命，对人类社会产生了广泛而深刻的全方位的影响，尤其是对改革开放、实现社会主义现代化的中国影响巨大。这次新科技革命，使社会生产力的组织化、协作化和社会化程度更高了，亦使得实践主体呈现出智能化、知识化的特点。例如，实践主体的智力智慧及其功能的延长——电子计算机等人工智能的出现和在实践过程中的广泛使用，使得实践主体远离直接生产领域或场所，而呈现出智能化的趋势。

三　关于实践客体的新认识

所谓实践客体，是指实践主体的实践活动所指向的现实的实践对象，其内容是多样的，但都以其特殊的属性、运动的方式展现于一定的时间和空间之中，从而得以现实化。然而，人们对时间和空间及其所呈现的物质属性的认识，是随着科学技术的发展而变化的。这就是说，作为实践主体的实践活动存在形式的实践时空，必然随着人类实践水平的提高和实践形式的深化而不断呈现出新的特点。人们的时空观念亦是随着科学技术观的变化而改变的。在新科技革命条件下，实践时空及人们的时空观必定具有新的认识及内容。

（一）实践分工的细化和合作的深化

首先，通信业的飞速发展和国际互联网的建立，使地球变得越来越小，使不同地域、不同行业的实践主体有可能彼此加强交流与合作，从而亦使得实践方式更加细化。其次，电子信息技术的广泛应用，为现代生产提供了技术基础，经济活动发生了更加紧密的联系；现代交通运输工具和设施的发展大大缩短了不同地区之间的距离，使世界各地的实践主体更加紧密地联系在一起，成为真正意义上的"国际化生产体系"和"国际分工体系"，使得合作深化。

（二） 实践时空的叠加性

实践方式的国际化导致了实践时空的叠加性。"新技术革命使得人类实践的领域无论是在深度上还是在广度上都得到了空前的扩展。不仅开发出了更多的可供人类利用的自然资源，而且还大大拓宽了人类的生存环境和空间。"[①]20 世纪后半叶以来，在信息化、网络化技术的介入下，形成了以资本、产品和通信在全球范围内的流动为表征的全球性生产和交换体系，这种物质实践体系的流动性对实践客体的跨国、跨地区流动提出了要求，促使实践客体在更广阔的实践空间发生多维度、多层面的转化。于是，与不同国家或地区的工业化、信息化、城镇化、国际化等实践课题相联系，使得实践水平不同的国家或地区必然呈现出叠加的实践时空，如前工业化的、工业化的和后工业化的实践方式叠加显现，前现代的、现代的和后现代的实践时空同时并存，各种社会矛盾错综复杂，从而造成了叠加的实践任务、多元的实践角色和叠加的实践时空。

（三） 实践时空的分格细化与联系强化

信息技术几乎消除了时间和空间的差距，信息技术及发展大大加速了经济全球化的进程。随着互联网的发展和全球通信卫星网的建立，国家概念将受到冲击，各个网络之间可以不考虑地理上的联系而重新组合在一起。"新技术革命使得实践过程中的技术更新周期日趋缩短，从而有助于人们及时地淘汰那些过时落后的实践方式及其产品。"[②] 伴随着商品、资本、科技、人才等不断地走向广阔的世界大市场，加上高科技的世界性、人类价值的巨大融合性以及人类经济形态客观规律的推动，都使得实践时空在不断智能化的基础上分格越来越细化，与此同时，相互之间的联系则不断强化。

四　关于实践规范研究的新成果[③]

实践规范是对实践主体现实的实践活动产生影响、制约、范导效应

---

① 陶德麟、汪信砚主编《马克思主义哲学的当代论域》，人民出版社，2005，第 59 页。
② 陶德麟、汪信砚主编《马克思主义哲学的当代论域》，人民出版社，2005，第 59 ~ 60 页。
③ 参见夏建国《实践规范论》，中国社会科学出版社，2006。

的生产技术、政治、法律、风俗习惯、道德观念、纪律、艺术、宗教、哲学等思想观念及其表现形态。实践规范的合理性是实践规范的真理性与价值性的统一。

实践规范的真理性亦即实践规范是否合乎客观规律问题。从这个意义上讲，符合客观规律是实践规范真理性的存在基础。我们知道，实践规范是在对客观规律的把握和利用过程中逐渐形成和发展起来的。尽管世界是一个由种种秩序和规定性建构起来的有机体，是一个必然地、有规律地运行的统一体，然而，人类社会的客观规律有其特殊性。它要通过人们自觉的实践活动，通过实践规范才能得以实现。因此，客观规律的存在及其作用是一回事，人们对其的认识、解释、概括又是一回事，而人们在实践活动中所遵循的实践规范则更是另一回事。直接地对人的实践活动起支配作用的不是"客观规律"，也不是在"认识规律"基础上形成的"实践规律"，而是在"实践规律"基础之上形成的"实践规范"。因此，人们遵循客观规律的问题，特殊地表现为实践规范是否符合客观规律即是否具有真理性的问题。

实践规范是否具有真理性，是可以通过人们现实的实践活动获得证明的。因为，实践规范实现的根本途径是实践主体及其实践活动。在现实的实践活动之中，实践主体不断地将实践规范转化为实践理念，不断地将实践规范的内容现实化，并使其实践活动获得日益丰富的客观内容。

日益丰富的客观内容，说明实践活动的主旨与人之存在属性在本质上是一致的。这就是实现人的存在价值，实现人的自由解放。实现自我存在价值，获得自由解放是人之为人的本性。因此，实践规范理应以维护人的存在价值和实现人的自由解放为己任。这样的实践规范才符合人的实践本性，才能成为具有真理性的实践规范。

既然实践规范的真理性直接呈现为合乎人的实践本性，那么，怎样才能在实践活动中实现人的存在价值、实现人的自由解放这一"合人性"的宗旨？马克思说："理论一经掌握群众，也会变成物质力量。理论只要说服人，就能掌握群众；而理论只要彻底，就能说服人。所谓彻底，就是抓住事物的根本。而人的根本就是人本身。"[1] 人本身的根本问

---

[1] 《马克思恩格斯文集》第1卷，人民出版社，2009，第11页。

题是如何在实践活动及其过程之中实现自我的问题。实现理想的"我"是人从事实践活动最直接、最恒久的内在动因。因此，以变精神力量为物质力量、实现改变世界宏愿为己任的实践规范，理应抓住实现人自身这个根本问题。

实践规范的价值性是与实践规范的真理性相对应的。如果说，实践规范的真理性主要体现为其合规律性和必然性——自然规律、社会规律、人性规律，那么实践规范的价值性则主要体现为其合人类社会、实践主体的需要和目的。

目的性是人类社会及其实践主体特有的行为特性。实践主体在真理性实践规范的示导下，从事着认识世界、解释世界、规范世界和改变世界的实践活动，并获得了成功。这就意味着，实践主体改造实践客体实现的价值，既满足了实践主体的愿望和需要，实现了实践的目的，也实现了实践规范的效应和价值。此外，从实践活动的动机和结果上看，寻求真理是为了追求价值，获得价值是获得真理的直接目的。从这个意义上讲，实践规范的价值性，比实践规范的真理性更能直接体现实践主体所从事实践活动的目的性和效用性。客观对象的本性与实践规范真理性的一致性，满足了社会实践的目的性，实现了实践规范的价值性。实践规范的价值性是由客观对象的本性和实践规范的真理性共同决定的。

实践规范的价值性以实践为基础并在实践活动及其过程之中得以实现。作为人们认识和改造世界的客观物质手段，实践将实践主体与实践客体有机地联结成为一个互动的统一整体。在实践的层面上，生成了实践主体与实践客体之间改造与被改造、认识与被认识的关系以及价值关系和审美关系。在此，实践主体是积极主动的实践者，而实践客体则成为实践主体生活世界、价值世界、意义世界中的不可分割的组成部分。实践主体与实践客体亦不是两两对立的外在同一，而是具有内在统一性的相互影响的内在同一。由此可见，价值是实践主体与实践客体之间的一种关系，是相对于实践主体而言的意义关系。这样的关系是在真理性实践规范的基础上形成的。因此，实践规范的真理性是与实践规范的价值性密切相关的。实践规范的真理性为实践规范的价值性奠定了基础。如果说实践规范的真理性标志着实践规范与客观对象相符合、相一致的话，那么实践规范的价值性则是实践规范真理性的社会功能、社会作用的客观展示。实践规范的价值性显现着实践规范的真理性。

实践规范的合理性是指实践规范的合真理性和合价值性。这就是说，合理的实践规范，既合事物、对象之"理"——条理、准则、规律，又合实践主体之"理"——需要、价值、目的，是合规律性、合目的性与合规范性的统一，也是真理性与价值性的统一。或者说，实践规范的合理性揭示了实践主体行为的价值性。任何成功的、有价值的、合理的实践活动，都是从人的目的、需要出发，根据对事物所做出的正确认识，进行能够满足人类生存和发展需要的实践活动，都必须是既遵循客体尺度，又遵循主体尺度的，是既合规律又合目的的。

总之，合理的实践规范应体现自然法则与人文关怀法则、客观精神与主体精神。自然法则与人文关怀法则、客观精神与主体精神集中地体现为自由。实现自由是实践主体的内在本质和最高诉求。实践活动是实现自由理想、达到自由状态的历史阶梯，自由是由一系列实践过程所达到的实践主体的存在状态。自由要求正义，正义实现着善，善则意味着实践主体的行为合乎自然之道（理），而合乎自然之道（理）则是合理的实践规范建构的自然法则。因此，合理的实践规范是实现自由的现实保障。

第十章　当代实践与马克思主义理论整体的创新发展（二）

深度关注和深刻探索当代实践发展中出现的新问题，是马克思主义哲学进一步丰富和发展的重要路径。然而，当代实践对马克思主义哲学的影响是多方面的，我们难以穷尽各个方面的研究和论述。在此，我们择其具有典型意义的新科技革命和经济全球化而论之，从中窥见当代实践对马克思主义哲学整体性发展的深刻影响。

第一节　新科技革命与辩证唯物主义理论的创新发展

恩格斯说："随着自然科学领域中每一个划时代的发现，唯物主义也必然要改变自己的形式。"① 现代科技革命取得的丰硕成果，证实、充实和丰富了马克思主义哲学的基本理论。例如，爱因斯坦相对论以确凿的科学事实揭示了物质和运动、物质运动与时间空间的不可分割性。电脑科学和现代人工智能技术，极大地丰富了意识的本质和能动作用的原理。在现代科技革命的迅猛发展过程中不断涌现新的问题，推动着马克思主义哲学的发展。例如，宇宙的起源和演化问题、生命科学和生物工程所提出的伦理问题、计算机的广泛应用所引发的各种社会问题等，都需要以马克思主义哲学为指导进行深入的探索和研究，而这种探索和研究必将推动马克思主义哲学的进一步完善和发展。

从总体上看，当代科技革命对辩证唯物主义理论的影响是多方面的。"在对科学的当代辩证理解中，既从人类把握世界的多种方式的相互关系中提出并探索了科学与宗教、科学与常识、科学与艺术、科学与伦理、科学与哲学的关系，而且从科学活动和科学进步的角度具体地探讨了理论与观察、证实与证伪、逻辑与直觉、猜测与反驳、发现与辩护、理解

---

① 《马克思恩格斯文集》第4卷，人民出版社，2009，第281页。

与解释、范式与科学家集团、理论硬核与保护带、经验问题与概念问题等矛盾关系，并且在对科学及其社会功能的反思中，不断深入地探讨了科学与文化、科学与社会、自然科学与人文科学、科学精神与人文精神、科学与科学主义等一系列关乎人类生存发展的重大问题。由于科学技术在现代社会生活中的重大作用，对科学的哲学理解，成为当代哲学的极其重要的理论内容。"[1] 具体而言，当代科技革命对辩证唯物主义理论的影响主要有以下几个方面。

一　实践价值性与哲学基本问题的当代性

恩格斯指出："全部哲学，特别是近代哲学的重大的基本问题，是思维和存在的关系问题。"[2] 这一总结概括了哲学把握世界的根本特征。然而，关于哲学基本问题的具体阐释则具有社会历史性。也就是说，哲学基本问题既具有超越历史的普遍抽象性，又具有"当代性"。

恩格斯生活的时代是人类社会从农业社会向工业社会转变的历史时期，人们的历史任务主要是认识和掌握客观世界的本质和规律，创新科学理论，发展工业技术，为新生的工业生产服务。因此，认识论、知识论成为那个时代哲学研究的前沿领域，许多哲学问题都是围绕"世界是什么""世界是否可知"等思维与存在的关系展开的。建立在近代科学三大发现（细胞学说、能量守恒与转化定律和进化论）基础上的关于"世界是什么"的本体论承诺，主体的行为取向基本排除在外。因此，那时哲学基本问题的"当代性"主要表现为普遍的至上性和神圣的统摄性。

哲学基本问题的实质是本体论问题。本体论是关于存在的理论。作为一种哲学理论，本体论的基本内容就是对"普遍的永恒的存在进行理性的阐述"[3]。今天，尽管仍然存在对"普遍的永恒的存在"进行深入理性探讨的问题，但是，在新科技革命营造的科学殿堂里，主体不仅参与了世界，而且搅动了世界，困扰人类的已经不是"世界是什么""世界是否可知"等问题，而是人类"应该怎样对待世界"的问题。因此，在

---

[1]　孙正聿：《马克思主义辩证法研究的当代课题》，《社会科学辑刊》2012 年第 4 期。

[2]　《马克思恩格斯文集》第 4 卷，人民出版社，2009，第 277 页。

[3]　参见陶德麟、汪信砚主编《马克思主义哲学的当代论域》，人民出版社，2005，第 238 页。

新科技革命主导的人类实践视域里，哲学基本问题在当代便拥有了实践的价值属性。

以实践的视域诠释哲学基本问题是马克思主义哲学的独特方式和理论优势。在马克思主义哲学创立之初，以实践的视域诠释哲学基本问题，是从本体论的高度为马克思主义哲学确立生成论依据，其意义在于为马克思主义哲学大厦奠定不证自明的本体论基础，使马克思主义哲学秉持彻底的唯物论，摆脱历史上种种哲学的"独断论"困扰。因此，那时的实践服从和服务于创立马克思主义哲学及理论整体的需要，是"站在"世界之巅"观"世界。在今天的新科技革命的时代，实践就"在"世界之中，它本身与世界一起影响世界的现实面貌及未来形态。实践参与了世界"普遍的永恒的存在"的"目的""意义"和"价值"，在一定程度上搅动甚至决定了世界的未来。于是，人类"应该怎样对待世界"的世界观问题直接关涉"世界是什么"的本体论问题；人们实践的价值取向，也不仅仅是个人的行为意愿问题，而是关乎人类整体、人类未来的本体论问题。特别是，当代科学已经从"科学发现"进入了"科学把握"的崭新阶段，越来越多的物理学、生物学、化学等方面的实验均可利用模拟的方式进行。在掌握客观事物客观本质及其规律的基础上，人们可以部分"设计"出新的"物质"，甚至"生命"，出现了科学家们所说的"科学的计算机化"现象。这样，就使得"存在"更加打上了实践主体的价值性印记，亦使得实践的价值属性问题显得格外紧迫和紧要。

此外，实践作为人类存在的特殊方式、作为人与外部世界发生联系的中介和桥梁，将人与世界的关系演变成为主体与客体的关系。建立在实践基础之上的主客体关系，是认识与被认识关系、改造与被改造关系、价值关系和审美关系，而后三种关系正是当代人类在实践中需要加以正确解决的时代性的突出问题。与此同时，人与自然、人与社会、人与他人、人与自我等关系，人与科学技术的关系、科学技术与自然和社会的关系、社会与自然的关系，都属于人与外部世界的关系问题，人在自然界中有什么地位、权利、责任，人应该追求怎样的价值，社会应该有怎样的价值理念、发展模式等问题也都起源于并归结于人与外部世界的关系问题。由此可见，当代哲学的核心问题是人与外部世界的关系问题。这种关系具有"本体论"意蕴和终极关怀价值，但与传统意义上的哲学基本问题难以一一对应，有许多问题已经"溢出"了传统的哲学基本问题，也使得思维与存在的关系问题在当代更加具有了实践主体的价值性。

实践价值对哲学基本问题当代性的影响，要求马克思主义哲学本体论亦拥有当代性。这就是说，在新科技革命条件下，马克思主义哲学本体论必须创新发展，拥有新的时代内容，建构新的本体论。新的本体论必须是马克思主义哲学本体论的一贯原则，即物质本体论。这是理所当然和毋庸置疑的。在此基础之上，新的本体论首先要树立发展的本体观，破除对本体的直观理解。现代自然科学的突破性发现，都对世界的物理图景有新的揭示。现代科学革命成果展现了一个奇妙的新世界："例如，相对论中表征时间、空间和物质运动之间的统一性的'狭义相对论效应'、'时空曲率'，量子力学中的'测不准原理'、'互补原理'……耗散结构理论、协同学和超循环理论等研究中提出的随机性问题、时间之箭问题等等"①，所有这些都与直观所能把握的世界迥然不同。量子力学表明，微观粒子在一定条件下，能够产生、湮灭和相互转化，不再像经典物理学中的客体那样永恒不变。因此，对本体进行直观、僵硬的理解已不合时宜。因此，首先辩证唯物主义本体论显然需要概括现代科学成果，对世界的物理图景做出新的具有当代科学特点的描述，要用发展的视界看待世界，把世界看成与实践的价值目标相关联的、动态的"存在"。其次，要树立联系的本体观，摒弃对本体的孤立理解。量子力学表明，微观粒子具体观察结果与观测手段、方法不可分割，是主体、客体和中介互相缠绕、具有"自相关性"的统一体。因此，机械地认为客观事物是独立于主体之外，并可以孤立地被描述与理解的观点，现在看来存在一定的缺陷。因此，要从实践的角度看待感性客体及实践对象，把感性客体及实践对象与人类实践主题、实践价值相联系，并从这种联系中把握"存在"。最后要树立"和谐"的本体观，将矛盾与和谐、精确与模糊相统一，超越传统本体论要求精确把握本体的思维方式。"测不准"原理告诉我们不能同时精确地确定微观粒子的初始条件，而微观粒子对初始条件的敏感性，意味着我们对微观粒子的判断和预测的不确定性原则，已不能通过改进操作系统而消除，没有任何实验技巧能够克服

① 陶德麟、汪信砚主编《马克思主义哲学的当代论域》，人民出版社，2005，第240页。

这个离散性。现代科学在处理复杂问题时，已不再热衷于构造确定性的完美体系，而是着眼于某个系统随时间演化的动力学机制，着眼于系统的整体功能，分析各种条件的可能变化，预测系统发展的可能趋势。因此，我们应把自然、社会和思维、宇观、宏观和微观看成对立统一、和谐共存的统一体，用精确与模糊相结合的思维方式看待世界，并学会与不确定性打交道。

由此可见，马克思"坚持实践论思维方式，坚持事实与价值相统一的原则，从人类社会生存与发展的角度来思考本体问题，强调以社会存在和人的生存发展来统摄自然本体，并把合理性追求融入本体问题的探索之中，具有鲜明的价值取向"[①]。在新科技革命的影响下，辩证唯物主义本体论更加具有了"实践价值"的属性。这就要求辩证唯物主义在本体论层面揭示人与外部世界的关系问题，在"本原"意义上凸显实践主体及其实践功能，更加强调实践主体对于世界存在和发展的意义与价值，更加关注人们改变世界的实践需要及人的意义生活，更加合理规范科学技术的实践运用，更加体现人自由自觉活动、解放全人类的终极关怀。

二　新科技革命与唯物辩证法理论的辩证性

在长期理论探索的基础上，恩格斯在《反杜林论》中比较系统地阐述了唯物辩证法体系的基本理论。例如，关于联系和发展及其相互关系的理论、关于运动及其规律的理论、关于三大规律（对立统一规律、质量互变规律和否定之否定的规律）和一系列范畴的理论，构成了唯物辩证法的理论体系。后来，在新的社会实践条件下，列宁系统地丰富和发展了唯物辩证法的理论。这些理论成为唯物辩证法的经典理论，是新科技革命条件下唯物辩证法创新发展的理论基础。唯物辩证法的经典理论同样会随着自然科学领域中划时代的发现而获得丰富和发展。"辩证法的理论内容要与当代实践和科学达到的水平相适应。20世纪的科学发现根本改变了以往的世界图景，相对论、量子力学、基因理论、系统理论、信息理论等的出现，一方面使辩证法的基本思想得到了进一步的验证，

---

① 欧阳康、张明仓:《马克思本体论批判的价值取向及其当代意义》,《中国社会科学》2002年第6期。

另一方面也揭示了一些过去不知道或不清楚的联系，大大丰富了辩证法的内容。"① 那么，新科技革命蕴涵的辩证精神，对于唯物辩证法理论的丰富和发展有怎样的影响？

（一）矛盾与和谐

矛盾是宇宙的根本法则，矛盾形成和达至和谐，和谐揭示了矛盾的存在状态。唯物辩证法是全面的、毫无片面性的、关于世界联系发展的"矛盾哲学"。在唯物辩证法看来，"和谐不是没有矛盾，也不是所有的矛盾都和谐。和谐这个词是专门用来指称矛盾双方相互关系的一种特殊状态的，这种状态的特点就在于矛盾双方的发展不仅不互相损害，而且还互相促进，即人们通常用'相辅相成'、'共生共荣'、'和实生物'、'互利双赢'之类的语词描绘的状态"②。从这个意义上讲，矛盾与和谐构成了宇宙的客观辩证法。唯物辩证法既是关于矛盾的哲学，也是关于和谐的哲学。因此，必须用辩证的方法理解唯物辩证法，全面深刻认识唯物辩证法自身的辩证性。

在新科技革命条件下，全面深刻认识唯物辩证法自身的辩证性，必须对矛盾与和谐的关系有新的认识。世间事物是多样的，具体的矛盾关系及其特性是多样的，具体事物矛盾关系所形成和达到的和谐状态也是多样的。矛盾是变动不居的，和谐也具有暂时性及变动性。由此可见，建立在细胞学说、能量守恒与转化定律和进化论基础之上的矛盾与和谐的关系理论，与以相对论、量子力学、系统论、信息论、耗散结构理论和基因理论等为基础的矛盾与和谐的关系理论，必定是不一样的。例如，耗散结构理论强调系统的开放性是形成新的有序结构的前提和基本条件。开放系统的特点就是要与外界既要有物质交换，又要有能量交换。那些只有能量交换没有物质交换的系统是封闭系统，与外界没有任何交换的系统是孤立系统。封闭、孤立的系统的最终结果必然是无序。因此，只要各种系统与周围环境有相互作用，那么它就构成了一个开放系统。人类社会和生态系统都是开放体系，它们之间是相互影响、相互渗透的矛盾关系。只有这种矛盾关系得以妥善解决，和谐状态才能形成。因此，

---

① 陶德麟：《陶德麟文集》，武汉大学出版社，2007，第530页。
② 陶德麟：《略论辩证法与和谐问题》，《哲学研究》2009年第6期。

人类社会从自然界取得资源，促进人类的发展，但又必须在自然允许的范围内，不能过度。过度攫取则会带来灾难性的后果。当死亡的系统不能再向人类社会提供资源时，人类社会也只能趋于灭亡。因此，唯物辩证法在强调矛盾同一性、斗争性的同时，还要增添"转化性"的思想①，树立人与自然和谐共融的和谐矛盾观及矛盾和谐观。

（二）有限与无限

恩格斯说："当我们通过思维来考察自然界或人类历史或我们自己的精神活动的时候，首先呈现在我们眼前的，是一幅由种种联系和相互作用无穷无尽地交织起来的画面，其中没有任何东西是不动的和不变的，而是一切都在运动、变化、生成和消逝。"② 这段精辟的论述，将辩证唯物主义与唯物辩证法关于世界图景的问题联系了起来③。唯物辩证法批判地继承了德国古典哲学的辩证法传统，依据当时的科学事实（细胞学说、能量守恒与转化定律和进化论等），明确地、尖锐地批评了机械自然观，提出了唯物的辩证的自然观，为人们描述了在自身矛盾推动下的辩证的运动变化发展的世界物理图景。

但是，我们应该看到，当初提出和描述世界图景的若干画面不可避免地带有思辨和不清晰的特点，关于世界有限与无限的问题需要进一步阐明。因此，唯物辩证法需要概括现代科学成果，对世界有限与无限的关系做出新的具有当代科学特点的描述。

现代科学成果关于世界有限与无限关系问题的回答有两个方面的影响：一是推进了问题的解决。例如，系统自然观坚持唯物主义和辩证法的基本立场，强调自然界的客观性、系统性和辩证演化性。①在自然界的存在方式上，自然界的各种要素是既与其所在的环境发生联系，又与其他系统发生关联。系统具有开放性、动态性、整体性和层次性等特点。②在自然界的结构上，自然界是由若干要素，按照一定的结构，通过非线性相互作用构成的整体。各层级的系统之间是逐级构成的结构关系。

---

① 参见夏建国《转化性——矛盾的基本属性》，《湖北大学学报》（哲学社会科学版）1992 年第 3 期。

② 《马克思恩格斯文集》第 3 卷，人民出版社，2009，第 538 页。

③ 这意味着，在马克思主义哲学那里，辩证唯物主义与唯物辩证法是相互支撑、相互依存、不可分割的一体两面，离开了一方另一方也就不存在了。

③在自然界的演化规律上，自然界的存在与演化是简单性与复杂性、构成性与生成性、确定性与随机性的辩证统一。它以进化与退化相互交替的形式演化着，经历着"混沌—有序"不断交替的过程，是无限循环和发展的。强调自然界的复杂性与简单性、生成性与构成性、线性和非线性的辩证统一，是系统自然观的主要特点。系统自然观的确立不仅丰富和发展了辩证唯物主义自然观中的物质观、运动观和时空观，而且为人们认识自然界的存在和演化提供了新的理论参考。二是阻碍了问题的解决。例如，关于物质无限可分的哲学假设，遭到了物理学的严重挑战，"夸克禁闭"提出了与此相左的例证；关于世界无限广袤的理论，也遭遇大爆炸宇宙学对无限性概念提出的质疑。

因此，唯物辩证法在吸收现代科技成果的基础上，要把现代科技成果所蕴涵的辩证唯物主义因素进一步升华为辩证的思维方法，对世界的有限无限的关系问题做出划时代的回答。唯物辩证法认为，纯粹的自然科学无法解决世界图景的无限性问题。这是因为，任何自然科学都是有限的。解决世界无限的图景问题必须在自然科学的基础上，予以哲学回答。从这个意义上讲，马克思主义自然辩证法理论创立的方法论，对问题的解决仍然是有效的。辩证唯物主义认为，无限与有限辩证统一。物质世界的无限性是以具体事物的有限为基础的，通过有限事物表现出来并得以实现。有限事物的生生灭灭、不断转化，构成了无限广袤及无限发展的世界。因此，我们应该把辩证唯物主义与现代系统论结合起来。这样可以使辩证唯物主义关于世界图景的理论通过概括现代科学材料、吸收现代科学思想而得到丰富和发展，从而形成唯物的、辩证的、系统的自然观。

新科技革命对唯物辩证法的影响，如整体与系统、要素与结构、结构与功能、精确与模糊、确定性与随机性等，同样是全面而深刻的。

三　新科技革命与辩证唯物主义认识论的创新发展

新科技革命对当代人类实践最直接、最深刻的影响应该是人工智能。人工智能最初是作为计算机技术（尤其是软件技术）的一个分支出现的，经过几十年的发展，取得了相对独立的巨大成就。人类发展人工智能的目的之一是实现人自身的彻底解放，人工智能的广泛使用，促使人类社会的生产力及整个社会结构都发生了质的改变。然而，当下的人工智能大有"超越"人类智慧和"驾驭"人类实践活动之势。因此，我们需要思考以下问题：人工智能对辩证唯物主义认识论有怎样的影响？如何认识"机器思维"、人工智能中的"主体"与"客体"的关系？如何看待在人工智能环境中人们思维对客体的"决定性"反作用？

一般认为，认识是人们在改造对象的实践中辩证地反映对象的过程。新科技革命成就所蕴涵的普遍而深刻的哲学意义，对于深化辩证唯物主义认识论有重要的启示价值。在新科技革命条件下，应该对认识的本质给予新的定义：认识是认识主体在实践基础上实现的对于认识客体的选择性反映和创造性重构的意识活动和过程。这样揭示认识的本质，突出了以下几个方面的内容。

第一，辩证唯物主义认识论在本质上仍然是反映论。一般说来，认识论是以本体论为基础的。我们对于认识本质的理解和规定，必须体现马克思主义哲学关于哲学基本问题的一般原则或总体精神。尽管现在理论界对什么是马克思主义哲学的基本问题有不尽相同的理解和规定，但在肯定其唯物主义立场这一点上是没有分歧的。既然我们肯定马克思主义哲学是唯物主义，那就必须坚持物质第一性、意识第二性的总体精神。在认识论领域，理所当然地必须遵循从物到感觉和思想的认识路线，坚持反映论，同时还理应坚持可知论原则。认识及其过程之所以能够被"模拟"，恰恰证明了认识及其活动的物质基础和客观物质性。此外，从认识活动的构成要素来看，认识主体的社会历史性、客观存在性，认识客体的先在性、外在性和独立性，也决定了人们的认识活动的反映特性。因此，机器不是思维认识的主体，不能独立从事思维认识活动，只是模拟主体思维认识功能，在本质上是主体思维认识功能的延伸。由此可见，人工智能中的"主体"与"客体"，与认识论中的主体与客体有着本质上的差异。人工智能中的"主体"与"客体"实质上都是人们规定了的、按照一定程序运行的"客体"，缺乏人的创造性。至于人工智能环境中人们思维对客体的"决定性"反作用，也是建立在对客观事物本来属性深刻把握基础之上的。这里的"决定性"反作用，体现了人们智慧的创造性，但绝不是"神创"式或"客观精神"创造式的作用。不仅如此，反映论还为人们的主观能动性的充分发挥提供了广阔空间。现代科学证明，人类的基因作为决定一个生物物种的所有生命现象的最基本的因子，的确对人的基本发展因素做出了设定，主宰着人类由生到死的整个生命历程。但是，这并不是说人的后天努力就没用了，在人类的发展中后天的努力是必不可少的，后天的努力会使人类的发展可能发生质的变化。因为人的意识在人类认识世界和改造世界的过程中具有巨大的能动作用，人的意识活动在人类自身的发展过程中具有目的性和计划性。作为意识的活动和过程，认识活动总是遵循着从物到感觉和思想的认识路线。因此，"反映说"真切地体现了马克思主义哲学的唯物论原则，又坚持了可知论立场。以此为据，推而论之，任何以新科技革命成果为基础的学说如"心智哲学""认知科学""行为科学"等，都必须坚持"反映论"的根本原则。

第二，辩证唯物主义认识论是以实践为基础的反映论。毋庸赘言，实践是认识的来源，实践是认识发展的动力，实践是检验认识真理性的标准，实践是认识的目的。然而，人们总是有意识地选择那些与其实践活动密切相关的认识客体作为自己的认识对象。正是这种有意识的选择，使得外在的客体成为现实的认识对象。从这个意义上讲，是实践决定认识客体。但是，即使这样，也不能改变客体的先在性和外在独立性。此外，人们总是在实践活动中实现着人与自然之间物质、能量、信息的交换的。在人与自然、主体与客体的双向交流过程之中，形成了主体与客体之间改造与被改造、认识与被认识的关系，以及人们的价值关系、审美关系，使得人们的劳动对象、实践对象构成了人们生活世界、意义世界、价值世界的一部分。正是这样丰富的新鲜内容，使得认识主体与认识客体的关系，超越了简单的认识与被认识关系，而具有了能动的、革命的、主体创造性的属性和意义。

第三，辩证唯物主义认识论是辩证的反映论。奠定在实践基础之上的唯物主义反映论，则将认识活动看成辩证的发展过程，是"能动的反映"，是主体积极主动的、能动的反映，是包含着意识的选择、建构、重构、创造等功能的反映，是观念的概念王国对于认识客体的揭示。因此，选择、建构、创造都是主体意识的能动作用的表现，都体现了认识主体对认识客体的一种积极的、主动的反映。这样的规定，体现了认识活动的辩证法。系统综合思维、精确和模糊思维、动态和开放思维、创造性思维、非决定论思维等，都是辩证思维多样性的生动体现。

第四，辩证唯物主义认识论是创造性反映论。认识是一项创造和求新的再创新活动和过程。认识不仅是反映，更是创造；不仅是求真，更是求新、求美、求利、求圣。然而，人们变革现实的物质力量，既体现着人们对于客体的认识成果，亦渗透着人们的主观愿望。认识主体的理想、信仰、信念、信心形成实践意识，体现在主体的实践目的、实践对象、实践关系、实践方式、实践过程、实践行为之中，意识的能动性形成了认识主体的实践方式、认识方式。认识的根本任务是创造和发现新的东西。认识活动及其过程，是在实践的基础上，形成概念，并运用概念进行设想、构思、想象，形成创造物的观念创造过程。概念、观念作为认识活动的结果，又直接成为人们从事新的认识活动的条件和手段。人们依据自身的利益和需要，在意识中对客观对象进行观念的改造，从而形成理想世界对现实生活实践进行引导，使得人们的行为具有超越现实的自觉性、能动性、意向性，从而形成人们的实践指导原则。理想、信仰是认识活动创造性反映和观念建构的显现。

第二节　当代实践与历史唯物主义理论的创新发展

唯物史观创立160余年以来，历经风霜，至今仍闪耀着智慧的光芒。其强大生命力的原因，是由于这一科学的社会历史观是立足于时代、历史运动的基础上建构起来的完整而严密的体系，是实践的产物，其发展和创新，也离不开实践。当代实践（主要是新科技革命和经济全球化）对唯物史观的影响是全面而深刻的，我们摘其要点而论之。

一　新科技革命与生产力理论研究的新探索

当前理论界在历史观上开拓新的研究领域并取得新的研究成果，在回答新科技革命对社会实践的探索上有重要突破。这些突破首先表现在关于生产力构成要素的研究上。

（一）新科技革命引发的生产力要素的新变化

什么是生产力？生产力的要素有哪些？应该说，生产力及人们对生产力要素的认识都是历史的产物。在历史唯物主义理论体系中，生产力是社会结构的基础。在工业生产的早期，科学技术在直接生产中的作用相对弱小，而物质生产力要素及其作用则显而易见；当时的工人阶级主要是"蓝领"，而科学技术人员则主要为"有产者"服务，他们在现场生产过程中的作用不明显；加之从实际的客观效能来看，在直接的现场生产起决定作用的是现实的客观的物质力量。因此，马克思说："劳动过程的简单要素是：有目的的活动或劳动本身，劳动对象和劳动资料。"①据此，传统的三要素论将生产力归结为物质生产力，认为生产力有劳动者、劳动资料和劳动对象三要素。这在当时是有依据的、合理的。然而，马克思说的是劳动过程中的简单要素，那么作为简单劳动倍增的"复杂劳动"呢？马克思也阐述了科学技术在生产中的作用，认为"生产力中也包括科学"②。今天看来，这样的观点是富有远见卓识的。但可惜的是，经由苏联的影响，长期以来我国学术界将生产力要素做了"三要素"的教条式理解③。

近年来，在新科技革命的强烈影响下，我国学者对生产力要素进行了新探索。以当代新科技革命的巨大效益为参照系，人们发现，传统生产力要素论仅仅将生产力归结为物质生产力，忽视精神生产力的发展，只是从局部的物质生产角度反映了人、社会与自然之间的部分经济关系，忽视了人类社会与自然的整体关系，仅仅把生产力看成物质生产力是片面的。这是一种基于工具理性的单向度界定，在实践中确实引起了不少消极的后果。

生产力究竟有哪些要素呢？在当今社会，随着社会实践特别是高新科学技术的迅猛发展，物质生产力的发展已在相当大的程度上依赖精神生产力发展所提供的源源不断的智力和知识成果的推动，管理、教育、文化等因素逐渐渗入生产力的发展过程中，日益凸显出其重要性和决定意义，对生产力及其要素的理解已经突破原有的框架，形成了关于生产力构成的"多要素论"。在多因素论中，有人认为科学技术是生产力，

---

① 《马克思恩格斯文集》第 5 卷，人民出版社，2009，第 208 页。
② 《邓小平文选》第 2 卷，人民出版社，1994，第 87 页。
③ 1938 年，斯大林在《论辩证唯物主义和历史唯物主义》一书中写道："用来生产物质资料的生产工具，以及有一定生产经验和劳动技能来使用生产工具，实现物质资料生产的人，所有这些因素共同构成社会的生产力。"（《斯大林文集》，人民出版社，1985，第 218 页。）

文化是生产力，教育、管理都是生产力，观念、道德等也是生产力。我们认为，分析当代生产力构成要素，应坚持历史唯物主义的基本观点，立足于当代丰富的社会实践，汲取近百年来科技、教育和经济社会发展的丰富成果，首先把生产力看成物质生产力和精神生产力的有机统一。

（二）生产力是物质生产力和精神生产力的统一

马克思在《1857—1858 年经济学手稿》中，在分析货币的作用时，对生产力进行了物质生产力和精神生产力的明确区分："货币不但决不会使社会形式瓦解，反而是社会形式发展的条件和发展一切生产力即物质生产力和精神生产力的主动轮。"① 由此可见，即使在经典生产力理论中，也是把生产力看成物质生产力与精神生产力的统一。

在新科技革命条件下，我们更有必要把生产力作为一个大系统来研究，即突破以往生产力研究中把物质生产与精神生产分隔开来，且重物质生产轻精神生产的狭隘眼界，把生产力作为一个包括物质生产力和精神生产力的大系统进行研究，研究这两个子系统相互渗透、相互转化的关系。在生产力系统中，物质生产力是基础，精神生产力是动力，二者是有机统一的。一方面，物质生产力不能离开精神生产力而孤立存在，没有精神生产力的参与，物质生产力不仅没有智力的支撑、发展的动力，而且找不到前进的方向。另一方面，精神生产力也必须建立在一定的物质技术基础上，没有物质生产力的参与，精神生产力既不可能存在，也不可能发挥作用。物质技术越雄厚，精神生产力的发展就越迅猛。一句话，物质生产力与精神生产力是相互依存、相互影响的。精神生产力在现代社会发展中的作用越来越突出，任何生产都是物质生产力与精神生产力的统一。

（三）科学技术是精神生产力的核心要素

事实上，不论是在马克思所处的时代，还是在当代社会，物质生产力和精神生产力始终贯穿于社会历史发展的过程之中，是与实践相伴相生的基本要素。经过艰辛而有成效的新探索，我国学界基本认同科学技术、教育和管理均属于精神生产力的观点，认为作为精神生产力核心的

---

① 《马克思恩格斯全集》第30卷，人民出版社，1995，第175～176页。

科学技术，是推动生产力发展的重大力量。

马克思历来十分重视并研究当时自然科学领域中的新发现、新理论，和技术领域中的新发明及其在生产上的应用。针对西方资本主义国家经历了由机器生产取代手工劳动的工业革命，使得社会生产力有了飞跃发展的历史现象，马克思恩格斯指出："资产阶级在它的不到一百年的阶级统治中所创造的生产力，比过去一切世代创造的全部生产力还要多，还要大。自然力的征服，机器的采用，化学在工业和农业中的应用，轮船的行驶，铁路的通行，电报的使用，整个整个大陆的开垦，河川的通航，仿佛用法术从地下呼唤出来的大量人口，——过去哪一个世纪料想到在社会劳动里蕴藏有这样的生产力呢？"① 是什么力量推动社会生产力产生飞跃式的发展呢？马克思指出："劳动生产力是由多种情况决定的，其中包括：工人的平均熟练程度，科学的发展水平和它在工艺应用的程度，生产过程的社会结合，生产资料的规模和效能，以及自然条件。"② 马克思由科学知识在生产中的作用看到了一般社会知识在改造社会生产力方面的重大作用，他指出："固定资本的发展表明，一般社会知识，已经在多么大的程度上变成了直接的生产力，从而社会生活过程的条件本身在多么大的程度上受到一般智力的控制并按照这种智力得到改造。"③ 马克思早就指出，生产力的发展 "最终总是归结为发挥作用的劳动的社会性质，归结为社会内部的分工，归结为脑力劳动特别是自然科学的发展"④。邓小平在 1988 年的一次谈话中指出："马克思说过，科学技术是生产力，事实证明这话讲得很对。依我看，科学技术是第一生产力。"⑤

100 多年前，马克思提出生产力要素理论时，虽然科学技术在社会发展中有一定的作用，但人类社会还没有进入知识经济时代，科学技术的作用不像今天这样凸显。随着当代科学技术的不断发展特别是高技术的崛起和知识经济的兴起，生产力范畴明显突出了知识要素的重大作用，科学技术已成为生产力进步之源，成为经济发展的最重要的甚至是决定

① 《马克思恩格斯文集》第 2 卷，人民出版社，2009，第 36 页。
② 《马克思恩格斯文集》第 5 卷，人民出版社，2009，第 53 页。
③ 《马克思恩格斯文集》第 8 卷，人民出版社，2009，第 198 页。
④ 《马克思恩格斯文集》第 7 卷，人民出版社，2009，第 96 页。
⑤ 《邓小平文选》第 3 卷，人民出版社，1993，第 274 页。

性因素，精神生产力在更为广泛的意义上存在。在人类迈入新科技革命时代的今天，不仅科学技术本身成为生产力，科学技术的传承（教育）、知识的运筹性运用（管理）、知识的传递（信息的传播）也凸显出生产力的特性。信息传播成为"成本最低、效率最高的生产力"①。在信息时代里，"生产力中信息要素的作用愈发突出，信息以及信息网络将全面改进生产力各要素并使生产力有可能向高度社会化、全球化、人性化的方向发展；'数字鸿沟'、信息贫富差距以及新的社会阶层的出现将可能成为新的社会问题"②。到了知识经济时代，知识将成为最重要的财产占有目标，知识产权将成为最重要的所有权。

（四）文化生产力是生产力的重要形式

2004年9月，党的十六届四中全会在《关于加强党的执政能力建设的决定》中，正式提出了"解放和发展文化生产力"的新命题与新任务。2007年10月，党的十七大报告再次强调要把文化提升到推动国家、社会发展的"软实力"高度，要求推动社会主义文化大发展大繁荣。党的十八大报告中提出"建设社会主义文化强国"，是在文化生产力基础上做出的新思考。文化生产力概念提出后，学界掀起了关于文化生产力的研究热潮。对文化生产力的内涵与界定，目前学界主要有两种观点。一种观点认为，文化是精神生产力的内容，把文化生产力局限于精神领域，把文化生产力等同于精神生产力。有学者认为："所谓文化生产力是指人类有目的地创造各种思想、观念、意识、文化、艺术等精神产品，与物质手段相结合转化为现实生产力，推动人类发展的能力。"③有学者认为，文化生产力就是具有一定智能和知识的劳动者运用和掌握文化资源生产和创造文化产品以及提供文化服务的能力，就是马克思所说的精神生产力④。还有学者认为："精神生产力亦即文化生产力，是社会生产力的一个重要组成部分。"⑤另一种观点认为，文化本身就是一种生产

① 徐修德：《知识传播是生产力》，《湖南社会科学》2011年第1期。
② 李春火：《唯物史观的当代审视——"全国第六届马克思主义哲学创新论坛述评"》，《哲学研究》2010年第1期。
③ 潘家耕：《论我国文化生产力的发展》，《华东经济管理》2003年第6期。
④ 张作兴：《发展文化生产力的理论探索和路径选择》，《中共福建省委党校学报》2005年第3期。
⑤ 王孔雀：《理论界关于文化生产力的研究和探索简述》，《改革与开放》2009年第5期。

力，是创造社会财富的能力。有学者认为："所谓文化生产力指具有一定智能知识的劳动者运用和掌握科学技术创造社会财富的能力"①，并指出文化生产力的要素包括人的智力、科学、生产管理等。

我们认为，文化生产力与精神生产力无论在内涵还是外延上都是有差别的。虽然马克思的论著曾多次涉及精神生产力，但实际上他所描述的精神生产力只是文化生产力的一般形态，还不是现实形态的生产力。恩格斯指出："我们只能在我们时代的条件下去认识，而且这些条件达到什么程度，我们就认识到什么程度。"② 由于时代的限制，马克思把其理论的焦点集中于满足人们物质生活资料需要的物质生产方面，对文化的生产力要素思想未能深入系统地研究。20 世纪 80 年代以后，文化的生产力要素功能愈显突出，成为社会生产的重要组成部分。"党的十八大以来，习近平系列重要讲话中关于生产力理论中国话语的新探索，以马克思主义基本原理特别是政治经济学基本原理为支撑，从多方面拓展了 21 世纪中国新政治经济学学科建设的新境域。就生产力理论中国话语对新政治经济学学科建设拓展而言，突出地表现在两个方面：一是从经济建设和生态文明建设的结合上，提出了'发展生产力'和'保护生产力'关系的中国话语；二是在科学技术是第一生产力的基础上，提出了'最大限度解放和激发科技作为第一生产力所蕴藏的巨大潜能'的中国话语。"③ 当代马克思主义生产力理论体系的文化生产力理论，彰显了马克思主义生产力理论的完整性、科学性和当代性。

文化生产力是在马克思科学生产力观的基础上，依据当代生产力发展的新特点，对马克思生产力理论的继承和发展。文化生产力是一个经济与文化互动发展的当代范畴，它既不是马克思的"生产观念"意义上的"精神生产力"，也不是指文化作为渗透性因素对生产力所产生的变革作用，而是指为满足人的精神文化需求而采取社会化大生产的形式和市场经济机制、利用现代科学技术手段的方式生产文化产品和提供文化服务的现实力量、能力和水平。在马克思所处的时代，文化生产规模狭

---

① 李昌森：《关于文化生产力的思考》，《现代经济研究》2000 年第 11 期。
② 《马克思恩格斯文集》第 9 卷，人民出版社，2009，第 494 页。
③ 顾海良：《新政治经济学的理论创新和学科建设——基于马克思主义生产力理论中国话语的思考》，《中国高校社会科学》2015 年第 3 期。

小，市场经济不够发达，经济与文化的联系没有像今天这样密切，文化经济社会发展的作用尚不突出。由于这一时代的局限性，马克思不可能形成自己的文化生产力理论。今天经济全球化这一重大事实，马克思当时所讲的作为人类一般精神化活动的"精神生产"显然没有将其包括在内。当今社会，随着社会物质生产力的进一步发展，物质生活资料匮乏基本消除，人在解决了基本的物质生存问题之后，更加追求精神生活丰富、充实和精神文化素质的提高，精神生活在人们社会生活中的地位越来越突出。人们精神生活质量的高低已成为衡量一个国家和民族整体社会生活水平的标志及其社会文明进步的程度。只有大力发展文化生产力，生产更多更好的文化产品、提供优质的文化服务，才能直接满足人民群众日益增长的精神文化需要，从而促进和实现人的全面而自由的发展。

二　当代实践与历史创造者问题的新探索

当代实践对唯物史观的重大影响表现在对社会主义条件下历史创造者问题的新探索。

（一）人民群众与知识分子

人民群众是历史的创造者，这是唯物史观的基本原理。毛泽东在《论联合政府》中更是旗帜鲜明地提出了"人民，只有人民，才是创造世界历史的动力"①。在知识经济高度发展的今天，社会结构发生了巨大的变化，力量不断壮大的知识分子作为现代科学技术的掌握者，在社会发展中起着越来越重要的作用。人民群众在知识经济时代中的作用如何，知识分子是否取代人民群众成为社会发展的主体等问题，成为学界关注的焦点。

在社会生产力水平比较低下的历史条件下，社会生产主要以畜力和人力为动力，因此体力劳动者是社会生产的主体，是社会物质财富的主要的和直接的创造者。作为脑力劳动者的知识分子只占社会成员的极少数，他们主要从事精神文化生产和社会管理活动，作为参谋、智囊，知识分子一般并不直接参加社会生产劳动，所以对社会物质生产所做的直接贡献很小。长期以来，人们习惯上把从事脑力劳动的人与从事体力劳

---

① 《毛泽东选集》第3卷，人民出版社，1991，第1031页。

动的人对立起来，似乎知识分子并不属于人民群众的范畴。其实这种情形更多的是由于从事脑力劳动的知识分子与从事体力劳动的工农群众在知识、情感、生活行为方式等方面具有比较明显的差异，甚至今天这种表现仍然存在。这就从客观上无形地强化了人们的习惯观念。到了凸显知识和高科技作用的知识经济时代，知识代替自然资源成为生产的第一要素，知识分子牢固地与生产结合起来了。从生产力方面来看，知识成为生产力的第一要素，知识分子也就成了第一阶层。从生产关系方面来看，知识分子成为以计算机和信息为代表的新生产资料的所有者，知识分子凭借计算机、信息和知识这一新生产工具及建立在这之上的新生产关系，成为知识经济时代的主导阶层。知识经济社会是知识分子的主要舞台，知识分子是知识经济社会的建设者和主体力量。那么，我们是不是可以这样看：在知识经济时代，社会发展仅靠知识分子就可以完成，知识分子因此就可以脱离人民群众了呢？

马克思认为，从事物质生产的工人阶级既是社会发展的主体，又是社会革命的主体。好像马克思讲的社会发展主体只包括从事物质生产的工人阶级，而不包括从事科学技术的知识分子。实际上，马克思讲的人民群众的概念，是一个历史概念，不同阶段人民群众的含义是有区别的。在大工业初期，虽然人民群众主要指从事物质生产的工人阶级，但没有把从事科学技术工作的知识分子排除在人民群众之外。所以，那种认为知识分子是知识经济社会的建设者和主体力量已否定了马克思关于人民群众是社会发展的决定力量和社会主体的思想的观点是没有根据的。没有人民群众的直接经验，没有人民群众的智慧，不密切联系群众，不了解社会发展和科学技术生产的实际需要，就没有知识分子的知识发展和创新，知识经济条件下的知识分子，并不能脱离人民群众成为独立的社会群体。知识分子只有在与人民群众的紧密结合中，在人民群众的伟大实践中，才能有效地把自己的知识和才能转化为推动社会进步的巨大力量，也才能有效地实现自身的价值。

改革开放以来，我国工人阶级队伍发生了很大的变化，特别是其内部结构发生了重大变化。工人阶级中知识分子的比重大大增长，科技文化素质明显提高；职工所依存的经济组织的所有制形式日益多样化，在各类非公有制经济组织中就业的职工已占全部职工的一半左右；工人阶级队伍的年龄结构也发生变化，更加趋于年轻化。这些变化集中表现为工人阶级整体素质的提高和力量的增强。工人阶级队伍的变化，并没有改变它的历史地位，也没有改变中国共产党的先锋队性质。因此，在新的历史时期，知识分子仍然是人民群众之中的一部分，我们仍然必须坚持人民群众包括知识分子是历史创造者的观点。那种认为人民群众与知识分子（英雄人物）共同创造历史的观点是错误的；认为革命靠群众、改革靠知识分子（英雄人物）的观点是危险的。

（二）人民与公民

人民与公民的关系问题是随着我国社会主义法制建设而逐渐引起理论界关注和讨论的。改革开放以前，我国公民的"人民意识"非常明晰和强烈。改革开放以来，随着多元利益主体的出现、就业渠道多元化利益格局的形成，用法律制度、行为条例等来规范人们之间的社会关系的要求增强，公民身份逐渐成为人们行为的主要社会角色。

中华人民共和国新宪法总纲第二条规定："中华人民共和国的一切权力属于人民，人民行使国家权力的机关是全国人民代表大会和地方各级人民代表大会。"第三十三条又规定："中华人民共和国公民在法律面前一律平等。任何公民享有宪法和法律规定的权利，同时必须履行宪法和法律规定的义务。"宪法中涉及两个重要的概念：人民和公民。那么，我们可不可以认为，人民就是公民，人民的权利就是公民的权利？

从词源上来考察，人民有两层含义。一是人类。《管子·七法》中说："人民鸟兽草木之生物。"二是百姓、平民。《周礼·地官司徒第二·大司徒》中说："掌建邦之土地之图，与其人民之数。"① 《现代汉语词典》中对"人民"的解释是"以劳动群众为主体的社会基本成员"。在西方，"人民"一词来自拉丁语的 populus，指平民群体。历史唯物主义认为，人民是一个社会历史范畴，其主体始终是从事物质资料生产的广大劳动群众。毛泽东在《关于正确处理人民内部矛盾的问题》中对人民概念做出了详细说明："应该首先弄清楚什么是人民，什么是敌人。人民这个概念在不同的国家和各个国家的不同的历史时期，有着不同的内容。拿我国的情况来说，在抗日战争时期，一切抗日的阶级、阶层和社会集

---

① 《辞源》（合订本），商务印书馆，1986，第86页。

团都属于人民的范围，日本帝国主义、汉奸、亲日派都是人民的敌人。在解放战争时期，美帝国主义和它的走狗即官僚资产阶级、地主阶级以及代表这些阶级的国民党反动派，都是人民的敌人；一切反对这些敌人的阶级、阶层和社会集团，都属于人民的范围。在现阶段，在建设社会主义的时期，一切赞成、拥护和参加社会主义建设事业的阶级、阶层和社会集团，都属于人民的范围；一切反抗社会主义革命和敌视、破坏社会主义建设的社会势力和社会集团，都是人民的敌人。"① 改革开放以后，人民指以劳动群众为主体的社会基本成员。

公民一词源于"城邦"，原意是"属于城邦的人"。亚里士多德指出："凡得参加司法事务和政治机构的人们"即为公民②。从法学意义上看，公民指具有一个国家国籍，并根据该国宪法和法律享受权利、承担义务的自然人。我国宪法规定："凡具有中华人民共和国国籍的人都是中华人民共和国公民。"③从政治学意义上看，公民概念是指参与公共事务从而在政治国家中具有自主性的个人。伦理学意义的公民概念，是指具有公民应有的身份、角色和道德的人，包括通晓公民权利与义务、积极参加志愿者活动等，也可以称为有"公民道德"的人，它侧重于公民个人应有的行为态度和品质。

我国一般的政治和法学理论都认为，"公民"和"人民"是两个不同的概念，不可以相互替代。首先，人民是政治概念，对应的是敌人；公民是法理概念，对应的是"私"人，即市民。在近代社会中，一个自由人同时具有两种身份：首先，他是特定国家的市民，在这个意义上，他属于他自己，是一个"私人"；其次，他是特定国家的公民，在这个意义上，他不属于他自己而属于国家，是一个"公人"。公民包括全体社会成员，人民不包括全体社会成员，依法被剥夺政治权利的人和敌对分子不属于人民。其次，人民是集体概念，公民是个体概念。"人民"的集体性，使得任何一个单独的个体都无法称为人民，而只是人民中微不足道的一分子。公民则是一个单数概念，主要用于单个人。在实践中，

---

① 《毛泽东文集》第7卷，人民出版社，1999，第205页。

② 〔古希腊〕亚里士多德：《政治学》，吴寿彭译，商务印书馆，2009，第114页。

③ 中共中央文献研究室编《十六大以来党和国家重要文献选编》（上卷），人民出版社，2005，第402页。

人民很难成为一个政治实体，于是极有可能出现"人民缺位"的局面；相反，"公民"则可以具体化，其资格、权利和义务都是明确规定好的，有宪法和法律的切实保障。"人民群众"呈现的是一个动态的集合体，在不同时期有不同的范围。现实社会中人又是个体的人，判断"敌人"或"人民"的标准就会有很大的随意性，这是容易导致阶级斗争扩大化的重要原因，历史上我们有过惨痛的教训。

人民概念在现实中的困境，说明了确立"公民"身份、弘扬"公民意识"的必要性。其实，在唯物史观的视域里，人民与公民是能够实现"角色"统一的。从生产方式的角度来看，它们都是从事一定实践活动的劳动者，并共处在一定的生产关系中，以一定的方式实现自身的物质利益；从上层建筑的角度来看，二者都在一定的社会结构中担当一定的社会角色，在法律道德、思想观念、文化知识等精神层面也难以进行角色的区别。因此，对个体来说，人民意识与公民意识是能够统一的。对社会治理机构而言，在全面依法治国、建设社会主义法制国家的大环境下，则要实现由"人民本位"到"公民本位"、由"为人民服务"到"为公民服务"的转换，从而实现党的宗旨向机关工作职责的转变。当然，这不是要以公民取代人民，而是要增强社会治理机构的法律意识，让人民成为公民的共同体，从而把"为人民服务"落到实处。由此可见，只有公民权利得到了切实的维护，"国家主人"的地位才能得到巩固，政府才不会懈怠，执政党的科学化建设才能得以实现。个人增强公民意识，社会实行依法治理，是唯物史观对社会主义法制国家建设的具体要求，也是实现全面依法治国方略的有效途径。

（三）党员权利和公民权利

党员权利与公民权利的关系问题是在中国共产党成为执政党、中华人民共和国公民成为国家主人的条件下产生的。改革开放以前，党员权利与公民权利的关系问题并不矛盾，甚至不那么明显。那时，"人民意识"和"党员意识"使许多党员走在社会实践的前列，他们更多的是有"奉献权"。在当代实践的社会背景下，这个问题具有特殊敏感性和特别重要性。这是因为，一方面，中国共产党是执政党，其党员拥有"执政"的特殊地位。这必然带来两个方面的影响：一是就党员个人而言，作为执政党一员的党员身份，有比公民身份更多更便利的权利；二是就党员群体来说，作为执政党的党员，有比普通公民更多更便利的权利。另一方面，作为执政党，中国共产党党员的许多公民权利必须"让渡""奉献"给党，从而形成巨大的执政力量。因此，有许多公民权利党员不能享受，从而导致角色冲突。不仅如此，党员权利与公民权利还衍生出党的"宗旨意识"与市场"等价交换意识"的矛盾。作为党员，必须遵循党的全心全意为人民服务的宗旨；与此同时，作为市场经济的主体，则必须遵循市场价值规律的等价交换原则。角色的差异必然导致观念的冲突，从而引发行为的冲突。因此，给党员权利与公民权利以明确的定位，严格划定彼此的权利边界，并在实践中协调好彼此的关系，严防"权利寻租"，是在新的历史条件下需要认真研究的新问题。在社会结构中，党员权利与公民权利是什么关系？唯物史观必须予以研究和回答。

党的十八报告明确指出："积极发展党内民主，增强党的创造活力。……落实党员知情权、参与权、选举权、监督权。"[①] 发展党内民主，最基本的就是要实现党员的权利。作为普遍个人，党员既有党员权利，同时又有公民权利。这种并存于个人的双重权利，是由其角色决定的。因此，厘定和明确角色身份，对于权利的行使和实现至关重要。然而，在现实生活中，很多人对党员权利的规定性不了解，往往用公民权利对党员权利进行推演、混用，或者将党员权利等同于公民权利，结果导致了角色的错位，造成了理论和实践上的错误。辩证分析党员权利和公民权利的关系，是十分必要的。

首先，要从三个方面区分党员权利与公民权利。①两种权利的来源不同。在社会主义制度下，我国公民权利来自以宪法为根本大法的权利体系，属于"法赋权利"，有不可剥夺的"天然"性；党员权利则源自政党自身的规定性，属于授权性行为规范。中国共产党是为实现共产主义共同理想而组织起来的政党，其成员在党内必然具有平等的权利，所以党员权利归根结底来自政党组织价值取向的人民性。②两种权利的适用对象不同。公民权利适用于整个国家根据法律规范享有权利和承担义务的自然人，在整个国家政治生活中都具有法律效力；而党员权利则是

---

① 中共中央文献研究室编《十八大以来重要文献选编》（上卷），中央文献出版社，2014，第40页。

针对政党组织内部成员的一种规定，只是在党内政治生活中才具有效力。③两种权利的特性不同。公民权利是一种受国家宪法和法律保护的政治权利，党员权利是一种受党章和其他党内法规保护的组织内部的权利。

其次，要看到党员权利和公民权利的联系。①党员权利与公民权利具有重合性。在许多场合，党员既要以党员的身份行使党员权利，也要以公民的身份行使公民权利。②党员权利对公民权利具有示范性。党员是公民中的先进分子，党员的一举一动，直接影响着公民的一举一动。党员在行使权利的时候，由于其身份的不同，会受到更大的关注。对于公民来说，党员就是他们的先锋模范，因而党员行使权利对公民行使权利具有重要的示范作用。③公民权利和党员权利具有影响的相互性。一方面，公民权利的行使对党员权利的行使具有促进作用；另一方面，公民权利行使得不好，或者公民权利被侵犯，会影响和打击党员行使权利的积极性。

中国共产党是一个服务人民、促进人的全面自由发展的先进的执政党。教育好党员明确角色身份、正确区分和行使党员权利和公民权利，对于培养广大党员的公民意识，规范行使党员权利，使他们学会尊重普通群众，关注民生，把道德信念和价值放到国家与社会、个人与国家关系中去认识，自觉遵守社会主义核心价值体系，树立正确的利益观和政绩观，对于党的事业健康发展意义十分重大。

三　当代实践与所有制实现形式理论的新探索

所有制与所有制的实现形式在本质上是"内容"与"形式"的辩证关系。一方面，所有制决定所有制的实现形式。一定的所有制需要与之相适应的所有制实现形式，两者在性质上应一致，在功能上应互补。另一方面，形式反作用于内容。一种所有制可以有多种实现形式；一种形式，可以实现多种所有制。与所有制的性质相符合、相适应的实现形式，会促进所有制的合理实现，"好"的实现形式还能够在一定程度上修补所有制的某些缺陷，起到"固本强基"的特别作用；如果实现形式与所有制的本质要求不适应或者背离，则会妨碍所有制的合理实现。"坏"的实现形式，甚至会背离所有制的本质要求，瓦解其基础，促使其裂变。因此，与所有制性质相适应的"好"的实现形式是所有制的内在要求。

在改革开放的中国，由于所有制形式的多样性，形成了多元利益关系的实践主体。不同所有制企业都存在所有制与所有制实现形式的关系问题。特别是在生产资料公有制企业和国家资源性企业等国有企业，生产资料公有制合理实现的问题不仅具有重大的理论研究意义，更具有全局性的战略意义和实践价值。

所有制及其实现形式问题是生产关系的首要内容。在改革开放的历史进程中，我们必须始终明确经济体制改革的目的，是通过改革生产关系中不适应生产力实际状况及其发展要求的方面和环节，使生产关系及其所有制形式与生产力发展水平相适应。在改革开放深入发展和经济全球化强劲影响的当下，针对所有制及其实现形式问题进行理论探讨，对于经济体制改革实践的深入发展，对于坚持社会主义根本原则，对于发展唯物史观的基本理论，有着十分重要的意义。

改革开放以来，国内学界在所有制方面的讨论和争论，丰富了所有制的科学内涵，突破了传统所有制理论的束缚。有学者认为，应当从所有权、占有权、支配权、使用权这些概念及其相互关系中来把握和使用生产资料所有制范畴[①]。这些观点在一定程度上突破了以往关于所有制只是生产资料的归属的传统看法，强调研究所有制问题要通过生产、分配、交换、消费等环节来实现，必须从这些环节组成的生产关系体系来考察，但所有制概念的丰富内涵还有待进一步揭示。

经过讨论，我国理论界越来越形成了共识：所有制首先是一个经济学范畴，反映的是直接生产过程中人们对生产客体发生的占有、使用、支配、收益等方面的经济关系。在更深层的意义上，它是通过该过程和上述关系折射出的人与人之间，即生产主体之间的关系。"生产资料所有制是在直接生产开始前和进行中发生的社会经济过程，是通过人们对生产资料的所有、占有、支配、使用等而实现的人与人的一定生产关系。"[②] "所有制是指所有主体的职能及行使这些职能时所形成的人与人

---

① 参见蒋学模《关于所有权、占有权、支配权和使用权的探讨》，《社会科学研究》1981年第4期。

② 唐未兵：《中国转轨时期所有制结构演进的制度分析》，经济科学出版社，2004，第3页。

之间的物质利益关系。"① 没有对生产资料的占有，所有制内容就失去了基础，任何所有制都必须在社会中、在历史主体的相互关系中得到说明。因此，所有制是人与物的关系和人与人的关系两个方面内容的综合体现。我国权威教科书认为，（狭义的）"生产关系是指人们在直接生产过程中结成的相互关系，包括生产资料所有制关系、生产中人与人的关系和产品分配关系"②。其中，生产资料的所有制关系是最基本的，它决定了后两种关系。在这里，"生产资料所有制关系"涉及的是生产资料归谁所有、由谁使用和支配的问题。

在所有制问题上，要特别注意区分所有制与所有制的实现形式的关系问题，两者存在本质上的区别，不能混为一谈。所有制指的是人类社会的占有关系的性质和基本制度，它是更为抽象的范畴，揭示社会某一发展阶段生产关系的本质。所有制的实现形式指的是主体实行占有的具体形式，它包括所有主体的具体性质，主体占有权的结构，它是主体实行占有的具体形式、模式和方法，是有血有肉的所有制。同一种所有制可以有不同的实现形式，同一种实现形式往往也可以适用于不同的所有制。在社会主义条件下，公有制形式不可能一成不变，随着社会主义发展不同阶段生产力水平、经济体制特征的变化，社会主义公有制实现形式也必然要变化。特别是在社会主义市场经济体制下，社会主义公有制的具体形式更是丰富多彩。在改革开放的实践中，当代中国先后实行承包制、租赁制、股份制、股份合作制等各种形式，对马克思所有制理论进行了创新。尤其值得提及的是，党的十八大报告在所有制及其实现形式理论上的重大突破是提出"保证各种所有制经济依法平等使用生产要素、公平参与市场竞争、同等受到法律保护"③ 的以"三个平等"为核心内容的不同市场主体公平竞争理论，进一步丰富了马克思主义所有制理论。

社会主义公有制及其实现形式问题有"全面深化改革"的必要，这是关系到"全面建成小康社会"的核心问题。"坚持社会主义初级阶段

---

① 陈湘炜：《所有制通论》，浙江大学出版社，1994，第46页。
② 本书编写组编《马克思主义基本原理概论》，高等教育出版社，2013，第103页。
③ 胡锦涛：《坚定不移沿着中国特色社会主义道路前进　为全面建成小康社会而奋斗——在中国共产党第十八次全国代表大会上的报告》，人民出版社，2012，第21页。

基本制度，不但要求公有制经济占主体地位，而且要求国有经济对国民经济起主导作用，国家应控制国民经济命脉，使国有经济的控制力、影响力、带动力和竞争力得到增强，使广大人民群众都能享受到国有经济的好处。"[1] 生产资料公有制是社会主义社会的奠基石，在社会主义公有制确立的既定条件下，生产关系全面深化改革的核心是社会主义公有制的实现形式问题，而社会主义公有制实现形式问题的核心是如何更进一步保证人民群众对于国家财富行使所有权及国有企业效益的公平占有问题，真正使社会主义公有制的实现落到实处。"要克服和扭转贫富差距扩大和两极分化的趋势，需要实现及时的政策转向，这绝不是'国富优先'转变为'民富优先'，而是明确宣布'让一部分人先富起来'的政策已经完成任务，今后要把这一政策转变为逐步'实现共同富裕'的政策，完成'先富'向'共富'的过渡。"[2] 因此，必须始终把实现好、维护好、发展好最广大人民根本利益作为一切工作的出发点和落脚点，坚定全面深化改革，为"实现13亿多人共同富裕"而努力奋斗[3]。

四　关于上层建筑指导思想一元化与思想观念多样性问题的新探索

在经济全球化及我国改革开放的新时期，由于所有制形式多样化、就业方式多样化及收入来源多样性，使我国社会意识形态呈现出多样性。

（一）一元化和多样性的关系

正确认识和妥善处理指导思想一元化与多种思想观念并存的问题，是关系社会主义改革前途命运的问题。

"一元化"，从词义来看，是指由多样向单一发展，由分散向统一发展，亦指集中统一。指导思想一元化在词义上理解就是指导思想集中统一。"随着改革开放的深入和社会主义市场经济的发展，我国经济社会生活的各个层面发生了深刻的变化，人们的思想活动具有了更多的独立性、

---

①　刘国光：《深化对公有制经济地位和作用的认识》，《人民日报》2011年6月21日。
②　刘国光：《共同富裕推进艰难的原因及对策》，《中国社会科学报》2011年7月12日。
③　参见习近平《在庆祝中华人民共和国成立65周年国庆招待会上的讲话》，《人民日报》2014年10月1日。

选择性、多变性和差异性，社会意识形态呈现出多样化的特点。"① 传统意识形态格局开始出现由高度统一的一元化向多样性发展的态势，突出地表现为"一元为主、多样并存"的格局。从思想内容上说，呈现出了多样的形态；从地位性质上说，呈现出了多元的格局；从发展过程上说，呈现出了多变的特征。社会存在决定社会意识，从某种意义上说，社会思想意识和文化生活的多样化是一种常态。社会流动的加速和对外开放的扩大，又进一步加剧了这种多样性。特别是随着经济全球化的发展，与经济全球化共同存在的现代计算机网络信息的发达对多样化的发展更是推波助澜。我们需要思考的问题是：如何正确认识和对待社会思想观念和精神文化生活的多样性？如何正确认识一元与多样的冲突？

反映不同所有制关系、不同利益主体的思想的出现和滋长是必然的、不可避免的。经济成分的多样化必然带来思想的多样性。不同的所有制基础，会出现不同的思想意识，这是一种规律性现象。马克思说过："在不同的财产形式上，在社会生存条件上，耸立着由各种不同的，表现独特的情感、幻想、思想方式和人生观构成的整个上层建筑。"② 社会思想文化多样性也是社会发展的必然现象，各种思想文化的交流、碰撞、融合，有利于增强人们的自主、竞争、效率、平等、宽容和民主法治意识，激发社会创造活力，推动思想文化创新发展，满足人们的多层次精神需要。"可以说多样化是思想文化的生命和活力所在，是一个社会文明、和谐、进步、繁荣的体现。"③ 但是，我们不能据此认为，经济成分的多样化必然带来指导思想的多元化。唯物史观从经济基础与上层建筑、社会存在与社会意识的辩证关系出发，认为一个社会处于支配地位的思想并不取决于所有制关系的多种构成，而是取决于社会形态的性质和处于统治地位的所有制关系。"统治阶级的思想在每一时代都是占统治地位的思想。……占统治地位的思想不过是占统治地位的物质关系在观念上的表现，不过是以思想的形式表现出来的占统治地位的物质关系……他们调

① 陈锡喜：《当前意识形态工作面临的矛盾和加强意识形态工作思路的探索》，《毛泽东邓小平理论研究》2005 年第 5 期。
② 《马克思恩格斯文集》第 2 卷，人民出版社，2009，第 498 页。
③ 许三飞：《怎样看待社会意识多样化与指导思想一元化》，《解放军报》2009 年 7 月 28 日。

节着自己时代的思想的生产和分配。"① 我国当前虽然存在多种所有制，但作为这种经济关系和政治关系的观念反映，我国意识形态的主导思想只能是马克思主义。

（二）必须坚持指导思想的一元化

在当代中国，马克思主义是我们立党立国的根本指导思想，必须坚持马克思主义在意识形态领域的一元化指导地位。如果动摇了马克思主义在我国意识形态领域的指导地位，就会使社会主义失去主心骨，就会失去全党全国人民共同前进的思想政治基础，就会造成思想上的混乱，并进而引起社会的动乱，从而给国家和人民带来难以估量的灾难。改革开放的深入和市场经济的发展，人们的思想观念和精神文化生活呈现多样、多元和多变的特点，更是增加了对马克思主义在意识形态领域的一元化指导地位的挑战。

列宁认为："任何一个代表着未来的政党的第一个任务，都是说服大多数人民相信其纲领和策略的正确。"② 党的一元化指导思想是引领安定团结、和谐有序社会局面的旗帜。江泽民指出："在指导思想上搞多元化，势必导致人心大乱、天下大乱，给党和国家带来灾难。"③ 毫不动摇地坚持和巩固马克思主义在我国意识形态领域的指导地位，是坚持共产党的领导和建设中国特色社会主义事业的必然要求，是中华民族的根本利益之所在，反映着中国社会的发展规律和最广大人民的愿望与要求。

坚持指导思想一元化，并不否认社会主义时期思想观念的多样性。否认这一点，坚持指导思想的一元化就失去了理论依据和事实依据，加强党的思想政治工作也会成为无的放矢的空头口号；相反，如果否认指导思想的一元化，多种思想并存的状态就会演变为消解主流意识形态的思想斗争甚至是激烈的斗争，成为导致社会不稳定的因素。在社会主义市场经济条件下，经济成分的多样化所带来的是思想的多样化，而不是指导思想的多元化。"自从进入阶级社会以来，迄今没有一个社会是以单一所有制为基础的社会形态。在所有制上纯而又纯的社会是没有的。但

---

① 《马克思恩格斯文集》第 1 卷，人民出版社，2009，第 550~551 页。
② 《列宁专题文集——论社会主义》，人民出版社，2009，第 82 页。
③ 《江泽民文选》第 3 卷，人民出版社，2006，第 86 页。

这并没有妨碍任何社会都有一种思想处于支配地位。"① 指导思想一元化的强化并不排斥也不可能排斥思想多样性，因为这是思想领域中的"客观"现实，是不以人的意志为转移的。必须正视思想多样性存在的事实，对处理指导思想一元化和多种思想并存的关系，对各种不同思想矛盾的性质及其可能的相互影响关系以及不同的处理方针、方法，都应该认真研究，绝不能简单化，不能掉以轻心。要以事感人，以理服人，以文化人，增强马克思主义理论的说服力、影响力、感召力和统摄力；要在全社会培育社会主义核心价值观，掌握精神生产资料的生产和分配，占据多样性意识形态领域的领导权。

第三节　经济全球化与马克思主义哲学的创新发展

当今时代的经济全球化现象，实质上是人类世界史历程的一个发展阶段。作为一种全球性运动和过程，经济全球化必将对人类社会产生巨大而深远的影响，亦为马克思主义哲学的创新发展提供了机遇。

一　全球问题与马克思主义哲学研究的对象域

21 世纪的全球化运动和过程是全方位的，有诸如经济全球化、文化全球化、信息全球化、交往全球化等具体表现形式，但主要是经济全球化。这表明，人类社会的发展演进已经达到了全球一体即"地球村"层次，人们对人类整体的认识也已上升到了总体性、人类性高度。

全球化风起云涌，高潮跌宕，使得马克思主义哲学研究拥有了更加明晰和自觉的全球视野和人类取向，能够站在人类总体的高度，审视人类所面临的共同问题和相互关系。生态危机、环境污染、人口爆炸和贫困、战争阴影、毒品泛滥、黄色腐蚀、种族冲突、经济发展不平衡、贫富差距拉大、信息安全、网络空间的战略争夺、和平与发展、人的生存与发展、高科技战争、政治多极化等问题，超越了民族和国家界限，具有真正的全球性和人类性，必须依赖人类的共同努力才能防范和解决。

---

① 陈先达：《陈先达文集——马克思和马克思主义》，中国人民大学出版社，2006，第350页。

这些全球性问题，就其问题域而言，说到底是人与世界即人与自然、人与社会、人与他人、人与自我之关系问题，就其实质而言，是人、人类价值的实现方式和手段问题；就其反映的相互关系来看，具有全球合作、相互依存与全球困境、相互制约等特点；就其揭示的哲学理念而论，要求人们建构人与世界的和谐共存关系，为提升人类的生存价值建造物质家园和精神家园。

面对当代全球性问题的时代特点，马克思主义哲学理应立足于大实践和大科学，以哲学方式把握人与世界关系及其当代特点，突出马克思主义哲学的规范功能，以人与世界的关系为马克思主义哲学的研究对象。确立人与世界之关系作为马克思主义哲学的研究对象，是思维与存在或精神与物质基本问题的具体化和深化。思维或精神的主体、载体是人，离开了人去论述思维或精神是"无主体"的假设。这样的思维或精神只能是虚无，而虚无的思维或精神则不具有充当与实在的物质相对应的资格。因此，确立思维或精神的存在主体并使之"到位"，是认识思维与存在或精神与物质相互关系、确立马克思主义哲学研究对象的现实基础，也是深化马克思主义哲学实践论、价值论和主体论研究的理论基础。由此出发，要确立马克思主义哲学的当代形态，在"总论"上，建立以物质为本体，以现实的实践的人为中心，以人与世界之关系为载体，以实践为纽带，以人和人类的解放为归宿的理论体系。此外，要以人与自然、人与社会、人与他人、人与自我之关系为分支构架，建构马克思主义哲学新形态。这样，马克思主义哲学当代形态，就能够实现世界观与历史观、认识论与价值论、实践论与人论、人类性与主体性的内在统一；从而突出马克思主义哲学的人类主体性、世界意识、人类意识和人类价值，肯定马克思主义哲学的实践价值和全球性规范功能。马克思主义哲学是解决当前全球性问题、建立人与世界健康和谐协调发展关系的世界哲学、实践哲学、人类主体哲学。

二 全球伦理和人类价值观与马克思主义哲学人论研究

伴随全球化运动和过程出现的全球问题，促使人们超越意识形态、社会制度、价值观念、生活方式等方面的差异，达成共识，形成人类价值观，协调行动，共同努力，以解决人类共同面临的生存和发展的前途命运问题。例如，承认自然资源的生存和人类意义，给自然以终极关怀，保持生物多样性；承认社会的和谐协调发展对实现自我价值的先在意义，推动社会的全面进步；认识人类解放与自我解放的统一性，给自我、他人、人类以终极关怀。

全球伦理和人类价值观的形成是完全可能的。全球化是人类社会发展演进的一个历史阶段。人类社会发展历程是一个不断提升人的生存价值、不断高扬人的主体性的动态过程。今天，知识经济、可持续发展等新观念所倡导的健康、文明、高雅、科学、公正的生活理念，促使人们形成科学的生活方式，文明的行为模式，健全的人格模式；小小寰球，网络空间，促使人们之间的交往交流增多，增强了人们的交往意识和形成人类共同价值观、伦理观的自觉性；民族文化的特殊性和人类文化的普遍性共生并进，各民族人民不断提升着的人类情结、全球使命感，亦使得全球伦理和人类价值不断成为现实。由此可知，全球化是人的本质提升到了"人类"层次的外在表现。以人类的视野来反观人们生存的处境，以世界为参照系来认识人们的思想意境，我们能够清楚地懂得和谐协调、共存互利、和平共处对于自我和他人、自然和社会存在和发展的必要性与重要性，更加自觉地保持"多样性"。这样的价值环境和伦理境界，为我们深化马克思主义哲学人学理论研究，提供了深厚的背景资料。

诚然，现有的马克思主义哲学教科书体现了以实现工人劳动者阶级存在价值为核心的价值观念，突出了马克思主义哲学的意识形态性，但淡化了马克思主义哲学的世界意义和人类价值。在全球化历史阶段，我们要发掘马克思主义哲学的普遍意义，关注人类的生活世界、价值世界和意义世界，安顿人的精神家园，关照人类生存和发展的全球性问题，坚持以人类为出发点，以人的本质为重，以尊重知识、尊重人才为本，以提升人和人类的生存质量、存在价值为本，以实现人和人类的社会本质为本，鲜明地突出马克思主义哲学的人学色彩，实现马克思主义哲学由实践哲学向人类主体哲学的转变。

以人为本并不是否定马克思主义哲学的意识形态性，而是要提升其人类性。在本质上，工人劳动者阶级是时代的主体和主流，工人劳动者阶级的阶级性与人类全球化时代性的人类性是一致的。强调以人为本，实现了工人劳动者阶级的先进性与普遍性的统一。强调以人为本，还要消除各种产生全球性问题的社会基础，消除至今仍然存在的导致工人劳动者阶级"异化"地位的物质根源。同时，强调人类性、全球性并不否认国度性、民族性的存在和差异甚至矛盾，亦不排除不同意识形态、文化形态之间的差异、隔离、隔阂、矛盾乃至冲突和碰撞。马克思主义哲学的宗旨就是要实现工人阶级的彻底解放，从而求得人类的彻底解放，建立全球性的"自由人的联合体"。建构人们普遍认同的价值观和伦理观，以人为本，是马克思主义哲学的根本价值之所在，这是马克思主义哲学走向世界的精神桥梁。

三 全球化信息传递方式与马克思主义哲学交往实践理论研究

推动人类世界历史和全球化进一步展开的基础和动力是人们交往形式和信息传递方式的网络化、数字化和世界化。人们交往形式和信息传递方式的世界化，是以信息全球化为基础的。数字地球、网络空间，使世界一体、距离缩短、时间"凝固"，极大地方便了"地球村"居民们的交往活动，为人们之间的交往交流提供了无国界的"自由"天地。虚拟现实技术更是为人们梦想成真设置了无与伦比的创造乐园。

在新的人类时空中，马克思主义哲学交往实践理论应突出诸如人类信息交流传递即人类交往实践的发展历程，交往实践形式——物质交往、精神交往、语言交往的相互关系及其递进演变的动力和过程，全球化信息传递的技术基础，各个民族或国家信息传递和交往方式的通融性及其"解密""理解"的技术手段和"文本"条件，如何消除异质文化背景人们之间交往实践的误读或误解，全球化交往方式对提升人们生存质量和实现人的价值的影响，如何在人们的交往实践中开发人类共同的价值观念，如何建构人们在全球化环境中的交往模式和认识模式，如何在各个民族特殊交往方式的交流、碰撞、互渗、兼容、互补、融合过程中，建构形成未来世界较为普遍认同的交往方式和普遍实践的行为模式，如何建构全球交往实践的层次结构等问题的研究。

四 全球化发展方式与马克思主义哲学辩证创新思维理论研究

全球化发展强调发展的可持续性，可持续发展观蕴涵着人与自然、人与社会、人与他人、人与自我的和谐性、协调性以及人们行为的积极性、创造性，强调社会的全面进步，提倡安全、文明、高雅的物质生活和精神生活，突出了辩证的思维方式和不断创新的发展理念。

创新思维是马克思主义哲学形成的思维前提和发展的不竭动力。21世纪马克思主义哲学要充分展开关于创新思维方式的研究。这主要包括：创新思维的理论与方法研究；创新人才的创新意识、创新知识、创新意志、创新思维方式等创新综合素质和综合能力的培养与开发；关于创新人才掌握科学知识、把握科学原则、领会科学精神、拥有科学品格的方法与途径；关于对知识的提取、改组和运用，对新事物、新现象、新特征的敏锐把握，对新思想、新技术的发明创造，追求卓越的意识，发现问题、积极探索的心理状态，百折不挠的抗挫折心理和能力，主动改变自己并改变环境的应变能力，克服创造障碍的心理和能力等问题的研究；不同专业专长的人在创新中的合作、互补、共同受益的原则和方法；关于创新思维中遵循辩证法，将系统性、开放性、创造性、预见性和精确性结合起来的方法与途径；符合客观实际的、实事求是的创新活动应遵循的基本原则和规程；创新中的全球视野和"为人民服务"的心态等。

第十一章　当代实践与马克思主义理论整体的创新发展（三）

剩余价值是马克思分析资本主义经济关系的核心概念，借助这一概念，马克思解释了资本主义生产关系的实质和运动规律，建立起科学的剩余价值理论，揭示了当时资本主义生产方式的基本矛盾。在新科学技术革命和经济全球化所引起的现代实践方式条件下，我们该如何看待工人阶级的实践方式与剩余价值的生产？如何理解剩余价值与剥削之间的关系？剩余价值论是否已经过时？马克思主义政治经济学必须正视和回答这些新课题，获得新的丰富和发展。

第一节　现代实践方式与剩余价值理论的新探索

一　关于剩余价值存在社会范畴的重新认识

随着第二次世界大战后新科学技术革命的深广发展，高新技术在生产中的应用及其发挥的巨大作用使当代社会显现出一些新现象、新变化。在许多高新企业，随着现代自动化系统的广泛使用，机器大生产进入了"无人车间"的层次，现场的工人及管理人员少之又少。在这种情况下，马克思剩余价值理论是否与当代发达资本主义国家的现状不符？在社会主义市场经济条件下，剩余价值理论是否能够仍然起指导作用？

（一）西方学者对马克思剩余价值理论合理性与适用性的新探索

在不研究人们除市场经济关系以外的其他社会经济关系的国外主流经济学家的各种学说中，是不存在剩余价值理论的。在这些经济学家看来，在完全竞争情况下，工人出卖的是自己和其他物质生产要素一样的劳动，是按照自己的劳动加到产品中的价值得到收入，所以不存在剩余价值，利润的产生也与工人无关[①]。针对这些对马克思剩余价值理论合

[①]　裴小革：《当代国外经济学家剩余价值理论评述》，《经济研究》2001 年第 9 期。

理性和实用性的质疑，20 世纪50 ~ 80 年代，西方马克思主义经济学家包括塞顿、梅迪奥、多布、米克、思威齐、曼德尔、德赛和屈内等赞成马克思剩余价值理论的学者，借助主流经济学的分析工具，对剩余价值学说进行了技术角度的分析。

　　针对剩余价值理论是否合理，是否与当代资本主义国家的发展现状相符这一问题，西方经济学者多数是在劳动价值论的基础上进行说明。其研究的重点主要是围绕劳动价值论和剩余价值论中价值以及价格的关系问题，也就是针对所谓"转形问题"展开研究，利用数学工具探讨马克思剩余价值理论的合理与否。英国经济学者梅迪奥（A. Medio）于1972 年撰写的《利润和剩余价值：资本主义生产的表象和现实》一文论证了总价值等于总价格，支持马克思的劳动价值论和剩余价值论。在这篇文章中，梅迪奥仿照斯拉法体系建立"标准商品"（也就是各部门的资本有机构成相等和存在于假设的单一产品模型中）的方法设计了一种商品 ω^*，并将其作为"标准尺度"来衡量商品的价格。他假定整个社会包括 n 个部门，分别用下标 i（$i = 1, 2, \cdots, n$）表示，并设 σ 为剩余价值率，ω 为资本有机构成，π 为利润率，则有：$\pi_n = \sigma / (\omega_i + 1)$（$i = 1, 2, \cdots, n$）。由于剩余价值率 σ 一致，则显然只有当 $\omega_1 = \omega_2 = \cdots = \omega_n$ 时，$\pi_1 = \pi_2 = \cdots = \pi_n$。但是，如果舍弃 ω 相等这个不现实的假定，那么在由每种商品所含劳动量决定的价值体系转化为具有正利润率和正价格的价格体系的过程中，就还需要增加一个方程来作为价格的尺度。由于不同的 ω 取决于不同的技术条件，就使得各个部门形成均衡的唯一办法就是改变商品买卖的交换比率。在这里，梅迪奥认为，按照一定的条件可以推导出一个具有特殊 ω 的部门，它是赤字部门和盈余部门的理想界限，可称之为"ω^* 部门"，而这个部门不会以不同于价值的价格出售其产品。这样，ω^* 商品就是所要寻找的理想尺度[①]。梅迪奥的基本观点承认马克思转形理论存在不完整性，并提出采用斯拉法的"标准商品"方法，可以使得用劳动时间计量的价值总量和剩余价值总量不随利润率变动，从而达到"两个总量"的相等。因此，马克思的"两个总量相等"

①　Medio, A., "Profits and Surplus-value: Appearance and Reality in Capitalist Production", in Hunt, E. K., and J. G. Schwartz (1972), *A Critique of Economic Theory*, London: Penhuin Books, pp. 312 – 346.

的结论只能在单一产品模型中成立，而在异质品模型或各个部门有机构成不同的条件下是不成立的①。原因在于，用劳动时间给定的总价值 $(C+V+S)$ 中不变资本 C 在生产价格模型中将随着利润率的变动而变动，从而总价值将不等于总价格。但是，这一转形问题的结论并不影响马克思价值到生产价格转形的意义。不过，这里需要说明的是，梅迪奥所运用的这个作为尺度的 ω^* 商品，是他以自己的方法推导出来的，因而也就只能在形式上论证总价值等于总价格，却不能真正解决问题②。

同期，德赛在其著作《马克思主义经济学》③ 一书中，强调"价值范畴反映的是资本主义社会的生产关系"这一核心观点。他认为，"价值是一种社会关系。……价值理论的任务，是解释这些生产关系为什么和如何导致剥削的。"④ 罗默、利克滕斯坦、索耶斯等学者利用不同的经济学分析工具对占有财产的人通过交换机制如何占有没有财产的人的剩余价值做了说明。在坚持马克思劳动价值论的前提下，以梅迪奥为代表的马克思主义经济学家多采用规范分析的方法，继承了马克思剩余价值理论的某些重要内容。例如，所有商品的价值都是由生产产品的社会必要劳动时间决定的；资本家在生产经营活动中从劳动力抽取了若干小时的劳动花费，这些小时数远远超过生产工人的价值（工资）所需的小时数；等等。换句话说，在他们看来，马克思的价值和剩余价值概念并不是多余的。

与此同时，还有一部分西方学者继承了马克思的阶级分析方法，将剩余价值更多地视为由资本家和工人两大阶级之间的冲突关系决定的。20 世纪 70 年代，博耶、莫莱斯等通过对美国历史上劳资冲突的起源和发展进行分析，对劳资冲突如何决定小时工资、影响剩余价值进行了说明⑤。80 年代中期，卓沃尔斯基用数学模型表示，在人们的特殊时间偏

---

① 王璐：《西方学者关于马克思劳动价值论百年论争研究综述》，《财经科学》2004 年第 7 期。

② 参见逄锦聚等《马克思劳动价值论的继承与发展》，经济科学出版社，2005。

③ Desai, M. (1974), *Marxian Economic Theory*, Gray-Mills, London. ; Desai, M. (1979), *Marxian Economics*, Oxford：Basil Blackwell.

④ Desai, M. (1974), *Marxian Economic Theory*, London：Gray-Mills, p. 14.

⑤ Boyer, R. and Merais, H. (1970), *Labor's Untold Story*. New York：United Electrical Workers.

好和投资占利润的特殊比率给定的条件下，在特定的时期内，存在工资占剩余价值的最佳比重，资本家和工人可以通过合作取得利益一致[1]。20世纪90年代中期，谢尔曼等进一步指出，由于工人和资本家存在力量对比上的差异，尽管从劳动力价值和剩余价值是由平均技术水平决定的生产率生产的假定出发，实际的生产率和实际的劳动力价值和剩余价值也都是可变的。因此，劳动力的剩余价值是在劳动力一定供求条件下，由资本家和工人之间的冲突决定的[2]。

总的来说，当代西方经济学家利用不同的技术手段，采用不同的阶级分析方法对马克思主义的剩余价值理论进行的丰富和发展，为解决现实问题提供了有益的思路。不过到了20世纪90年代以后，各种争论逐渐冷却下来。

（二）对剩余价值在社会主义国家是否存在的重新认识

长期以来，传统的马克思主义经济理论一直认为，资本和剩余价值是资本主义特有的经济范畴，是资本主义生产关系的理论表现；在资本主义已不复存在的社会主义经济中不再有资本和剩余价值。1952年，斯大林在《苏联政治经济学教科书》未定稿发表意见时就曾经指出，社会主义社会"必须抛弃从马克思专门分析资本主义的《资本论》中取来而硬套我国社会主义关系上的若干概念"，这些概念包括"'必要'劳动和'剩余'劳动、'必要'产品和'剩余'产品、'必要'时间和'剩余'时间这样一些概念"[3]。在斯大林的主持下，1954年出版的《苏联政治经济学教科书》将剩余价值定义为"雇佣工人的劳动所创造的并被资本家无偿占有的超过雇佣工人劳动力价值的价值"[4]；将资本定义为"靠剥削雇佣工而带来剩余价值"，"体现着资本家阶级和工人阶级间的生产关系"。斯大林对上述概念的评判，对我国学术界产生了深刻的影响，著名经济学家孙冶方和宋涛皆认为剩余价值不是资本主义和社会主义通用的

① Preworski, A. (1986), *Meterial Interests, Class Compromise, and the Transition to Socialism*, in Roemer, (1986), pp. 162 – 188.
② Sherman, H. (1995), *Reinventing Marxism*, The Johns Hopkins University Press.
③ 《斯大林选集》（下卷），人民出版社，1979，第551页。
④ 苏联科学院经济研究所编《政治经济学教科书》（上册），人民出版社，1959，第69页。

范畴，社会主义社会不存在剩余价值。对社会主义经济中存在剩余价值的否认，从现实来看，对社会主义经济建设具有一定的负面影响。

从微观层次看，否认资本，必然否认企业是资本的集结，从而导致企业丧失扩展和提高自身能力的积极性。在社会主义市场经济建设过程中，在实行承包制的情况下，又导致各种短期行为的产生，造成企业固定资产的大量流失。从宏观层次看，否认货币可以转化为资本，就从根本上堵塞了把消费基金转变为生产基金的渠道，这不仅不利于社会主义建设资金的筹集，而且对整个社会的宏观经济调控也产生了严重的负面影响。因为否定公众投资，一方面会造成生产资金的短缺，另一方面又必然带来相对过大的购买力，最终形成供求失衡的局面。然而，在不承认资本的前提下，以利润大小为基本准则的生产要素转移流动的机制将无法形成，这会使得有效供给紧张的局面持续恶化下去。只能在迫使政府采取"限购""限价"的措施控制消费需求来暂时缓解矛盾并保持社会的稳定。但是，接下来这又将从根本上压抑企业的生产积极性，进而在更广的范围和更大的程度上造成短缺[1]。

实践需要理论的创新。特别是在我国社会主义市场经济体制建立，以及非公有制经济和公有制经济的非劳动力生产要素开始参与分配过程等，这些情况都要求进一步对剩余价值理论进行解释和说明。20世纪70年代末80年代初，我国不少经济学家都针对这一问题提出了自己的看法。有学者针对社会主义市场经济条件下出现的新情况，提出了与传统理论中对资本主义经济范畴相区别的"新概念"。例如，徐涤新[2]在《论社会主义的生产、流动与分配（读资本论）笔记》一书中提出了"剩余产品价值"的概念；卓炯[3]提出了与"资本"相对的"社本"的概念，并建议将社会主义制度下的"剩余价值"称为"公共必要价值"[4]。当然，也有学者持不同意见。例如，以于瑞厚为代表的一些学者就明确指出"要正确使用资本和剩余价值的概念"，认为"资本并不是资本主义

---

① 参见冯子标、靳其元《"社会主义资本"是一个仍需明确的重大范畴》，《学术月刊》1996年第2期。

② 参见许涤新《论社会主义的生产、流动与分配（读资本论）笔记》，人民出版社，1979。

③ 卓炯：《关于"〈资本论〉的生命力"的探讨》，《学术研究》1983年第2期。

④ 参见卓炯《再论社会主义商品经济》，经济科学出版社，1986。

生产方式的专用名词"①。1992 年中国共产党第十四次代表大会以后，随着社会主义市场经济体制改革目标的确立，资本运营、资本积累、资本市场、资本收益等概念已经成为人们经济生活中无法回避的内容。经济实践的推进也最终使"资本"一词在 1993 年中国共产党十四届三中全会上被正式写进了党的正式文献。此后，越来越多的学者认为剩余价值是"超过原价值的余额"，是商品经济的一般范畴，囿于马克思的部分论断，把剩余价值视为资本主义社会的特殊范畴是不正确的，剩余价值是商品经济一般范畴。例如，李志远认为，剩余劳动也是社会主义社会劳动者劳动的一部分，社会主义社会的剩余劳动创造的价值表现为剩余价值，我们应鼓励社会主义社会的劳动者在为自己创造财富的同时，为社会主义社会的发展提供更多的剩余价值②。钟盛熙等学者则认为，剩余价值和资本是同一事物的两个方面，"资本"概念在文献、法律的确认体现了理论上的一定突破，至于剩余价值，他通过论证认为不是资本主义特有的经济范畴，而是社会化商品经济的基本范畴："一般意义上的剩余价值，就是超过必要劳动时间以上的剩余劳动时间的凝结，就是商品经济条件下劳动者在剩余劳动实践能力所创造的价值。"剩余价值并不一定涉及被资本家占有的问题，也并不一定和特定的资本主义生产关系相联系，因而"不能认为剩余价值是资本主义特有的经济范畴"③。不过值得特别说明的是，钟盛熙认为，剩余价值的一般性也不能简单地推定剩余价值存在于一切社会形式："剩余价值是商品经济发展到一定阶段的产物"，"在《资本论》写作的时代，社会化商品经济就是资本主义商品经济"，如今，"社会主义商品经济成为社会化商品经济新的历史形态"④，在社会化商品经济中，不仅劳动成为商品，而且一切生产要素都是商品，商品生产和经营的目的都是实现价值的增值，即获得剩余价值，因此，在社会主义商品经济条件下，资本和剩余价值仍然具有存在的价值。裴小革进一步明确提出："马克思剩余价值理论科学揭示了利润和经济增长来源于劳动者生产的剩余价值"的事实，并在此基础上提出，适应我国

① 于瑞厚：《要正确使用资本和剩余价值概念》，《光明日报》1980 年 6 月 25 日。
② 李志远：《对马克思剩余价值范畴的再认识》，《经济问题》2003 年第 9 期。
③ 钟盛熙：《〈资本论〉与当代》，学习出版社，2005，第 94 页。
④ 钟盛熙：《〈资本论〉与当代》，学习出版社，2005，第 95 页。

生产力已经社会化的新情况，改变资本主义单一的纯粹的私人占有制模式，发展社会主义生产关系，还要在绝对剩余价值理论基础上保护人力财富，在相对剩余价值的基础上促进劳动和劳动者解放。

二　关于剩余价值产生源泉的新探索

马克思的劳动价值理论和剩余价值理论认为，价值和剩余价值都是由劳动者的活劳动创造的，人的活劳动是价值和剩余价值的唯一源泉。20世纪80～90年代，苏联解体和东欧剧变、美国"新经济"的繁荣以及中国以建立社会主义市场经济为目标的改革，使经济社会发展进程中出现了许多新现象和新问题。无疑，跟随时代进步的步伐，对于价值和剩余价值产生源泉的探索和发展成为迫切的需要。

（一）　对知识和科学技术创造价值与否的探索与发展

第二次世界大战后，第三次科技革命极大地改变了世界：资本家通过大量采用自动化设备，把现代科学技术大规模地应用于劳动生产，极大地提高了劳动生产率。其结果是，资本家在少雇佣或不雇佣工人的情况下，直接操纵机器就能够获得更多的剩余价值。这一事实是否否定了马克思劳动价值论和剩余价值论的基本原理？科学技术是否创造价值？不少学者针对这个问题进行了深入的讨论。

一部分主张知识和科学技术创造价值的学者认为，劳动创造价值是在劳动和资本占主导性资源的社会中产生的，科学技术和知识的作用在那样的社会中并没有充分体现出来，因此，在创立科学的劳动价值论时，马克思要么是忽视了科学技术在价值创造中的作用，要么就是为了便于分析而将其抽象掉了。而在知识经济时代，科学技术已经成为公认的第一生产力，成为新的经济增长点和社会主导性资源。对这种资源的开发水平与利用程度，在根本上决定着经济的发展水平和质量，并成为区分知识经济与工业经济的重要标志。主导性资源变了，为了适应社会经济的新变化，价值论也必须发展，即用科技知识价值论代替劳动价值论。

不仅如此，还有学者认为，在科学技术知识的传播、转移和应用过程中，存在边际效用递增规律，也就是说知识和科学技术在传播和转移的过程中，会丰富和发展自己，价值会增加，知识和科学技术价值还应包括这种增大的价值。因此，知识的价值不仅包括自身转移的价值，还包括新创造的价值，这种价值是由生产者再吸收、消化、应用已有的科技知识的劳动创造的。因此，科技知识的价值构成就包括"知识产品中所包含的物化劳动的价值"和"知识产品中包含的活劳动价值"①。也有学者认为，知识价值由"活载体知识的价值""硬载体知识的价值"和"软载体知识的价值"三大部分价值构成②。还有学者认为，知识的价值由主体价值、载体价值和转移价值三大部分构成。主体价值指知识生产过程中直接投入的活劳动所创造的价值，转化（移）价值一部分是物化劳动的价值，另一部分是知识生产所利用的原有知识、信息转化过来的价值。知识价值转化是个别劳动过程（也是知识同其他经济因素结合的过程），故知识价值转化可以产生新的价值，这时所转化的价值要超过知识自身的价值③。科学技术知识渗透到生产资料中，可以提高生产资料的结构、性能和质量，提高劳动生产率。还有学者认为，知识和科学技术能够促进经济增长，使企业产生更多的剩余价值和超额剩余价值，这些新增加的剩余价值和超额剩余价值的源泉就是科学技术知识④。

有学者认为，科学技术知识渗透到人的劳动力中，可以提高劳动力的素质，变简单劳动为复杂劳动和熟练劳动，从而带来更多的新价值。比如，现代人力资本理论就强调具有高新科学技术知识的劳动者的脑力和体力、管理的知识、技术和经验是重要的资本，它们能带来价值。甚至还有人提出，在知识经济时代，对劳动力的要求更高，为了不断提高劳动力的复杂程度，必须付出更多的教育（培训）的资料和费用，这种无形投入使所得劳动力复杂程度大大提高，因此支付的这种费用都具有了预付资本的属性，构成了资本的一部分，同样实现着价值的增值。"在知识初见端倪的生产过程中，大量内化在活劳动中的只是技术，以活劳动的抽象支出形式不仅能够创造价值，而且能够创造比过去更多的价值；而大量内化在生产资料中的只是技术不能创造价值，只能在有效转移价值的过程中吸收活劳动所创造的新价值，激发并扩张活劳动创造价值的

① 王鹏程：《知识价值论初议》，《经济学动态》1985 年第 2 期。
② 司倜：《论知识的价值》，《光明日报》1985 年 4 月 10 日。
③ 郭强：《知识经济中知识的价值构成与价值转化》，《学术研究》1998 年第 12 期。
④ 参见钱伯海《社会劳动价值论》，中国经济出版社，1997。

效能。"①

也有不少学者对此提出异议。例如，吴易风认为，在商品生产中，无论科技怎样发展，没有人的劳动都是不可能产生出新价值来的。所以，不是新知识、新科技在创造价值，而是掌握和运用新知识、新科技的劳动者的劳动在创造价值②。李楠也提出了类似的观点，认为在资本主义生产自动化条件下，资本家获得的巨额剩余价值仍然是由雇佣工人的剩余劳动创造的，生产自动化既没有也不可能改变剩余价值的源泉。其原因如下：其一，在自动化生产条件下，价值和剩余价值是由在生产现场直接操纵机器的工人，参与发明、设计、制造自动化装置的科技人员和经营管理人员在内的总体工人共同劳动创造的；其二，随着生产自动化程度的提高，整个资本主义社会的劳动生产率普遍提高，整个资产阶级因此而获得更多的相对剩余价值；其三，科学技术的每一次巨大发展和应用都极大地改变了生产的"技术条件和社会条件"，都极大地"提高劳动生产力"。科学、技术、知识和自动化设备等生产要素都是劳动产品，具有价值，都属于生产资料，都属于资本主义生产过程中必不可少的物质条件，它和劳动一样是使用价值的源泉，但不是价值的源泉③。郑彪提出了与此相似的观点，认为信息经济虽然极大地提高了脑力劳动对价值形成的作用，掀起了当代剩余价值生产的一场革命，极大地提高了社会劳动生产率和活劳动创造价值的效率，但是活劳动仍然是当代价值的唯一源泉。

还有一些学者从其他角度提出了自己的看法。例如，谷书堂提出将劳动的内涵扩大，将科技劳动和管理劳动都包含进来④；刘诗白则提出了一种"科技创新劳动"创造价值的观点⑤；陈征提出了科学劳动应归于创造价值的领域之中⑥；魏埙更进一步提出，随着社会生产力的发展，脑力劳动、科技工作者、管理者、商店店员和演员等的劳动都是创造价

---

① 高峰：《关于深化认识劳动价值论的几点看法》，《南开经济研究》2001年第6期。
② 吴易风：《坚持和发展劳动价值论》，《当代经济研究》2001年第10期。
③ 李楠：《马克思剩余价值理论与当代社会》，《马克思主义研究》2003年第2期。
④ 谷书堂：《求解价值总量之"谜"》，《中华工商时报》2001年3月25日。
⑤ 刘诗白：《论科技创新劳动》，《经济学家》2001年第3期。
⑥ 陈征：《当代劳动的新特点》，《光明日报》2001年7月17日。

值的生产劳动①；陈燕认为，在生产自动化条件下，剩余价值实质上是科学价值库的价值伴随技术创新和生产创新的不断进行而在经济系统中的再现②。何祚庥论证将"科技×劳动"共同创造使用价值引入，认为"科技×劳动"共同创造价值③。丁堡骏等则认为该观点通过"使用价值等于交换价值"和"使用价值等于交换价值量乘以一个所谓的劳动生产率效率因子"这两个互相矛盾且不成立的命题推断而出是不能成立的④。

（二）对物化劳动创造价值与否的探索与发展

马克思认为，活劳动是创造剩余价值的唯一源泉，而物化劳动也是生产过程中必不可少的要素："价值，存在于货币形式中的对象化劳动，只有通过同这样一种商品相交换才能增大：这种商品的使用价值本身在于增加交换价值，这种商品的消费就等于价值的创造或劳动的对象化……而只有活的劳动能力具有这样的使用价值。因此，价值即货币只有同活的劳动能力相交换才能转化为资本。"⑤ 从中可以看出，马克思认为，对应不变资本的物化劳动只能是价值的转移，而只有作为活劳动的可变资本才能创造出比本身价值大得多的价值。

早在改革开放初期，就有不同的学者从不同的角度对物化劳动是否创造价值进行了深入的探讨和分析。谷书堂提出了一种与马克思劳动价值论不同以往的新见解："说社会必要劳动创造价值与说劳动自身的生产力与劳动的资本生产力以及劳动的土地生产力共同创造价值，都是符合劳动价值论的。""物质生产领域和非物质生产领域的劳动都创造社会财富，都形成价值。"由于劳动、资本、土地等生产要素在价值形成中都发挥作用，所以，工资、利息、地租不过是根据劳动、资本、土地等生产要素所做的贡献而给予这些要素所有者的报酬……或简称"按贡献分配"⑥。对此，苏星提出了不同意见，并与谷书堂商榷。苏星认为，这种

---

① 魏埙：《马克思劳动价值论的继承与发展》，《当代经济研究》2001 年第 12 期。
② 陈燕：《生产自动化条件下剩余价值的源泉再探》，《赤峰学院学报》2012 年第 11 期。
③ 何祚庥：《必须将"科技×劳动"创造使用价值的思想引入新劳动价值论的探索和研究》，《政治经济学评论》2014 年第 1 期。
④ 丁堡骏、于馨佳：《究竟是发展，还是背离和庸俗化了马克思科学的劳动价值论——评何祚庥对马克思劳动价值论的发展》，《政治经济学评论》2014 年第 5 期。
⑤ 《马克思恩格斯全集》第 32 卷，人民出版社，1998，第 40 页。
⑥ 谷书堂主编《社会主义经济学通论》，高等教育出版社，1989，第 140 ~ 141 页。

按贡献分配的观点并不符合马克思的劳动价值论，而是非劳动生产要素决定价值的多元论，是一种马克思所批判的"三位一体公式"的边际生产力分配论。苏星以价值学说史的发展为例，坚决否认了资产阶级庸俗经济学家萨伊的资本、土地、劳动共同创造价值论，强调只有活劳动才能创造价值，物化劳动只是转移价值；只有物质生产部门的劳动才是生产劳动，才创造价值；强调要坚持马克思的劳动价值论，则只有第一种含义的社会必要劳动时间才能决定价值，非劳动生产要素不能决定价值①。对于苏星的质疑，谷书堂、柳欣两位学者随即于 1993 年撰文《新劳动价值论一元论》进行答辩。该文认为，任何一种经济理论都是由于能够解释现实经济生活而获得存在的价值，逻辑上的一致性是决定这种理论能否成立的前提或必要条件。马克思的劳动价值论通过抽象掉使用价值而对劳动的概念加以定义，并不涉及使用价值的创造或劳动生产率的变动；而当讨论商品经济中的价值决定时，重要的一环是说明各个生产者之间劳动生产率的差别所导致的利益冲突，这就要求必须说明使用价值的生产和生产的技术条件，而不能脱离开使用价值来讨论价值决定。在此基础上，该文进一步提出"另一种劳动价值论一元论"即"新的劳动价值论一元论"，通过引入技术变动等新的因素来扩展"劳动"概念的外延。"把使用价值的生产或劳动生产率加进来，将劳动定义为由其生产的一定量使用价值所体现或支出的劳动量＝劳动时间×劳动生产率。"该文认为，这里的劳动生产率有劳动的自然生产力、社会生产力、资本生产力和劳动自身的生产力等多种形态，在明确了决定价值的社会必要劳动时间的具体规定和价值是社会财富的计量单位后，说这些劳动力共同创造价值就是符合劳动价值论的。因此，对马克思劳动价值论的逻辑否定并不构成对马克思经济学的否定，而是对其的新解释和发展②。此后，持不同观点的学者相继撰文辩论，由此引发了一场由"苏谷之争"到价值"一元论与多元论"讨论的热潮，其争论的焦点主要在于物化劳动是否也创造价值、按要素分配是否合理，等等。

　　支持谷书堂观点的学者针对他的观点进行了进一步的深入探讨，认

---

① 苏星：《劳动价值论一元论》，《中国社会科学》1992 年第 6 期。

② 谷书堂、柳欣：《新的劳动价值一元论》，《中国社会科学》1993 年第 6 期。

为物化劳动和活劳动共同创造价值。刘解龙就曾提出，物化劳动并不像一般的人认为的那样只有转移价值的功能，相反，它还具有另一种重要的功能，即它对活劳动的"储存—转移—释放"。在使用过程中，物化劳动不仅要转化已经物化在其中的人类劳动（自身价值），而且将其储存着的活劳动释放出来。因此，物化劳动在生产过程中既有转移价值的功能，又有创造价值的功能[1]。钱伯海则明确提出了"物化劳动创造价值"的观点。在 1994 年发表的《社会劳动创造价值之我见》一文中，钱伯海提出："生产要素共同创造价值"，"从社会看的活劳动创造价值，从企业看的物、活劳动共同创造价值"；科技创造价值和剩余价值，"先进设备可以创造出比旧设备多得多的价值和剩余价值"；由于生产诸要素共同创造价值，所以"按资分配，给予相应的报酬并不存在剥削问题"。"因为从微观看，企业活劳动与物化劳动共同创造价值，实际上就是从宏观看的社会活劳动创造价值，任何一个企业单位的物化劳动——正是其他众多企业活劳动投入产生的成果。"所以，钱伯海认为，物化劳动与活劳动共同创造价值的观点，并不违背马克思的劳动价值理论和剩余价值理论[2]。而华定谟则认为，劳动者的劳动力，分为人化劳动力和物化劳动力，其中每种又都有动、静两种属性，这就是所谓劳动的两种属性、四种形态。由于动静是相互转化的，因此"人化劳动力增殖价值，物化劳动力也增殖价值，物化劳动力和人化劳动力是新增价值的两个来源"，这就是所谓的物力增值规律[3]。在这种观点看来，物化劳动是从生产的角度看问题，是运用生产要素——劳动手段、劳动对象和劳动力，进行生产，制造产品，创造新的使用价值，以满足人们需要的活动过程。物化劳动是物质化的活劳动，它具有物质和劳动两重属性。作为劳动属性，它不同于一般的活劳动，各色各样的活劳动凝结于其上，赋予各种性能，即各种使用价值，供人们作为各种目的使用；作为物质属性，它有自己的所有制归宿[4]。物化劳动和活劳动是同步的，企业的物化劳动，不论是劳动手段还是劳动对象，都是其他企业生产的，也就是社会活劳动创

① 刘解龙：《社会主义市场经济分配方式探讨》，《江海学刊》1993 年第 3 期。
② 钱伯海：《社会劳动创造价值之我见》，《经济学家》1994 年第 2 期。
③ 华定谟：《论物力增值规律》，《经济改革》1994 年第 2、4 期。
④ 参见钱伯海《社会劳动价值论》，中国经济出版社，1997，第 41 页。

造的。因此，价值创造从社会看是活劳动创造价值，从企业看是物化劳动共同创造价值，两者是恒等的。这种观点还认为，相对剩余价值和超额剩余价值主要来源于物化劳动，剩余价值是物化劳动的组成内容和特殊表现。另外，同活劳动一样，物化劳动还发挥代替活劳动和节约活劳动的作用，它不仅转移价值，而且创造价值，成为剩余价值的主要来源①。

支持苏星观点的学者则对物化劳动创造价值的观点提出了异议。例如，何炼成认为，强调只有活劳动才能创造价值"这一观点是完全正确，而认为非劳动生产要素也创造价值的观点是错误的。"他还撰文指出，劳动生产率是指具体劳动创造使用价值的能力，这种能力主要取决于劳动者的素质和技能以及劳动的自然条件和劳动的社会力量；如果是劳动产品的价值，则不论是劳动产品的个别价值还是社会价值，都与劳动生产率成反比②。吴易风、黄桂田和宋承先也从不同的角度分别撰文指出，谷、钱等人在研究思路上陷入了与斯密一样的理论陷阱，即劳动价值论只适用于简单商品生产，而非资本主义市场经济；商品价值全部分解为可变资本和剩余价值，而漏掉了不变资本，即著名的"斯密教条"；工资、利润和地租是一切收入的源泉，价值决定于收入等。这种错误使得谷、钱二位学者分辨不清使用价值的生产和价值的生产、价值创造和价值占有等问题，无法在自己的劳动价值论基础上说明资本主义市场经济的复杂现象，所以在价值理论上出现了犹豫和动摇③。同时，苏星也再次撰文《再谈劳动价值论一元论》，在对谷、柳二位学者《新劳动价值论一元论》一文予以答复的同时再度重申最初的观点，认为该文扩大劳动外延，把使用价值的生产和劳动生产率加进来的做法，实际上是重新混淆了使用价值和价值、具体劳动和抽象劳动，是为多元论寻找理论依据，因而是一种价值理论的倒退④。唐国增也针对钱伯海的观点提出了

---

① 参见钱伯海《社会劳动价值论》，中国经济出版社，1997，第 71 页。
② 何炼成：《也谈劳动价值一元论》，《中国社会科学》1994 年第 2 期。
③ 吴易风：《价值理论"新见解"辨析》，《当代经济研究》1995 年第 4 期。当时与此观点类似的，还有黄桂田：《劳动价值论及分配论辨析——兼与谷书堂、柳欣同志商榷》，《学习与探索》1995 年第 6 期；宋承先：《对一元论劳动价值论的评论》，《社会科学》1995 年第 7 期。
④ 苏星：《再论劳动价值论一元论》，《经济纵横》1995 年第 7 期。

针对性的意见。他认为："否定了物化劳动创造价值，才能科学认识相对剩余价值和超额剩余价值的来历……承认物化劳动创造价值必然得出价值＝使用价值的荒谬结论，从而必然导致否定商品的二因素。"社会活劳动创造价值是"混淆了物化劳动与活劳动这两个不同的概念"[①]。还有学者明确提出"物化劳动是剩余价值的主要源泉"的观点，从理论基础到论证过程都存在缺陷，所谓"实际价值也是价值"的论证是把使用价值与价值直接等同起来，物化劳动是剩余价值源泉的观点不是对马克思主义劳动价值理论的发展[②]。

除此之外，还有学者综合以上两种观点，提出整体劳动价值论。这种观点认为，劳动整体性是发展劳动价值论的关键，"劳动对价值的决定作用是劳动整体的作用"，而"将劳动只视为劳动主体的活动，是与劳动整体性相悖的"[③]。从"劳动"的概念出发，劳动主体指的就是人的方面，包括土地、资本等非劳动生产要素即为劳动客体。"任何劳动成果的取得，都是劳动整体作用的结果。……没有单独存在的劳动主体作用，也没有单独存在的劳动客体作用，即从来不存在可以脱离过程的单独的主体或单独的客体的劳动作用。严格地说，劳动的整体作用才是劳动作用。"[④] 他们还认为，马克思曾经说过："劳动首先是人和自然之间的过程，是人以自身的活动来中介、调整和控制人和自然之间的物质变换的过程。"[⑤] 人与自然的不可分割直接体现为劳动主体与劳动客体结合过程的不可分割。把握劳动的整体性，就是要科学认识劳动主体与劳动客体，理性分析这两个方面的对立统一关系。在价值创造过程中，劳动并不能只被单纯认为是劳动主体的活动，还要重视劳动客体对价值的决定作用。而且还必须承认，劳动客体的作用同劳动主体是一样的，在劳动成果的价值决定方面具有不可替代的作用。在使用价值和价值的创造上，认为劳动客体只创造使用价值而不创造价值，从逻辑上是讲不通的。事实上，

① 唐国增：《"否定物化劳动创造价值就等于否定马克思的劳动价值论"吗？——与钱伯海周志商榷》，《经济评论》2001年第1期。

② 廖显满：《"物化劳动是剩余价值的主要源泉"的两个缺陷——与钱伯海教授商榷》，《云梦学刊》2004年第3期。

③ 钱津：《价值分析：劳动整体中的主客体作用关系》，《天津社会科学》1998年第1期。

④ 钱津：《价值分析：劳动整体中的主客体作用关系》，《天津社会科学》1998年第1期。

⑤ 《马克思恩格斯文集》第5卷，人民出版社，2009，第207~208页。

劳动创造的"财富"是有用的劳动成果，只要有使用价值，就一定有价值，这两者是密不可分的。同样，劳动的主体和客体发挥作用是统一在劳动整体的作用之中的。

另一种观点既反对价值论的多元论，也反对新劳动价值论一元论，不承认各种劳动中的生产要素都有价值创造作用，反对按活劳动、土地、资本的贡献分配，坚持价值只能按劳动主体的活动时间计算。这种观点还指出，将政治经济学的研究局限于以简单劳动为分析对象，也是已有理论未能贯彻劳动整体性于劳动价值的一个重要方面。现代复杂劳动特别是高技术复杂劳动展示了劳动主体的高度智能和劳动客体的高度广阔，并表明一定的复杂劳动的劳动客体对某些简单劳动的劳动主体具有一定的替代性（非全部），这突出地显示了同时代劳动中存在劳动主体与劳动客体相互结构的很大差异[①]。这种观点主张从整体的高度认识劳动与价值的关系，将劳动价值论全部贯通。

（三）对第三产业是否创造价值的探索和发展

在现代社会中，伴随着科技的进步和产业结构的调整，除了实物形态的商品之外，服务——这种特殊活动形式的商品，在商品生产和交换中开始占据越来越大的比重，各类服务部门也越来越多地采取经营形式投入生产和交换中。那么，非物质生产领域内的第三产业劳动是否创造价值也成为学者广泛争论的问题。

有学者认为，第三产业的劳动创造价值。他们的理由是，马克思曾经大量论述过两类使用价值形态：一类是实物形式或物质形式，另一类是服务形式或运动形式。第三产业生产各种服务产品，它具有区别于实物使用价值的使用价值，而且，这些产品的生产是为了交换，因此，它也是商品。由于生产该商品花费了人类抽象劳动，因而它同样具有价值。马克思曾经说过："这个从简单劳动过程的观点得出的生产劳动的定义，对于资本主义生产过程是绝对不够的。"[②] 而且马克思还指出："在资本主义体系中，生产劳动是给使用劳动的人生产剩余价值的劳动，因此，

---

① 参见钱津《价值分析：劳动整体中的主客体作用关系》，《天津社会科学》1998 年第 1期。

② 《马克思恩格斯文集》第 5 卷，人民出版社，2009，第 581 页。

生产劳动可以说是直接同作为资本的货币交换的劳动，或者说是直接同资本交换的劳动。"① 并且，马克思还列举过为书商提供工厂式劳动的作家、为剧院老板雇佣的歌女、为校董发财致富的教师都是生产工人，因此，他们的劳动都是生产劳动。根据马克思的这些观点，第三产业价值论者认为："我们可以对马克思关于生产劳动的观点，做出如下简单的概括：在资本主义生产体系中，无论是生产实物形式的商品的劳动，还是以活动形式提供服务的劳动，只要是同作为资本的货币相交换，为资本家生产剩余价值的，就是生产劳动。"② 魏民就据此提出，一切为社会创造使用价值的劳动都是创造价值的劳动；创造价值的劳动必须是有用劳动，劳动的有用性体现在使用价值上，而这种使用价值是社会使用价值。由此可以说，一切创造社会使用价值的有用劳动同时就是创造价值的劳动。这就是判断商品社会某种劳动是否创造价值的唯一标准。"既然第三产业的绝大部分劳动都具有为社会创造使用价值的意义，因而也是创造价值的劳动。"③ 萧灼基也认为，过去按照马克思所说的生产劳动，第三产业的许多劳动是排除在生产劳动之外的。但现今社会的情况已经发生了很大变化，只有扩大生产劳动的范围，把第三产业的劳动当做创造价值的劳动，才能有利于第三产业的发展④。对此，邹东涛、李江帆和程恩富表达了相似的观点。邹东涛认为，在当代经济科学的研究中，第三产业的劳动应当被认为是生产劳动，它不仅创造价值，而且比第一产业和第二产业能够创造更大的价值⑤。李江帆从创造价值的劳动应该具备的两个条件（创造使用价值和用于交换）论证了上述观点⑥。程恩富则主张，凡是直接生产物质商品和文化商品的劳动及直接为劳动力商品的生产和再生产服务的第三产业劳动，都是创造价值的劳动⑦。不仅如此，

---

① 《马克思恩格斯文集》第 8 卷，人民出版社，2009，第 400 页。
② 宋则行：《马克思经济理论再认识》，经济科学出版社，1997，第 7 页。
③ 魏民：《论创造价值劳动的一般规定性与第三产业劳动创造价值问题》，《当代财经》 1997 年第 7 期。
④ 萧灼基：《推进理论创新、指导经济实践——谈谈"关于深化对劳动和劳动价值理论的认识"》，《当代经济研究》2001 年第 5 期。
⑤ 邹东涛：《深化认识劳动和劳动价值论》，《中国经济时报》2001 年 2 月 6 日。
⑥ 李江帆：《马克思对第三产业理论的提示及其现实意义》，《福建论坛》（人文社会科学版）2001 年第 2 期。
⑦ 程恩富：《科学认识和发展马克思的劳动价值论》，《高校理论战线》2001 年第 9 期。

还有学者认为，在当今社会，生产的日益社会化、劳动分工的日益细化以及各领域劳动协作关系日益密切，物质生产和非物质生产已经很难划清界限。"服务行业以及其他第三产业也构成总体生产的一部分，它们的劳动也创造价值。"① 在第三产业价值论这一流派中，有人走得更远，他们不仅把商业性的社会服务、非商业性的公共服务纳入价值创造的体系，而且把家务劳动列入其中，提出了家务劳动价值论②。

但是，也有学者认为，并不是所有的第三产业劳动都创造价值，应当根据具体情况进行具体分析。卫兴华提出，党政军和公检法这些部门的劳动不是创造价值的劳动，因为它们不需要等价交换来实现其社会必要性，而且这些部门在任何社会制度下都是靠国家财政支出维持的，不是生产劳动部门③。白暴力也认为："如果某些活动的结果既不满足人类的直接消费，也不是由生产过程本身引起的，而是由生产的社会形式引起的，那么这些活动就不是生产活动，也就不创造价值。……如律师的服务、金融和保险等行业都不创造价值。""只有生产社会中多数人的需要对象的劳动才是生产劳动，才创造价值；而生产个别人或少数人的需要对象的劳动都不是生产劳动，都不创造价值，如黄、赌、毒。"④ 高峰、王天义等学者也持有相似观点。高峰认为第三产业的劳动应当分为四类，并根据不同类型进行了区分⑤。王天义则认为不能简单地对第三产业创造价值做一概肯定或一概否定，应当区别对待⑥。

三　关于剩余价值分配方式及分配制度的探索和发展

第二部分的内容主要针对剩余价值创造进行分析，旨在揭示新价值的源泉是什么，即 $v + m$ 部分是由什么创造的。本部分主要探讨价值分配是指以何种方式来分配，并由此建立适合社会生产方式的分配制度。广

① 魏民：《论创造价值劳动的一般规定性与第三产业劳动创造价值问题》，《当代财经》1997 年第 7 期。
② 参见张美蓉、南松《家务劳动价值论》，山西人民出版社，1994，第 242～243 页。
③ 卫兴华：《再论深化对劳动和劳动价值论的认识》，《宏观经济研究》2001 年第 3 期。
④ 白暴力：《科学地深化对劳动和劳动价值理论的认识》，《高校理论战线》2001 年第 3 期。
⑤ 高峰：《关于深化认识劳动价值论的几点看法》，《南开经济研究》2001 年第 6 期。
⑥ 王天义：《第三产业的劳动是否创造价值》，《人民日报》2001 年 7 月 31 日。

大学者对此也进行了深入探讨。

（一）关于剩余价值创造与分配的关系的研究

马克思研究剩余价值的分配形式，主要是分析在资本主义条件下，剩余价值被分割为产业利润、商业利润、借贷利息和地租，对于社会主义条件下的分配方式，只是在《哥达纲领批判》中，在批判拉萨尔的不折不扣的劳动所得时设想了社会主义社会总产品的分配，必须对社会总产品进行六项扣除之后，才通过按劳分配形式归于劳动者。关于剩余价值分配方式，大多数学者认为，价值创造和价值分配是两个不同问题。例如，卫兴华认为，马克思创立了劳动价值论，但他并没有以此作为分配的依据，劳动价值论和剩余价值论是用于揭示资本主义内在经济关系的，并不意味着只有参与价值的创造，才有参与分配的权利。所以，要把价值创造和价值分配区分开来①。谷书堂更明确表明不同意"价值创造决定价值分配"的观点，他认为这是"一种误解"。原因在于："社会分配的是满足人们各种需要的物质产品和精神产品，是物质财富，是使用价值。从表面上看，它是以货币形式即价值形式分配，但这只是测定分配数量的尺度，而分配的实际内容则是物质产品，是用以满足人们各种消费的需要。"② 而逄锦聚则从发展的观点指出，马克思当年提出按劳分配是在其设想的没有商品、没有交换、没有价值插手其间，更谈不上市场经济条件下实行的。显然这种条件与我国的现实情况相差很远，在当前的市场经济条件下只能实行包括劳动要素在内的生产要素按贡献参与分配，至于防止由此引起的收入差距过扩大，则是政府调控的任务③。洪银兴也认为，价值创造和价值分配不是同一层面的问题，其中价值创造与劳动相关，而价值分配则与要素所有权相关。所以，按劳分配理论并不以劳动价值论为依据，不能依据是否参与价值创造而确定参与分配，也不能根据是否参与了分配而去论证是否参与了价值的创造。我国目前实行按要素分配需要解决的问题应当是：激励知识和技术投入、激励资

---

① 卫兴华：《三论深化对劳动和劳动价值论认识的有关问题》，《高校理论战线》2001年第8期。

② 谷书堂：《从产品分配谈到劳动价值论》，《南开经济评论》2001年第5期。

③ 逄锦聚：《关于价值论、劳动价值论与分配理论的一些思考》，《南开经济研究》2001年第5期。

本投入和激励经营者成为企业家①。

（二）关于社会主义剩余价值分配方式和制度的研究

随着中国的经济改革取得了突破性进展，以公有制为主体、多种所有制格局的形成，以按劳分配为主体、多种分配方式并存分配制度的确立，在价值创造过程中，不仅劳动，而且资本、技术、土地等生产要素都是必不可少的；同时也正是由于各种生产要素都参与了价值创造，所以才应在分配领域获得自己应得的报酬。因此，价值的分配离不开各种生产要素在价值创造中的综合作用②。即使不承认物化劳动创造价值，也不能剥夺生产要素获得价值分配的权利。比如，资本虽然无法创造价值，但是那并不代表资本没有资格分享剩余价值。这是因为，资本要素与劳动力要素、科技要素一样，对于生产过程本身的贡献也是巨大的。资本要素可以在一定程度上分享剩余价值，但是要有一定的限度，因为按资分配与按劳分配是此消彼长的关系，资本分享的比例多了，劳动分享的社会总成果就少了，所以，按资分配始终只能作为一种补充性的分配制度③。因此，"确定劳动、资本、技术和管理等生产要素按贡献参与分配的原则，完善按劳分配为主体、多种分配方式并存的分配制度"，无疑是对马克思剩余价值理论结合国情的新发展。

与之相联系的一个重要理论问题就是，剩余价值与剥削问题之间存在什么关系。据此，余陶生提出，剩余价值具有两重性，除了反映社会制度的"特殊性"，还具有商品经济的"共同性"。只要存在商品经济和商品价值，人们从事商品生产和经营，就会有获取剩余价值的要求，"这是商品生产者的主观愿望，也是市场竞争的客观要求"④。所以，在中国现今的事实中，按资分配已经不能简单地等同于剥削了，因为劳动者本身出现了许多新特点。许多劳动者将自己过去的劳动所得用于投资，同样获得了按劳分配以外的股息等收入，这本身就是建立在劳动者劳动的

① 洪银兴：《先进社会生产力与科学的劳动价值论》，《学术月刊》2001年第10期。
② 高尚全：《深化对劳动和劳动价值理论的认识问题》，《人大复印报刊资料·社会主义经济理论与实践》2001年第1期。
③ 乔娜：《市场经济新视角下的剩余价值理论发展述评》，《潍坊教育学院学报》2011年第3期。
④ 余陶生：《剩余价值理论及其在当代的发展》，《武汉大学学报》（社会科学版）2001年第4期。

基础之上，这种按资分配谈不上剥削。因此，社会主义剩余价值按劳分配制度与按资分配制度的适度结合，是有利于促进我国目前的生产力发展的，这是对马克思剩余价值理论的发展和创新[①]。

逄锦聚认为，应当采取发展的观点来看待马克思关于剩余价值是资本主义特有的范畴，只体现资本主义生产关系的观点。他指出，剩余价值是与生产力、商品经济、市场经济相联系的一般范畴，在资本主义制度下的剩余价值体现着资本家与工人之间的剥削与被剥削关系，是剩余价值的特殊表现形式；在社会主义制度下剩余价值依然存在，但它不再体现资本主义的剥削关系，而是体现一种新的分配关系。社会主义对社会总产品进行的各项扣除和个人消费品的分配，目的是通过解放生产力，发展生产力，达到逐步消灭剥削、消除两极分化，实现共同富裕。因此，不能利用资本主义和社会主义社会分配形式上的某些共同点来掩盖分配性质上的根本区别。同时，他依据剩余价值必须进行全社会分配，从而否定资本主义的剩余价值率就是剥削率。剩余价值率在资本主义条件下称为剥削率，是因为剩余价值是由可变资本产生的，因而剩余价值率是由剩余价值和可变资本两个因素决定的，反映了剩余价值与活劳动的关系。对于剩余价值的分配来说，则是把剩余价值主要分为三个部分：一是作为扩大再生产的需要，即把剩余价值转化为资本；二是作为个人需要；三是作为社会需要。尽管各种分配方式具有同一性，但不能用这种同一性去否定资本主义的剩余价值率就是剥削率的特殊性。社会主义制度下的国家是全体人民的代表，其通过税收等形式对剩余价值的占有归根结底又用于人民，所以不存在剥削的问题；个人、私营企业主即使占有了他人的剩余价值，不论量的多少和从事何种经营活动，只要他们诚实劳动、合法经营，初始用于投资的资本来源正当，也不能算是剥削；至于资本主义国家在中国投资所占有的剩余价值，尽管在一定程度上有剥削的性质，但只要其经营活动合乎国际惯例，遵守中国法律，也应该受到保护[②]。对于其中的民营资产者阶层，谷书堂认为它已不再是高居

---

① 乔娜：《市场经济新视角下的剩余价值理论发展述评》，《潍坊教育学院学报》2011年第3期。

② 逄锦聚：《对社会主义初级阶段是否存在剥削和剥削阶级问题的认识》，《南开学报》（哲社版）2002年第1期。

工人阶层之上的统治阶级了，当今只能在法律范围内从事各种复杂劳动和合法的经营，并不能任意盘剥工人的民营资产者阶层，与旧社会的剥削阶级是不同的。但是，由于社会发展的不平衡，在社会的边缘地带如一些小工厂、小作坊、小矿场和小煤窑等单位，仍然存在一些为数不多的中小企业主。他们唯利是图，不择手段地盘剥农民工，如不顾工人安危、恶化劳动条件、拼命延长工时、提高劳动强度，在技术装备极其落后的条件下压榨劳动者的血汗等。如果说这样的工厂主和劳动者之间不存在对抗性的关系，是说不通的。因此，在现在的社会主义初级阶段里，虽然从中国社会的整体来看，占主导的部分已不再具有剥削的关系，但在非主要部分，在逃避法律制约的一些地方和单位里对抗的关系并没有完全消除①。

卫兴华强调，对私营企业主是否存在剥削的问题应当重新进行思考。他认为，我国政策界定雇工八人以下的是个体工商户，是劳动创造价值而不存在剥削；而雇工一旦在八人以上时，我们就认为存在剥削。这完全是误解。因为八人的标准是来自马克思在特定条件下的一个特定的例子，而我国的现实生活与之区别很大，所以是不能简单套用这个标准的②。李楠根据"剥削"的概念指出，传统政治经济学中笼统地将无偿地占有剩余价值界定为剥削是不科学的。在社会主义市场经济条件下，资本、技术和管理等生产要素按贡献参与分配是否存在剥削应分几种情况来回答：其一，我国现正处于并将长期处于社会主义初级阶段，剥削阶级和剥削制度在我国已被消灭，但剥削现象还在一定范围内存在。辩证地讲，私营企业主尤其是大中型私营企业主的收入，除了相当于高级复杂劳动的薪金收入部分外，还包含更多的利润（剩余价值）。这种利润就是包含对他人剩余劳动的占有，包含剥削。同样，在外资经济中也包含剥削现象。其二，劳动者以股票、债券、储蓄等形式投资所获得的股息、红利、存款利息，科技工作者以知识成本和技术专利形式投资所获得的丰厚补偿和收益，才识超群的企业家以人力资本方式投资所获得

---

① 谷书堂、王璐：《价值创造、产品分配和剥削关系的嬗变》，《南开经济研究》2002 年第 6 期。

② 卫兴华：《关于深化对劳动和劳动价值论的研究与认识之我见》，《南开经济研究》2001 年第 5 期。

的高额年薪，这些形式迥异的收入归根结底都是这类要素所有者自己创造的剩余价值的再分配，总体上不属于剥削①。方同义认为，无论是在财产公有制的条件下，还是在财产私有制的条件下，只要经营管理权没有得到制约，都可以自然而然地产生某一方（在这里，主要是经营者）过多地占有剩余价值的情况，从而也就意味着新价值生产的其他参与方的利益受到损害，即产生剥削。要消除剥削、实现共同富裕，在国民收入第一次分配中最重要的体现无过于建立公平的、健康的分配博弈平台，让生产要素的拥有者同时也成为经营管理权的分享者，让整个企业经营管理过程受到健全法制的制约，简言之，在经济领域彻底实行民主和法治是解决问题的根本途径②。韩东屏则基于利润是由所有参与生产过程的人所付出的剩余劳动共同构成的理论提出，只要给各种剩余劳动分配的利润比例是恰当的，就不存在任何剥削。因此，在不消灭生产资料私有制的前提下，也完全能消灭所有的剥削和剥削阶级③。

第二节　现代实践方式与剩余价值理论的新发展

自马克思 1865 年第一次提出"剩余价值理论"后，国内外学者对其进行了不断地丰富和发展。这对进一步加深对剩余价值理论的理解，重新认识剩余价值在社会主义市场经济条件下的适用范围和分配方式，具有重要的理论价值，对我国社会主义市场经济发展实践也有一定的指导意义。综合以上学者的观点，我们可以得出以下几个基本结论。

一　剩余价值是与生产力、商品经济相联系的一般范畴

剩余价值理论是马克思主义经济理论的核心内容，是马克思对资本主义制度进行深入剖析得出的科学结论。尽管西方主流经济学的各种学说中不承认剩余价值的存在，质疑其合理性和应用性，但是我们通过以

---

① 李楠：《马克思剩余价值理论与当代社会》，《马克思主义研究》2003 年第 2 期。
② 方同义：《马克思剩余价值理论的重新解读与理性分析》，《中共宁波市委党校学报》2011 年第 6 期。
③ 韩东屏：《不消灭私有制也能彻底消灭剥削——兼及对马克思剩余价值理论和利润构成理论的修正》，《河北学刊》2014 年第 5 期。

梅里奥、博耶等西方学者对资本主义制度下价值及价格"转形问题"的研究，以及对劳资关系的探讨，可以看出虽然马克思主义剩余价值理论在西方经济学界仍有许多争论，但是不可否认"剩余价值"的提出绝不是多余的，而是与资本主义国家的发展现状相符的。

由于马克思是基于资本主义生产关系提出的剩余价值理论学说，因此不少传统的马克思主义经济理论一直认为"剩余价值"是资本主义特有的经济范畴，是资本主义生产关系的理论表现。这种观点无论是在苏联还是在我国的社会主义建设过程中都曾经被广泛认同。有关社会主义社会是否存在"剩余价值"，马克思并没有明确指出。但是，结合我国的社会主义实践，和我国学者对马克思主义剩余价值理论的不断发展，我们可以得出结论：

第一，剩余价值是与生产力、商品经济相联系的一般范畴，尽管第二次世界大战后世界资本主义发展进入了新的阶段，出现了许多新的特点，但是剩余价值理论仍然适用。

第二，否认资本和剩余价值的存在是不符合社会主义发展现实的，对社会主义建设中的资本积累、扩大再生产和人力财富保护都具有负面影响。

第三，我们不能依据剩余价值的一般性简单地推定剩余价值存在于一切社会形式当中，"剩余价值是商品经济发展到一定阶段的产物"。

二　从劳动整体论角度理解劳动是剩余价值的唯一源泉

马克思剩余价值理论认为，价值和剩余价值都是由劳动者的活劳动创造的，人的活劳动是价值和剩余价值的唯一源泉。科技革命浪潮的出现和世界各国产业结构的调整使得很多学者质疑马克思所定义的剩余价值产生的源泉是否依然准确。有关剩余价值产生的源泉问题质疑观点可以划分为以下三类。

第一，科学革命带来自动化生产方式以及减少雇工条件下生产效率大大提高的现实，让不少学者认为知识、科学技术都创造价值，并非仅仅是人的活劳动创造价值。

第二，改革开放以后适应我国社会主义初级阶段基本经济制度建立以来的以按劳分配为主体、多种分配方式并存的分配制度，在现实实践中把按劳分配和按生产要素分配结合起来的做法，使得不少国内学者认为参与生产领域的物质如资本和土地与活劳动一起共同创造价值。据此，有学者还认为，对应不变资本的物化劳动不只是价值的转移，而是与活劳动的可变资本一样能够创造价值。这些观点甚至引起了不少学者参与争论，20世纪90年代持不同观点的学者相继撰文辩论，由此引发了一场由"苏谷之争"到价值"一元论与多元论"讨论的热潮，其争论的焦点主要在于物化劳动是否也创造价值、按要素分配是否合理，等等。

第三，在现代社会，世界各国产业结构不断优化调整，以服务业为主体的、从事非物质生产的第三产业在国民经济体系中所占的比重逐渐超过了生产实物形态商品的第一和第二产业。那么，这些服务行业是否创造价值？有学者根据马克思对作家、歌女、教师职业特点的解释，认为服务是一种特殊形式的生产劳动，因此第三产业是创造价值的。也有学者认为，服务是否创造价值要根据不同的情况做出不同的判断。

综合以上学者观点，本书认为，应当从劳动的整体性去理解剩余价值的来源。我们必须承认人的活劳动是价值和剩余价值的唯一源泉，只有人的活劳动才创造价值。这是马克思主义经济理论的基石，是不可动摇的一个基本论断。但是，需要明确的是，马克思所指代的"劳动"并非简单体力劳动，而是从整体上抽象出来的"劳动"概念。科学技术的应用和知识的更新提高了劳动者的素质，生产自动化的实现提高了生产效率，但是其实质不是新知识、新科技、新机器在创造价值，而是掌握和运用新知识、新科技，操作新机器的劳动者的劳动在创造价值。剩余价值仍然是由雇佣工人的剩余劳动创造的，知识的发展、科学技术的进步以及生产自动化的实现既没有也不可能改变剩余价值的源泉。与之相联系，我们也不能简单认为劳动创造的价值只包含实物或物质形态一类，从整体上理解，还包括服务和运动形态。所以，第三产业内部劳动者的劳动无疑创造价值的，其剩余劳动当然也创造剩余价值。

三　剩余价值的分配反映社会制度的特殊性

虽然我们论证了剩余价值是与生产力、商品经济相联系的一般范畴，广泛存在于社会化大生产的资本主义和社会主义经济制度下，但是我们必须明确的是，剩余价值的分配是反映社会制度的特殊性的。在资本主义条件下，马克思已经做出了非常明确的阐述，剩余价值被分割为产业利润、商业利润、借贷利息和地租进行分配，体现着资本家与工人之间的剥削与被剥削关系。这是剩余价值在资本主义经济制度下的特殊表现形式。

　　在社会主义制度下，剩余价值虽然依然存在，但它不再体现资本主义的剥削关系，而是体现一种新的分配关系。对于社会主义条件下的剩余价值分配方式，马克思只是在《哥达纲领批判》中做了简单的设想。这就使得剩余价值分配理论在当代的丰富和发展必须围绕我国经济发展和改革实践对经济理论所提出的新课题和新任务展开。在社会主义制度下，按照不同贡献对剩余价值进行分配，并不存在剥削。我国社会主义初级阶段所建立起来的以按劳分配为主体、多种分配方式并存的基本分配制度，并没有否定劳动价值论和剩余价值学说，恰恰是马克思剩余价值理论结合国情的新发展，是剩余价值分配形式多元化的体现。中国特色社会主义收入分配理论是在坚持科学的指导思想和方法论的基础上，适应时代的发展变化，对马克思剩余价值学说的伟大理论创新。

第十二章　当代实践与马克思主义理论整体的创新发展（四）

自 1848 年 2 月《共产党宣言》发表以来，科学社会主义理论和实践经历了 160 多年的发展历程。这是一个科学社会主义理论与时代发展和各国国情紧密结合，指导实践、接受实践检验，并在实践中不断创新的历史进程。从历史和现实相结合、理论和实践相结合的视角看，这一历史进程既一脉相承又与时俱进地展示了科学社会主义理论和实践的发展阶段、时代主题、当代价值和历史命运。这一历史进程必定在新世纪新实践新课题中获得新发展。

第一节　科学社会主义理论的主题演进及实践发展

160 多年来，科学社会主义理论的主题大体经历了三次演进，即由社会主义必然取代资本主义到社会主义如何取代资本主义，再到社会主义如何在与资本主义共存、交流和冲突、对抗中发展自身。与此相应，科学社会主义理论的实践也大体经历了三个阶段，即由工人运动发展为夺取政权、由一国胜利发展为多国胜利、由革命发展为建设。

一　科学社会主义理论和实践发展的第一阶段

从 19 世纪 40 年代后半期到 19 世纪 90 年代中期，是科学社会主义理论和实践发展的第一阶段。这一阶段时代的总体特征是自由资本主义和无产阶级觉醒的时代。当时，一方面资本主义处于上升时期，资产阶级力量相对强大；另一方面无产阶级革命力量还不壮大，斗争经验也不充足。国际上老牌资本主义国家正在各自霸占殖民地，新兴资本主义国家还羽翼未丰，资本主义国家之间经济政治不平衡规律尚未充分暴露，被殖民的落后国家的人民也尚未觉醒。

科学社会主义理论的主题是论证资本主义必然被社会主义所取代，

阐明人类社会追求的新里程碑，指明无产阶级革命斗争的前进方向。马克思恩格斯在《共产党宣言》之后，对科学社会主义理论做出了多方面的进一步论述，特别是在 19 世纪 50 年代末的《〈政治经济学批判〉序言》、60 年代后半期的《资本论》第一卷德文第 1 版、70 年代的《哥达纲领批判》和《反杜林论》等著作中，丰富和发展了这一阶段科学社会主义理论主题的内涵，并使科学社会主义理论在工人运动中占据了主导地位。

科学社会主义理论的实践是由运动发展为夺权的阶段。在科学社会主义理论的指导下，在马克思恩格斯的参与组织下，无产阶级积极建立自己的政党及其总部，在共产主义者同盟之后，又前仆后继地先后建立起了第一国际和第二国际，领导无产阶级和广大劳动群众为争取自由解放和创造美好的未来展开了既波澜壮阔又艰苦卓绝的斗争。例如，在 1848～1849 年的欧洲革命中，无产阶级第一次联合起来同资产阶级进行武装斗争。特别是在 1871 年的巴黎公社起义中，无产阶级开天辟地进行了第一次夺权尝试，推翻了资产阶级统治，建立了无产阶级政权。巴黎公社的战士欧仁·鲍荻埃和比尔·狄盖特还创作了至今仍响彻寰宇的《国际歌》，激励一代又一代共产党人生命不息，战斗不止，勇往直前，争取胜利。无产阶级的一系列革命斗争虽然都被资产阶级疯狂地镇压下去了，但是沉重打击了资产阶级威风，动摇了资本主义制度；广泛传播了科学社会主义理论，并使无产阶级革命的星星之火开始向东欧燃烧；也表明无产阶级革命胜利的条件还不成熟，因此，马克思恩格斯主要为科学社会主义奠定了理论基础并领导了初步实践。

二　科学社会主义理论和实践发展的第二阶段

从 19 世纪末到 20 世纪 50 年代中期，是科学社会主义理论和实践发展的第二阶段。这一阶段时代的总体特征是帝国主义和无产阶级革命的时代。19 世纪 70～80 年代，以自由竞争为主的资本主义变成了垄断资本主义，其具有五大经济特征，即垄断组织形成、金融寡头统治、以资本输出为主、国际垄断同盟从经济上瓜分世界、资本主义列强从领土上瓜分世界等。垄断资本主义国家对内残酷剥削、对外疯狂掠夺的行径使国内外三大矛盾不断激化，即无产阶级和资产阶级之间的矛盾不断激化，殖民地半殖民地国家和帝国主义国家之间的矛盾也不断激化，特别是帝国主义国家之间的矛盾更是不断激化，并导致它们第一次世界大战中相互残杀并遭到削弱。这三大矛盾的激化客观上为无产阶级革命胜利提供了难得的历史机遇。无产阶级能否抓住历史机遇夺取社会主义革命的胜利，是历史向人类社会提出的又一重大而艰巨的课题，无产阶级革命的新导师列宁根据时代的新特征创立了新理论。

科学社会主义理论的主题演进为论证社会主义如何取代资本主义，使科学社会主义理论不断创新、不断丰富、不断发展，从而指导无产阶级夺取社会主义革命的胜利。列宁的帝国主义理论运用科学社会主义理论的基本原理，分析当时资本主义历史性新变化的性质和基础，从"说明20世纪初期，即第一次世界帝国主义大战前夜，全世界资本主义经济在其国际相互关系上的总的情况"[①]的高度，做出了垄断是"资本主义发展的最新阶段"[②]等一系列科学论断。在此基础上，列宁得出两个重要结论：一是资本主义生产方式的新变化并没有改变资本主义向社会主义过渡的历史必然性，而且"正是从自由竞争中生长起来的垄断，是从资本主义社会经济结构向更高级的结构的过渡"[③]。二是资本主义生产方式的新变化使得资本主义必然向社会主义过渡的问题直接推进到资本主义如何向社会主义过渡的问题上，从而提出了无产阶级革命"一国胜利"理论。这一理论指出，政治经济发展不平衡是资本主义的绝对规律，导致帝国主义之间的争霸战争不可避免而出现薄弱环节；无产阶级革命不能在所有发达国家同时获胜，只能首先在帝国主义战争的薄弱环节上一国或几国获胜，这就为科学社会主义理论新主题的确立奠定了理论基础。并且，列宁根据时代发展的新特征，深刻分析了俄国经济政治发展的实际，对像俄国这样经济文化落后的国家如何从资本主义向社会主义过渡的问题做出了深入探讨，极大地丰富了科学社会主义发展的新主题，指导俄国无产阶级革命斗争进入了一个震撼世界的新阶段。列宁还领导了初期的社会主义建设，总结出了社会主义建设的新理论。1924年列宁去世后，斯大林继续带领苏联人民坚定不移地走社会主义道路，取得了

---

① 《列宁专题文集——论资本主义》，人民出版社，2009，第100页。
② 《列宁专题文集——论资本主义》，人民出版社，2009，第118页。
③ 《列宁专题文集——论资本主义》，人民出版社，2009，第208页。

社会主义建设的辉煌成就，总结了社会主义建设的经验教训，为科学社会主义理论的新主题做出了重大贡献。

科学社会主义理论的实践进入了由一国发展为多国的阶段。俄国无产阶级在列宁正确理论和路线的指引下，在社会民主工党和布尔什维克党的先后领导下，1917年11月7日（俄历10月25日）爆发了惊天动地的十月革命，在历史上劳动群众第一次上升为统治阶级，建立了世界上第一个社会主义国家，树立了社会主义由理论变为现实的光辉榜样，打破了资本主义的一统天下，开创了"一球两制"划时代的新纪元。1922年又成立了苏维埃社会主义共和国联盟（简称苏联）。苏联在资本主义围困打压的险恶环境中进行社会主义建设的实践探索，取得了举世瞩目的伟大成就。工业产值在世界工业产值中的比重由1917年的不到3%上升到1937年的10%，只用了20年时间便跃居欧洲第一位，世界第二位，仅次于美国[1]，充分彰显出社会主义制度的优越性。因此，十月革命后，掀起了一场以资本主义国家无产阶级为主力军、以殖民地半殖民地被压迫人民为同盟军的世界革命风暴。在世界革命风暴面前，第三国际高举反帝反殖民大旗，使无产阶级的社会主义革命与殖民地半殖民地被压迫人民反帝反殖民革命星火燎原、交相辉映，国家要独立、民族要解放、人民要革命的运动如火如荼、风起云涌。最终抓住以帝国主义争夺和瓜分世界的非正义战争开始、以世界人民反法西斯的正义战争胜利结束的第二次世界大战的历史机遇高歌猛进，社会主义由一国发展为多国[2]，世界殖民主义体系不断瓦解，帝国主义遭受沉重打击。

在俄国十月革命的影响下，以毛泽东为核心的中国共产党的第一代领导集体以马克思列宁主义为指导，运用科学社会主义的基本原理，结合中国社会发展的实际，联系世界经济政治格局的新变化，对像中国这样经济文化落后的国家如何向社会主义过渡的问题做出了多方面的探索，

---

[1]　顾海良、梅荣政主编《科学社会主义理论与实践》，武汉大学出版社、湖北人民出版社，2006，第110页。

[2]　20世纪40年代以后，建立了以下一些社会主义国家：欧洲有波兰（1944年7月）、匈牙利（1944年4月）、捷克斯洛伐克（1944年5月）、南斯拉夫（1945年11月）、阿尔巴尼亚（1946年1月）、保加利亚（1946年9月）、罗马尼亚（1947年12月、民主德国（1949年10月）；亚洲有蒙古（1946年）、越南（1945年9月）、朝鲜（1948年9月）、中国（1949年10月）、老挝（1978年）；拉美有古巴（1959年1月）。

在中国新民主主义革命和社会主义建设的实践中，同样对科学社会主义的新主题做出了一系列理论创新。特别是带领占全人类 1/4 的中国人民走上了社会主义道路，这是继俄国十月革命后世界无产阶级解放斗争的又一次伟大胜利，大大增强了世界社会主义的力量，改变了世界政治力量的对比格局，促进了科学社会主义事业和国际共产主义运动的发展。

三　科学社会主义理论和实践发展的第三阶段

20 世纪 50 年代中期以来，是科学社会主义理论和实践发展的第三阶段。这一阶段时代的总体特征是从资本主义向社会主义过渡的时代。这个时代是一个漫长的历史时期，随着世界形势和矛盾的发展变化会形成若干阶段，而每个阶段又会产生自己的主题。阶段性时代主题与整个时代的总主题并不矛盾，前者是后者在现阶段的实现形式，后者是前者长期发展的方向趋势。因此，我们不能将这两个主题混为一谈，否则就既难以体现时代发展的阶段性，也容易模糊世界从资本主义向社会主义过渡的时代性质。在第二次世界大战结束后的 10 余年间，世界经济政治格局的最大变化就是资本主义和社会主义两大阵营对峙态势的形成。到 50 年代中期，这种态势有了微妙的变化。先是在社会主义阵营内的"论战"，而后是资本主义阵营内的"离心"，再后来是社会主义和资本主义两大阵营之间的"解冻"，变化的结果是 70 年代末以来形成了和平与发展的阶段性时代主题。

当今的世界经济全球化、政治多极化、文化多样化已是大势所趋。但不可否认的是，当今的世界仍是资本主义主导的世界，也是资本主义基本矛盾在全球范围泛化的世界。由于不可能根本改变资本主义私有制贪婪的本性，其利用世界经济发展的不平衡性，利用金融和高科技优势攫取超额利润，在发展的同时不断产生出新的无法克服的矛盾，导致人与自然、人与社会的不和谐，因而不可能根本改变其必然灭亡的历史命运。当然，同样不可否认的是，资本主义沿着以第三次科技革命为先导、以垄断为主线的道路推进着经济关系的调整和发展，使资本主义基本矛盾在发达国家内部得到了某种程度的稀释和缓和，也带动了世界经济一定程度的发展，表明资本主义还有一定的发展余地和生命力。尽管不可能根本改变资本主义必然灭亡的历史命运，却改变了资本主义在一定时期的发展状态和进程。因此，"一球两制"会在一个相当长的历史时期内持续，一方面社会主义和资本主义会并存、交流甚至合作，另一方面社会主义和资本主义也会竞争、对抗乃至冲突。

科学社会主义理论的主题演进为社会主义如何在与资本主义合作、交流和矛盾、对抗中发展和完善自己。借用马克思在《资本论》第二卷论及资本循环时的用语，第三阶段的这一主题可以看做社会主义与资本主义空间并存性的问题。而上述第一阶段和第二阶段的主题，可以看做社会主义与资本主义时间继起性的问题。现在，对于科学社会主义理论和实践的研究，不只涉及时间继起性的问题，而且涉及空间并存性的问题。这二者之间，时间继起性是空间并存性的前提，只有在科学全面地认识社会主义必然取代资本主义的基础上，才能正确地理解和处理社会主义和资本主义的并存关系；空间并存性是时间继起性的过程形态，因为社会主义和资本主义的并存，并没有也不可能改变资本主义必然向社会主义过渡的历史趋势。只有将二者有机地结合起来，才能对和平与发展的阶段性时代主题和经济全球化背景下科学社会主义理论与实践的发展做出科学的理解，这是一个更为重大而艰巨的历史课题。对此，各个社会主义国家都展开了积极而曲折的探索，却出现了理论分歧和国家分化，既有中国等社会主义国家探索成功的喜悦硕果，也有苏联、东欧等社会主义国家探索失败的惨痛教训。

科学社会主义理论发展的主题演进及其理论创新，是马克思主义与时俱进的理论品质的体现。从 20 世纪 50 年代中期以来，中国共产党对马克思主义的理论创新就集中于对科学社会主义发展的这一新主题的探讨上，提出了一系列创新思想，在毛泽东思想新发展的基础上形成了包括邓小平理论、"三个代表"重要思想和科学发展观等在内的中国特色社会主义理论体系，对丰富和发展科学社会主义理论宝库做出了巨大贡献。这一理论体系认为，社会主义与资本主义的长期共存、彼此影响、相互竞争、不断扬弃，既表现了世界历史发展过程的极端复杂性，也体现了社会主义与资本主义矛盾的唯物辩证性以及社会主义代替资本主义的曲折性和长期性。共产主义运动作为人民群众自己解放自己的伟大事业，追求人的自由全面发展的美好愿景，因此无论其发展道路多么漫长曲折多样，也无论会遇到多少艰难险阻挫折，其必然胜利的历史趋势谁也无法改变。

科学社会主义理论的实践进入由革命发展为建设的阶段。第二次世界大战胜利开辟了社会主义的新天地，一些社会主义国家的人民开始建设社会主义，一些摆脱殖民国家的人民纷纷效仿社会主义，一些资本主义国家的人民继续争取社会主义。特别是先后建立的 15 个社会主义国家，占当时世界人口的 1/3，占世界土地面积的 1/4，分布在从中东欧到东亚再到美洲的广阔地带上。各国都掀起了社会主义建设高潮，曾经取得了举世公认的巨大成就，使社会主义事业空前壮大，呈现出生机蓬勃的新景象。社会主义国家与当时被战争废墟和分崩离析困扰的资本主义国家形成鲜明的对比，曾引起资本主义世界一片恐慌，便首先挑起了两大阵营之间 40 多年的全面冷战和朝鲜、越南两大局部热战，以及长期实施和平演变战略。社会主义建设包括物质文明、政治文明、精神文明、社会文明、生态文明五位一体建设，是一个错综复杂和规模庞大的系统工程。社会主义国家在建设初期由于缺乏经验，大都照搬照抄了苏联高度集中的体制。虽然这种体制在集中力量医治战争创伤和恢复国民经济方面发挥了重大作用，但后来在实践中越来越暴露出与各国国情不适应的弊端。各国便根据各自的国情相继进行了一系列改革，社会主义由一种模式变为多种模式。20 世纪 80 年代末苏联、东欧等国家的改革走偏方向，遭受到严重挫折，使社会主义事业进入低潮。中国等社会主义国家的改革坚持各具特色的社会主义道路取得了举世瞩目的成就，对世界产生越来越巨大的影响，社会主义事业正在复苏。虽然科学社会主义理论的实践遇到了重大挫折，但这并不能说明社会主义将会失败和退出历史舞台。从人类社会的历史长河来看，这只是新生事物波浪式前进和螺旋式上升过程中的一种暂时现象。因为，社会主义是广大人民群众追求的一个新里程碑，人民是创造人类文明的真正英雄和推动历史前进的根本动力，因此道路是曲折的，前途是光明的，人民的事业必然胜利。

第二节　科学社会主义实践在当今的境遇

科学社会主义实践在当今仍然前途光明，道路曲折，是由科学社会主义实践在当今面临的机遇与挑战决定的。当今世界出现了许多机遇与挑战并存、希望与困难同在的二重性新变化。一方面，经济全球化、政治多极化、文化多样化、社会信息化不断发展；另一方面，由于世界秩序暂时是以资本为主导的，加上经济危机频发，局部战争不断，文化冲突激烈，导致全球问题增多。具体地说，在经济上，一方面科技革命推动着发达资本主义国家的生产力越来越社会化、国际化、区域化、全球化，由此资本主义生产关系也相应发生了从私人资本到股份资本、私人垄断资本、国家垄断资本、国际垄断资本的四次调整，使资本主义还有一定的发展余地和生命力；另一方面又出现了世界性的基本矛盾激化，即世界经济的全球化发展与国际垄断资本的剥削掠夺之间的矛盾激化，并派生出各国经济的有组织性与世界经济的无政府状态之间的矛盾，发达国家经济无限扩大的趋势与发展中国家经济相对落后之间的矛盾，这些矛盾集中表现为世界性的金融危机和经济危机频发，加剧了全球性的贫富悬殊和两极分化。在政治上，一方面发达资本主义国家内部的阶级矛盾有所缓和，外部世界大战也得以避免，发生了从殖民主义体系到美苏两极冷战格局，再到政治多极化趋势的变化，和平与发展成为时代主题，新兴市场国家和发展中国家整体实力增强，国际力量对比朝着有利于维护世界和平的方向发展，保持国际形势总体稳定具备更多有利条件；另一方面又出现了霸权主义、强权政治和新干涉主义与恐怖主义、分裂主义和极端主义等新老安全威胁因素并存的局面，导致世界不稳定、不确定因素增多，局部战争不断，世界很不安宁。在文化上，一方面发生了从固守民族文化特色到多样文化相互交融的变化，在世界文明多样性、发展道路多样化的格局中，各国的优秀文明成果在全球广泛传播；另一方面又出现了西方资本主义文化以所谓的普世价值强行渗透扩张的现象，并且打着"民主""人权"的幌子企图西化、分化他国。这些二重性新变化对科学社会主义理论与实践发展来说，既带来了严峻的历史性挑战，又带来了难得的历史性机遇。

一　科学社会主义实践在当今面临的历史性挑战

当今"两个必然"的历史总趋势虽然没有改变，但是科学社会主义在世界范围内面临的严峻挑战也不可小视。既有来自社会主义外部的严峻挑战，也来自社会主义内部的严峻挑战。在外部，资本主义不仅自身的发展还有一定的生命力，而且丝毫未放松对社会主义的遏制。在内部，不仅社会主义国家发展得不成熟，而且社会主义运动总体上振兴乏力。正视这些严峻挑战，我们才能从容应对挑战，推进社会主义事业。

（一）世界社会主义面临着来自外部的严峻挑战

在经济上，面临资本主义主导的经济全球化的挑战。20 世纪 90 年代以来，经济全球化出现加速发展势头，使资本大大超越国界的限制，在全球范围内实现循环和周转，寻找最大的市场和实现最大的增值。资本主义主导的经济全球化对社会主义的挑战主要表现在：其一，资本无时空限制地对剩余价值的榨取，给资本主义的发展注入了新的活力，使社会主义在取得对于资本主义的优势并最终战胜资本主义的斗争中面临更为严峻的考验。其二，资本的全球扩张将促进资产阶级在世界范围内的数量增长和力量联合，无疑会对世界被压迫民族和被压迫人民的社会主义革命造成新的困难和阻碍。其三，在经济全球化进程中，西方发达资本主义国家竭力维持旧的不公正、不合理的国际经济旧秩序，维护和制定体现自身利益的"秩序"和"规则"，动辄以经济制裁要挟和遏制，使社会主义国家和发展中国家争取平等权利的斗争非常艰难。

在政治上，面临西方反共、反社会主义敌对势力的挑战。国际金融危机虽然对资本主义产生了严重冲击，但其强势地位在短期内不会改变，"资强社弱"的国际格局继续存在。西方资本主义国家中反共、反社会主义的势力仍很强大，他们对国内外共产党和其他左翼力量的限制和排挤政策不会改变，对社会主义国家的敌视和打压政策也不会改变。西方反共、反社会主义的敌对势力对社会主义的挑战主要表现在：其一，西方敌对势力仍然以冷战思维对待社会主义国家，把和平演变社会主义国家作为主要战略目标，妄图不战而胜。在"人权高于主权"的口号下，将所谓"人权""民主"等政治问题与经济问题挂钩，干涉社会主义国家的内政，直接威胁社会主义国家的主权。其二，西方敌对势力在对苏联东欧社会主义国家党亡政息国家解体的狂欢中，又将战略重点转向亚太地区，对坚持社会主义的国家加强军事包围，加深文化渗透，加紧"西化""分化"，给社会主义国家安全带来严重威胁。其三，西方资本主义国家还通过加快推进所谓的全球民主化改革进程，频繁对一些共产党或左翼党执政的国家策动"颜色革命"，大搞街头政治，对这些国家的执政地位构成了新的威胁，使世界社会主义运动只能在困境中发展。

在文化上，面临西方国家文化帝国主义新形式的挑战。历史上，西方文化帝国主义在独尊西方文明、排斥和压制世界其他文明发展的过程中，曾经极大地阻碍了人类社会向社会主义迈进的历程。当今，他们又把文化帝国主义推进到了一个新阶段，赋予了许多新形式，继续阻碍人类社会向社会主义迈进的历程。西方国家文化帝国主义新形式对社会主义的挑战主要表现在：其一，西方国家认为资本主义社会制度和意识形态具有无可挑剔的优越性和普世性，只有在别的文化趋同于西方文化所体现的一切时，世界历史才能实现真正的进步。因此，断言社会主义意识形态行将终结，资本主义意识形态将一统天下。并鼓吹新的"十字军东征"，重新挑起世界文明冲突。其二，西方国家利用控制的国际互联网的迅速发展和世界贸易中比重激增的文化产业，千方百计地向社会主义国家推行西方的价值观念和生活方式，大搞文化霸权、文化渗透、文化侵略，企图通过一场没有硝烟的文化战争，改变社会主义国家的价值取向，否定马克思主义的指导地位，给社会主义文化带来了巨大冲击。其三，针对不同的国家、民族和文化地理空间，通过垄断媒体和文化市场，通过批量生产和出口文化产品包括广播电视节目、音像作品、书刊和电脑软件，明里暗里向全球推销以资本主义为本位的文化和政治价值观，遏制社会主义意识形态世界性的广泛传播。

（二）世界社会主义面临着来自内部的严峻挑战

（1）社会主义体制尚不成熟和改革任重道远的挑战。如前所述，社会主义制度已经显露出优越性，但是，由于社会主义体制存在不成熟性，社会主义制度的优越性还显露得不够充分，通过社会主义体制改革解决社会主义制度优越性与体制不成熟性的矛盾还任重道远。中国等社会主义国家都处于社会主义初级阶段，各具特色的社会主义体制改革虽然取得了举世瞩目的成就，但改革社会主义生产关系中不适应生产力发展要求的部分，改革社会主义上层建筑中不适应经济基础的部分是一个长期任务。社会主义国家改革的时间还不长，改革中初步形成的体制还不成熟，还不能完全适应社会主义制度的要求。而要使之成熟，还必须迎接各种挑战。社会主义体制尚不成熟和改革任重道远的挑战主要表现在：其一，社会主义国家的现有体制，只是这些国家党和人民认识和实践社会主义的阶段性成果，它还必须在对社会主义实践、认识、再实践、再认识这样一个循环往复的过程中，被实践检验，被新的认识予以修正和再实践，这些都具有挑战性。其二，社会主义国家的现有体制，只是社会主义体制的基本框架，它还必须解决一系列深层次问题，才能趋于完善和成熟，如公有制经济的份额和实现形式问题、社会结构变化带来的权力和利益关系变动及其调整问题、共产党的领导方式和执政方式问题，在经济全球化过程中趋利避害问题等。解决这些深层次问题，无不存在困难和风险。其三，社会主义国家的现有体制，只是社会主义初级阶段的国情体现，距马克思主义关于成熟社会主义社会的本质要求差距还很大。成熟的社会主义社会应该是一个具有高度物质文明、精神文明、政治文明、社会文明和生态文明的社会。但是，由于受历史和现实的各种条件的制约，这些国家的发展水平还比较低，在可以预见的将来，仍将属于发展中的中低收入国家，人民的富裕程度和生活质量不可能很高，经济社会可持续发展的任务仍然繁重，很难在"一球两制"的现阶段，充分显示出对资本主义的竞争力和优越性。

（2）世界社会主义运动总体振兴乏力的挑战。苏联解体、东欧剧变后，社会主义国家由15国减至5国，面积由占世界24%缩小到占7%，人口由占世界总人口的32%减少为占25%[1]；世界范围内共产党和共产党员的数量大为减少，欧洲社会党等左翼政党的地位和影响也一度受到削弱，亚非拉新独立国家民族主义的社会主义选择势头回落，世界社会主义运动总体振兴乏力。在国际联系日益密切、相互依赖程度不断提高的当今世界，适合新的国际形势的世界社会主义运动的新型国际合作机制尚未形成，对在全球聚集社会主义力量，进行社会主义选择的政治动员功能也还未展开，因此还没有形成20世纪曾经有过的对资本主义的冲击力和对发展中国家的影响力。世界社会主义运动总体振兴乏力的挑战主要表现在：其一，多数共产党尚处在理论和政策的调整当中，它们的主要活动基本上局限于稳定党的队伍，扩大党的社会基础和阶级基础，力争保持自身在国内政治生活中的实力和地位。有的共产党由于搞思想

---

① 参见程又中《世界社会主义面临的新挑战——21世纪初年的思考》，《国外理论动态》2002年第3期。

多元化，党内派别林立，思想认识出现分歧，政策主张多变，理论准备不足，广大党员因不清楚党的纲领而无所适从。有的共产党在参与执政的过程中，过度妥协，立场模糊，成为执政大党的附庸，最终失去了传统支持者和依靠力量，走下坡路不可避免。其二，社会党同样在进行自身的变革以实现所谓的社会民主主义和党的现代化，但变革并未使社会党放弃在资本主义制度的框架内，通过议会道路对资本主义社会实行改良的根本目标和手段，而是在"向中间靠拢"和走"第三条道路"的过程中不断淡化传统的左翼色彩，表现出对保守势力和现存秩序的妥协让步。其三，以生态运动、女权运动、和平运动、反种族主义运动和反新殖民主义斗争等形式表现出来的新社会运动，虽然其斗争矛头指向的是资本主义的弊端和后果，因此是社会主义运动的力量要素，但它并不完全着眼于在阶级斗争中实现工人阶级的彻底解放，况且运动形式内部和相互之间也缺乏力量的联合与协调。

二　科学社会主义实践在当今面临的历史性机遇

科学社会主义实践在当今面临的历史性机遇主要表现在两个方面：一是当今世界的新变化给社会主义国家带来的机遇，二是当今世界的新变化给社会主义运动带来的机遇。

（一）当今世界的新变化给社会主义国家带来的机遇

经济全球化、政治多极化、文化多样化、社会信息化（以下简称"四化"）有利于社会主义国家加强与世界各国的互利共赢。"四化"不断发展，使世界各国的相互联系和普遍交往日益加强，科技进步的面貌日新月异，其转化为生产力的速度很快，各国的综合国力竞争日趋激烈，爱和平、谋发展、促合作、求共赢成为当今时代潮流，构建和而不同、丰富多彩的和谐世界已为国际社会向往。这一切都为当今社会主义国家的发展赢得了有利的外部环境和战略机遇，有利于社会主义国家实施"引进来"和"走出去"相结合双向开放的新战略，在更大范围、更广领域和更高层次上参与国际经济技术合作和竞争。社会主义国家通过大力发展对外贸易，合理引资和对外投资，积极进行技术交流，广泛拓展国际劳务合作，努力开发国际旅游等，增强经济发展活力和国际竞争力，加快社会主义现代化建设的步伐。社会主义国家既充分利用世界和平发展带来的机遇发展自己，又以自身的发展更好地维护世界和平、促进共同发展，特别是致力于缩小南北差距，支持发展中国家增强自主发展能力；"倡导人类命运共同体意识，在追求本国利益时兼顾他国合理关切，在谋求本国发展中促进各国共同发展，建立更加平等均衡的新型全球发展伙伴关系，同舟共济，权责共担，增进人类共同利益"①。

"四化"有利于社会主义国家增强国际感召力和影响力。经济全球化、政治多极化、文化多样化、社会信息化不断发展，各国的生产、交换、分配、消费活动紧密相连，共同利益越来越多，友好合作则共赢，相互对抗则俱伤。随着经济全球化的推进，资源掠夺开发、生态惨遭破坏、环境严重污染等全球性的问题也逐渐增多，需要包括社会主义国家在内的国际社会共同参与和共同解决。这种国际联系的普遍化和全球性问题的多样化，使国家主权必须部分让渡，国际组织的地位和作用明显增强。社会主义国家在参与多边事务协商上的积极姿态、在共同应对日益突出的全球性问题上的负责态度、在国际组织中所发挥的举足轻重的作用、在推动国际秩序和国际体系朝着公正合理的方向发展中的扎实行动，都充分显示了社会主义制度的优越性和道义力量，可以大大提高社会主义国家的国际地位，并在国际上赢得越来越多的可靠朋友和真诚伙伴，增强社会主义国家的国际感召力和影响力。

"四化"有利于社会主义国家以世界眼光加快建设步伐。经济全球化、政治多极化、文化多样化、社会信息化不断发展，国际交往日益频繁且密切，开阔了人们的视野，丰富了人们的头脑，更新了人们的观念，增进了人们的智慧，从而促进了人们对社会主义理论和实践认识水平的提高。无论是对社会主义历史经验的总结，还是对现实重大理论和实践问题的思考，人们都能以马克思主义为指导，站在发展的时代高度，用宽广的世界眼光加以审视，从而产生关于什么是社会主义、怎样建设社会主义的新理念。这有利于社会主义国家既坚定不移地深化改革和扩大开放，又坚定不移地高举社会主义的伟大旗帜；既不走封闭僵化的老路，也不走改旗易帜的邪路；既立足本国国情在独立自主、自力更生的基础

---

① 中共中央文献研究室编《十八大以来重要文献选编》（上卷），中央文献出版社，2014，第37页。

上加速社会主义建设，又广泛吸收借鉴世界上其他国家特别是发达资本主义国家的优秀文明成果。这样，就能更好地以经济建设为中心，解放和发展社会生产力，建设富强民主文明和谐的社会主义现代化国家，逐步实现人民的共同富裕，促进人的全面发展，不断缩短与发达资本主义国家之间的差距，争取早日充分展现社会主义的优越性。

（二）当今世界的新变化给社会主义运动带来的机遇

（1）社会主义的鲜活因素有利于鼓舞社会主义的信心。马克思恩格斯关于资本主义必然灭亡、社会主义必然胜利的科学预见是建立在经济、政治、文化高度发达基础上的，纵横捭阖地观察当今经济、政治、文化的全球化发展越来越趋向马克思设想的基础，因而社会主义也出现了许多鲜活的新因素。例如，发达资本主义国家随着生产力的社会化、国际化、区域化、全球化，不得不采用了《共产党宣言》中提出的改革措施，如计划经济、劳动法、最低工资法、福利救济、累进所得税等，显示了社会主义的生命力。发达资本主义国家社会产生的、适应生产力社会化和全球化客观要求的社会主义新因素，即生产、管理、资本、科技的社会化和全球化，为社会主义制度的建立奠定了更加厚实发达的物质基础，使社会主义的"入口"越来越宽阔，社会主义国家也可以学习和借鉴。举世瞩目的中国等社会主义国家各具特色的社会主义建设成就，更使社会主义事业焕发出盎然的生机与活力，并提供了丰富的新鲜经验和借鉴榜样。苏联解体、东欧剧变后，不少发达资本主义国家的共产党却未改旗易帜，继续坚持不懈地追求社会主义和共产主义的奋斗目标。拉丁美洲的委内瑞拉、玻利维亚、巴西等国平民出身的总统当政后，宣称效仿社会主义，并将国家重要的资源收归国有来惠及更多的民众，等等。这些社会主义鲜活的新因素极大地鼓舞了人们追求社会主义的信心。

（2）资本主义主导世界的弊端有利于复兴社会主义事业。当今世界由于是发达资本主义国家占优势、为主导，不公平、不合理的国际旧秩序没有根本改变，导致了一系列经济、政治、文化、社会痼疾，使更多的人充分认识到资本主义的腐朽本质，从而有利于壮大社会主义力量，复兴社会主义事业。例如，国际上随着霸权主义的横行，新老殖民掠夺的深化、金融危机的泛滥、贫富悬殊的加大、环境污染的严重等国际旧秩序的弊端和矛盾越来越显现，广大发展中国家要求建立公平合理的国际新秩序的愿望和斗争越来越高涨。由于对资本主义主导的全球化带来的利益分配悬殊差异，和对 1995 年以来南美、东南亚以及美国引发的世界金融和经济危机的强烈不满，反资本主义主导的全球化运动也越来越全球化。欧美日等许多资本主义国家出现的"《共产党宣言》热""《资本论》热"，马克思在英国 BBC 举办的网上评选千年伟人活动中荣获第一名，充分彰显了伟人和真理的持久魅力和影响力。苏联解体、东欧剧变后，并没有实现普遍繁荣，反而暴露出多种弊端，唤起人们对资本主义制度的反思和对社会主义制度的怀念。许多国家的工人阶级和劳动群众坚持将恩格斯领导的第二国际确立的"五一劳动节"作为自己盛大的节日，年年游行集会庆祝，显示人民的巨大力量。

　　（3）国际金融危机和经济危机有利于壮大社会主义力量。当今世界最突出的全球问题是发达资本主义国家将生产社会化和资本家私人占有制这一资本主义基本矛盾及其所引发的多种矛盾和危机推向全球，特别是 2008 年由美国次贷危机引发的全球金融和经济危机危害范围更加广泛，灾难影响更加深远，从而引发了世界力量新一轮的起伏消长，给当前及未来国际政治经济格局和社会政治思潮带来深远影响。又由于中国的迅速发展和在这次危机中的出色表现，使许多国家更加看好和重视中国模式，国际舆论也表达了对中国模式的兴趣，再现了社会主义的合理性，提升了社会主义的吸引力，为世界社会主义运动发展提供了良好的舆论环境，唤醒了更多人的社会主义觉悟，壮大了社会主义运动的力量，世界社会主义运动面临新的发展机遇。例如，发达资本主义国家的优越感和自信心受挫，一些政要和学者认为，金融危机突出了资本主义自我改造和变革的重要性和必要性；加上新自由主义失去了昔日的光环，社会主义在理念和道义上地位凸显，迫使他们不得不采取诸如政府直接干预、提高社会保障水平等社会主义性质的反危机举措。发展中国家的执政党调整发展理念，社会主义的价值观念重新受到重视；特别是拉美地区一些左翼政党在大选中多次获胜蝉联执政，"左强右弱"的格局进一步得到加强。大多数共产党在金融危机中坚定了社会主义信念，都抓住当前的难得机遇，采取相应措施，加快自身发展；并联合各种反资本主义的新兴社会运动积极作为，通过举行集会、游行示威、发表声明等形式表达自己的政治主张，推动世界社会主义运动不断向前发展。一些社会党"左转"倾向明显。金融危机爆发后，社会党利用民众不满，向右翼政府发难，喊出了"用社会民主主义拯救自由资本主义"的口号；还对自己以前搞的经济社会改革进行反思，更多地强调国家干预、发展中小企业、改善民生、保障劳动者权益等主张①。

第三节　科学社会主义理论创新发展的新课题

指出上述当今科学社会主义面临的挑战和机遇，是坚信科学社会主义还会像一个多世纪以来成功抢抓历史机遇、应对各种挑战并创造辉煌业绩那样，在 21 世纪继续成功抢抓历史机遇，应对各种挑战，再造辉煌业绩。为此，科学社会主义理论和实践必须与时俱进加以创新，主要有两个方面的思考：一方面，理论创新是科学社会主义实践发展和创新的前提条件；另一方面，实践创新是科学社会主义实践开拓前进的必由之路。

一　理论创新是科学社会主义实践发展和创新的前提条件

理论创新是科学社会主义实践发展和创新的前提条件，也是科学社会主义理论与时俱进的灵魂所在。首先需要注意的是，并非任何标新立异的观点都是理论创新，有的可能是已经被实践否定的旧的理论观点的沉渣泛起，有的可能是适合某些西方发达国家发展条件的理论观点的简单照抄，也有的可能仅仅是杜撰的新名词的堆砌和脱离实际的空想。科学社会主义的理论创新是使科学社会主义理论在坚持中发展和在发展中坚持，这是一个问题相互联系的两个侧面，缺一不可。在坚持中发展，就是必须在坚持科学社会主义基本原理的基础上创新。如果不坚持科学社会主义基本原理，创新就会走改旗易帜的邪路，就不是科学社会主义理论，而是非科学社会主义理论了。在发展中坚持，就是科学社会主义理论必须与时俱进地创新。如果科学社会主义理论不与时俱进，就会走僵化保守的老路，科学社会主义理论不仅不会有生命力，还必然被新时代所淘汰。

---

① 柴尚金：《当前世界社会主义运动面临的机遇与挑战》，《中国社会科学报》2012 年 11 月 30 日。

（一）科学社会主义的理论创新必须在坚持中发展

当今许多新变化仍然只有运用科学社会主义基本原理才能释疑解惑。

有人提出，马克思恩格斯时代的科学社会主义理论是 19 世纪中期基于对自由资本主义生产方式的分析，发现了资本主义社会的基本矛盾及其运动规律而创立的。列宁时代的科学社会主义理论是 20 世纪初期，基于对私人垄断资本主义新情况的研究，揭示了帝国主义的本质特征、历史地位和发展趋势而创立的。如今资本主义发生了重大变化，是私人垄断资本主义、国家垄断资本主义、国际垄断资本主义并存的时代，它与马克思、恩格斯、列宁当时所处的历史环境有了很大的不同，此时科学社会主义基本原理还有现实指导意义吗？还有人提出，马克思恩格斯根据对资本主义的批判分析，预见了社会主义的基本特征，而如今一些社会主义国家已经发生剧变，一些社会主义国家经过改革，出现了市场经济、多种所有制形式、按生产要素分配等前所未有的现象，这与科学社会主义原来所预示的基本特征也有了很大的不同，此时还要不要坚持科学社会主义的基本原理呢？这些表面看起来很难回答的新情况和新问题，只要坚持运用科学社会主义基本原理，遵循马克思主义认识论，从客观存在的矛盾和大量的经验材料出发，经过深入的研究和科学的分析，就可以做出令人信服的科学回答。

的确，当今发达资本主义国家在经济、政治、文化、对外关系和社会结构、阶级关系等方面都发生了深刻变化。例如，科学技术加速发展，经济发展水平有了较大提高；生产和资本集中加剧，金融资本的统治进一步扩大和加深；垄断资本与国家政权紧密结合，形成了国家垄断资本主义；经济全球化和区域经济一体化加快，国际垄断资本势力显著增强；工人阶级和劳动者游行、罢工、结社、选举等政治权利有了一定保障，国内阶级矛盾比较缓和；资本及其收益的占有已经不再只属于资本家个人、家庭和纯粹的私人企业，它的所有权被通过各种投资理财渠道分散到了众多的持股人手里，使有产者增多、无产者减少，以往资本家和无产者之间的阶级界限由于大小股东对资本收益的共同追求而变得模糊；等等。但是，这些新变化只要运用科学社会主义基本原理中关于生产社会化与资本主义私有制是资本主义固有的基本矛盾理论进行深入剖析，就能清醒地认识到，它所表明的不是资本主义私有制的根本质变，只是对资本主义体制所进行的局部调整，或者说资本主义私有制框架内的部分质变，其目的是通过在一定程度上缓和资本主义基本矛盾和阶级矛盾来加强大资产阶级的统治地位。因此，小资本的分散性和社会化，也不会动摇大资本的集中性和垄断化，不可能根本消除劳动与资本的对立，不可能根本克服资本主义的基本矛盾。相反，科学技术越发展，经济水平越提高，资本主义基本矛盾越加深，从而使周期性的金融危机和经济危机程度加剧，危害加大。同时，更应该清醒认识到的是，发达资本主义国家还将资本主义基本矛盾及其危机向全球更广阔的领域转嫁，资本主义大国以霸权主义、强权政治和新老殖民主义手段压迫剥削资本主义小国，使资本主义政治经济发展愈加不平衡，资本主义各种矛盾在全球范围内愈演愈烈，国际性的贫富两极分化加大，不少发展中国家被边缘化，贫困与绝望成为滋生暴力恐怖主义、民族分裂主义和宗教极端主义的温床，又对世界和平与发展构成了新的安全威胁。可见，当今发达资本主义国家的新变化，没有改变科学社会主义关于资本主义基本原理的真理性，没有扭转资本主义最终被社会主义所替代的历史大趋势。

再说，苏联东欧国家的剧变不是社会主义的终结，而是社会主义的教训，从根本上说不是坚持科学社会主义的结果，而恰恰是背离科学社会主义、接受所谓民主社会主义造成的恶果。就苏联党亡政息、国家解体而言，要用科学社会主义基本原理，从外因与内因两个方面对具体问题进行具体分析。从外因看，西方资本主义国家在武装入侵苏联遭到挫败之后，转向推行"和平演变"战略。时任美国国务卿杜勒斯从1953年起就向国会提出"用战争以外的手法"即采取"更为有利或更为主动的政策"来对付社会主义国家。西方的"和平演变"战略不是只靠广播和书刊等发起宣传攻势，而是通过掀起科学技术革命、促进市场经济竞争、实行多党制民主、推进自由化文化、加强武器装备竞赛等多种渠道，向社会主义国家显示资本主义制度的优越性。对此，苏联却坚守权力过度集中的经济、政治、文化和对外关系体制，不改革创新，以至于无法应对西方发达资本主义国家的挑战而落后了，这就注定了它在与西方发达资本主义国家的竞争中最终必然失败。当然，外因只是变化的条件，内因才是变化的根据，外因要通过内因起作用。内因之中既有远因，又有近因，综合起来说主要有四个方面的原因：首先，苏联领导人长期背离科学社会主义实事求是的思想路线，教条式地认为计划经济是社会主义的本质特征而不改革，把市场经济等同于资本主义而不学习，这样就使得苏联经济体制长期僵化，运转不灵，缺少竞争与效率，缺乏生机与活力。其次，苏联领导人长期背离科学社会主义为大多数人谋利益的生产目的和要求，长期优先发展重工业和军工产业，忽视轻工业和农业，以至于生活资料短缺匮乏，人民生活难以大幅改善，社会需求难以充分满足。再次，苏联领导人长期背离科学社会主义民主集中制原则，实行领导职务终身制，坚持高度集权制，大搞个人崇拜，大肆排除异己，破坏了党内民主与人民民主。最后，苏联领导人长期背离科学社会主义平等互利的国际主义原则，在对外关系上搞大国主义，以苏联为中心领导并推行无产阶级世界革命，甚至与超级大国美国搞军备竞赛，武力侵略别国，争夺世界霸权。在党际关系上搞大党主义，对他国共产党采取排斥异己、批判异见的专横做法，导致世界社会主义运动分裂。东欧社会主义诸国大体上同苏联一样，大都是出于体制和路线的原因，再加上苏联大党主义、大国主义的干预而遭到失败的；是由于教条式地照搬苏联模式社会主义，或者从根本上背离科学社会主义而遭到失败的。如果能够解放思想，实事求是，与时俱进，善于创新，苏联模式的社会主义也不是不可以通过改革开放，在坚持和发展科学社会主义中重获新生的。

对于社会主义国家改革中出现的许多新情况、新问题应该如何看呢？首先，根据共性与个性、普遍性与特殊性的统一的哲学原理，要看到改革是社会主义自我完善和发展。社会主义的本质是唯一的，但实现形式是多种多样的；建设社会主义，既有共同道路和共同规律，又有各国的民族特色，只有把二者统一起来才能结出丰硕之果。其次，社会主义社会中存在的事物，不一定都是社会主义性质的东西，有的是由于生产力发展不足等多种因素的作用，在一定时期内还不得不存在；有的是现今的具体管理制度不完善，暂时留在社会中的；有的是探索前进中出现的事物，它要经过实践检验后才能决定取舍。

（二）科学社会主义的理论创新必须在发展中坚持

科学社会主义的理论创新必须在发展中坚持，不仅要在纠正以往错误或失误理论中创新，而且要在研究新情况和解决新问题中创新。

我国在改革开放前，由于受"左"的思想干扰，曾一度在社会主义建设中存在三个误区：一是认为只有马克思主义经典著作中谈及的东西，才是社会主义应该作为的内容；二是把产生于资本主义国家的现象，都当成资本主义性质的东西而加以否定；三是将初级阶段的社会主义也看成纯而又纯，拒绝一切资本主义因素。为了冲破这些僵化的思想束缚，打开改革开放的新局面，邓小平 1992 年在南方谈话中创新性地提出了"三个有利于"标准，即要以"是否有利于发展社会主义社会的生产力、是否有利于增强社会主义国家的综合国力、是否有利于提高人民的生活水平"① 作为判断改革开放和一切工作是非得失的标准。"三个有利于"标准强调的是在改革开放的性质目的上必须问姓"资"还是姓"社"，必须理直气壮地坚持社会主义方向，必须为广大人民群众谋利益。而在改革开放的办法措施上则必须从以往姓"资"姓"社"的抽象争论中解脱出来，只要是符合"三个有利于"标准的，就要大胆地试，大胆地干。这样就使人们的思想得到三个方面的解脱：一是不要把那些合乎"三个有利于"，本来姓"社"的东西，错误地判断定为姓"资"而加以排斥，如发展生产力是社会主义的根本任务，不能批判是"唯生产力论"。二是也不要把那些合乎"三个有利于"标准、不具有社会制度属性、社会主义和资本主义都可以用的东西，错误地判定为姓"资"而加以排斥，如股份制、市场经济等。三是也不要把那些合乎"三个有利于"标准、确实姓"资"的东西排斥掉，可以利用其加速社会主义建设，如引进外国资本等。

（三）在研究新情况和解决新问题中创新

推进科学社会主义发展必须对一些关系我国前途、命运和当今时代发展特征、趋势的全局性、战略性、前瞻性、基础性的重大问题进行全面系统的分析研究。

一要研究世界科学技术革命带来的巨大影响。21 世纪的发展比以往任何时候都更加依赖知识的发现、传播和应用。未来的经济乃至综合国力的竞争，将集中体现于科学技术的竞争。科技革命将会给人类社会的生产方式、交往方式、生活方式乃至学习方式、思维方式等带来哪些重大变化？应该如何应对？这都需要认真深入研究。

---

① 《邓小平文选》第 3 卷，人民出版社，1993，第 372 页。

　　二要研究各种文化碰撞、交融的要义和态势。文化的实质就是人化和化人，人力资源是取之不尽、用之不竭的最可宝贵的资源。有人说，20世纪人类追求的是由以物质经济为主向以知识经济为主的转变，21世纪人类正在追求的是知识经济为主向文化经济为主的转变。文化软实力也越来越成为综合国力竞争的重要内容。社会主义国家继承和弘扬民族优秀传统文化，借鉴和吸纳其他民族的优秀文明成果，创造出具有鲜明时代特征和本国特色的社会主义新文化，是当今时代面临的又一突出任务。

　　三要研究资本主义谋求世界霸权的多种挑战。近年来，一些西方国家为了谋求世界范围内经济、政治、文化、军事和高新科技等方面的霸权地位和利益，精心炮制出了"普世价值论""历史终结论""人权高于主权论""合法的人道主义国际干预论""打一场新的没有硝烟的战争论"等关于国际关系的所谓"新观点""新理论""新规则"。揭穿和批驳这些"新霸权主义"理论的欺骗性和荒谬性，对他们在意识形态上的挑战和进攻做出有力的回应，无疑是一项十分紧迫而又重大的战略任务。

　　四要研究社会主义复苏和振兴的希望和困难。社会主义国家的改革开放如何深化？如何争取用社会主义制度的优越性战胜资本主义？苏联解体、东欧剧变后，各自分别在怎样发展以及发展到什么程度，它们中还有无走社会主义道路的可能？发达资本主义国家与发展中的资本主义国家有何异同和矛盾，社会主义国家如何区别对待其异同和矛盾？资本主义国家中有哪些社会主义的因素在生长，它在成为社会主义"人口"中会如何发挥作用？发展中国家出现了哪些社会主义因素，最终会向什么样的方向发展？各国共产党如何将科学社会主义理论同本国实际相结合，走各具特色的争取社会主义的道路？各国社会党出现了哪些分化现象，共产党如何联合其左翼，团结其中翼，形成追求社会主义的统一战线？社会主义是否需要形成国际合作机制，如果需要，形成的时机何时成熟；如果不需要，又是什么原因？这些重大问题都迫切需要研究和回答。

　　五要研究经济全球化深入发展的影响和趋势。当代经济全球化由于是发达资本主义国家占优势、为主导，不公平、不合理的国际经济政治旧秩序没有根本改变，因此经济全球化对特定的主体来说利弊截然不同，大致可分为三类：对少数发达国家来说，肯定是利大于弊；对新兴工业国和资源大国来说，可以说是利弊参半；而对许多发展中国家来说，无疑是弊大于利。联合国 2000 年发表的《人类发展报告》承认："迄今为止的全球化是不平衡的，它加深了穷国和富国、穷人和富人的鸿沟。"面对这一新的复杂形势，如何建立与经济全球化相适应的公正合理的国际经济政治新秩序，也是亟待探索和解决的重大理论和战略问题。

六要研究世界政治多极化发展的影响和趋势。20 世纪末"两极格局"解体后，世界呈现出"一超多强"的态势，并出现了多极化发展的趋势。国际形势总体上趋向缓和，但是天下仍然很不太平，霸权主义、强权政治、新干涉主义的威胁仍然存在。21 世纪未来的世界政治格局是朝着单极方向、霸权主义方向发展，还是朝着多极化方向、政治民主化方向发展？当前，这类问题已成为国际政治斗争的焦点。现实的国际形势表明，多极化格局的最终形成将是一个充满复杂斗争的长期过程。如何有力推动世界向多极化的方向演进，维护世界的和平、稳定与繁荣，如何为社会主义发展争取更为有利的国际和平环境，是当今社会主义国家面临的重大历史性课题。

七要研究反全球化运动越来越全球化的问题。1999 年 11 月底至 12 月初发生在美国西雅图世界贸易组织贸易部长会议期间的"西雅图风暴"，拉开了世界范围内反全球化运动的序幕。从反经济全球化开始，现已发展为包括反政治全球化、文化全球化在内的全面反全球化运动，并且反全球化运动越来越全球化了。反全球化运动的队伍复杂，诉求多样，主要有：从维护民族独立国家的主权到反对新殖民主义和新帝国主义；从反对跨国公司接管世界到保卫发展中国家的文化和传统；从反对新自由主义到反对"赌博资本主义"；从反对引进劳动力和商品输入到反对破坏环境和践踏人权；从要求建立一个没有军队的世界到要求建立一个没有公司支配的工人社会等，归根结底是认为全球化弊大于利。越来越全球化的反全球化运动本身的发展方向如何？对于资本主义和社会主义的发展前景各有何种影响？社会主义国家如何面对反全球化运动？这些问题都非常值得全面深入地研究。

总之，坚持理论创新是推进科学社会主义实践中道路创新和制度创新的前提和关键，只有在坚持科学社会主义基本原理的基础上不断扩展新视野，做出新概括，得出新结论，才能可持续地把科学社会主义的理论和实践推向前进。

二 实践创新是科学社会主义实践开拓前进的必由之路

科学社会主义理论是开放的体系，它源于实践，指导实践，又在实践中接受检验，再在实践中与时俱进。因此，理论创新和实践创新是相辅相成、相得益彰、相互促进的。没有理论创新，实践创新就会缺乏方向；没有实践创新，理论创新就会失去沃土。同时，实践创新也是科学社会主义实践自身开拓前进的必由之路，否则，如果长期走老路，科学社会主义实践就会因失去生命力而走入死胡同。当今科学社会主义实践创新主要应从总结历史经验教训，正确对待资本主义和坚定信念继往开来，不断推进社会主义的方面着眼和着手。

（一）总结历史经验教训，正确对待资本主义

总结历史经验教训，正确对待资本主义至少应把握以下两个要点。

第一，既然当今资本主义世界还能持续带头掀起新科技革命，那就证明它还有相当强的调节力、竞争力和生命力，因此就不能急于搞反资本主义的世界社会主义革命。当今资本主义不仅使欧美众多原来就较发达的国家更加发达，而且在全球化浪潮中正加速向广大亚非拉和大洋洲100多个新独立的国家扩展，拥有相当辽阔的地域空间。20世纪50～80年代，当东欧、东亚、拉美10多个共产党执政的社会主义国家正欣欣向荣之时，曾经帮助并且指望亚非拉新独立的国家能够超越资本主义、径直走社会主义道路，可是不少新独立国家还是选择了走资本主义道路。到80年代末90年代初，苏联解体、东欧剧变，苏联模式的社会主义遭到严重失败之后，资本主义的世界体系还会扩大。尽管发达国家与发展中国家的矛盾仍在加深，然而，在当前和今后相当长的一段时期内，要在世界范围内掀起社会主义革命、推翻资本主义的统治是难以做到的。

第二，当今发达资本主义国家依靠资本与科技实力，还在加强剥削与扩张，因此资本主义固有的各种经济矛盾、阶级矛盾和弊病依旧深重，资本主义必然发展到社会主义的历史趋势不可逆转，所以科学社会主义的信念丝毫不能动摇。况且，当今新科技革命的迅猛发展为资本主义过渡到社会主义准备了更加充足的物质技术基础；当今发达资本主义国家从生产力到生产关系，从经济基础到上层建筑，从人际关系到国际关系的社会化程度大大提高，物质文明、精神文明和政治文明的新发展，为

实现社会主义提供了更为全面的条件；当今五颜六色"衣领"工人的不断壮大，成为逐步推进走向社会主义的强大生力军和主力军。这就更加证明了：当今社会主义事业发展不仅具有符合社会发展规律的必然性，而且富有更加现实的可能性，社会主义力量要善于充分利用这些新的社会资源，促进社会主义事业复苏和兴旺。

（二）坚定信念继往开来，不断推进社会主义

要坚定信念继往开来，不断推进社会主义至少应从以下四个方向努力。

第一，在当今和平与发展已取代战争与革命成为世界阶段性主题的新时代，必须改变以某一国、某一党为中心来领导无产阶级世界革命的旧观念与旧战略。自科学社会主义诞生以来，马克思恩格斯多次指望由英国、法国或德国的工人阶级及其政党来领导世界社会主义革命。到20世纪初，世界革命中心从西欧转移到俄国。列宁和斯大林都把苏联作为领导世界革命的中心，到50年代末，毛泽东认为世界革命中心已经转到中国。他在1959年12月间读《苏联政治经济学教科书》的批语中说："20世纪初，革命的中心又转到俄国，产生了列宁主义，这是马克思主义的发展。随后，革命的中心又转到中国。将来，世界革命的中心还会继续转移。"[①] 实践证明，这个论断是不符合世界发展的客观实际的。苏联和中国充当革命中心，先后都犯过大党主义、瞎指挥、输出革命的错误，并没有对世界革命起过应有的积极作用。当今新科技革命和世界资本主义的新发展更加证明了短期内突发性的"暴风骤雨"式的世界革命已经难以实现，更不可能由某一国、某一党来充当中心。邓小平在1986年总结历史经验时指出："我们历来主张世界各国共产党根据自己的特点去继承和发展马克思主义，离开自己国家的实际谈马克思主义，没有意义。所以我们认为国际共产主义运动没有中心，不可能有中心。我们也不赞成搞什么'大家庭'，独立自主才真正体现了马克思主义。"[②] 现阶段各国通往社会主义之路只能由各国工人阶级和人民大众在社会主义政党领导下独立自主地、较长期地、渐进性地进行探索。

---

① 转引自高放《马克思主义面临当今发达资本主义的挑战》，《马克思主义与现实》2004年第3期。

② 《邓小平文选》第3卷，人民出版社，1993，第191页。

　　第二，当今在资本主义世界如何开展反对资本主义、争取社会主义的斗争，三类国家面临不同的任务，应该由这三类国家的共产党各自探索。第一类主要是欧美和日本等发达资本主义国家的共产党。这些共产党要善于联合社会党等左翼政党，形成反垄断资本主义的统一战线，深入广大劳动群众，了解群众疾苦，反映群众要求，维护群众权益，利用议会民主制度，争取在议会拥有议席，进而建立民主联合政府；促进资本的积极扬弃，如推广劳动者的合作经济和合营企业、促进私人资本变为社会资本等，在资本主义社会中逐步积累社会主义因素，经过长期不懈的努力奋斗，从资本主义较为和平地过渡到社会主义。第二类主要是亚、非、拉发展中国家的共产党。这些共产党要善于联合各种民族主义政党，建立议会民主与多党合作，形成反对帝国主义、霸权主义和新老殖民主义的统一战线，深入受损害民众，了解民众疾苦，反映民众要求，加强民族团结，维护民族权益，发展民族经济；增进区域联合，拓展南南合作，发挥各种国际组织尤其是联合国的作用，迫使发达国家增加对发展中国家的援助，建立公正、平等、合理的世界经济政治新秩序，促进民族民主革命任务完成后再逐步过渡到社会主义。第三类主要是原苏联和东欧地区国家的共产党。这些共产党要充分吸取原苏联和东欧各国共产党因犯教条主义、专制主义和实用主义严重错误以及极权化、特权化、官僚化而被人民群众抛弃的经验教训，改弦更张，重建理论联系实际、密切联系群众、善于自我批评的新型的共产主义政党，善于联合其他左翼政党，建立反私有化、反资本主义化的统一战线，重视广大群众怀念社会主义、向往社会主义的思想感情，通过议会民主和多种形式的联合斗争，维护人民群众的权益，争取重新执掌国家政权，探索社会主义的新道路和新模式。

　　第三，当今世界上中国、朝鲜、越南、老挝、古巴五个共产党执政的社会主义国家，都应借鉴原苏联和东欧社会主义国家兴衰成败的历史经验，在改革开放中探索各具本国特色的社会主义道路。在如何对待当今资本主义的问题上，中国共产党在总结历史经验的基础上和实行改革开放的实践中，思想认识有了新的飞跃。一方面对内在社会主义初级阶段不但不能急于消灭资本主义，而且还要在坚持以社会主义公有制为主体的前提下发展非公有制经济，充分发挥有利于发展社会主义社会的生产力、有利于增强社会主义国家的综合国力、有利于提高人民生活水平的私营经济的积极作用。另一方面对外遵照互相尊重领土主权完整、互不侵犯、互不干涉内政、平等互利、和平共处五项原则，与发达资本主义国家防止热战对抗，避免冷战对峙，实行长期和平共处。当今处于初级阶段的社会主义国家要善于"引进来"，在和平共处、对外开放中从发达资本主义国家吸纳其资金、技术、人才和管理经验，以便尽快增强社会主义国家的综合国力和国际竞争力；同时又要善于"走出去"，主动积极地参与国际合作与竞争，力争对人类社会做出较大的贡献，以便显示社会主义的优越性和扩大社会主义的影响。一旦社会主义国家在实现新科技革命方面追赶上发达资本主义国家，那时社会主义的优越性就能较为充分地显示出来，社会主义的声誉和威信就能大幅提高。社会主义国家如果能够正确应对当今发达资本主义的严峻挑战，能够深刻认识以往失误的根本原因，能够从当今资本主义的新发展中吸取有益养分，就必定能在21世纪重振雄风，再创辉煌，促进世界资本主义大踏步迈向世界社会主义。

第四，我们必须正确理解"两个必然"的历史趋势，对资本主义必然灭亡、社会主义必然胜利的前途既不应灰心丧气，也不应急于求成，而应始终坚定"前途是光明的，道路是曲折的"这一信念。对于资本主义必然灭亡、社会主义必然胜利这一科学论断的正确理解是：其一，是社会的客观规律，不是人的主观意志；其二，是历史的必然性，不是历史的自然性；其三，是人类历史的大趋势，不是当今完全的现实；其四，苏东模式的挫折，不是社会主义的破产。我们还必须正确理解"两个必然"的具体实践。各国由于经济、政治、文化基础的差异性和发展的不平衡性，其一，实现条件不会一蹴而就，将有一个长期积累的过程；其二，实现途径不会是纯粹单一，可进行多种多样的探索；其三，实现空间也不会齐头并进，而是有先有后地参差实现；其四，实现时间更是不能唯心推算，将有待各国的时机成熟。但是，无论如何，历史已经证明并正在雄辩地证明：科学社会主义理论揭示的"两个必然"的历史大趋势是不以人们主观意志为转移的客观规律，既有艰难曲折之时，也有峰回路转之日，更有光辉灿烂的明天，是不可阻挡的历史潮流。千言万语，汇成一句话：英特纳雄耐尔一定会实现！

第十三章 实践主题的转换与马克思主义理论在中国的创新发展

中国马克思主义理论的创新发展是马克思主义理论整体的内在逻辑时代展开的典型而生动的体现。马克思主义理论在中国的创新发展是与中国革命建设和改革开放实践主题的转换密切联系的。正是在分析、回答和解决中国实践主题的历史进程中，马克思主义理论在中国亦得到了整体发展。

第一节 马克思主义理论中国化的逻辑起点

中国马克思主义理论与马克思主义理论是怎样的关系？马克思主义理论为什么需要中国化？为什么能够中国化？马克思主义中国化的逻辑起点是什么？

一 中国马克思主义理论与马克思主义理论的内在统一性

马克思主义成为中国革命的指导思想、马克思主义理论在中国传播是中国实践的客观需要。中国新民主主义革命的性质和任务、中国工人阶级走上中国革命的历史前台等，既为马克思主义来中国提出了迫切的需要，也为马克思主义在中国创新发展创造了条件。中国文化的唯物主义及辩证法传统为马克思主义理论的传播提供了精神土壤。马克思主义中国化也是马克思主义理论与时俱进品格的逻辑展开，同时还是由马克思主义理论属性与中国革命理论需要的契合性决定的，亦与中国马克思主义者的理论创新密不可分①。从这个意义上讲，马克思主义就是中国自身主客观条件的产物，是中国自生的，而不是外来的。

顾名思义，中国马克思主义理论是中国的马克思主义理论，即马克

---

① 参见夏建国《论马克思主义中国化的内在逻辑》，《江汉论坛》2012年第6期。

思主义理论在中国的具体化、时代化和现实化。中国马克思主义理论是在马克思主义理论的基础上创新发展而来的。因此，中国马克思主义理论与马克思主义理论是同一个理论整体，二者是部分与整体的关系。这就是说，中国马克思主义理论是在既有（现成）的马克思主义理论的基础上创新发展而来，是以马克思恩格斯经典著作为蓝本而"照着说""接着讲"的。由此可知，马克思主义理论传到中国之初，翻译其著作、宣介其思想、研究其精神、把握其实质，成为中国马克思主义理论发展史上的一道壮丽的风景。因此，中国马克思主义在哲学、政治经济学和科学社会主义等基本理论上，不是"另起炉灶"，不是全面系统地建构新的理论体系，而是直接运用马克思主义基本理论和一般原则，运用马克思主义的世界观、方法论、观点、立场等分析解决中国实践问题，只是在运用的过程中，依据时代的精神和实践的需要有选择地将马克思主义理论中的部分内容"接着讲"，形成了少数类似于《矛盾论》《实践论》《社会学大纲》①等这样的"纯"理论著作，而绝大多数中国马克思主义理论是在既有（现成）的马克思主义理论的基础上，结合中国实践而创新发展的②。"马克思恩格斯经典著作是马克思主义的奠基之作，是当代马克思主义发展的理论源泉。在改革开放的新时期，对马克思主义基本原理理解的视域更为宽广，特别是对马克思恩格斯经典著作中一系列重要理论观点，如生产力理论、资本主义社会发展理论、人与自然的和谐协调发展理论、人的自由而全面发展理论等的重新理解，构成了中国特色社会主义理论体系的新的内涵。"③ 在中国革命、建设、改革的各

---

① 李达所著的《社会学大纲》被毛泽东称为"中国人自己写的第一本马克思主义哲学教科书"。

② 从总体上看，新民主主义革命时期马克思主义理论在中国的进一步传播具有以下几个方面的特点：马克思主义传播的社会环境十分险恶；中国共产党始终将传播马克思主义作为一项重要的任务；传播和研究马克思主义的领域拓宽；注重翻译马克思主义原著；列宁和斯大林的著作受到较多的重视；从研究介绍马克思主义的一般理论知识，向掌握马克思主义的世界观、方法论提升；注重将马克思主义的理论研究与宣传教育相联系；马克思主义传播紧扣中国革命实践的中心问题，显示了中国共产党人逐渐把握了马克思主义理论的实践品性。参见奚洁人、余源培主编《二十世纪中国社会科学·马克思主义卷》，上海人民出版社，2005，第 23～27 页。

③ 顾海良：《马克思恩格斯经典著作与中国特色社会主义理论体系的形成》，《教学与研究》2011 年第 6 期。

个时期都是如此，如革命道路理论、社会主义社会基本矛盾理论、社会主义改革理论、社会主义本质理论、发展理论等，都是在马克思恩格斯经典著作的基础上创新发展的中国马克思主义理论。因此，理论联系实际、在实践中创新发展成为中国马克思主义理论的鲜明特色。由此可见，中国马克思主义者所著的马克思主义理论，与马克思恩格斯经典著作在概念范畴体系、理论旨趣、基本原理和精神实质、分析方法上都是一致的①，只是在马克思主义理论宝库里增添了新的时代内容，它们是具有内在逻辑关联性的统一整体。中国马克思主义理论是马克思主义理论在中国的全面整体创新发展，而不是某些方面的、局部的、片断式的发展。因此，中国马克思主义理论就是马克思主义理论的当代形态。它们原本就不是两种形态的理论，而是同根、同源、同质的同一种理论。

诚然，马克思主义理论有多样表现形式和不同发展阶段，正是这多样表现形式和不同发展阶段的马克思主义理论，形成了丰富多彩、与时俱进的马克思主义理论。作为马克思主义理论多样表现和不同阶段的具体形式，中国马克思主义理论与马克思恩格斯经典著作亦存在一定的区别。在表现形式上，中国马克思主义理论有中国的语言习惯、句法风格、表述逻辑等"中国特色"；在发展阶段上，中国马克思主义理论是马克思主义理论的当代形式；在理论内容上，中国马克思主义理论是以此前既有（现成）的马克思主义理论为基础的，更多的是把理论"拿来"用于中国实际实践问题的分析解决，"接着讲"理论联系实际的实践问题；对于"纯"理论问题则是结合时代实践的新发展而部分地"接着讲"，而不是全面重新论述马克思主义理论的全部内容。这些区别表明，中国马克思主义理论与马克思主义理论不存在根本形态的差异，而恰恰是马克思主义理论与时俱进品格的生动展示和深度彰显。"在当代中国马克思主义中，始终包括作为马克思主义缔造者的马克思和恩格斯对马克思主义基本原理的贡献。……当代中国马克思主义的特性，不是它坚持的基本原理不同于马克思和恩格斯创立的马克思主义，而是马克思列宁主义与中国实际相结合中表现的鲜明的时代特征和民族特色，以及由此而得

---

① 参见夏建国《论马克思主义中国化的内在逻辑》，《江汉论坛》2012 年第 6 期。

出的创造性发展马克思主义的新结论。"①

由此可见，马克思主义理论不会过时，实践、生活是马克思主义理论赢得当下、走向未来的不竭动能。从这个意义上讲，多样表现形式和不同发展阶段的马克思主义理论都是马克思主义理论的具体内容和构成部分，马克思主义理论只有一种形态。如果将马克思主义理论的多样表现形式及其不同发展阶段的表现形式看成有"原生态""次生态""再生态"之别，那么，就有否定马克思主义理论质的统一性的可能性，也会将多样表现形式和不同发展阶段的马克思主义理论分割成孤立的存在形式，割断马克思主义理论多样形式和各个组成部分之间的有机联系；如果这样，将导致"原生态""次生态""马克思主义理论"的过时，"再生态""马克思主义理论"也不能幸免。因为"再生态"是建立在"原生态""次生态"的基础之上的。"皮之不存，毛将焉附？"基础不再，大厦何立？②

总之，中国马克思主义理论是马克思主义理论整体的有机构成部分，是马克思主义理论在中国的当代形式。马克思主义理论没有所谓的"原生态""次生态""再生态"之别③。所有马克思主义理论都凝聚在、统一于"马克思主义理论"这个"艺术的整体"和"一块整钢"之中。形象地说，马克思主义理论似枝繁叶茂的"独木林"，或似奔腾不息的万里长江。马克思主义理论可以有多样的"枝节"和不同的阶段，但没有多样的"形态"。

二　马克思主义中国化逻辑起点的意蕴

作为马克思主义理论的中国形式，中国马克思主义理论的形成即马克思主义理论中国化是一个动态的历史过程，表现为马克思主义基本理论与中国实际相结合的历史进程和理论形态。因此，马克思主义中国化的逻辑起点，应该是历史逻辑起点与理论逻辑起点的统一，其内涵包括

---

① 陈先达：《论马克思主义基本原理及其当代价值》，《马克思主义研究》2009年第3期。

② 当然，如果对"原生态""次生态""再生态"进行内涵的限制，明确说明它们只是形象表述多样表现形式和不同发展阶段的马克思主义理论，则另当别论。

③ 参见本书"绪论"关于"实践是马克思主义理论在中国创新发展的内在依据"的论述。

两个方面：一是用马克思主义理论的立场、观点和方法观察中国问题、指导中国革命、促使中国社会发生"马克思主义"性质的变化的开端；二是在中国革命的实践中，产生中国经验并创造出中国马克思主义理论。因此，马克思主义中国化的逻辑起点是一个理论与实践相结合的起点，即这个起点既包含实践过程，又衍生出相应的理论成果。总之，"马克思主义中国化逻辑起点"主要有以下几个方面的意蕴。

第一，马克思主义中国化逻辑起点是历史逻辑起点与理论逻辑起点的辩证统一。马克思主义中国化逻辑起点是历史的，同时是多样性的，譬如马克思主义经济理论、政治理论、文化理论、党的建设理论、革命理论、战争理论等理论同时中国化。因此，马克思主义中国化逻辑起点有其统一性基础。这意味着马克思主义中国化的逻辑起点不是杂乱无章的，不是单个孤立的事件，亦不是某个人的个别言论，更不是中国之外的某种言论或事件。马克思主义中国化逻辑起点是在性质上一致的、在时代需要上统一的具体实践的综合，其历史进程和思想进程与逻辑起点是相互关联的，是马克思主义中国化的历史进程与思想进程的交汇点。因此，"马克思主义中国化逻辑起点"中的逻辑，是形式逻辑和辩证逻辑基本内涵的统一，意指在形式上，中国马克思主义与马克思主义是概念一致、结构自洽的统一的逻辑体系；在内容上，中国马克思主义是马克思主义在中国的辩证创新发展，二者是具有精神统一性、逻辑必然性的"一块整钢"。因此，马克思主义中国化的逻辑起点是指马克思主义在中国的规范性创立、规律性发展和必然性、合理性诞生的开端，它具有实践的客观依据和奠基价值。从这个意义上讲，马克思主义中国化逻辑起点特指中国马克思主义创立的开端。

第二，马克思主义中国化的逻辑起点是具体实践与抽象概念的统一，从而构成了逻辑起点与逻辑终点相呼应的"逻辑圆圈"。毋庸置疑，马克思主义中国化起源于中国社会具体实践的需要。在这里，具体实践不是单个事件，而是由许多新性质的事件所构成的反映历史新趋势的实践。这样的"具体实践"实质上同时是蕴涵丰富具体内容的、与逻辑起点相关联的实在概念。由此可见，马克思主义中国化的历史起点和逻辑起点不仅是一致的，而且历史的发展总是呈现出阶段性和过程性特征，不同阶段和过程的具体历史起点构成完整的抽象的逻辑起点，使马克思主义中国化的逻辑起点与逻辑终点相呼应。或者说，马克思主义中国化进程的逻辑起点是马克思主义中国化展开过程的一切矛盾的胚芽，蕴涵所有尚未展开的各种可能性和全部丰富性。正是逻辑起点所蕴涵的丰富内容，促使中国马克思主义不断创新发展，从而形成一个个相互联系的"逻辑圆圈"，构成了中国马克思主义与时俱进的发展历程。

第三，马克思主义中国化逻辑起点具有必然性和开创性、奠基性和客观性。毋庸赘述，马克思主义中国化逻辑起点蕴涵中国马克思主义创立和发展的历史必然性，开创了中国马克思主义创新发展的新历程，为马克思主义在中国的创新发展奠定了客观的合理性基础，为马克思主义在中国革命、建设和改革开放各个历史时期的丰富和发展开辟了广阔道路。因此，我们必须用具有典型性、代表性和普遍性的，蕴涵具体实践的概念，来概括和表述马克思主义中国化的逻辑起点。

三　实践是马克思主义中国化的逻辑起点

概括和表述马克思主义中国化逻辑起点的概念，必须符合上述马克思主义中国化逻辑起点的意蕴，同时还要说明马克思主义"何时中国化""为什么需要中国化""为什么能够中国化""中国化化什么""怎样中国化"等问题。或者说，什么概念能够集中表达"（1）'谁来化'，即承担马克思主义中国化任务的历史主体。（2）'化什么'，即马克思主义中国化的客体对象。（3）'为什么化'，即马克思主义中国化的根本目的。（4）'怎样化'，即马克思主义中国化的实现途径。（5）'化'的社会历史条件，即国家、社会需要的程度"① 等构成马克思主义中国化的要件？我们认为，概括和表述马克思主义中国化的逻辑起点的概念是实践，具体而言是"中国工人阶级及其政党的实践"，即"中国工人实践"。

第一，"中国工人实践"在时间上和空间上均有开端，回答了马克思主义"何时中国化""为什么需要中国化"等问题，实现了马克思主义中国化的历史逻辑起点与理论逻辑起点的辩证统一。中国工人阶级的实践需要是马克思主义中国化的社会基础。"马克思列宁主义来到中国之

---

① 参见张远新、张正光《马克思主义中国化逻辑起点新探》，《马克思主义研究》2008 年第 6 期。

所以发生这样大的作用，是因为中国的社会条件有了这种需要，是因为同中国人民革命的实践发生了联系，是因为被中国人民所掌握了。"① 马克思主义中国化的历史逻辑起点是中国工人阶级的革命实践。

马克思主义为什么需要中国化？这主要取决于中国以工人阶级为主体的人民群众的实践需要。毛泽东明确指出："离开中国特点来谈马克思主义，只是抽象的空洞的马克思主义。因此，使马克思主义在中国具体化，使之在其每一表现中带着必须有的中国的特性，即是说，按照中国的特点去应用它，成为全党亟待了解并亟须解决的问题。洋八股必须废止，空洞抽象的调头必须少唱，教条主义必须休息，而代之以新鲜活泼的，为中国老百姓所喜闻乐见的中国作风和中国气派。"② 由此可见，中国工人阶级及中国共产党是马克思主义中国化的实践主体，其实践需要是马克思主义中国化的实践客体，中国马克思主义的创立是马克思主义中国化的实践目的。这就是说，马克思主义成为中国革命的指导思想是起源于中国工人阶级革命实践的需要。

第二，"中国工人实践"是具体实践与抽象概念的统一，解答了"中国化化什么"和"怎样中国化"的问题，生动地展示了马克思主义中国化的逻辑发展"圆圈"以及中国马克思主义创新发展的阶段性和连续性。由于中国工人实践的主题和任务是多样的和具体的，因此马克思主义中国化的具体内容也是多样的和具体的。在马克思主义中国化之初是革命实践的任务。中国工人阶级的革命实践，需要马克思主义动员、凝聚和武装。这样的实践需要，决定了马克思主义中国化的具体实践必定由诸多性质相同的多个事件构成。例如，中国先进知识分子的马克思主义传播、以五四运动为标志的中国工人阶级的革命实践、多地共产主义小组的成立，这三件典型性事件便构成了马克思主义中国化的历史逻辑起点。以毛泽东为代表的第一代中国共产党人为了中国工人实践即中华民族独立和人民解放的需要，把马克思主义基本原理与中国具体实践相结合，创立和发展了中国马克思主义，开启了马克思主义中国化的理论逻辑。

---

① 《毛泽东选集》第 4 卷，人民出版社，1991，第 1515 页。
② 《毛泽东选集》第 2 卷，人民出版社，1991，第 534 页。

与此同时，"中国工人实践"还是一个抽象概念，其逻辑起点蕴涵以中国工人阶级为主体的人民群众的革命实践、建设实践和改革开放实践的广阔空间。"中国工人实践"概念意味着，"中国工人实践"是中国工人阶级的整体实践，具有抽象性和普遍性。正因为这个逻辑起点最抽象，因而也最直接，是马克思主义中国化的历史进程中最一般和最基本的本质规定，能够说明马克思主义中国化的本质内涵，就是整体马克思主义中国化。以中国工人阶级为主体的人民群众社会实践主题和任务的需要，贯穿于整个马克思主义中国化的历史过程之中。例如，新中国成立以后，中国工人阶级成为社会的主人，工人阶级政党成为执政党，新的实践需要马克思主义新的中国化。面对"什么是社会主义，怎样建设社会主义""建设什么样的党，怎样建设党""实现什么样的发展，怎样发展"等实践问题，中国共产党领导集体把马克思主义关于社会主义建设的理论与中国实际结合起来，实现了马克思主义在中国的再次飞跃。随着我国综合国力的提升和人民生活的改善，中华民族正迎来伟大复兴的光明前景。面对中华民族"实现怎样的复兴和梦想，怎样实现复兴和梦想"的新问题和新任务，新一届领导集体正站在新的历史起点，乘风破浪地将马克思主义中国化推向前进。由此可见，从中国人民选择马克思主义，到马克思主义在中国的传播及运用，都是为了满足中国工人阶级实践的需要，而每一个时期具体的社会实践需要满足之后，又开始了新的实践。因此，在马克思主义中国化逻辑起点的基础上，中国马克思主义不断丰富和发展。因此，以"中国工人实践"为逻辑起点，能够生动地展示中国马克思主义不断创新发展的逻辑，符合马克思主义中国化的本质特征。

第三，"中国工人实践"揭示了马克思主义"为什么能够中国化"的逻辑必然，从而具有开创性、奠基性和客观性。马克思主义之所以能够中国化，是因为马克思主义的理论品质与中国工人阶级的本质属性具有一致性。从这个意义上讲，中国工人实践开创了马克思主义中国化的历史起点，中国工人实践奠定了马克思主义中国化的逻辑基础。与此同时，中国工人实践既是中国社会发展规律的客观必然，也是人民群众创造中国新历史的必然，因而既合规律，又合目的；既具有真理性，又具有价值性。

综上所述，以"中国工人实践"为马克思主义中国化的逻辑起点，既准确地包含了逻辑起点和马克思主义中国化逻辑起点的意蕴，又揭示了马克思主义中国化的历史逻辑与理论逻辑的辩证统一，同时充分而典型地彰显了实践与马克思主义理论之间的内在逻辑关联性。

第二节　实践主题转换与马克思主义中国化的逻辑进程（一）

时代实践主题的转换，应对时代提出的实践课题，是马克思主义中国化的实践逻辑，决定了马克思主义中国化的理论逻辑进程。具体而言，近代中国的社会属性、新民主主义的革命性质和革命任务、新中国成立以后的社会主义改造和建设的历史使命，为马克思主义中国化提出了时代要求，为毛泽东思想的创立和发展奠定了实践基础。

一　中国革命的实践主题与毛泽东思想的创立

"马克思列宁主义来到中国之所以发生这样大的作用，是因为中国的社会条件有了这种需要，是因为同中国人民革命的实践发生了联系，是因为被中国人民所掌握了。任何思想，如果不和客观的实际的事物相联系，如果没有客观存在的需要，如果不为人民群众所掌握，即使是最好的东西，即使是马克思列宁主义，也是不起作用的。"[1] 中国工人阶级及中国共产党走上中国革命的历史前台、马克思主义成为中国革命的指导思想是历史的选择，也是由马克思主义理论属性与中国革命理论需要的契合性决定的。

1840 年鸦片战争以后，中国一步一步地沦为半殖民地半封建社会。为了拯救中华民族于水火，中华民族的优秀儿女进行了前赴后继、可歌可泣的英勇斗争，包括声势浩大的太平天国运动、义和团运动，包括洋务运动、戊戌变法运动等，但都失败了。辛亥革命推翻了清王朝，建立了中华民国，然而也没有改变中国社会的半殖民地半封建性质。中国历史表明，许多革命先驱，许多政党和政治派别，都没有找到民族解放和

---

[1] 《毛泽东选集》第 4 卷，人民出版社，1991，第 1515 页。

国家振兴的道路。这意味着，他们用来拯救中华民族的思想武器不具备拯救中华民族的社会功能，不足以成为中国革命运动的指导思想。历史昭示着一个伟大的真理：要实现推翻旧制度的革命运动，其指导思想必须比维系这个社会制度的统治思想先进和强大。因此，要完成反帝反封建的社会革命，这场革命的指导思想只能是比帝国主义、封建主义思想先进和强大的工人阶级的思想，这就是马克思主义。

中国人民也很幸运。正当中国人民找不到出路而徘徊、彷徨和苦闷的时候，十月革命一声炮响，给中国送来了马克思列宁主义。与此同时，马克思主义经由日本传到中国，加之中国旅欧留学生的传播，马克思主义在中国大地掀起了燎原之势，促使中国的先进分子用工人阶级的世界观和方法论作为考察国家命运的工具。在1919年的五四运动中，中国工人阶级以豪迈的政治气概登上了历史舞台。马克思主义与中国工人运动相结合，产生了中国共产党。从此以后，中国共产党及其领导的人民大众特别是工人阶级，便成为中国革命的实践主体，马克思主义必然成为中国革命的指导思想。中国共产党人把马克思主义普遍真理与中国具体实际相结合，创造性地创立和发展了中国化马克思主义，找到了符合中国国情的、民族独立的现实道路。

中国共产党作为新生的政治力量，以中国无产阶级和亿万劳苦大众为社会基础。鲁迅曾经说过："我们自古以来，就有埋头苦干的人，有拼命硬干的人，有为民请命的人，有舍身求法的人……这就是中国的脊梁。"[1] 中国共产党人从登上中国政治舞台起，就成为中国革命的领导力量，就代表了未来中国的发展方向，为着人民的解放和国家的兴旺，进行坚忍顽强的奋斗。他们无愧为中华民族的脊梁，理应成为中国人民的领导核心。中国共产党成立后，"由于无产阶级的领导，根本地改变了革命的面貌，引出了阶级关系的新调度，农民革命的大发动，反帝国主义和反封建主义的革命彻底性，由民主革命转变到社会主义革命的可能性，等等。所有这些，都是在资产阶级领导革命时期不可能出现的"[2]。中国共产党成立后，首先集中力量从事工人运动。从1922年1月至1923年2

---

[1] 《鲁迅全集》第6卷，人民出版社，1981，第118页。
[2] 《毛泽东选集》第1卷，人民出版社，1991，第315页。

月，全国发生大小罢工 187 次，其中有人数统计的为 69 次，参加人数达 30 多万，形成了中国工人运动的第一次高潮。从这时起，近代世界历史上那种看不起中国人、看不起中国文化的时代应当结束了。

总之，以工人阶级为主导力量的新民主主义革命运动的兴起和中国共产党的成立，开创了中国革命实践的新历程。新民主主义革命和中国共产党的实践为马克思主义在中国的传播提出了实践需要和现实可能。所以，以马克思主义理论在中国传播、五四运动和多地共产主义小组成立这三件典型事件构成了马克思主义中国化的历史逻辑起点。

中国马克思主义理论创立的理论逻辑发端于以毛泽东为杰出代表的中国马克思主义者的理论探索和理论创建。这是一项承前启后、继往开来、化外为内、化马为中的具有开创性的伟大工程。这种开创性的伟大工程突出地表现在把马克思主义中国化，以严谨而科学的理论形态表达马克思主义的精神实质和价值取向，系统地建构具有中国特色的中国马克思主义理论。对于新生的中国共产党而言，马克思主义理论建设是头等重要的伟大工程，具有"奠基"的意义和价值。相对于同样重要的党的建设伟大工程而言，中国马克思主义理论建设更具有基础性和根本性。这是因为，没有革命的理论就没有革命的实践，没有科学的理论就没有成功的实践。为此，毛泽东明确提出了把马克思主义中国化的时代课题。他率先垂范，把马克思主义的基本原理与中国具体实际结合起来，让马克思主义说中国话，用马克思主义的立场观点和方法分析和解决中国具体问题。他的论著系统地而不是零碎地用马克思主义的概念范畴，用中国老百姓喜闻乐见的、带着鲜明中国特色的语言和表达方式，把马克思主义的理论、理论旨趣和精神实质"照着讲"即"再创作"为中国特色的马克思主义，并创造性地"接着讲"，丰富和发展了马克思主义理论宝库。

作为马克思主义普遍原理与中国具体实际"第一次结合"的理论成果，毛泽东思想具有厚重的问题意识和浓郁的理论色彩，创造性地回答了在一个经济文化相对落后的东方大国如何建党建军、如何进行革命夺取政权和如何建立社会主义制度等一系列根本问题。具体来说，一是继承和发展了马克思主义哲学理论。"毛泽东不仅继承了马克思主义哲学基本原理，而且在实践观、认识论、矛盾论、社会基本矛盾、两类矛盾学说以及人民群众是历史动力等方面，都发展了马克思主义。"① 二是关于近代中国社会半殖民地半封建性质、社会主要矛盾、中国革命道路、新民主主义理论等，为马克思主义理论宝库增添了新的内容。三是在党的建设方面，"毛泽东不仅继承了马克思主义的建党学说，而且提出了一整套适合中国特色的建党思想，提出了用整风方式加强党的建设，培育了党的三大作风，以及在执政党条件下加强党风建设，惩治腐败，密切党同人民群众的联系等重要思想"②。特别是提出了思想建党的战略思想，指出了执政党所肩负的任务和面临的考验，提出要发扬党内民主，加强党内和人民群众的监督，健全民主集中制，尤其是各级党组织的集体领导制度，反对个人崇拜，反对主观主义和官僚主义。四是在军事方面，"毛泽东不仅继承了马克思关于战争是政治的继续等思想，而且提出了一整套人民军队和人民战争的思想，包括建军宗旨，十大军事原则，游击战与阵地战的战略战术的辩证关系，以及战争中的主观能动性等等"③。

二 新中国成立以后的实践主题与毛泽东思想的创新发展

中华人民共和国成立以后，时代的实践主题发生了重大的转变，即"暴风骤雨"式的民族民主革命的任务基本完成，建立社会主义社会的物质基础、全面建构社会主义社会的基本经济、政治和文化制度，成为时代实践的主题。在一个经济文化相对落后的东方大国建设社会主义，应该创立什么样的社会制度？走什么样的根本道路？唯一的答案就是坚持马克思主义的基本原理，建构符合中国实际的社会主义社会。这同样是由马克思主义理论属性、马克思主义理论属性与中国社会主义制度的一致性决定的。

毛泽东运用马克思主义的立场观点和方法，遵循科学社会主义理论规定的一般原则，对中国社会主义建设道路进行了比较全面的探索。①社会主义改造完成后，社会的主要矛盾是人民对于经济文化迅速发展的需要同当前经济文化落后状况之间的矛盾。全党和全国人民的工作重点已由改变生产关系转变为集中力量发展生产力。②创立社会主义社会

---

① 万福义、刘海藩主编《毛泽东思想综论》，中央文献出版社，2006，第4页。
② 万福义、刘海藩主编《毛泽东思想综论》，中央文献出版社，2006，第4~5页。
③ 万福义、刘海藩主编《毛泽东思想综论》，中央文献出版社，2006，第5页。

基本矛盾学说，为社会主义改革提供了理论依据。③在理论上对社会主义发展阶段进行了探讨，提出了社会主义发展分阶段的思想。④提出实现四个现代化的任务和"两步走"的社会主义建设战略目标和步骤，并且强调科学技术的作用。⑤关于经济建设的方针，提出要以重工业为中心，同时必须注意发展农业和轻工业，建设规模要和国力相适应，既反保守，又反冒进，在综合平衡中稳步前进。⑥提出了涉及经济体制改革的若干思想。适当改变过分集中的倾向，改革集权的、僵化的体制，适当扩大地方和企业的权力。允许一定范围的个体经济等非社会主义因素存在，以利于生产力的发展。允许私营经济在一定范围内存在。⑦提出价值规律是一个伟大的学校的观点，提出发展社会主义商品生产。⑧在对外开放方面，提出我们的方针是一切民族、一切国家的长处都要学，政治、经济、科学、技术、文学、艺术的一切真正好的东西都要学，洋为中用，调动国内外一切积极因素来加速我国的社会主义建设。⑨在政治生活方面，宣告大规模的"疾风暴雨"式的群众性阶级斗争已经基本结束，正确处理人民内部矛盾已成为国家政治生活的主题，要扩大社会主义民主，健全社会主义法治。共产党和民主党派要"长期共存，互相监督"。⑩在文化科学方面，要实行"百花齐放，百家争鸣"的方针。既要反对教条主义，又要反对修正主义。宣布知识分子已经成为工人阶级的一部分，号召向科学进军。⑪提出"爱国一家""爱国不分先后"的思想和和平解决台湾问题的倡议。

综上所述，在理论形态上，以毛泽东为主要代表的中国共产党人，把马克思主义的基本原理同中国革命的具体实践结合起来，创立了毛泽东思想。在毛泽东思想指引下，中国共产党领导全国各族人民，经过长期的反对帝国主义、封建主义、官僚资本主义的革命斗争，取得了新民主主义革命的胜利，建立了人民民主专政的中华人民共和国。新中国成立以后，顺利地进行了社会主义改造，完成了从新民主主义到社会主义的过渡，确立了社会主义基本制度，发展了社会主义的经济、政治和文化，形成了关于社会主义社会建设的基本思想。因此，毛泽东思想系统形成了中国革命理论和社会主义建设的基本思想，成为中国特色社会主义理论体系的理论基础。

第三节　实践主题转换与马克思主义
中国化的逻辑进程（二）

习近平在《关于坚持和发展中国特色社会主义的几个问题》的讲话中说："中国特色社会主义，是科学社会主义理论逻辑和中国社会发展历史逻辑的辩证统一，是根植于中国大地、反映中国人民意愿、适应中国和时代发展进步要求的科学社会主义，是全面建成小康社会、加快推进社会主义现代化、实现中华民族伟大复兴的必由之路。"[①] 中国改革开放和社会主义现代化实践，是中国特色社会主义理论体系创立和发展的实践基础。构成中国特色社会主义理论体系的具体形式是邓小平理论、"三个代表"重要思想、科学发展观和以"四个全面"为代表的习近平系列重要讲话，其层层演进和环环相扣的重大战略思想主要是，不断探索和回答"什么是社会主义、怎样建设社会主义""建设什么样的党、怎样建设党""实现什么样的发展、怎样发展""规划什么样的战略布局、怎样实现战略布局"等重大理论和实际问题。这些重大战略思想贯穿改革开放和中国特色社会主义道路及理论体系建构的全过程。中国特色社会主义理论体系是一个包括中国特色社会主义的发展阶段和发展道路、发展战略、发展动力、经济建设、政治建设、文化建设、社会建设、生态建设、战略布局、国际战略与外交和中国特色社会主义事业的基本力量、领导核心等内容的完整的理论体系。这些内容从系统的基本原则到一般的执政宣言和科学发展观，再到顶层设计的战略布局，标志着中国特色社会主义理论体系基本形成。

一　改革开放的实践主题与中国特色社会主义理论体系的创立

1978 年 12 月，中国共产党十一届三中全会召开，实现了把全党工作重点转移到社会主义现代化建设上来的战略转变。以此为标志，中国进入了以"改革开放"为特征的社会主义新时期。什么是社会主义？怎样

---

① 中共中央文献研究室编《十八大以来重要文献选编》（上卷），中央文献出版社，2014，第 118 页。

建设社会主义？1982 年 9 月，邓小平在中国共产党十二大的开幕词中说："把马克思主义的普遍真理同我国的具体实际结合起来，走自己的道路，建设有中国特色的社会主义，这就是我们总结长期历史经验得出的基本结论。"① 这一结论对理论创新提出了很高的要求：一是要求在马克思主义中国化原则的指导下独立自主地探索和开辟自己的道路；二是要求建设社会主义要切合中国实际，具有中国特色。邓小平始终强调要坚持社会主义，不能走资本主义道路，不能搞自由化；要吸取历史经验，根据中国特点，独立自主地决定自己的道路和政策，要敢于在理论上有所突破和创新。正是在这种思想的指导下，邓小平作为党的第二代领导集体的核心，在指导我国改革开放和社会主义现代化建设进程中，坚持把马克思主义基本原理同我国的具体实践和时代特征相结合，提出了许多新思想、新观点、新论断，并初步形成了中国特色社会主义理论，即邓小平理论。

邓小平理论的科学体系中有一系列基本理论，其中有的是对马克思主义、毛泽东思想的继承和发展，有的是在实践基础上的创新和突破。

一是社会主义本质理论。邓小平关于社会主义本质的论断，是在历经 12 年之久的细心探索后提出来的。关于新时期对"什么是社会主义"的认识，是在邓小平亲自倡导下进行的。1980 年，邓小平指出："什么是社会主义？社会主义的特点是什么？这一系列问题提出来要我们解决。""什么叫社会主义，怎样建设社会主义，还在摸索之中。"② 1986 年 12 月，邓小平初步概括了社会主义本质的基本内容，回答了"什么是社会主义"的问题："我们要发展社会生产力，发展社会主义公有制，增加全民所得。我们允许一些地区、一些人先富起来，是为了最终达到共同富裕，所以要防止两极分化。这就叫社会主义。"③ 1990 年 12 月，邓小平明确指出："社会主义最大的优越性就是共同富裕，这是体现社会主义本质的一个东西。"④ 以后，又经过一年多的深邃思考，在 1992 年的南方谈话中，针对有人把计划和市场看成社会主义与资本主义的本质区别，

① 《邓小平文选》第 3 卷，人民出版社，1993，第 3 页。
② 《邓小平文选》第 3 卷，人民出版社，1993，第 227 页。
③ 《邓小平文选》第 3 卷，人民出版社，1993，第 195 页。
④ 《邓小平文选》第 3 卷，人民出版社，1993，第 364 页。

邓小平正式提出社会主义本质的命题："社会主义的本质，是解放生产力，发展生产力，消灭剥削，消除两极分化，最终达到共同富裕。"① 邓小平关于社会主义本质的思想，从社会主义社会的基本矛盾和主要矛盾出发，集中揭示了社会主义发展的根本手段和根本目的以及二者之间的内在关系。作为对"什么是社会主义"探索的最新成果，解决了社会主义建设时期最重大的理论问题，成为中国特色社会主义理论创立的重要标志。

二是社会主义初级阶段理论。邓小平认为，中国原来的基础是半殖民地半封建社会，需要在社会主义社会中有一个特定的历史阶段来完成现代化。这个特定的历史阶段就叫做社会主义初级阶段。这个历史阶段对于像中国这种经济文化比较落后的国家进入社会主义以后，是必须的或者说是不能逾越的。邓小平指出，社会主义初级阶段是一个相当长的历史时期，需要一百年左右的时间。而要巩固和发展社会主义制度，则还需要更长的时间，需要我们几代人、十几代人，甚至几十代人坚持不懈地努力奋斗。社会主义初级阶段在社会主义发展的长河中处在什么历史方位？邓小平对此也做了明确的回答。他说："社会主义本身是共产主义的初级阶段，而我们中国又处在社会主义的初级阶段，就是不发达的阶段。"② 邓小平的社会主义初级阶段理论发展了马克思主义的未来社会发展理论，解决了经济文化比较落后国家建设社会主义所面临的一个基本问题。这一理论回答了社会主义的长期性问题。社会主义初级阶段理论的提出，使我们的社会主义建设立足在现实的扎实可靠的基础之上，为我们党制定和执行正确的路线、方针和政策提供了科学的根据。

三是社会主义市场经济理论。社会主义市场经济的思想，是适应社会主义初级阶段的发展需要提出来的。尽管邓小平在 1979 年 11 月已经提出社会主义也可以搞市场经济的问题，但在正式提出社会主义市场经济理论以前，我们党仍然在理论上对市场经济问题持比较谨慎的态度，把市场经济和市场调节作为两个不同的概念加以区别。我国社会主义市场经济理论是伴随社会主义改革实践的发展而形成和发展起来的。1992

---

① 《邓小平文选》第 3 卷，人民出版社，1993，第 373 页。
② 《邓小平文选》第 3 卷，人民出版社，1993，第 252 页。

年邓小平在南方谈话中明确指出："计划多一点还是市场多一点，不是社会主义与资本主义的本质区别。计划经济不等于社会主义，资本主义也有计划；市场经济不等于资本主义，社会主义也有市场。计划和市场都是经济手段。"① 正是在深刻总结国内外实践经验的基础上，为了推进改革，促进社会生产力更快发展，也为了回答中国实行市场取向的改革是否意味着要背离社会主义的方向和道路的问题，邓小平在1992年初发表了著名的南方谈话，用在总结实践基础上形成的新的思想、新的观点、新的论断，回答了搞市场经济是否意味着走资本主义道路这一长期困扰着我们的问题，把马克思主义经济理论推向新的阶段，使人们对社会主义的认识提高到一个新的水平，进一步明确了经济体制改革的方向。

四是社会主义改革理论。邓小平的改革思想，是以对国际国内新情况的新认识为前提的，其新的视角就是发展生产力，创造优于资本主义的社会主义。他说："我们是社会主义国家，社会主义制度优越性的根本表现，就是能够允许社会生产力以旧社会所没有的速度迅速发展，使人民不断增长的物质文化生活需要能够逐步得到满足。按照历史唯物主义的观点来讲，正确的政治领导的成果，归根结底要表现在社会生产力的发展上，人民物质文化生活的改善上。"② 邓小平的改革思想是建立在对历史经验深刻反思的基础之上的。邓小平看到了苏联模式的弊端，认为原有的高度集中的计划经济已严重阻碍生产力的发展，必须向市场经济体制转变，以解放和发展生产力。在邓小平的领导和推动下，党的十一届三中全会以后中国进行了一场史无前例的改革。中国的改革是全面改革，是包括经济、政治、科技、教育、国防和军队等各领域的改革。中国的改革是在坚持社会主义方向下的全方位的改革，是社会主义制度的自我完善。

五是社会主义对外开放理论。中华人民共和国成立后，我国在争取发展对外经济关系问题上始终没有停止过探索。1977年3月，全国计划会议在"要不要引进技术"这个问题上，明确提出要有计划有重点地引进国外先进技术，以增强我国自力更生的能力。1978年，邓小平在全国

---

① 《邓小平文选》第3卷，人民出版社，1993，第373页。

② 《邓小平文选》第2卷，人民出版社，1994，第128页。

科学大会上指出："独立自主不是闭关自守，自力更生不是盲目排外。科学技术是人类共同创造的财富。任何一个民族、一个国家，都需要学习别的民族、别的国家的长处，学习人家的先进科学技术。我们不仅因为今天科学技术落后，需要努力向外国学习，即使我们的科学技术赶上了世界先进水平，也还要学习人家的长处。"① 邓小平的对外开放思想作为我国新时期对外经济技术交流与合作政策的总称和总政策，已确定为长期不变的基本国策。它的基本内容包括扩大对外贸易、引进国外先进技术和设备、利用外资、创办经济特区等。其中利用外资和创办经济特区是邓小平对外开放思想中最富创造力的内容，实践也已证明了这一创造的成功。从总体来说，我国在实施对外开放战略中，形成了全方位、多层次、宽领域的特点。

改革和开放是密切相连的，中国的发展离不开开放，中国的改革也离不开开放。实行对外开放是与经济体制改革相互联系和并行的重要举措。邓小平的对外开放理论继承和发展了马克思、列宁、毛泽东关于学习和借鉴世界文明成果的思想，是对中国发展过程中历史经验的总结和反思，也是对当今世界是开放的世界和各国发展经验的一个反映和认识。社会主义对外开放的实质，就是吸收外国的资金、先进的科学技术和管理经验，吸收人类文明的一切成果，拿来为我所用，坚持和发展社会主义。如果说改革是解放和发展生产力的必由之路，对外开放则是实现社会主义现代化的必要条件。

六是社会主义民主政治建设理论。中国的基本政治制度，一般被称为人民民主制度。新中国成立后，经过一系列探索，毛泽东为我国进行政治上层建筑方面的改革，提供了一些理论依据。进入改革开放和现代化建设的新时期以后，邓小平明确地、反复地提出了进行政治体制改革的问题。在1978年12月召开的中国共产党十一届三中全会上，邓小平提出："必须使民主制度化、法律化。"② 这在实际上也就是提出了必须进行政治体制方面的改革的任务。1980年8月，邓小平在中共中央政治局扩大会议上所做的题为《党和国家领导制度的改革》的报告，系统地

① 《邓小平文选》第2卷，人民出版社，1994，第91页。
② 《邓小平文选》第2卷，人民出版社，1994，第146页。

论述了进行政治体制改革的问题。1986年，邓小平再次提出了进行政治
体制改革的问题。邓小平认为，改革"总的目的是要有利于巩固社会主
义制度，有利于巩固党的领导和社会主义制度下发展生产力。就进行政
治体制改革来说，也是如此。具体地说，它的目的，总的来讲是要消除
官僚主义，发扬社会主义民主，调动人民和基层单位的积极性"①。此
外，必须把发扬社会主义民主同健全社会主义法制结合起来，这是邓小
平在指导政治体制改革中反复强调的一个原则。他认为："社会主义民主
和社会主义法制是不可分的。不要社会主义法制的民主，不要党的领导
的民主，不要纪律和制度的民主，决不是社会主义民主。"② 社会主义民
主政治建设和法治建设，是邓小平理论的一个极其重要的组成部分。实
践已经证明，政治体制改革是实现我国社会主义民主政治的必要条件和
必经途径，对于经济体制改革和民主政治建设具有重要的现实意义。

　　七是社会主义对外关系理论。正确处理对外关系，是社会主义建设
的一个重要方面。在坚持毛泽东、周恩来确立的对外关系原则和外交政
策的基础上，以邓小平为代表的党的第二代领导集体，在对外开放的新
形势下，进一步发展和丰富了我国的对外关系理论。这一理论的提出、
完善和发展始终贯穿改革开放的过程之中。我国的社会主义对外关系理
论包括一系列内容。①坚持独立自主的和平外交政策，把国家的主权和
安全放在第一位，外交工作以维护国家利益为最高准绳。②根据当前社
会主义与资本主义共存的现实，邓小平主张超越意识形态，在和平共处五
项原则的基础上，和一切国家建立和发展友好合作关系，大力改善周边环
境，使我国的社会主义建设有一个相对稳定的地域优势。③坚持"三个世
界"理论，发展同第三世界各国的友好合作关系，声明中国永远属于第
三世界，但"决不当头"。④反对霸权，积极参与建立国际新秩序，主
张国家不论大小、强弱、贫富，都是平等的。⑤邓小平科学地分析了国
际形势的发展变化，创造性地提出了当今世界的主题是和平与发展，这
一观点不仅强调我国的社会主义现代化建设需要有一个和平与稳定的国
际环境，也对世界的发展趋势做出了预测。如何处理与世界其他民族和

---

① 《邓小平文选》第3卷，人民出版社，1993，第177页。
② 《邓小平文选》第2卷，人民出版社，1994，第359页。

其他国家之间的关系，是关系到中华民族生存和发展的大问题。正确合理的对外关系政策不仅为我国的社会主义现代化建设提供了一个良好的国际大环境，更为我国争取了一个有利的国际地位。中华民族的伟大复兴不是关起国门的复兴，是处在开放的国际环境中的复兴。实践已经证明，改革开放后我国实行的一系列对外关系策略，对实现这一复兴有着重要的意义。

八是"一国两制"与和平统一祖国理论。台湾问题、香港问题、澳门问题都是历史遗留问题。毛泽东、周恩来等老一辈领袖，有过武力解决台湾问题的设想，也考虑过和平解决台湾问题的可能。但是，由于当时的国内外条件尚不成熟，台湾和港澳问题都不可能得到解决。邓小平港澳台工作改革思想是根据 20 世纪 80 年代之后世界的现状和中国的实际提出来的。1981 年 9 月 30 日，叶剑英代表党和国家提出的对台九条方针，实际上是"一国两制"设想的基本内容。同年，邓小平在与美国人布热津斯基谈话时首次使用了"一个国家，两种制度"的提法。"一国两制"的构想，最初是为解决台湾问题设计的。1982 年 9 月，时任英国首相撒切尔夫人访华，开始了关于香港问题的中英谈判，为了指导和配合中英谈判，邓小平曾多次就"一国两制"问题发表谈话。至此，"一国两制"的构想进一步系统化理论化了。

关于在中国实行"一国两制"的构想，是中国共产党和中国政府为合理解决香港、澳门和台湾问题，和平实现祖国统一而提出的基本方针。所谓"一国两制"，就是在中国实行"一个国家，两种制度"。具体地说，就是在中华人民共和国内，在大陆实行社会主义制度，在香港、澳门、台湾实行资本主义制度。讲"一国两制"要讲两个方面，一方面是在社会主义国家里允许一些特殊地区搞资本主义，不是指一段时间，而是几十年不变。另一方面，也要确定整个国家的主体是社会主义。"一国两制"理论是邓小平建设中国特色社会主义理论中最有特色也最具创意的部分。"一国两制"的科学构想和实践成功地解决了香港和澳门的历史遗留问题。此外，这一理论的提出提供了一种全新的视野和思维，为解决国际争端和历史遗留问题提供了新的思路和新的范例，对人类的和平进步事业将产生积极和深远的影响。

九是执政党建设理论。改革之初，邓小平在思考解决什么是社会主义、如何建设社会主义的重大理论问题的同时，已经开始明确地意识到：社会主义的探索和实践走向现实的关键是执政党的建设和发展，社会主义国家的执政党必须通过体制和制度的改革，提高自身的执政能力，提出新的执政方略。早在1980年2月，邓小平就鲜明地提出："执政党应该是一个什么样的党，执政党的党员应该怎样才合格，党怎样才叫善于领导？"①1980年8月，邓小平在《党和国家领导制度的改革》的重要讲话中，深刻地总结了党在建设时期执政过程中的严重教训，进一步指出："我们过去发生的各种错误，固然与某些领导人的思想、作风有关，但是组织制度、工作制度方面的问题更重要。""不是说个人没有责任，而是说领导制度、组织制度问题更带有根本性、全局性、稳定性和长期性。这种制度问题，关系到党和国家是否改变颜色，必须引起全党的高度重视。"②邓小平的这篇重要讲话，可以视为代表中国共产党自觉地意识到要把握执政党建设规律的重要标志。

邓小平开创的中国特色社会主义理论，具有重要的历史意义和现实意义。它不但坚持和发展了马克思主义理论和毛泽东社会主义理论，更重要的是在新的历史时期，根据改革开放和社会主义现代化建设的需要，提出了理论创新和实践创新的时代内容，提出了中国特色社会主义理论体系的基本内容，为中国特色社会主义理论体系的创新发展奠定了厚实的基础，开辟了广阔的道路。

二　"三个代表"重要思想与中国特色社会主义理论体系的创新发展

进入20世纪80年代末90年代初以后，尽管我们所面临的时代主题、主要矛盾和主要任务没有根本性的改变，但是世情、国情和党情都发生了重大的变化，党所处的地位和环境、党所肩负的历史使命、党的自身状况，都出现了许多新的情况。这就要求我们党概括新的时代精神，充实党的性质的内涵。"三个代表"重要思想就是在科学判断党的历史方位的基础上提出来的。中国共产党要始终成为"三个代表"——"代表中国先进生产力的发展要求，代表中国先进文化的前进方向，代表中

---

① 《邓小平文选》第2卷，人民出版社，1994，第276页。
② 《邓小平文选》第2卷，人民出版社，1994，第333页。

国最广大人民的根本利益"。"三个代表"重要思想是新世纪党的执政宣言，丰富了中国特色社会主义理论体系的时代内涵。

第一，始终代表中国先进生产力的发展要求，就能够使中国共产党永远站在时代前列，不断推动社会发展。生产力是社会最活跃、最革命的因素，是人类社会发展的最终决定力量。谁代表了先进的生产力，谁就代表了未来。在历史上，地主阶级、资产阶级曾经是社会先进生产力的代表，因之成为封建社会、资本主义社会的缔造者。但是，它们未能始终成为先进生产力的代表，结果被新的先进的生产力代表所替代。中国共产党要始终代表中国先进生产力的发展要求，就能够永远代表社会的未来，永远屹立在时代的潮头，不断超越自己，不断推进中国社会发展。当今世界，科学技术迅猛发展，知识经济、经济全球化趋势锐不可当，社会生活的各个方面都发生着深刻的变化。中国共产党作为执政党要保持其先进性，就必须成为先进生产力发展要求的代表。我们要在党的性质的高度把握"代表中国先进生产力的发展要求"的重要性，要把"代表中国先进生产力的发展要求"上升为党的建设的根本指导思想。

第二，始终代表中国先进文化的前进方向，就能够使我们党继承和发展先进文化成果，为社会发展提供不竭的精神动力和智力支持。先进生产力的代表必然是先进文化的代表。中国共产党既然代表了先进生产力的发展要求，就必然成为先进文化前进方向的代表。始终代表中国先进文化的前进方向，意味着我们党自身具有创立先进文化的责任、能力和自觉性。社会主义先进文化是马克思主义政党思想精神上的旗帜。面对当今文化越来越成为综合国力竞争重要因素的新形势，我们必须以高度的文化自觉和文化自信，着眼于提高民族素质和塑造高尚人格，以更大力度推进文化改革发展，在中国特色社会主义伟大实践中进行文化创造，让人民共享文化发展成果。

第三，始终代表中国最广大人民的根本利益，就能够使我们党得到最广大人民群众的拥护，永远代表人民掌好权、用好权。历史反复证明，得民心者得天下，失民心者失天下。同一切剥削阶级政党根本不同的是，我们党是一个全心全意为人民服务、立党为公、执政为民的党。党之所以能够得到人民的拥护，不断走向胜利，就是因为始终以人民的利益为最高利益。不断满足人民群众日益增长的物质和文化生活的需要，是中国共产党的全部工作的出发点和归宿，代表先进生产力的发展要求，代表先进文化的前进方向，归根结底，都是为了实现人民群众的根本利益。全心全意为人民服务的宗旨，是保持党的先进性的根本标志和基本要求。90多年来党的发展历程告诉我们，来自人民、植根人民、服务人民，是我们党永远立于不败之地的根本。以人为本、执政为民是我们党的性质和全心全意为人民服务根本宗旨的集中体现，是指引、评价、检验我们党一切执政活动的最高标准。

三　科学发展观与中国特色社会主义理论体系的创新发展

中国改革开放进入新世纪新阶段以后，在中国的改革发展面临既有巨大潜力和动力的难得机遇，又有各种困难和风险的严峻挑战的关键时刻，以胡锦涛为总书记的党中央提出了科学发展观。科学发展观，第一要义是发展，核心是以人为本，基本要求是全面协调可持续，目的是促进经济社会和人的全面发展，根本方法是统筹兼顾。在强调要坚持发展是硬道理、是党执政兴国的第一要务的同时，又强调发展必须是科学发展，要坚持以人为本，转变发展观念，创新发展模式，提高发展质量，落实"五个统筹"，把经济社会发展切实转入全面、协调、可持续发展的轨道，着力加快改革开放，着力增强自主创新能力，着力推进经济结构调整和经济增长方式转变，努力推动经济社会又快又好发展，使全体人民共享改革发展的成果。这些就是科学发展观在发展观的问题上赋予马克思主义发展理论的新的时代内涵。科学发展观是当代中国的发展论，是中国特色社会主义理论体系的重要组成部分。

科学发展观的形成，既借鉴和吸取了以往马克思主义发展观中所包含的人类文明成果，又丰富和发展了这个成果。科学发展观第一次系统地运用马克思主义发展的新思想来解决社会主义发展的道路和发展的方向问题，重新审视和协调社会主义条件下人与自然的关系，确定了以人为本和经济社会自然全面协调可持续发展的发展方针，从根本上为解决我国环境与发展的矛盾指明了科学的发展思路，大大拓宽了社会主义发展的视野和领域，是对马克思主义发展观的创造性发展。

科学发展观把以人为本与经济社会全面、协调、可持续发展统一起来，把"发展才是硬道理""坚持科学发展""把发展转入全面协调可持续发展的轨道"三者融为一体,注重经济、社会、政治与文化的共同发展,构建社会主义和谐社会,充分体现了党的发展理论与时俱进的品质。它不仅创造性地提出中国社会主义现代化建设应当走什么发展道路,而且明确地指出这种发展的根本目的是什么。它让我们更加清楚地认识到"为什么发展""为谁发展""靠谁发展""怎样发展"等一系列问题,为我们今后的实践明确了奋斗目标,奠定了科学的理论基础。这正是科学发展观对马克思主义发展理论的创新本质之所在。

四 "四个全面"战略布局与中国特色社会主义理论体系的创新发展

在进入改革开放第二个 30 年的当下中国社会,一方面,社会发展面临着新的时代任务和发展机遇;另一方面,社会矛盾和问题也异常突出和迫切需要解决。国家富强、民族振兴、人民幸福,实现中华民族伟大复兴的中国梦,无疑是实现中国社会新的全面发展和从全局解决社会矛盾和问题的最重要的战略选择。在这样的实践背景下,2014 年 12 月,习近平在江苏调研时,第一次提出要主动把握和积极适应经济发展新常态,协调推进全面建成小康社会、全面深化改革、全面推进依法治国、全面从严治党,推动改革开放和社会主义现代化建设迈上新台阶。2015 年 2月,习近平在省部级主要领导干部学习贯彻十八届四中全会精神全面推进依法治国专题研讨班开班式上,第一次把"四个全面"定位于党中央的战略布局。他说:"这个战略布局既有战略目标,也有战略举措,每一个'全面'都具有重大战略意义。全面建成小康社会是我们的战略目标,全面深化改革、全面依法治国、全面从严治党是三大战略举措。"①"四个全面"体现了时代实践的新要求,是党中央治国理政的重要战略思想,为中国特色社会主义理论体系增添了新的时代内容。

第一,全面建成小康社会。党的十八大报告依据社会主义初级阶段的基本国情,提出了中国特色社会主义建设"五位一体"即经济建设、政治建设、文化建设、社会建设、生态文明建设的总体布局,确定了"确保到二〇二〇年实现全面建成小康社会宏伟目标"的时间表。经济发展需要新常态,治国理政需要新作为。作为战略目标,全面建成小康

---

① 人民日报社评论部编著《"四个全面"学习读本》,人民出版社,2015,第 22 页。

社会必须以发展为基础，发展对于全面建成小康社会具有决定性的意义。然而，发展的内涵非常丰富。发展不等同于单纯的经济增长，以经济建设为中心也不等同于以 GDP 为中心。发展应该是经济、政治、文化、社会和生态的协调发展。所有发展，都要服从和服务于人和社会的全面发展这一根本目标。特别是生态文明建设在全面建成小康社会中具有特别重要的意义。习近平指出："小康全面不全面，生态环境质量是关键。要创新发展思路，发挥后发优势。因地制宜选择好发展产业，让绿水青山充分发挥经济社会效益，切实做到经济效益、社会效益、生态效益同步提升，实现百姓富、生态美有机统一。"① 只有在物质层面和精神层面逐步消除两极分化、逐步实现共同富裕，才能实现国家富强、民族振兴和人民幸福，才能全面建成小康社会。

第二，全面深化改革。全面深化改革是全面建成小康社会的根本动力。为确保 2020 年如期全面建成小康社会的战略目标，进而到 21 世纪中叶建成富强民主文明和谐的社会主义现代化国家，实现中华民族伟大复兴的中国梦，必须要有相应的战略措施，其中首要的是全面深化改革。2013 年 11 月 12 日中国共产党第十八届中央委员会第三次全体会议通过了《中共中央关于全面深化改革若干重大问题的决定》。十八届三中全会部署的全面深化改革，是以经济体制改革为重点，以协同推进经济体制、政治体制、文化体制、社会体制、生态文明体制和党的建设制度改革为主要内容的全面性、系统性、整体性改革，改革涉及的领域之多、范围之广前所未有。可以说，这是自党的十一届三中全会以来党就改革做出的最全面、最系统的一次部署。正因为这样，全面改革就成为党的十八届三中全会决定的重大历史特点。从现实情况来看，全面深化改革需要解决的问题也远比以往更为敏感和复杂，任务更加艰巨而繁重。

"全面深化改革的总目标是完善和发展中国特色社会主义制度，推进国家治理体系和治理能力现代化。必须更加注重改革的系统性、整体性、协同性，加快发展社会主义市场经济、民主政治、先进文化、和谐社会、生态文明，让一切劳动、知识、技术、管理、资本的活力竞相迸发，让

---

① 《习近平的"两座山论"有了顶层设计》，《学习中国》2015 年 9 月 12 日。

一切创造社会财富的源泉充分涌流，让发展成果更多更公平惠及全体人民。"① 全面深化改革的总部署主要有：坚持和完善基本经济制度、加快完善现代市场体系、加快转变政府职能、深化财税体制改革、健全城乡发展一体化体制机制、构建开放型经济新体制、加强社会主义民主政治制度建设、推进法治中国建设、强化权力运行制约和监督体系、推进文化体制机制创新、推进社会事业改革创新、创新社会治理体制、加快生态文明制度建设、深化国防和军队改革、加强和改善党对全面深化改革的领导。"经济体制改革是全面深化改革的重点，核心问题是处理好政府和市场的关系，使市场在资源配置中起决定性作用和更好发挥政府作用。"②

第三，全面依法治国。全面依法治国是全面建成小康社会的战略保障。2014 年 10 月 23 日，中国共产党第十八届中央委员会第四次全体会议审议通过了具有里程碑意义的《中共中央关于全面推进依法治国若干重大问题的决定》。该文件立足我国社会主义法治建设实际，直面我国法治建设领域的突出问题，提出了关于依法治国的一系列新观点、新举措。全面依法治国战略的提出，是同推进国家治理体系和治理能力现代化目标相对应的。全面推进依法治国的总目标是建设中国特色社会主义法治体系，建设社会主义法治国家。这就是，在中国共产党领导下，坚持中国特色社会主义制度，贯彻中国特色社会主义法治理论，形成完备的法律规范体系、高效的法治实施体系、严密的法治监督体系、有力的法治保障体系，形成完善的党内法规体系，坚持依法治国、依法执政、依法行政共同推进，坚持法治国家、法治政府、法治社会一体建设，实现科学立法、严格执法、公正司法、全民守法，促进国家治理体系和治理能力现代化。实现这个总目标，必须坚持中国共产党的领导，坚持人民主体地位，坚持法律面前人人平等，坚持依法治国和以德治国相结合，坚持从中国实际出发。

全面推进依法治国对于全面建成小康社会意义深远。①全面推进依

① 中共中央文献研究室编《十八大以来重要文献选编》（上卷），中央文献出版社，2014，第 512 页。

② 中共中央文献研究室编《十八大以来重要文献选编》（上卷），中央文献出版社，2014，第 513 页。

法治国，有利于推进国家治理现代化（法制化、民主化、科学化、规范化、信息化）。在我们这样一个 13 亿多人口的发展中大国全面推进依法治国，是国家治理领域一场广泛而深刻的革命。国家的现代化由四个现代化（工业、农业、国防和科学技术现代化）变为五个现代化。②有利于依法治权治官。这里的治是规范、管理等意思。它可以给予各级官员以安全感。"红线不能触碰，底线不能逾越。""各级政府必须坚持在党的领导下、在法治轨道上开展工作，创新执法体制，完善执法程序，推进综合执法，严格执法责任，建立权责统一、权威高效的依法行政体制，加快建设职能科学、权责法定、执法严明、公开公正、廉洁高效、守法诚信的法治政府。"③有利于依法保护公民权益。依法治国对于公民来说是权益的"保护伞"。④有利于中国共产党依法执政、科学执政和长期执政。在新的历史条件下，我们党面临着执政、改革开放、市场经济、外部环境"四大考验"，面临着精神懈怠、能力不足、脱离群众、消极腐败"四大危险"。经受考验、化解危险，最根本的是要加强党的自身建设，始终保持党的先进性和纯洁性。坚持依法治国、依法执政，有利于党科学执政、长期执政。

第四，全面从严治党。全面从严治党是全面建成小康社会的坚强保证。我们党是一个拥有 8600 多万名党员，在一个 13 亿多人口的大国长期执政的党，党的形象和威望、党的创造力凝聚力战斗力不仅直接关系党的命运，而且直接关系国家的命运、人民的命运、民族的命运。2014年 10 月 8 日，习近平在党的群众路线教育实践活动总结大会上的讲话中，就新形势下坚持从严治党强调了以下几点。①落实从严治党责任。从严治党，必须增强管党治党意识、落实管党治党责任。②坚持思想建党和制度治党紧密结合。从严治党靠教育，也靠制度，二者一柔一刚，要同向发力、同时发力。③严肃党内政治生活。党内政治生活是党组织教育管理党员和党员进行党性锻炼的主要平台，从严治党必须从党内政治生活严起。④坚持从严管理干部。从严治党，重在从严管理干部。⑤持续深入改进作风。不正之风离我们越远，群众就会离我们越近。我们党历来强调，党风问题关系党的生死存亡。⑥严明党的纪律。纪律不严，从严治党就无从谈起。⑦发挥人民监督作用。得民心者得天下，失民心者失天下，人民拥护和支持是党执政最牢固的根基。⑧深入把握从严治党规律。从严治党有其自身规律，对我们这样一个老党大党来说，从严治党更有其自身规律①。全面从严治党，特别是继续完善制度建设，实现执政党的自我学习、自我完善、自我净化、自我革新、自我提高，确保党始终成为中国特色社会主义事业坚强领导核心，是全面建成小康社会的根本保证。习近平说："实现'两个一百年'奋斗目标、实现中华民族伟大复兴的中国梦，统筹全面建成小康社会、全面深化改革、全面依法治国、全面从严治党，是前无古人的伟大事业，是艰巨繁重的系统工程，必须加强党中央的集中统一领导，以保证正确方向、形成强大合力。"②

五　中国马克思主义理论的内在逻辑及其整体性

"我们党领导的革命、建设、改革伟大实践，是一个接续奋斗的历史过程，是一项救国、兴国、强国，进而实现中华民族伟大复兴的完整事业。"③ 在革命、建设和改革伟大实践中形成了中国马克思主义及其理论形态。中国马克思主义理论有毛泽东思想和中国特色社会主义理论体系两大理论成果。这两大理论成果在主义和理论、世界观方法论和价值取向等方面都继承和发展了马克思主义，既使马克思主义获得了中国风格、中国气派和中国特色，又形成了中国马克思主义理论的内在逻辑及其整体性。

（一）中国马克思主义理论创新发展的内在逻辑

毛泽东的社会主义道路探索虽然遭到了"反右"扩大化、"大跃进"和"文化大革命"的破坏，但在社会主义社会的建设初期所发挥的综合效应是有目共睹的。1956～1979年20多年的艰辛探索，巩固了社会主义制度，发展了社会主义经济，形成了全面系统的社会主义理论，积累了经验，为改革开放奠定了雄厚的物质基础，为中国特色社会主义理论体系的创立和发展开辟了道路。与此同时，毛泽东社会主义道路探索也存在一定的失误和教训。正是纠正这些弊端的新的实践和理论需要，成为

---

① 参见习近平《在党的群众路线教育实践活动总结大会上的讲话》，《人民日报》2014年10月9日，第1版。
② 人民日报社评论部编著《"四个全面"学习读本》，人民出版社，2015，第21页。
③ 习近平：《在纪念毛泽东同志诞辰120周年座谈会上的讲话》，人民出版社，2013，第13页。

改革开放和中国特色社会主义理论体系创立的逻辑起点。

第一，巩固了社会主义制度。1956 年，社会主义改造基本完成，社会主义制度只具雏形。到 1979 年拨乱反正之后，我国人民民主专政的国家制度得到了巩固；以生产资料公有制为基础的、实行按劳分配为主体的经济制度得到发展；以人民代表大会为核心的民主政治制度、民族区域自治制度、中国共产党领导的多党合作和政治协商制度得到加强。这为我国社会主义的发展和进步提供了先决条件。

第二，发展了社会主义经济。20 多年的探索和实践，建立起了独立的和比较完备的工业体系，工业门类齐全，发展速度较快，水平不断提高。国民经济体系相对完善，配套功能逐步加强，社会总产值、国民收入、人民生活水平稳步提高。科学技术突飞猛进，从而为现代化建设奠定了物质基础。

第三，积累了理论和经验。如前所述，在探索社会主义建设的历史进程中，毛泽东开创的中国社会主义发展道路贯穿了唯物辩证思想，以经济建设为中心，同时抓精神思想文化建设；以工业为主导，农轻重协调发展；以自力更生为主，争取外援为辅；在主要自我发展的同时还与外国"做生意"；在主要与友好国家做生意的同时，还与资本主义国家打交道；在学马列、学其他社会主义国家建设经验的同时，还学西方资本主义先进管理经验、科学技术、组织措施；既调动中央的积极性，又调动地方、人民群众的生产积极性；既自身革命又支援世界革命。所有这些都是邓小平理论的光辉起点，是我们进行社会主义现代化建设的宝贵财富。

第四，失误和教训。既然是探索，就难免会出现偏差，甚至发生严重失误，特别是在当时特殊的国内国际环境下。由于对国际形势和发展趋势的估计欠准确，人为夸大敌对阶级的力量，导致对国内主要矛盾的判断失误，使经济建设受到了巨大冲击；对社会主义的认识尚不清楚，追求纯而又纯的生产关系；不实事求是，脱离具体国情，急于求成，违背客观规律等。特别是出现了片面发展模式问题，教训深刻，值得总结。马克思主义基本原理告诉我们，社会可以超越一定的社会形态，但不可超越必需的物质基础条件。近代中国进入社会主义是时代发展的历史必然，但在经济、生产力上则只能循序渐进，不可跳跃。社会主义制度的建立不是对现存物质条件的超越，而是为社会物质生产力以快于资本主义制度条件下的发展速度的发展提供了条件。我国用几年的时间便完成了社会主义经济基础的创建，用十几年的时间初步建成了工业化基础，比起资本主义国家的同类发展不知快了多少倍，这便是社会主义制度优越性的突出表现。以经济建设为中心是社会主义制度的本质要求，也是毛泽东率先明确提出的一切工作的指导方针，可惜的是这一正确方针未能得到始终如一的贯彻执行，在处理物质革命和文化思想建设关系问题上偏离了毛泽东思想的正确轨道。一个社会制度的最终建立必经三大革命：社会革命是前提，物质革命是基础，文化革命是保障。这三者在资本主义制度确立过程中已显出了它们的规律性及其历史作用。若脱离物质革命搞文化革命，会带来两个方面的问题：其一，思想脱离了物质基础，脱离了物质基础的"革命思想"虽可形成但不持久，必须有与之相适应的物质条件加以保护才能使之得以保持长久；其二，物质基础若滞后增长，不仅使超常理性生成的思想成果不能自发带来物质利益，而且思想成果也将不能自保，甚至有可能成为落后物质条件发展的桎梏。理论是行为的先导，伟大的理想是人们行为的路标，然而有效理论必须切合实际才能发挥引导人们前行的功能。建设与一定社会形态内在要求相符合、相适应的社会生产力基础和物质基础，是社会制度最终巩固和确立的必要前提。与此同时，建设与之相配套的科学文化、思想道德、意识形态等精神文明则是社会主义制度得以顺利发展的精神保证。两者应携手共建，配套而行，共同成为"中国特色社会主义"事业的基础。此外，进行中国特色社会主义事业建设，还必须"十个手指弹钢琴"，兼顾各地方和各个层次。

党的十一届三中全会以后，以邓小平为主要代表的中国共产党人，总结新中国成立以来正反两个方面的经验，解放思想，实事求是，实现全党工作中心向经济建设的转移，实行改革开放，开辟了社会主义事业发展的新时期，逐步形成了建设中国特色社会主义的路线、方针、政策，阐明了在中国建设社会主义、巩固和发展社会主义的基本问题，创立了邓小平理论。党的十二大正式提出走建设有中国特色的社会主义道路，并经过不断摸索和总结，形成了建设有中国特色社会主义的理论体系。正如邓小平所说："从许多方面来说，现在我们还是把毛泽东同志已经提出、但是没有做的事情做起来，把他反对错了的改正过来，把他没有做好的事情做好。今后相当长的时期，还是做这件事。当然，我们也有发展，而且还要继续发展。"① 这种继承和发展是辩证统一的。首先，中国特色社会主义理论体系与毛泽东思想的理论原理和根本思路是高度一致的。它们都以辩证唯物主义和历史唯物主义的世界观和方法论分析问题和解决问题，都属于马克思主义理论科学体系。两者都以"实事求是"为思想路线，不固守本本，而是强调走自己的路并形成中国风格。其次，从内容上看，两者的许多观点都有明显的继承性，如以经济建设为中心、坚持四项基本原则、中国社会现阶段的主要矛盾、社会主义存在发展阶段及"三步走"战略、生产力标准、共产党领导的多党合作和政治协商制度等。最后，中国特色社会主义理论体系对毛泽东思想的发展既存在量的积累，也存在质的飞跃，如以经济建设为中心的理论、社会主义市场经济理论、改革开放理论、"一国两制"理论、"科学技术是第一生产力"理论等。正因为如此，中国特色社会主义理论体系既继承了毛泽东思想，又开创了中国马克思主义理论的新境界。

党的十三届四中全会以后，以江泽民为主要代表的中国共产党人，在建设中国特色社会主义的实践中，加深了对什么是社会主义、怎样建设社会主义和建设什么样的党、怎样建设党的认识，积累了治党治国新的宝贵经验，形成了"三个代表"重要思想。党的十六大以后，以胡锦涛为总书记的党中央根据新的发展要求，集中全党智慧，提出了以人为本、全面协调可持续发展的科学发展观。党的十八大以来，以习近平为总书记的党中央依据新的实践需要，将"三个代表"重要思想和科学发展观的一般原则具体化、战略化，在经济、政治、文化、社会、生态和党的建设等方面，全面推进中国特色社会主义理论体系的理论创新，提出"四个全面"战略布局，实现了实践创新和制度创新，标志着中国特色社会主义理论体系基本形成。

（二）中国马克思主义理论世界观方法论的一致性

毛泽东思想和中国特色社会主义理论体系都是以马克思主义世界观方法论为思维逻辑和理论基础的。

---

① 《邓小平文选》第2卷，人民出版社，1994，第300页。

　　习近平在十八届中央政治局第二十次集体学习时系统总结了我们党坚持运用辩证唯物主义世界观方法论的具体方略和基本要求。他说，要学习掌握世界统一于物质、物质决定意识的原理，坚持从客观实际出发制定政策、推动工作。辩证唯物主义并不否认意识对物质的反作用，而是认为这种反作用有时是十分巨大的。我们党始终把思想建设放在党的建设第一位，强调"革命理想高于天"，就是精神变物质、物质变精神的辩证法。要学习掌握事物矛盾运动的基本原理，不断强化问题意识，积极面对和化解前进中遇到的矛盾。问题是事物矛盾的表现形式，我们强调增强问题意识、坚持问题导向，就是承认矛盾的普遍性、客观性，就是要善于把认识和化解矛盾作为打开工作局面的突破口。面对复杂形势和繁重任务，首先要有全局观，对各种矛盾做到心中有数，同时又要优先解决主要矛盾和矛盾的主要方面，以此带动其他矛盾的解决。在任何工作中，我们都既要讲两点论，又要讲重点论，没有主次，不加区别，"眉毛胡子一把抓"，是做不好工作的。要学习掌握唯物辩证法的根本方法，不断增强辩证思维能力，提高驾驭复杂局面、处理复杂问题的本领。要反对形而上学的思想方法，看形势做工作不能盲人摸象、坐井观天、揠苗助长、削足适履、画蛇添足。要加强调查研究，坚持发展地而不是静止地、全面地而不是片面地、系统地而不是零散地、普遍联系地而不是单一孤立地观察事物，准确把握客观实际，真正掌握规律，妥善处理各种重大关系。要学习掌握认识和实践辩证关系的原理，坚持实践第一的观点，不断推进实践基础上的理论创新。我们推进各项工作，要靠实践出真知。理论必须同实践相统一。必须高度重视理论的作用，增强理论自信和战略定力，对经过反复实践和比较得出的正确理论，要坚定不移坚持。要根据时代变化和实践发展，不断深化认识，不断总结经验，不断实现理论创新和实践创新良性互动，在这种统一和互动中发展21世纪中国的马克思主义①。这是对辩证唯物主义时代性发展的概括总结，也是对中国马克思主义自觉运用辩证唯物主义世界观方法论分析解决问题的经验总结。

---

　　① 参见习近平《坚持运用辩证唯物主义世界观方法论提高解决我国改革发展基本问题本领——在十八届中央政治局第二十次集体学习时的讲话》，《人民日报》2015年1月25日，第1版。

习近平在十八届中央政治局第十一次集体学习时，系统总结了我们党坚持运用历史唯物主义世界观方法论的具体方略和基本要求。他说，马克思主义哲学深刻揭示了客观世界特别是人类社会发展一般规律，在当今时代依然有着强大生命力，依然是指导我们共产党人前进的强大思想武器。他强调，在革命、建设、改革各个历史时期，我们党运用历史唯物主义，系统、具体、历史地分析中国社会运动及其发展规律，在认识世界和改造世界的过程中不断把握规律、积极运用规律，推动党和人民事业取得了一个又一个胜利。历史和现实都表明，只有坚持历史唯物主义，我们才能不断把对中国特色社会主义规律的认识提高到新的水平，不断开辟当代中国马克思主义发展新境界。习近平指出，社会存在决定社会意识，要坚持一切从实际出发，按照客观规律办事；要学习和掌握社会基本矛盾分析法，深入理解全面深化改革的重要性和紧迫性；要学习和掌握物质生产是社会生活的基础的观点，准确把握全面深化改革的重大关系；要学习和掌握人民群众是历史创造者的观点，紧紧依靠人民推进改革；要处理好尊重客观规律和发挥主观能动性的关系，勇于推进理论和实践创新，不断深化对改革规律的认识①。这是对历史唯物主义时代性发展的概括总结，也是对中国马克思主义自觉运用历史唯物主义世界观方法论分析解决问题的经验总结。

（三）中国马克思主义理论一般原则的统一性

中国马克思主义理论坚持马克思主义关于社会主义社会基本特征、主要属性和一般原则，例如生产资料社会主义公有制、按劳分配、经济计划发展、马克思主义指导、党的领导、人民民主等，又依据中国的现实，丰富和发展了马克思主义理论。

中国特色社会主义理论体系在坚持马克思主义、毛泽东思想一般原则的前提下，在具体的经济、政治、文化及社会理论方面，则与马克思恩格斯甚至列宁的经典论述不完全一致而具有新的时代内容。因为，马克思关于社会主义和共产主义社会基本特征的设想是建立在资本主义高

---

① 参见习近平《坚持运用辩证唯物主义世界观方法论提高解决我国改革发展基本问题本领——在十八届中央政治局第十一次集体学习时的讲话》，《人民日报》2013 年 12 月 5 日。

度发达基础之上的，有一系列的前置条件：生产力高度发达；全社会占有生产资料；社会主义在多个主要资本主义发达国家同时胜利，在国际格局中占有绝对的比较优势，能够成为世界历史的主导力量；人们的科学文明素养昌明，社会主义和共产主义道德成为社会的主流风尚。这样的前置条件在现实的社会主义初级阶段的中国并不完全具有，而必须在社会主义制度下快速地建构，以奠定社会主义制度的思想文化和物质基础。因此，中国特色社会主义理论体系必然会依据中国现实，提出许多有创见性的思想和理论。社会主义初级阶段论、社会主义本质论、社会主义市场经济论、社会主义和谐社会论等，都是中国特色社会主义理论体系的原创性理论。正如党的十七大报告所强调的那样，中国特色社会主义理论体系，坚持和发展了马克思列宁主义、毛泽东思想，凝聚了几代中国共产党人带领人民不懈探索实践的智慧和心血，是马克思主义中国化的最新成果。在当代中国，坚持中国特色社会主义理论体系就是真正坚持马克思主义。

"我们党领导人民进行社会主义建设，有改革开放前和改革开放后两个历史时期，这是两个相互联系又有重大区别的时期，但本质上都是我们党领导人民进行社会主义建设的实践探索。中国特色社会主义是在改革开放历史新时期开创的，但也是在新中国已经建立起社会主义基本制度并进行了二十多年建设的基础上开创的。……虽然这两个历史时期在进行社会主义建设的思想指导、方针政策、实际工作上有很大差别，但两者决不是彼此割裂的，更不是根本对立的。……不能用改革开放后的历史时期否定改革开放前的历史时期，也不能用改革开放前的历史时期否定改革开放后的历史时期。……要坚持实事求是的思想路线，分清主流和支流，坚持真理，修正错误，发扬经验，吸取教训，在这个基础上把党和人民事业继续推向前进。"① 这既是对我国改革开放前后两个历史时期辩证关系的高度总结，也是对中国马克思主义两大理论成果辩证关系的精辟概述。

① 中共中央文献研究室编《十八大以来重要文献选编》（上卷），中央文献出版社，2014，第111~112页。

第四节　实践思维与中国马克思主义理论创新

实践思维是中国马克思主义理论创新发展的灵魂。实践思维具体表现为中国共产党创新提出的"实事求是"这一思维方法、思维原则和思想路线。

党的思想路线是一切从实际出发，理论联系实际，实事求是，在实践中检验真理和发展真理。党的思想路线在本质上是实践思维。"一切从实际出发"，就是坚持问题导向，从时代的实践课题出发，从具体的实践内容出发；"理论联系实际，实事求是，在实践中检验真理和发展真理"[①]，更是实践思维具体而生动的展示。从这个意义上讲，党的思想路线与实践思维具有内在的统一性。从把马克思主义普遍原理与中国具体实践相结合的角度即马克思主义中国化的思维逻辑来看，"实事求是"是实践思维；从党创造性地发展马克思主义理论的理论创新实践来看，"实事求是"是党的思想路线。

党的思想路线有其创立和完善的过程及其发展逻辑。研究思想路线的提出，揭示其承袭沿革的发展历程，对于揭示实践思维在马克思主义中国化进程中的思维逻辑有着重要的启示价值。

一　思想路线提出及其发展的时代实践背景

所谓思想路线，就是人们面对新的实践所遵循的思维方法，直接地看就是人们思考问题时所遵循的思路即思维路径。在这里，思和想都是在"动词"意义上使用的。人们在现有认识材料或感性认识成果的基础上，对特定对象的"思"——揭示其本质、规律，在对现有对象、客体本质和规律认识的基础之上，对未知事物或方面、层次本质和规律的"想"，都是一种在一定思维路径制约和规范下的思维认识活动。而名词意义上的"思想"则是人们主观意识活动——思与想——的结果，是关于实践认识对象属性、本质、联系及规律的观念结晶。党的思想路线，是一种"集体意识"，是指作为一个集体的党的整体思维路径。

---

① 《江泽民文选》第2卷，人民出版社，2006，第250页。

毛泽东是中国共产党内实事求是思想路线的最早倡导者。毛泽东在1929 年 6 月 14 日写给林彪的信中，首次使用了"思想路线"一词。解读毛泽东论述思想路线的相关论述，我们能够领悟到毛泽东关于思想路线的理论精髓。

第一，思想路线与唯物史观。毛泽东说，"对时局的估量"历来有不同的意见，因此形成了不同的行动意见。而失败的行动是因为当时的领导人"不察当时的环境"，"只知形式地执行湖南省委的命令"。因此，是形式地依据（上级的）主观命令，还是依据"当代的环境"，这是两种根本对立的思想路线。思想路线反映了"两个思想系统的斗争"，是"一切旧思想、旧习惯、旧制度的拥护者和一些反对这种思想、习惯、制度的人作斗争"；这一斗争是"形式主义与需要主义"的斗争。"一种形式主义的理论从远方到来"，这种从"远方到来"的形式主义，是脱离实际需要的洋教条主义。旧思想、旧习惯、旧制度的拥护者则用经验主义看问题。教条主义和经验主义都是只看外在表现的形式主义，是主观的、表面的、片面的思想方法，是形式主义、主观主义的两种表现形式。毛泽东一针见血地深刻指出："形式主义之来源是由于唯心主义。"[1] 在这里，毛泽东事实上提出了哲学世界观、思想路线与实际行动的具体方法之间的关系问题。"于工作上是否有效果，于斗争上是否更形便利，不从需要上实际上去估量，单从形式上去估量，这是什么一种共产主义者的态度呢?! 请问实际弄得不好，形式上弄得再好看又有什么用处呢? ……这种形式论发展下去，势必不问一切事的效果，而只是它的形式，危险将不可胜言。"[2] 为了克敌制胜，必须摒弃形式主义，克服唯心主义。"我们是唯物史观论者，凡事要从历史和环境两方面考察才能得到真相。我现举出了自有四军以来的历史问题的各方面，以证明近日的问题（军委问题，但原则问题）只是历史的结穴，历史上一种错误的思想路线上的最后挣扎。"[3] 历史的问题是历史上一种错误的思想路线的反映。思想路线决定行动的正确与否。因此，凡事要从实际出发，才能得到真相。认识真相，从事物本身的属性出发，不能"抹去了两方的界线"。否则，就会

---

[1] 《毛泽东文集》第 1 卷，人民出版社，1993，第 74 页。
[2] 《毛泽东文集》第 1 卷，人民出版社，1993，第 72 页。
[3] 《毛泽东文集》第 1 卷，人民出版社，1993，第 74 页。

滑到不讲科学、不循规律的"所谓大事化为小事"的庸俗主义上去。

第二，思想路线与政治路线。思想路线是政治路线的观念指导，政治路线是思想路线的现实反映。"形式主义与需要主义"的思想路线反映在政治路线上，就是"个人领导与党的领导"与"军事观点群众观点两种不同的政治路线"的关系。此外，思想路线不是人为的，而有其深厚的客观基础。这就是党的性质。"讨论到个人思想时，不要忘记他的出身、教育和工作历史，这是共产主义者的研究态度。""四军中向来就有一些同志是偏于军事观点的，与站在政治观点即群众观点上的人的意见不合，这是一个很严重的政治路线问题。""偏于军事观点的"的同志，"在会议时候最厌烦的是讨论宣传和组织问题，在游击工作中发展单纯的军事影响而不去发展政治影响"。单纯的军事观点与形式主义一样，是唯心主义思想路线在政治路线上的体现。"唯心主义之来源是由于游民、农民与小资产阶级成分中产生出来的个人主义，这与小团体主义、流寇思想、单纯军事观点等是在一条路线基础上的，只是一个东西。这种思想发展的另一方面必定是分权主义——也是代表游民、农民、小资产阶级的一种思想，而与无产阶级的斗争组织（无论是阶级的组织——工会，与阶级先锋队的组织——共产党，或它的武装组织——红军）不相容的。""虚荣心、夸大、英雄思想等等腐败思想，都是以个人主义一个为头发出来的。""群众观点"的政治路线，是唯物史观的生动体现和必然要求，与"科学化、规律化"的思想路线是一致的，也是与无产阶级及劳动人民阶级属性和党的领导相适应的。他说："共产主义者的思想和行动总要稍为科学一点才好，而一部分同志则恰恰与科学正相反对，一篇演说、一个行动已可以找出很多的矛盾出来。"所以有人认为："'你乱说就是，横直他们只晓得那多'，这是何种非科学的态度！稍为进步一点的军队，就需要规律化。"

第三，思想路线与指导路线。毛泽东还提到"组织方面的""指导路线"问题。作为思想路线的现实反映，政治路线必须具体转化为指导路线，才能落到实处。毛泽东举例说："两种不同的意见最显明的莫过于军委问题的争论。少数同志们硬是要一个军委，骨子里是要一个党的指导机关拿在他们的手里，以求伸张那久抑求伸的素志（与历来指导路线不同的另一指导路线），然而表现出的理由仍然是冠冕堂皇的，可惜完全是一种形式主义罢了。"①

在 1930 年 5 月的《反对本本主义》一文中，毛泽东明确提出"共产党人从斗争中创造新局面的思想路线"②的命题。共产党人开创斗争新局面应遵循什么思想路线呢？一要反对"本本主义"即教条主义。"不根据实际情况进行讨论和审察，一味盲目执行，这种单纯建立在'上级'观念上的形式主义的态度是很不对的。为什么党的策略路线总是不能深入群众，就是这种形式主义在那里作怪。"二要正确地对待"本本"。怎样才能发挥"本本"的作用呢？必须理论联系实际。三要注重调查研究，洗刷唯心主义。"必须洗刷唯心精神，防止一切机会主义盲动主义错误出现，才能完成争取群众战胜敌人的任务。必须努力作实际调查，才能洗刷唯心精神。"四要把马克思主义基本理论与中国实际相结合。毛泽东明确指出："中国革命斗争的胜利要靠中国同志了解中国情况"！③

毛泽东于 1937 年 7~8 月撰写的哲学著作《实践论》和《矛盾论》，为实事求是思想路线的形成奠定了坚实的哲学基础。

在 1938 年中国共产党六届六中全会所做的《论新阶段》的政治报告中，毛泽东第一次使用了"实事求是"概念，提倡"共产党员应是实事求是的模范，又是具有远见卓识的模范"，并提出要"使马克思主义在中国具体化"的命题④。毛泽东指出："马克思、恩格斯、列宁、斯大林的理论，是'放之四海而皆准'的理论。不应当把他们的理论当作教条看待，而应当看作行动的指南。"但是，马克思主义必须和我国的具体特点相结合并通过一定的民族形式才能实现。马克思列宁主义的伟大力量，就在于它是和各个国家具体的革命实践相联系的。对于中国共产党来说，就是要学会把马克思列宁主义的理论应用于中国的具体的环境，成为伟大中华民族的一部分而和这个民族血肉相连的共产党员。离开中国特点来谈马克思主义，只是抽象的空洞的马克思主义。因此，使马克思主义在中国具体化，使之在其每一表现中带着必须有的中国的特性，即是说，

---

① 上述引文未注明的，均参见《毛泽东文集》第 1 卷，人民出版社，1993，第 64~77 页。

② 《毛泽东选集》第 1 卷，人民出版社，1991，第 116 页。

③ 《毛泽东选集》第 1 卷，人民出版社，1991，第 111~115 页。

④ 《毛泽东选集》第 2 卷，人民出版社，1991，第 522、534 页。

按照中国的特点去应用它，成为全党亟待了解并亟须解决的问题。"洋八股必须废止，空洞抽象的调头必须少唱，教条主义必须休息，而代之以新鲜活泼的、为中国老百姓所喜闻乐见的中国作风和中国气派。"① 实事求是就是具有中国作风、中国气派的中国马克思主义的思想路线。

1941 年 5 月毛泽东在《改造我们的学习》中，第一次对"实事求是"的概念做出了科学解释，把实事求是提高到对待马克思列宁主义的根本态度和党性原则的高度。他说："中国共产党的二十年，就是马克思列宁主义的普遍真理和中国革命的具体实践日益结合的二十年。……马克思列宁主义的普遍真理一经和中国革命的具体实践相结合，就使中国革命的面目为之一新。"② 学习马克思列宁主义必须遵循一条基本原则：理论和实际统一。为此，必须反对"主观主义"的态度。那么马克思主义的态度是什么呢？马克思主义的态度"就是应用马克思列宁主义的理论和方法，对周围环境作系统的周密的调查和研究"，就是有的放矢。"这种态度，就是实事求是的态度。'实事'就是客观存在着的一切事物，'是'就是客观事物的内部联系，即规律性，'求'就是我们去研究。我们要从国内外、省内外、县内外、区内外的实际情况出发，从其中引出其固有的而不是臆造的规律性，即找出周围事变的内部联系，作为我们行动的向导。"③ 这样的内涵，体现了"实事求是"是唯物论、唯物主义认识论、唯物辩证法与方法论的统一，标志着实事求是思想路线基本形成。中国共产党七大把毛泽东倡导的实事求是确立为全党的思想路线。

综上所述，可以得出以下几个结论。

第一，毛泽东提出"思想路线"问题，是为了克服党内、军队内存在着的教条主义、经验主义等形式主义，直接目的是取得事业的胜利，更为重要的目的是探寻一条正确的理论研究方法，使马克思主义的普遍真理与中国具体实际相结合，创立具有中国作风和中国气派的中国化马克思主义。可以说，思想路线是党的事业的生命线。

第二，在毛泽东的思想深处，思想路线与世界观、认识论和方法论是密切相关的。毛泽东强调，党的思想路线的哲学基石是唯物史观。因

---

① 参见《毛泽东选集》第 2 卷，人民出版社，1991，第 533～534 页。

② 《毛泽东选集》第 3 卷，人民出版社，1991，第 795～796 页。

③ 《毛泽东选集》第 3 卷，人民出版社，1991，第 800～801 页。

此，在 1929 年 6 月，毛泽东提出的"思想路线"概念和问题，是建立在唯物史观的世界观、认识论和方法论基础之上的，是科学的。《实践论》和《矛盾论》，更是为思想路线的探索提供了厚实的哲学基础。在唯物史观指导下，毛泽东逐渐明晰了关于思想路线的具体内容。从 1929 年 6 月的"科学化、规律化"，到 1941 年 5 月是"实事求是"，思想路线的根本内容从此便确定下来了。

第三，思想路线与政治路线和组织路线是相互联结的整体。今天党章规定的"党的领导主要是政治、思想和组织的领导"的思想与毛泽东探索的初衷是一脉相承的。

第四，实事求是思想路线的确立，为马克思主义中国化奠定了深厚的世界观、认识论和方法论基础，是马克思主义不断中国化的理论前提和思维路径；实事求是的内涵，内在地包含着解放、创新、务实等意蕴，是中国特色社会主义思想路线的"酵母"，为中国特色社会主义思想路线的创立、丰富和完善，奠定了直接的理论基础。

"毛泽东思想活的灵魂是贯穿其中的立场、观点、方法，它们有三个基本方面，这就是实事求是、群众路线、独立自主。"① 在新的历史条件下，邓小平领导全党恢复了党的实事求是的思想路线，将思想路线表述为"解放思想，实事求是"，并将党的思想路线升华为中国特色社会主义事业的工作路线即指导思想，创立了中国特色社会主义的思想路线。

1978 年关于真理标准的讨论，打破了"两个凡是"的新教条主义的束缚，解放了人们的思想，为党的思想路线的恢复和发展提供了前提条件。1978 年底召开了中共中央工作会议和十一届三中全会。这两次会议把党的思想解放推向了新的高潮。在中共中央工作会议闭幕会上，邓小平做了题为《解放思想，实事求是，团结一致向前看》的讲话，成为即将召开的十一届三中全会的思想先导。"我们党的十一届三中全会的基本精神是解放思想，独立思考，从自己的实际出发来制定政策。"② 十一届三中全会是新中国成立以来中国共产党历史上具有深远意义的伟大转折。这次全会重新确立了党的解放思想、事实求是的思想路线，实行改革开

① 中共中央文献研究室编《十八大以来重要文献选编》（上卷），中央文献出版社，2014，第 695 页。
② 《邓小平文选》第 3 卷，人民出版社，1993，第 260 页。

放，集中力量进行社会主义现代化建设，开始走上了建设有中国特色社会主义的新道路。从这个意义上讲，邓小平理论是中国特色社会主义理论体系的开端。

邓小平创立中国特色社会主义理论，遵循了实事求是的思想路线。在《坚持党的思想路线改进工作方法》一文中，邓小平对实事求是的思想路线重新做出了概括。他说："马克思、恩格斯创立了辩证唯物主义和历史唯物主义的思想路线，毛泽东同志用中国语言概括为'实事求是'四个大字。实事求是，一切从实际出发，理论联系实际，坚持实践是检验真理的标准，这就是我们党的思想路线。"① 特别是，针对当时思想僵化的现状，邓小平着力强调了解放思想，并阐明了解放思想的含义以及解放思想与实事求是的关系。他指出："一个党，一个国家，一个民族，如果一切从本本出发，思想僵化，迷信盛行，那它就不能前进，它的生机就停止了，就要亡党亡国。"② 因此，要真正坚持实事求是，就必须解放思想。那么，什么是解放思想呢？"我们讲解放思想，是指在马克思主义指导下打破习惯势力和主观偏见的束缚，研究新情况，解决新问题。"③ "解放思想，就是使思想和实际相符合，使主观和客观相符合，就是实事求是。"④ 邓小平将思想路线发展成为解放思想、实事求是，比较完整地表述了中国特色社会主义思想路线的内涵，丰富和发展了毛泽东关于思想路线的思想，标志着中国特色社会主义思想路线的创立。

邓小平对思想路线的新规定，与毛泽东"实事求是"思想路线的意蕴是一脉相承的：两者都强调了"实事求是"这一最本质的规定，在精神实质上是一致的。因此，实事求是思想路线的核心。但是，在新的历史条件下，邓小平还特别强调了"一切从实际出发，理论联系实际，坚持实践是检验真理的标准"，强调了"解放思想"这一振聋发聩的命题，更加明确地指出了思想路线应遵循的行动准则、实践主旨和判断标准，为思想路线增添了新的内涵。

"一切从实际出发"是实事求是的本质要求，也是坚持实事求是的

---

① 《邓小平文选》第 2 卷，人民出版社，1994，第 278 页。
② 《邓小平文选》第 2 卷，人民出版社，1994，第 143 页。
③ 《邓小平文选》第 2 卷，人民出版社，1994，第 279 页。
④ 《邓小平文选》第 2 卷，人民出版社，1994，第 364 页。

前提和基础。"实际"包括真实的情况及人们的实践或行动。对于指导中国革命和建设的全局而言，从实际出发，就是从中国的国情出发。当年，毛泽东强调要一切从实际出发，没有调查没有发言权，必须成为全党干部的思想和行动的首要准则。今天，邓小平再次强调一切从实际出发，也成为改革开放、社会主义现代化建设事业顺利发展的首要准则。

"理论联系实际"是贯彻实事求是思想路线的实践途径；就是要有目的的去研究马克思主义理论，使理论切合中国的实际情况；必须把握和运用对中国革命、建设和改革的实际有方法论指导意义和直接指导意义的科学理论；必须在科学理论指导下开展对于中国的历史和现实实际问题的调查和研究；理论联系实际的结果，必须是获得关于中国实际问题的规律性的认识，并使之上升为理论。这是马克思主义的学风，是反对和克服教条主义、经验主义的法宝。

"坚持实践是检验真理的标准"是判断是否坚持实事求是思想路线的验证标准。检验真理的标准是社会实践，这是确定的，但它又有不确定性、相对性。就总的指导思想来说，一方面，一个认识正确与否，终究是能够在实践中得到检验的；另一方面，实践对一个认识的检验往往不是一次完成的，常常需要反复检验。同时，坚持"实践是检验真理的标准"，是贯彻实事求是思想路线的根本目的，深刻地揭示了实事求是的目的和归宿——坚持真理、修正错误，创新理论、发展真理。

"解放思想"是实事求是的内在要求和前提，观念僵化和思想保守永远不可能达到实事求是。实事求是是解放思想的目的和归宿，两者统一于改革开放和现代化建设的伟大实践。

改革开放和现代化建设的伟大实践需要与之相适应的思想路线做保障。作为国家的执政党，党的思想路线必须化为实际工作的指导思想。邓小平适时地将党的思想路线升华为中国特色社会主义事业的一般工作路线。首先，他把思想路线与实现四个现代化结合起来，认为："实事求是，是无产阶级世界观的基础，是马克思主义的思想基础。过去我们搞革命所取得的一切胜利，是靠实事求是；现在我们要实现四个现代化，同样要靠实事求是。"[①]"二十年的历史教训告诉我们一条最重要的原则：

---

① 《邓小平文选》第2卷，人民出版社，1994，第143页。

搞社会主义一定要遵循马克思主义的辩证唯物主义和历史唯物主义，也就是毛泽东同志概括的实事求是，或者说一切从实际出发。"① 其次，他把思想路线与政治路线和组织路线结合起来，认为："我们有正确的思想路线，有正确的政治路线，如果组织问题不解决好，正确的政治路线的实行就无法保证，我们向党和人民就交不了帐。""道理很明显，只是确定了正确的思想路线和政治路线，确定了实现四个现代化的目标还不够，还需要有人干。"② 最后，他认为，解放思想必须真正解决问题。不解放思想不行，甚至于包括什么叫社会主义这个问题也要解放思想。经济长期处于停滞状态总不能叫社会主义。人民生活长期停止在很低的水平总不能叫社会主义。"解放思想，也是既要反'左'，又要反右。三中全会提出解放思想，是针对'两个凡是'的，重点是纠正'左'的错误。后来又出现右的倾向，那当然也要纠正。"③

　　总之，作为中国特色社会主义思想路线，解放思想、实事求是是中国特色社会主义建设和改革事业的精神保障，是引领社会前进的强大力量。社会实践是不断发展的，我们的思想认识也应不断前进，应勇于和善于根据实践的要求进行创新。要坚持实践是检验真理的唯一标准，一切从实际出发，自觉地把思想认识从那些不合时宜的观念、做法和体制中解放出来，从对马克思主义的错误的和教条式的理解中解放出来，从主观主义和形而上学的桎梏中解放出来，努力开拓中国特色社会主义理论的新境界。

　　2002 年江泽民在中国共产党第十六次全国代表大会的报告中，明确提出"解放思想、实事求是、与时俱进"的思想路线，彰显了思想路线中的创新思想。"坚持党的思想路线，解放思想、实事求是、与时俱进，是我们党坚持先进性和增强创造力的决定性因素。与时俱进，就是党的全部理论和工作要体现时代性，把握规律性，富于创造性。能否始终做到这一点，决定着党和国家的前途命运。"④ 由此可见，与时俱进是新的实践提出的新课题，是解放思想、实事求是的必然要求，解放思想无止

① 《邓小平文选》第 3 卷，人民出版社，1993，第 118 页。
② 《邓小平文选》第 2 卷，人民出版社，1994，第 222、225 页。
③ 《邓小平文选》第 2 卷，人民出版社，1994，第 379 页。
④ 《江泽民文选》第 3 卷，人民出版社，2006，第 537 页。

境，实事求是要一贯，它们结合在一起就是要与时俱进。与时俱进的本质是解放思想和实事求是的结合和统一。

2006年10月，党的十六届六中全会通过了《中共中央关于构建社会主义和谐社会若干重大问题的决定》。该文件指出，我国已进入改革发展的关键时期，经济体制深刻变革，社会结构深刻变动，利益格局深刻调整，思想观念深刻变化。这种空前的社会变革，给我国发展进步带来了巨大活力，也必然带来这样那样的矛盾和问题。要建构民主法治、公平正义、诚信友爱、充满活力、安定有序、人与自然和谐相处的社会主义和谐社会，必须坚持科学发展观。2007年10月，党的十七大报告进一步指出，科学发展观，第一要义是发展，核心是以人为本，基本要求是全面协调可持续，根本方法是统筹兼顾。这些内容都是"求真务实"思想路线的结晶。求真务实与实事求是一样，是辩证唯物主义和历史唯物主义一以贯之的科学精神；求真务实，更多地体现了实事求是、扎实务实的思想作风和工作作风，是中国特色社会主义思想路线的核心内容。

当前我国改革已进入攻坚期和深水区。全面深化改革涉及市场体系、经济制度、宏观调控、社会活力、公平正义、党的建设等全局性、战略性课题。"中国是一个大国，决不能在根本性问题上出现颠覆性错误，一旦出现就无法挽回、无法弥补。"① 习近平治国理政的系列重要讲话，体现了实事求是，解放思想、与时俱进、求真务实的精神，"三严三实"②更是将党的思想路线与党的作风建设联系起来，实现了党的思想路线与组织路线的结合，使党的思想路线具体化、制度化，成为"全面从严治党"的战略措施。

总之，党在不同时期根据不同实践环境和具体任务，针对在贯彻实事求是思想路线中存在的突出问题，分别突出强调解放思想、与时俱进、求真务实、"三严三实"等，其目的和归宿都是实事求是，都是实践思维。正是因为党的思想路线的实质和核心是实事求是，我们通常把党的思想路线简明概括为"实事求是"，把党的思想路线简称为"实事求是的思想路线"。

---

① 中共中央文献研究室编《十八大以来重要文献选编》（上卷），中央文献出版社，2014，第438~439页。

② "三严三实"即严以修身、严以用权、严以律己，谋事要实、创业要实、做人要实。

二　问题意识与创新路径

"我们党领导人民干革命、搞建设、抓改革，从来都是为了解决中国的现实问题。对待矛盾的正确态度，应该是直面矛盾，并运用矛盾相辅相成的特性，在解决矛盾的过程中推动事物发展。"① 从党的思想路线到中国特色社会主义的思想路线，其提出和发展、完善，都面对着亟待解决的重大的实践和理论问题，都有其客观依据，都有其非同寻常的实践意义。探寻思想路线的问题意识与创新路径，揭示其发展的内在逻辑，分析其实践价值，对于我们深化中国马克思主义两大理论成果整体性的认识，至关重要。

马克思主义中国化的理论创新起源于马克思主义在中国广泛传播之后。党的早期领导人李大钊等人曾经提出，要把马克思主义应用到中国实践当中去。瞿秋白、李达亦曾指出，必须应用马克思主义于中国国情。但是，在党的幼年时期，人们并没有认识到这一思想的重要性。应该说，直到1938年10月毛泽东明确提出"使马克思主义在中国具体化"的时代任务，马克思主义中国化、中国马克思主义及其理论的创立才真正成为中国共产党人一种高度自觉的理论创新活动。

理论创新离不开具体的思维活动。思维一般特指理性认识及其活动过程，是对客观事物间接、概括的反映，因而是本质和规律的反映。思维的对象是现实的问题。对现实问题的理论分析取决于具体的思维方法。历史与逻辑是一致的。解决现实的问题是马克思主义中国化的历史起点。因此，强烈的问题意识也是马克思主义中国化首要的思维路径。那么，马克思主义中国化面临的现实问题是什么呢？

一是如何克服教条主义和经验主义的问题。中国共产党成立之初，各方面都处在"幼年期"。当时，理论上直接"拿来"马克思列宁主义的经典文本，政治上俯首听命于苏联的意旨，组织上绝对服从共产国际及其代表的领导指挥。这些从"远方到来"（毛泽东语）的思想理论和政治决策，主要是通过知识分子出身的中央或高级领导层次的"教条主

---

① 习近平：《坚持运用辩证唯物主义世界观方法论提高解决我国改革发展基本问题本领——在十八届中央政治局第二十次集体学习时的讲话》，《人民日报》2015年1月25日。

义"体现出来的，容易与中国具体实际相脱离。与此同时，广大的基层党员和干部，则大多是文化水平不高的农民、工人或小资产阶级出身，其中有的人有着天然的"经验主义"趋向。教条主义与经验主义都是与中国革命实际相分离的形式主义、主观主义。

二是如何处理好不同"派别"的关系问题。教条主义与经验主义不仅仅是思想路线问题。在当时的中央苏区，教条主义与经验主义是通过政治路线和组织路线表现出来的，形成了不同"派系"和"路线"的差别及斗争。这样的差别与斗争，严重消解了初生的中国共产党的力量，对党的生存和发展构成了直接的现实威胁。因此，要凝聚力量，维护中央团结和党的统一，就必须解决好中央与地方、上级与下级、内部与外部的政治路线和组织路线问题，而解决好政治路线和组织路线问题的前提和关键，是解决思想路线问题。解决思想路线的核心则是要处理好"本本"与实际、"远方到来"的"本本"与自身理论创新的"本本"的关系问题。

在解决"本本"与实际、"远方到来"的"本本"与自身理论创新的"本本"关系时，毛泽东创造性地提出了"实事求是"的思想路线。所谓思想路线，也叫认识路线，即理论创新的方法，直接地看就是人们思考问题、进行理论创作时所遵循的思路或思维方式。党的思想路线是一种"集体意识"，是指作为一个集体的党的整体思维方式。毛泽东提出的实事求是的思想路线，解决了马克思主义中国化的思维路径问题，开创了马克思主义中国化即中国马克思主义创立的现实道路。由此可见，思想路线的提出是中国化马克思主义创立的思维逻辑起点。

实事求是的思想路线，是具有鲜明中国作风和中国气派的唯物主义思维方式。它有强烈的实践精神和问题意识，带着理论联系实际的根本价值指归；既有深厚的中国传统文化的基脉，容易走入广大人民群众的生活和实践，又有新鲜的马克思主义的世界观、方法论和认识论品位，能够与"远方到来"的"本本"相衔接，为创新中国化马克思主义提供了理论基石；还能够与"头头脑脑"的思维习惯相契合，为改造其学习和思想设置了思维条件；特别是为党自身的理论创新开辟了一条与形式主义、主观主义迥然有别的新路。遵循这一思想路线，必须克服教条主义和经验主义等形形色色的形式主义、主观主义，必须做到把马克思主义的基本原理与中国革命的具体实际相结合，把马克思主义具体化、中国化，创造性地发展马克思主义，创立中国马克思主义。实事求是思想路线的提出，更为深远的意义则在于解决政治路线和组织路线问题。可以说，实事求是的思想路线既是马克思主义中国化的思维基础，也为解决当时诸多棘手的重大问题找到了一条行之有效的现实道路。

粉碎"四人帮"以后，中共中央开展了两项工作：一是在全国范围内进行揭批"四人帮"运动，二是努力恢复和发展生产。这两项工作开展得很有成效。但是，1977 年 2 月《人民日报》发表的元旦社论里提出了"两个凡是"（凡是毛主席做出的决策，我们都坚决维护，凡是毛主席的指示，我们都始终不渝地遵循）的观点。一场冲破"两个凡是"思想束缚的思想解放运动已势在必行。最早出来反对"两个凡是"观点的是邓小平同志。在当时，否定"两个凡是"需要智慧和勇气，需要解放思想。"只有思想解放了，我们才能正确地以马列主义、毛泽东思想为指导，解决过去遗留的问题，解决新出现的一系列问题，正确地改革同生产力迅速发展不相适应的生产关系和上层建筑，根据我国的实际情况，确定实现四个现代化的具体道路、方针、方法和措施。"① 只有解放思想才能否定新的教条主义；只有否定了"两个凡是"，中国才能开启改革开放的航船，开始新的伟大长征。所以，在实事求是的基础上，邓小平突出强调"解放思想"，是历史的必然。没有解放思想，就没有邓小平理论。

中国共产党十五大以后，我国经受住了亚洲金融危机冲击，战胜了特大洪涝灾害，充分体现了党的执政能力的强大，但在党的建设方面却出现了一些难题。一是腐败现象不断蔓延滋生，严重损害了党的形象。二是 20 世纪 90 年代以来，非公有制经济在国民经济中所占的比例越来越大，社会性质和党的性质遭到质疑。如何解决这些难题？如何在改革开放和现代化建设新的社会环境下增强党执政的合法性，巩固党的执政地位？必须创新党建理论。创新理论，与时俱进，为中国特色社会主义理论增添新的内容，是刻不容缓的时代紧要课题。因此，在"解放思想，实事求是"的前提下，江泽民强调"与时俱进"是顺理成章的。

进入新世纪新阶段，我国发展面临的机遇和面对的挑战都是前所未

---

① 《邓小平文选》第 2 卷，人民出版社，1994，第 141 页。

有的；改革进入深水区，遇到的都是深层次的矛盾和问题。特别是我国经过20多年跨越式的大发展，在取得历史性伟大成就的同时，存在的矛盾和问题也是最多的，西方国家几百年中分阶段出现的矛盾和问题，在我国几乎同时一次性地出现了。在这种情况下，只有解放思想，求真务实，才能形成新思路，拿出新办法，去解决这些新问题。科学发展、和谐发展及和平发展，就是求真务实的结果。同时，经过多年的实践创新和理论创新，中国特色社会主义理论比较成熟和完善，对于执政党而言，重要的是求真务实、重在落实。求真务实与实事求是一样，是辩证唯物主义和历史唯物主义一以贯之的科学精神。求真务实，更多地体现了实事求是、扎实务实的思想作风和工作作风，是中国特色社会主义思想路线的核心内容。

党的十八大以后，习近平强调，围绕现实重大课题，"要有强烈的问题意识，以重大问题为导向，抓住关键问题进一步研究思考，着力推进解决我国发展面临的一系列突出矛盾和问题"①。特别是面对"体制内"滋生的腐败毒素，党风廉政建设和反腐败斗争及巩固社会主义社会经济基础、政治基础、思想文化基础和执政党的群众基础等固本强基工程具有战略性和紧迫性，许多阻滞观念难以消解②，许多固化的利益堡垒难以攻破，在世界观方法论或一般原则的基础上，同时以猛药去疴、重典治乱的决心，以刮骨疗毒、壮士断腕的勇气和超越的政治智慧予以顶层设计，以战略布局的权威性，发挥执政党的组织优势，以"三严三实"的作风落到实处。

综上所述，思想路线是中国特色社会主义实践创新和理论创新的法宝。实事求是内在地蕴涵着解放思想、与时俱进、求真务实和"三严三实"等内容。这些内容在中国革命、建设和改革实践历程中得以逐渐展开，形成了党的思想路线的根本内容。"实践发展永无止境，解放思想永无止境，改革开放永无止境。"③ 中国特色社会主义道路探索和发展的历

---

① 中共中央文献研究室编《十八大以来重要文献选编》（上卷），中央文献出版社，2014，第497页。
② 参见夏建国《和谐社会的实践基础研究》，武汉大学出版社，2013，第126～163页。
③ 中共中央文献研究室编《十八大以来重要文献选编》（上卷），中央文献出版社，2014，第511页。

史表明，我们在前进中所取得的每一次进步、所获得的每一个成就，都离不开思想路线。同样，全面建成小康社会、全面深化改革、全面依法治国、全面从严治党，实现"两个一百年"的目标更需要思想路线。唯物辩证法告诉我们，矛盾是事物发展的动力。事物总是不断向前发展的，在发展过程中总会遇到各种各样的矛盾，旧的矛盾解决了，新的矛盾又会产生，我国的改革开放事业就是在不断解决矛盾中向前发展的。必须不断解放思想，实事求是，与时俱进，求真务实，始终站在时代前列和实践前沿，推进改革开放和现代化建设事业的健康、顺利发展。

三　马克思主义理论与中国实践研究的几个问题

为了从整体上科学地理解马克思主义理论在中国的整体发展，应特别注意以下几个方面的问题。

一是科学对待马克思主义理论与中国马克思主义理论的关系问题。以马克思的名字命名的马克思主义是一块"整钢"，其主义是一脉相承的，其理论是一以贯之的。这个理论体系由马克思恩格斯创立和建构的，中国马克思主义则继承和发展了这个理论体系的基本精神。因此，中国马克思主义是马克思主义历史发展长河中的新阶段、新形式，彰显着马克思主义的时代意义和当代价值。

正是马克思主义理论从而中国马克思主义理论的内在一致性，决定了马克思主义理论的整体性，既决定了马克思主义理论与中国马克思主义理论的整体性，亦决定了中国马克思主义两大理论成果的整体性。在整体性的逻辑范式内，马克思主义中国化的理论成果都是"中国马克思主义理论"的有机组成部分，其革命、建设和改革的思想，既是在时间的维度上历史地联系在一起的整体，又是在空间的维度上叠加地存在的统一整体，同时也为马克思主义中国化的未来发展提供了充足的时间和广阔的空间。

二是从实践出发，理论联系实际。坚持从实践出发，从实际出发，理论联系实际，实事求是，在实践中检验真理和发展真理，是马克思主义最重要的理论品质。这种与时俱进的理论品质，是160多年来马克思主义理论始终保持蓬勃生命力的关键所在。所谓从实践出发、理论联系实际，就是以马克思主义理论为指导，联系国际国内的大局，联系时代的实践主题，联系社会实际，去观察和分析问题。"马克思的整个世界观不是教义，而是方法。它提供的不是现成的教条，而是进一步研究的出发点和供这种研究使用的方法。"① 马克思主义理论来自实际实践，经过实际实践所检验，在实际实践中不断发展，因而符合实际，能够指导实践。实际实践是马克思主义理论丰富发展的源头活水。在理论联系实际的过程中，要始终注意反对两个教条——对马克思主义及对西方言论的教条式理解。马克思主义是科学，对待科学必须有科学的态度。倘若教条式地理解科学，就必然将其神化，从而教义化、凝固化、僵化，进而实用主义化、庸俗化，科学的东西便走向了自己的反面。当前，对马克思主义的教条式理解比较式微。然而，"全盘西化"，对西方言论不加分析批判地照搬照抄，囫囵吞枣，食洋不化等洋教条的问题，在"对外开放"的背景下则不那么引起人们的注意。西方社会有许多"马克思主义研究成果"，其中不乏部分可取之处，但是，有许多所谓的"研究成果"是值得警惕的。他们用"特殊"的语言习惯、话语系统和理解范式、思想体系，对马克思主义进行"新的阐释"。他们试图把马克思主义纳入其"可控的"思想范围，然后将其肢解、歪曲了的"马克思主义"输入那些信仰马克思主义的国家，对其进行理论和意识形态操纵，达到"不战而胜"的目的。这样的企图并不是一般的人能够识别得了的。更有甚者，许多"食洋不化"的人欢迎、接受这样的"马克思主义"。这样的"洋教条"问题必须引起我们的高度警惕。

三是理论武装人民群众的现实实践活动。"我们应当相信群众，我们应当相信党，这是两条根本的原理。如果怀疑这两条原理，那就什么事情也做不成了。"② 中国马克思主义理论必须武装人民群众，指导实践，避免理论与实际脱节。如果不与实践相结合，不化为人民群众的自觉行动，再好的理论也将是空中楼阁。理论如果脱离实际，远离实践，那么，理论与实践势必成为"两张皮"。没有理论的实践是盲目的，脱离实践的理论是空洞的。与实践相脱离的理论会被实践所抛弃，而脱离理论的实践将失之无序。

---

① 《马克思恩格斯文集》第10卷，人民出版社，2009，第691页。
② 《毛泽东文集》第6卷，人民出版社，1999，第423页。

　　四是区分理论基础与具体方针政策。毛泽东说："领导我们事业的核心力量是中国共产党。指导我们思想的理论基础是马克思列宁主义。"①指导我们思想的理论基础是马克思列宁主义，在当代中国，毛泽东思想和邓小平理论、"三个代表"重要思想、科学发展观、习近平系列重要讲话，作为马克思主义中国化的思想理论成果，理所当然是我国社会实践的指导思想。指导思想主要体现在世界观、方法论、思想精神实质等方面，这些内容必须渗透在具体的方针政策之中，转化为具体的、可操作的方针政策。马克思主义理论只有转化成为具体的方针政策，才能为群众所理解、掌握，最终转化为群众的力量，实现其改变世界的实践功能。然而，理论基础是相对稳定的，而具体的方针政策则是经常变动的。理论基础是真理性的根本原则，而具体的方针政策则是真理性的根本原则的表现形式。因此，我们不能将相对稳定的根本原则、真理与经常变动的表现形式——具体方针政策——混为一谈，否则就会将具体方针政策的不完善、不妥当之处，归结为指导思想；更不能将具体方针政策执行过程中出现的问题，归咎于指导思想，从而怀疑其科学性，动摇其指导地位。

　　五是加强理论研究和建设。马克思主义理论是科学，科学的理论同样需要新的理论素养来滋润。要提升马克思主义理论在人类发展中的地位和作用，就必须加强马克思主义理论研究和建设。经济不是最先进的民族，在一定条件下可以成为文化的"第一小提琴手"，引领世界思想潮流。从经济实力上讲，我国不是当今世界上最发达的国家，但我国的马克思主义理论研究和建设却具有经济发达国家不可比拟的优势。马克思主义代表着时代主流和社会发展方向，体现着广大人民的意愿和要求。如果说中国古代文化曾经奠定世界文明轴心期的基础，引起人类历史发展的巨大飞跃的话，那么，随着中国马克思主义理论研究和建设工程的实施，随着中国特色社会主义先进文化的建设和发展，马克思主义理论将再一次引领世界文化潮流，推动人类文明的发展。

---

① 《毛泽东文集》第6卷，人民出版社，1999，第350页。

结语 实践与马克思主义理论
整体的逻辑构架

"问渠哪得清如许，为有源头活水来。"社会的"实践时空"常在，马克思主义理论的"理论时空"常青。实践过去是、今天是、未来还是马克思主义理论的源头活水，是永葆其理论魅力的不竭动能。

当代实践主题、实践主体及实践主旨的新内容新特点，必将促进马克思主义理论获得新的时代内容，展现新的时代风貌。当下中国，正处于自1919年五四运动以来"未有之大变局"。实现国家富强、民族振兴、人民幸福的中国梦的伟大实践，对中国马克思主义的创新发展提出了许多鲜活的实践课题，必将推进中国马克思主义的理论创新和实践创新。当今世界，经济全球化浪潮风起云涌、风雨激荡，政治多极化趋势曲折发展、惊心动魄，文明多样性交流交融交锋、创新驱动，为世界的、大众的、科学的马克思主义理论的创新发展创造了有益的时机。与此同时，经济秩序合理化、政治关系平等化、文明关系民主化等时代呼唤，亦为丰富和发展马克思主义理论提供了广阔的实践时空。

可以肯定的是，马克思主义理论必将在指导实践的同时，在未来实践中获得新的发展。马克思主义理论的未来发展主要有理论内容和表现形式两个方面。在此，我们简要地就马克思主义理论整体的表现形式问题进行些探讨，尝试建构马克思主义理论整体新的逻辑构架，以作为"实践与马克思主义理论整体性"研究的简要总结。

建构马克思主义理论整体新的逻辑构架的中心思想是：实践是马克思主义理论的奠基之石、逻辑之线、价值指归和社会功能，马克思主义理论是一个水乳交融、相互联系的完整科学体系。它以哲学理论为总纲，以政治经济学和科学社会主义理论为支撑；以哲学理论为世界观方法论，以政治经济学和科学社会主义理论为分析内容；社会功能是为世界以工人阶级为主体的人民群众的实践活动提供世界观、方法论和基本方略的指导；价值指归是为世界工人阶级的解放进而人类的彻底解放提供理论论证。

第一部分，绪论

（1）人类文明历程中的马克思主义及其理论。

（2）马克思主义理论的形成和发展。

（3）马克思主义理论的本质和特征。

（4）马克思主义理论主要组成部分及其整体性和层次性。

（5）马克思主义理论的价值指归和实践功能。

（6）学习马克思主义理论的意义和方法。

第二部分，总论：人与世界

（1）人与世界的基本规定。人的基本属性：自然属性、社会属性、思维属性；人的本质：在实践基础上形成的一切社会关系的总和；人的存在形式：个体、群体、类；世界的三大组成部分：自然、社会和思维；人与世界的多重关系：自然关系、社会关系、思维关系；人的使命：认识世界、改变世界，实现人与世界的和谐统一。

（2）以实践为基础的人与世界。科学的实践观；实践的整体性与层次性；实践在人与世界关系中的双重功能：人与世界区别的标志及联系的纽带；实践形成人与世界关系的现实性；建立在实践基础之上的人→主体、世界→客体，人与世界的关系→主体与客体的关系；以实践为中介的主客体的关系多样性：改造与被改造关系、认识与被认识关系、价值关系、审美关系；现实的主客体关系的整体性和层次性。

（3）主体与客体关系的整体性。主体与客体关系的整体性是（普遍抽象层次的）马克思主义哲学的研究对象。实践的总体性形成主客体关系的整体性；世界观——辩证唯物主义本体论、唯物辩证法，可知论；方法论——唯物辩证法及其当代发展形式；价值观——人的实践行为的规律性与目的性、真理性与价值性、规范性与合理性，必然性与自由。

（4）人与世界关系的层次性。人与世界关系的层次性是（一般抽象层次的）政治经济学和科学社会主义理论研究的对象；具体层次——具体的人与特定的感性客体，是普遍抽象层次和一般抽象层次中的具体内容或佐证资料（具体内容是普遍抽象层次和一般抽象层次所必需的论证资料，每一部分都要有。因此，下面的各个部分不再一一阐述）。

（5）实践基础上的人与世界关系的统一性。

第三部分，人与自然

（1）哲学层次——辩证唯物主义自然观，系统自然观，人与自然的矛盾和谐关系。

（2）一般层次——自然存在论：自在自然与人工自然；认识自然：自然科学和技术系统，新科技革命；改造自然：生产力系统；协调自然：生态伦理，可持续发展观、科学发展观、和谐发展观、全面发展观。

第四部分，人与社会

（1）哲学层次——历史唯物主义：社会存在决定社会意识，社会结构系统及其关系，社会意识形式及意识形态，社会发展动力系统，人民群众是历史的创造者，社会形态及其演变规律；社会历史观——社会的矛盾与和谐；从主客体和谐统一走向人与世界的和谐统一。

（2）一般层次——人类社会主要经济形态及其特征；商品经济；资本主导的商品经济，生产分配交换消费及其关系，劳动二重性、商品及其属性、资本、市场、货币、价值论、剩余价值论、资本积累、资本扩张、竞争、垄断、平均利润、平均利润率；资本主义社会的当代发展；经济全球化；工人阶级创造商品经济的历史。

（3）一般层次——世界历史及其当今特点，当今世界不同国家的社会类型，当今世界的社会主义运动，社会主义社会的建立和发展，中国特色社会主义理论和实践。

第五部分，人与思维

（1）哲学层次——能动的革命的反映论：认识的来源、动力、目的及真理性、真理的标准，真理的社会功能；辩证思维方法。

（2）一般层次——现代科学思维方法，人工智能及其意义。

第六部分，人与世界的统一

（1）在论述人与世界的三大关系——人与自然、人与社会、人与思维——的基础上，实现人与世界的统一。

（2）人的自由全面发展。

（3）共产主义社会。社会主义社会的实践主体、实践方式、实践条件、实践路径，工人阶级如何通过夺取国家政权，建设新型国家，最终实现人与社会的和谐统一。科学社会主义关于共产主义社会的理论是马克思主义理论的根本目的和归宿。

　　在这里，每一个部分的哲学层次与一般层次、具体层次，都不是简单并列的"拼盘"结构，每一个部分都是哲学内容与政治经济学或科学社会主义理论的内容、丰富多彩的具体内容"糅合"为一体，形成整体性与层次性相统一的梯级结构。

主要参考文献

一 主要中文译著

《马克思恩格斯文集》第 1~10 卷，人民出版社，2009。

《马克思恩格斯全集》第 1 卷，人民出版社，1995。

《马克思恩格斯全集》第 2 卷，人民出版社，2005。

《马克思恩格斯全集》第 3 卷，人民出版社，2002。

《马克思恩格斯全集》第 4 卷，人民出版社，1958。

《马克思恩格斯全集》第 22 卷，人民出版社，1965。

《马克思恩格斯全集》第 30 卷，人民出版社，1995。

《马克思恩格斯全集》第 31 卷，人民出版社，1972。

《马克思恩格斯全集》第 36 卷，人民出版社，1975。

《马克思恩格斯全集》第 47 卷，人民出版社，2004。

《马克思恩格斯〈资本论〉书信集》，人民出版社，1976。

《列宁专题文集——论马克思主义》，人民出版社，2009。

《列宁专题文集——论辩证唯物主义历史唯物主义》，人民出版社，2009。

《列宁专题文集——论社会主义》，人民出版社，2009。

《列宁专题文集——论资本主义》，人民出版社，2009。

《列宁专题文集——论无产阶级政党》，人民出版社，2009。

《列宁选集》第 4 卷，人民出版社，2012。

《斯大林选集》（下卷），人民出版社，1979。

〔古希腊〕亚里士多德：《政治学》，吴寿彭译，商务印书馆，1995。

〔英〕伯尔基：《马克思主义的起源》，伍庆等译，华东师范大学出版社，2007。

〔德〕黑格尔：《精神现象学》（上），贺麟、王玖兴译，商务印书馆，1979。

〔德〕梅林：《保卫马克思主义》，吉洪译，人民出版社，1982。

〔日〕伊东俊太郎等编《科学技术史词典》，樊洪业等编译，光明日报出版社，1986。

苏联科学院经济研究所编《政治经济学教科书》（上册），北京编译社改译，人民出版社，1959。

二　主要中文著作

《毛泽东选集》第1～4卷，人民出版社，1991。

《毛泽东文集》第1卷，人民出版社，1993。

《毛泽东文集》第6～7卷，人民出版社，1999。

《邓小平文选》第2卷，人民出版社，1994。

《邓小平文选》第3卷，人民出版社，1993。

《江泽民文选》第3卷，人民出版社，2006。

《习近平谈治国理政》，外文出版社，2014。

中共中央文献研究室编《十八大以来重要文献选编》（上卷），中央文献出版社，2014。

人民日报社评论部编著《"四个全面"学习读本》，人民出版社，2015。

逄先知主编《毛泽东年谱》（上卷），中央文献出版社，2005。

《辞海》（缩印本），上海辞书出版社，1989。

《辞海（第六版彩图本）》第4卷，上海辞书出版社，2009。

《哲学大辞典》，上海辞书出版社，2002。

《中国大百科全书·哲学Ⅱ》，中国大百科全书出版社，1987。

尼古拉斯·布宁、余纪元编著《西方哲学英汉对照辞典》，人民出版社，2001。

北京大学哲学系外国哲学史教研室编译《西方哲学原著选读》（上卷），商务印书馆，1987。

《鲁迅全集》第6卷，人民出版社，1981。

万福义、刘海藩主编《毛泽东思想综论》，中央文献出版社，2006。

夏甄陶：《人是什么》，商务印书馆，2000。

杨祖陶：《德国古典哲学逻辑进程》，武汉大学出版社，1993。

陶德麟：《陶德麟文集》，武汉大学出版社，2007。

陶德麟、汪信砚主编《马克思主义哲学的当代论域》，人民出版社，2005。

陈先达：《陈先达文集——马克思和马克思主义》，中国人民大学出版社，2006。

吴江：《马克思主义是一门大史学：和青年朋友讨论马克思主义》，中央编译出版社，2002。

《马克思主义研究的前沿问题》第10卷，社会科学文献出版社，2006。

逄锦聚等：《马克思劳动价值论的继承与发展》，经济科学出版社，2005。

逄锦聚：《马克思主义整体性研究》，经济科学出版社，2012。

本书编写组编《马克思主义基本原理概论》，高等教育出版社，2013。

顾海良、梅荣政主编《马克思主义发展史》，武汉大学出版社、湖北人民出版社，2006。

胡大平：《西方马克思主义哲学概论》，北京师范大学出版社，2010。

张一兵、胡大平：《西方马克思主义哲学的历史逻辑》，南京大学出版社，2003。

孙伯鍨、侯惠勤：《马克思主义哲学的历史和现状》，南京大学出版社，2004。

刘炯忠：《〈资本论〉方法论研究》，中国人民大学出版社，1991。

郭大俊等：《科学实践观与科学社会主义》，学习出版社，2014。

夏建国：《实践规范论》，中国社会科学出版社，2006。

夏建国：《和谐社会的实践基础研究》，武汉大学出版社，2013。

张明仓：《虚拟实践论》，云南人民出版社，2005。

张密生主编《科学技术史》，武汉大学出版社，2005。

胡文耕主编《科学前沿与哲学》，中共中央党校出版社，1993。

王鸿生：《世界科学技术史》，中国人民大学出版社，2001。

顾肃：《第四次科技革命》，江苏人民出版社，2003。

杨雪冬：《全球化：西方理论前沿》，社会科学文献出版社，2002。

黄宗良、孔寒冰：《社会主义与资本主义的关系——理论、历史和评价》，北京大学出版社，2002。

陈湘炯：《所有制通论》，浙江大学出版社，1994。

唐未兵：《中国转轨时期所有制结构演进的制度分析》，经济科学出版社，2004。

钱伯海：《社会劳动价值论》，中国经济出版社，1997。

谷书堂主编《社会主义经济学通论》，高等教育出版社，1989。

张美蓉、南松：《家务劳动价值论》，山西人民出版社，1994。

许涤新：《论社会主义的生产、流动与分配（读资本论）笔记》，人民出版社，1979。

卓炯：《再论社会主义商品经济》，经济科学出版社，1986。

钟盛熙：《〈资本论〉与当代》，学习出版社，2005。

晏洁人、余源培主编《二十世纪中国社会科学·马克思主义卷》，上海人民出版社，2005。

索　引

A

按劳分配　230，239，242，247，248，254，348，349，350，353，354，355，410，414

按需分配　134，229，230，248，255，256

阿基米德点　110

阿·恩斯　32

爱琳娜　202

安德森　186

爱因斯坦　272，273，298

阿尔伯　278

阿姆斯特朗　280

B

辩证唯物主义　1，9，28，29，36，46，51，66，76，77，79，98，103，104，108 ~ 113，115，120，130 ~ 132，144，175，208，211，232，288，298，299，301，302，304 ~ 309，412 ~ 414，422，424 ~ 426，429，434，435

本质规定性　1，4

巴黎公社　227，357

辩证思维　92，93，308，413，435

辩证否定　92，252

"半截子"唯物主义　109，117

不变资本　197，198，210，333，340，343，354

剥削率　350

边缘地带　351

柏拉图　21

布鲁诺·鲍威尔　82

巴师夏　188

伯尔基　8

巴枯宁　32

布鲁斯　32

比尔·狄盖特　357

C

层次性　16，26，27，28，54，101，106，107，128，131，135，257，304，434，436

次生态　23，24，385

传播者　51

抽象性　254，299，389

财富生产　292

当代性　299，301，313

测不准原理　301

斗争性　304

参与权　319

承包制　322，335

产业资本　197，208，210，211，285

产业利润　197，208，211，348，355

当代形态　23，387，327，384

D

对象化　70，96，148，190，234，258，263，288，291，340

对立统一规律　105，113，302

邓小平理论　36，41，112，324，361，395，396，400，410，411，422，428，432

大爆炸理论　18

东方社会　251～253

多样性　16，26，78，252，291，293，308，321，323～326，328，363，386，433，434

大数据　277，290

地球村　277，326，329

电子化　293

独断论　112，300

动态性　304

第三条道路　367

多莉　278

德谟克利特　80，93

杜林　32，76，113，115，135，160，302，357

大卫·李嘉图　89，121

道尔顿　77

达尔文　76，78，144

狄拉克　273

德布罗意　273

杜勒斯　373

多布　332

德赛　332，333

E

俄国　32，78，181，205，206，227，253，358～360，379

恩斯特·莫里茨·阿恩特　85

F

否定之否定规律　113

反映论　28，29，115～117，152，306～308，435

方法论　2，6～11，22，28～30，36，40，42～44，46，51，58，65～67，79，89，92，93，106，124，127～129，131，132，134，135，175，180，181，209，211，215，220，232，266～268，305，355，383，391，409，412～414，420，421，423，426，427，429，432～434

发生学　5，7，26，35

分析范式　16

分延　5

放射性　272

理论硬核　299

非决定论思维　308

奉献权　318

凤凰涅槃　90

法哲学　75，82，83，94，95，176，219

复杂劳动　182，309，338，345，351

费希特　80

费尔巴哈　32，67，70，71，76，85，89，97，109，110，111，112，115，117，135，149，151～153，178，180

弗里德里希·格雷培　84

傅立叶　89，124，214，242

弗拉顿　186

福格特　193

斐迪南·多梅拉·纽文胡斯　205

G

国家设施　19，65，266

共产主义者　19，22，88，90，111，126，150，215，223，357，417，418

共产党宣言　10，28，48，60，67，95，108，134，135，143，160，168，212，215，216，219，220，221，268，286，356，357，369，370

雇佣劳动　61，126，136～139，179，184～186，188，192，195，196，203，204，211

功利主义　11

个人主义　239，240，418

改革开放　5，12，15，24，43，257，284，293，315～318，321～323，325，340，353，374～376，380，382，383，387，389，395，396，399～402，404，405，408～412，415，423，428～430

股份企业　224

股份公司　207，224

工程控制论　275

国际化生产体系　293

国际分工体系　293

共生共荣　303

固定资本　197，199，201，210，311

股份合作制　322

古希腊哲学　68，80

公共信用　188

国际垄断同盟　357

国家垄断资本　363，372

国际垄断资本　363，372

甘斯　85

葛兰西　13

H

活劳动　139，185，190，197，337～345，350，353，354

海洋技术　271，280

环境科学　274

耗散结构理论　271，275，301，303

航天飞机　380

互补原理　301

和实生物　303

互利双赢　303

和谐矛盾观　304

货币资本　193，207，210

和平演变　362，364，373

活载体知识的价值　338

黑格尔　21，55，56，70，71，76，80，82～85，89，94，95，97，109，113～115，121，149，150，153，154，176，178，179，187，219

霍普金斯　186

海森伯　273

哈肯　275

J

阶级分析　49，105，120，333，334

经济危机　64，87，122，133，151，182，186，189，191，199，205，206，208，211，241，247，363，370，373

价值指归　16～18，26～29，80，91，99～101，131，231，235，236，238，254，427，433，434

价值取向　21，40，51，118，124，235，236，300，302，319，365，392，409

经验批判主义　29

教条主义　11, 259, 380, 388, 394, 417, 419, 420, 421, 423, 426~428

经院哲学　99, 116, 240

经济结构　165, 167, 222, 245, 358, 404

教条主义　11, 259, 380, 388, 394, 417, 419, 420, 421, 423, 426, 427, 428

教条逻辑　91

经验主义　259, 417, 420, 423, 426, 427

绝对主体　262

经济全球化　270, 281~287, 292, 294, 298, 308, 314, 321, 323, 324, 326, 331, 360, 361, 363, 364, 366~368, 372, 376, 377, 403, 433, 435

经济控制论　275

机械自然观　304

精神生产力　309, 310, 312, 313

金融寡头　357

简单劳动　182, 309, 338, 345

技术专利　351

基佐　216

居里夫人　272

K

客观唯心主义　70, 80, 85, 214

科学社会主义　1~3, 8, 9, 20, 25, 26, 28~30, 33, 36, 39, 44~47, 50, 66, 81, 89, 93, 101, 105, 106, 108, 119, 123, 124~128, 130, 131, 133~135, 211, 212, 214~216, 219, 220, 221, 227, 236~238, 242, 243, 252, 267, 268, 356~363, 367, 371~379, 381, 383, 393, 395, 433~436

科学实践观　19, 27, 54, 89~91, 93, 95, 98, 101, 124, 125, 127, 128, 154, 159, 180, 267

科学发展观　36, 43, 361, 395, 404, 405, 412, 425, 432, 435

可知论　109, 213, 306, 307, 434

控制论　271, 273~275

扩大再生产　122, 139, 201, 210, 350, 353

空想社会主义　8, 87, 89, 124, 153, 214, 215, 239, 240, 241, 242, 243, 250, 252

卡夫丁峡谷　227, 253

客体尺度　232, 264, 297

空间技术　271, 280

科学精神　299, 330, 425, 429

科学主义　15, 299

科学的计算机化　300

夸克禁闭　305

科学文化实践　79, 99, 106, 232, 270, 271

客观实在　110, 233, 260, 263, 288

康德　21, 69, 70, 77, 78

凯里　186, 188

考茨基　33, 207

克拉克　276

柯尔施　13

L

历史唯物主义　1, 9, 29, 36, 39,

46，66，79，98，108 ~ 110，112，
113，115，120，130，132，143，
144，172，175，180，192，208，
211，214，232，244，245，308 ~
310，316，398，412，414，422，
424，425，429，435

逻辑关联性 1，16，18，23，26，30，
56，57，101，108，384，390

逻辑整体性 3，57

逻辑之基 16，18，20，25，104，108

逻辑主线 2，3，16，18，19，20，
25，26，101，104，105

逻辑轨迹 90，92

逻辑圆圈 386，387

量子力学 271，273，301 ~ 303

理性史观 241

两个必然 221 ~ 223，363，381

两个决不会 221，223，224，225

两大发现 125，126，243，244，
251，254

两个转变 27，54，80，82，84，88 ~ 90

劳动价值论 39，46，49，89，120 ~
122，130，175，180，181，186，189，
190，209，237，332，333，337 ~ 349，
351，355

劳动二重性 121，180，189，209，435

劳动货币论 189

垄断资本主义 205，357，372，380

卢格 85

洛克 186

洛里亚 207

劳埃德 186

拉姆赛 186

列宁 8，10，15，23，29，33，34，

35，37，41，43，50，66，86，87，
88，110，113，115，129，130，133，
144，162，164，166，167，207，212

黎曼 272

卢森堡 13

伦琴 272

卢卡奇 13

路易斯 170，278

M

马克思主义基本原理 4 ~ 7，10，11，
22 ~ 27，31，33，35，37，38，44 ~
53，79，113，313，322，383 ~ 385，
388，396，410

民族心态 51，59

民主主义者 90，215

美的规律 95，234，235，263，264

模拟实践 288，290，292，293

矛盾和谐观 304

摩泽尔河 81

梅林 143，173

迈斯纳 204

马尔萨斯 87，186

梅特涅 216

孟德尔 276

摩尔根 169，170，276

迈尔 77

麦克斯韦 78

门捷列夫 78

梅迪奥 332，333

米克 332

曼德尔 332

N

内在逻辑　1，2，3，11，16，18，19，23，25，26，27，28，45，57，72，79，108，128，129，262，268，382，384，390，409，426

奴隶社会　63，74，137，146，172，244

脑力劳动　229，230，241，255，282，283，311，314，315，339

纳米技术　271，281

能量守恒与转化　77，78，299，303，304

内森斯　278

尼古拉斯·布宁　55，69

O

欧洲意识　51

偶然性　113

欧文　89，124，214，242

欧仁·鲍荻埃　357

P

普照光　91，265

批判的武器　39，75，95，241

普世价值论　376

帕·瓦·安年科夫　181

普朗克　273

普利高津　275

Q

奇点　18～20，57，276

前置范畴　2

屈内　332

R

人性规律　296

人工智能　274，275，282，288，289，293，298，305，306，435

认知科学　274，307

人类基因组计划　276

人工胰岛素　278

人造卫星　280

认知科学　274，307

人权高于主权论　376

人道主义国际干预论　376

软载体知识的价值　338

S

实践批判　22，67，71，75，88，90，92，98，99，100，258

实践的唯物主义者　19，22，111，126

社会化大生产　46，58，62～65，71，73～75，119，120，122，123，125，133，134，137，138，140，144～146，159，175，210，222，242，244～249，282，287，313，354

思维具体　29，30，416

实践思维　19，79，80，88，90～93，98，103，105，112，416，425

思想路线　2，374，412，415～430

神圣逻辑　91

思想寓所　41，51，52

思维观　20，79，108，117，129，236

实践批判　22，67，71，75，88，90，92，98～100，258

天才史观　241

"三个代表"重要思想　36，232，361，395，402，403，412，432

四个全面　36，43，395，405，409，412

三大差别　256

三分法　4，5

数字地球　277，290，329

时空曲率　18，301

实践哲学　104，327，328

社会政治实践　79，99，106，232，271

社会信息化　363，367，368

三个有利于　286，375

社会主义改造　390，393，394，410

十个手指弹钢琴　411

斯密教条　343

苏格拉底　68，69，71

施特劳斯　85

圣西门　89，124，214，242

斯图亚特　186

施米特　207

斯大林　33，34，35，37，41，43，309，334，358，379，383，419

萨伊　147，341

塞顿　332

思威齐　332

申农　273

施莱登　78，276

施旺　78，276

史密斯　278

T

体系思维　20

天才萌芽　67，98，110，152，180

太平天国运动　390

托马斯·卡莱尔　87，88

托伦斯　186

汤姆逊　272

W

问题域　15，16，35，40，57，266，327

无限性　261，305

物联网　277，290

网络系统　283

物质生产实践　59，73，74，79，91，95～97，99，100，106，152～154，159，232，271，281

伍珀河谷　84

武器的批判　39，75，95

物质本体论　103，301

物质替换　198

文化多样化　360，363，367，368

文明冲突论

无人车间　282，331

物化劳动　338，340，341，342，343，344，349，354

瓦尔特·博尔吉乌斯　174

威克菲尔德　186

魏特林　83，215

韦弗　273

维勒　78

维纳　274

沃森　276

X

新世界观　22，67，71，79，90，91，98～100，110，152，160，180，181，186，214，258

叙述逻辑　29，30

新民主主义革命　24，43，360，382，

383，392，394

宪章运动　65

修正主义　259，394

形式主义　70，259，417~420，427

先验论　115

细胞学说　76，77，78，276，299，
　303，304

新科技革命　270，271，281，282，287，
　288，291～293，298～303，305～
　310，312，378，379，381，435

协同学　271，276，301

信息爆炸　277

虚拟现实技术　288，289，329

信仰体系　39

协作化　293

心智哲学　307

相对剩余价值　123，193，197，210，
　337，339，343，344

西雅图风暴　377

辛亥革命　390

新霸权主义　376

谢林　85

休谟　186

谢尔盖·舍维奇　32

Y

艺术的整体　15，19，40，50，128，
　204，385

原生态　23，24，385

英雄史观　88，150，241

一块整钢　15~17，19，20，128，236，
　385，386

以太　272

有产者　309，372

意义世界　99，116，264，296，307，
　328

原子论　77，78

一国胜利　43，356，358

颜色革命　364

义和团运动　390

洋务运动　390

洋八股　388，420

硬载体知识的价值　338

亚里士多德　21，55，68，69，70，71，
　317

伊壁鸠鲁　80，93

亚当·斯密　89，177，183

约瑟夫·鲁瓦　205

约翰·韦斯顿　202

尤里·加加林　280

Z

哲学基本问题　109，299，300，
　301，306

主观唯心主义　80，214

质量互变规律　113，302

主观随意性　264

真理标准　29，99，101，257，421

真理性　19，26，34，39，93，99，
　115，116，120，232～234，257～
　259，295～297，307，373，389，
　432，434，435

自我批判意识　13

中国马克思主义　17，23，24，30，
　37，40，43，46，105，382～389，
　392，409，412，413，414～416，
　420，426~428，430~433

中国特色社会主义理论体系 23，50，
  52，361，383，394，395，402~405，
  409，410，412，414，415，422
总结论 34
正统马克思主义 12，13
自我批判 13
僧侣主义 240
自由人的联合体 142，226，234，
  236，237，249，329
自相关性 301

主动轮 310
主体哲学 327，328
主体唯物主义 112
中国工人实践 387~390
政治多极化 326，360，363，367，368，
  377，433
最低工资法 369
主导性资源 337
主体价值 338
知识成本 351

后　记

　　本书是国家社会科学基金后期资助项目"实践与马克思主义理论整体性"（项目批准号：14FKS002；项目结项证书号：20155228）的结项成果。

　　关于实践与马克思主义理论整体性的研究，与我的学术背景和所从事的教学科研工作密切相关。在撰写博士学位论文《实践规范论》（中国社会科学出版社 2006 年版）的过程中，我深切地认识到实践在马克思主义哲学中的总体性意义和价值。我长期从事马克思主义理论教学和研究工作，先后承担了"现代科技革命与马克思主义""中国马克思主义与当代""科学社会主义理论与实践""马克思主义经典著作选读""自然辩证法""马克思主义哲学原理概论""马克思主义基本原理概论"等课程的教学工作，并在马克思主义基本原理学科点任博士研究生指导老师，承担了专业硕士研究生和博士研究生的部分课程的教学任务。这样的学习及教学科研经历，使我的学术研究，一是将马克思主义的实践理论与现实的实践问题相结合，形成了《和谐社会的实践基础研究》（武汉大学出版社 2013 年版）；二是将实践概念看成马克思主义理论的总体性概念并与马克思主义理论整体性研究联系起来，先后发表了几篇文章，如《马克思主义基本原理的根本问题及价值取向》（《武汉大学学报》2006 年第 11 期）、《实践概念的创新与马克思主义理论的创立》（《理论月刊》2007 年第 9 期）、《论马克思实践概念的生成逻辑》（《思想理论教育导刊》2013 年第 3 期）、《真理的主体性与马克思主义理论的实践功能》（《江汉论坛》2014 年第 6 期）；三是研读相关经典著作，发表了《人与世界关系的普遍性与"地球异化"现象之克服——〈1844 年经济学哲学手稿〉的启示》（《江汉论坛》2004 年第 5 期）、《马克思哲学是主体唯物主义——〈关于费尔巴哈的提纲〉的启示》（《江汉论坛》2001年第 9 期）、《主体唯物论与马克思主义哲学新形态》（《光明日报·理论周刊》2002 年 7 月 23 日）、《经典作家关于社会主义社会基本特征理论的生成逻辑》(《武汉科技大学学报》2013年第12期);四是探究马克思主义中国化的内在逻辑问题,主持了教育部项目"马克思主义中国化的内在逻辑研究"(11JD710021),并发表了《论马克思主义中国化的内在逻辑》(《江汉论坛》2012年第6期)、《论马克思主义中国化的思维路径》(《江汉论坛》2010年第12期)。这些研究成果尽管涉及马克思主义理论整体性的重要方面,但仍然是部分的,未能揭示马克思主义理论整体性的全貌。为此,我邀请了几位在相关领域有研究专长的同仁一起参与研究,形成了"实践与马克思主义理论整体性"国家社科基金后期资助项目申报文稿。

项目获批后,课题组成员全力以赴展开研究。一是按照反馈的"评审专家修改意见"进行了全面的修改和完善;二是专门咨询了五位专家的意见,使本书内容更加完善;三是课题组成员多次集体讨论,集思广益;四是在资料方面更加丰富,吸收了近期学界的相关研究成果,特别是补充了习近平系列重要讲话的有关内容,弥补了申报文稿的不足;五是随着研究和写作的深入发展,对研究内容有新的认识,使内容的思辨性、思想性、深刻性、完善性和整体逻辑性等方面,比申报文稿有了质的提升;六是在对全文进行通读和统稿中,对各章节予以了统一修改润色和完善,使本书在整体的逻辑结构、体例、文字、内容、引文注释等方面更加规范协调统一。

本书对一些重要概念予以了新的界定。①马克思主义是由马克思恩格斯创立并由其后继者不断丰富和发展的、关于世界存在本质和演化规律的科学世界观,是工人阶级及其政党根本利益的观念主张和实践的指导思想,是以工人阶级和全人类彻底解放为价值取向的思想体系。②马克思主义理论是马克思主义的科学表述和理论形态,主要由马克思主义哲学、政治经济学、科学社会主义理论等构成,是具有内在逻辑联系的、不断创新发展的理论整体。③马克思主义基本原理是由马克思主义信仰者、马克思主义理论研究者和发展者提炼概括的、条理性的部分马克思主义理论,是马克思主义精神实质的系统再现,是马克思主义与马克思主义理论基本内容的统一体。④实践是人自觉能动地在一定规范的制约和制导下展开的现实的感性的具体的活动。⑤真理是指经过实践检验了的、主体的认识成果与客观实际相符合的科学理论。⑥认识是认识主体在实践基础上实现的对于认识客体的选择性反映和创造性重构的意识活动和过程。

本书对一些思想资料进行了新的阐释。①《共产党宣言》彰显了整体性与层次性相统一的特色，是马克思主义理论整体创立的标志。②《关于费尔巴哈的提纲》在肯定实践所具有的一般特性的前提下，实际上将"能动的""感性的人的活动"即实践区分为了两类：一类是理论指导的实践——"对象性的""革命的""实践批判的"活动，另一类是检验真理的实践——"人应该在实践中证明自己思维的真理性"。③依据《关于费尔巴哈的提纲》的论述，提出了实践的检验标准问题，认为真理是检验实践的根本标准。

本书对一些理论观点提出了新的见解。①从工人阶级的实践特性出发，揭示了马克思实践概念新内涵的内在依据。②马克思恩格斯从事理论创造的根本任务是建构统一的世界图景，从而合乎逻辑地得出"劳动者是历史创造者"的终极结论。马克思恩格斯从事理论创造的根本目的是为工人阶级进而人类社会的彻底解放提供世界观方法论指导。马克思恩格斯对工人阶级及其事业的讴歌并为之奔走，不是"同情"他们在资本主义社会里的艰难处境，更不是高高在上地去"拯救"他们，而是看到了他们与先进生产力的现实联系，看到了他们所承载的改变世界的责任和能力，看到了他们的历史责任与人类社会发展逻辑的一致性。③只有从实践这一逻辑起点整体性出发，才能理解和说明马克思主义理论的整体性，才能在整体上理解和说明马克思主义理论三大主要组成部分相互渗透、相互论述、相互贯通、相互依存的关系；也只有在实践这一逻辑中心线索的基础上，才能理解和说明马克思主义理论是水乳交融、"一块整钢"的"艺术的整体"。④实践是马克思主义理论整体性的逻辑基础，是贯穿马克思主义理论体系之中的逻辑主线，是马克思主义理论最显著的特征和最重要的功能，是马克思主义理论在中国创新发展的内在依据，是马克思主义理论学科内在关联性的学理基础。⑤马克思主义理论是整体性与层次性的统一。它以哲学理论为总纲，以政治经济学和科学社会主义等理论为支撑；以哲学理论为世界观方法论，以政治经济学和科学社会主义等理论为分析内容。我们对理解马克思主义理论"既是三大主要组成部分，又是一个统一整体"进行一种新的探索和解答，同时认为，马克思主义理论的整体性和层次性与实践的总体性和层次性密切关联。⑥马克思主义哲学，进而马克思主义理论的根本问题是人类社会的实践本质和发展规律问题。这个根本问题在马克思主义政治经济学中，主要表现为资本主义社会的实践本质及其发展规律；在科学社会主义理论中，则主要表现为作为主人的工人阶级创造社会主义社会的实践本质及其发展规律。⑦在新科技革命的影响下，辩证唯物主义本体论具有了"实践价值"的属性。这就要求辩证唯物主义在本体论层面揭示人与外部世界的关系，在"本原"意义上凸显实践主体及其实践功能。⑧对实践与马克思主义理论整体的逻辑构架问题进行了新的探索，提出以人与世界之关系为总纲，以人与自然、人与社会、人与思维之关系为部分，以人与世界之统一为归宿的马克思主义理论整体的逻辑构架。

　　总之，本书将实践升华为马克思主义理论的总体性概念，将马克思主义理论整体性与层次性相结合，从逻辑起点整体性、理论内容整体性、价值指归整体性、实践功能整体性和发展创新整体性等方面论述了实践与马克思主义理论整体的历史联系及内在逻辑关联性；揭示了实践在马克思主义理论整体创立中的奠基作用，在中心逻辑线索即实践概念的基础上构建了马克思主义理论的整体性，对理解马克思主义理论"既是三大主要组成部分，又是一个统一整体"这一缠绕马克思主义理论整体性的难题做出一种新的研究和解答，为我国学界研究马克思主义理论整体性问题提供了一种新思路。本书所秉持的整体性实践思维对理解马克思主义理论整体性有重要的学术作用。本书彰显了科学实践观的实践功能，对全面建成小康社会、推进实现"中国梦"的伟大征程，提出的一些理论创见具有一定的现实意义。

　　项目原计划于2015年7月底完稿并申请结项，但由于后续的校对等工作未能完成，因而申请延期一月。当我电话咨询全国哲学社会科学规划办公室调研处的孙彦忠同志之时，得到了他热情细致的解答，使我倍感亲切，倍受鼓舞。在此，对孙彦忠同志表示真诚的感谢。然而，好事多磨。正当我按计划于9月初申请结项的时候，不幸我脚骨折住院，延误了结项。直到我出院回家后，才于9月底完成文稿，正式提交结项申请。

　　在本书出版之际，真诚感谢默默为马克思主义理论研究事业贡献智慧、无私奉献的评审举荐专家。学界专家的学术情怀、学者良心、敬业精神和宽容态度，令我非常感动，由衷敬佩！感谢全国哲学社会科学规划办公室领导和老师们的认可和大力支持，使本项目得以立项、完成并出版面世；感谢社会科学文献出版社领导的鼎力推荐；感谢武汉大学陶德麟资深教授、北京大学陈占安教授、中国人民大学张雷声教授、华中科技大学欧阳康教授和武汉大学袁银传教授对本书的悉心指导；感谢结项评审专家们的肯定和帮助；感谢本书责任编辑曹义恒、吕霞云的热情和辛劳；感谢为本项目申报和结项工作付出了辛勤劳动的武汉大学马克思主义学院、武汉大学人文社会科学研究院、湖北省社科规划办的领导和同志们；感谢学界专家和同仁的研究成果。

　　本书是集体合作的成果。其具体分工是：夏建国为项目主持人，提出全书的写作思路和大纲，撰写绪论第二节和第三节、第一章、第二章、第三章、第七章、第八章、第九章、第十章第一节和第三节、第十三章和结语，并负责全书的修改、统稿工作；武汉大学王安玲教授撰写第六章、第十二章；武汉大学龚玉敏副教授撰写第五章；武汉大学杨虹副教授撰写绪论第一节；贵州医科大学罗敏副教授撰写第十章第二节；武汉大学陈慧女副教授、博士撰写第十一章；湖南大学夏泽宏讲师、博士撰写第四章。博士研究生沈建波、李红梅、秦丽萍、吕惠东、周若鹏、张超、陈蕊、杨燕、周霞、段存华和硕士研究生金敏等同学承担了项目的部分资料收集和整理、引文校对、数据审核等工作。作为项目主持人，在此特向诸位老师和同学致以诚挚的谢意！

夏建国

2015 年 10 月 3 日于武汉大学

图书在版编目（CIP）数据

实践与马克思主义理论整体性/夏建国等著.—北京：社会科学文献出版社，2016.3（2020.9重印）
国家社科基金后期资助项目
ISBN 978 - 7 - 5097 - 8787 - 8

Ⅰ.①实…　Ⅱ.①夏…　Ⅲ.①马克思主义理论 - 理论研究
Ⅳ.①A81

中国版本图书馆 CIP 数据核字（2016）第 034996 号

·国家社科基金后期资助项目·

实践与马克思主义理论整体性

著　　者／夏建国 等

出 版 人／谢寿光
项目统筹／曹义恒
责任编辑／曹义恒　吕霞云

出　　版／社会科学文献出版社·政法传媒分社（010）59367156
　　　　　　地址：北京市北三环中路甲 29 号院华龙大厦　邮编：100029
　　　　　　网址：www. ssap. com. cn
发　　行／市场营销中心（010）59367081　59367083
印　　装／北京建宏印刷有限公司

规　　格／开　本：787mm × 1092mm　1/16
　　　　　　印　张：29　字　数：457 千字
版　　次／2016 年 3 月第 1 版　2020 年 9 月第 3 次印刷
书　　号／ISBN 978 - 7 - 5097 - 8787 - 8
定　　价／128.00 元

本书如有印装质量问题，请与读者服务中心（010 - 59367028）联系